U0572046

亚洲文明史

研 究

2023年第1辑
（总第1辑）

主 编 / 孙英刚

社会科学文献出版社
SOCIAL SCIENCES ACADEMIC PRESS (CHINA)

卷首语

　　近代欧洲学术兴起过程中，有关中国文明历史的研究被纳入汉学（Sinology）范畴中，主要由欧洲学术界建构。法兰西学院于 1814 年、莱顿大学于 1875 年、牛津大学于 1875 年、剑桥大学于 1888 年设立汉学讲席教授（剑桥首任汉学讲席教授为晚清英国驻华公使威妥玛）。在欧洲的研究范式中，汉学是东方学（oriental studies）的一支，和古典学（classics）等学科同属人文学科（humanities）。在这种框架下，欧洲掌握了中国文明历史研究的话语权，比如伯希和等开创了以中西交通史为中心的考古与语文学传统，在很长时间内是泰山北斗般的存在。东方学带有明显的欧洲中心主义色彩，比如它以欧洲为中心，将其他文明根据距离远近分为近东、中东、远东等。在这种框架下，中国只不过是作为欧洲文明的参照物而存在。而且欧洲学者有意无意总会用欧洲的理论框架来解释中国。比如从欧洲历史总结出来的人类文明发展三段论"古典时代—中世纪—现代"，本来只是一个地方模式，但是随着欧洲在全世界的扩张，被拿来框架中国等文明。于是中国也有了"中世纪"（中古）——但是目前西方学者普遍认为的中国中古，却是中国历史上的黄金时期。按照这种框架，现代只能走出中世纪、脱胎于中世纪。20世纪时，有的学者比如朝河贯一甚至否认中国存在中世纪。他们否认中国存在中世纪，是认为中国既然没有中世纪，也就不存在"走出中世纪"之说，也就不能发展出现代性。这些似是而非的理论探讨，其背后是根深蒂固的西方中心主义历史观。

　　二战前后，随着美国在政治、经济、文化上的强势崛起。对中国文明历史的话语权逐渐从欧洲转移到美国。以研究近现代中国著称的哈佛大学教授费正清（John Fairbank）、以研究中国中古文明著称的耶鲁大学教授芮沃寿（Arthur Wright）和晚年任教于普林斯顿大学的杜希德（Denis Twitchett）

教授为代表，都参与到这场学术变革中。其中杜希德和费正清主编的 15 卷本《剑桥中国史》，第一次全面系统梳理了西方学界对中国文明历史的看法，广泛影响了西方世界的学术界和一般民众。东方学逐渐被抛弃，凡是带有"oriental"字样的机构纷纷改名。代替东方学兴起的是区域研究（area studies），汉学转变为中国学（Chinese Studies）。中国学涉及历史学、艺术史、社会学、政治学、宗教学等诸多学科，远远超出了原先人文学科的内涵。它不再是东方学的一支，而是服务于以美国为核心的世界秩序的区域研究的一支。在美国看来，世界其他地区都是"区域"。从中国发现历史，其实还是在美国对人类文明的诠释框架下发现历史，是学术话语权从欧洲旧大陆向美国新大陆的转移。所以说到底，中国学其实是外国学，主要是美国学，必须放在西方学术脉络和叙事框架中才能真正读懂。

我们正在经历，也必须推动新一次中国和亚洲文明历史研究范式的转移。这次研究范式的转移，应该是从亚洲视角出发而引动的。这并不是强行同西方争夺学术和文化话语权，而是让历史恢复到它真实的面目。从全球史语境看，亚洲文明在人类文明历史中的角色和地位，在现代学术体系中被严重压缩和低估了。不论在教科书、通俗文化，还是学术研究中，本来曾在漫长的历史时期占据主导和领导地位的亚洲文明（也包括中国文明），被挤压到知识体系的边缘。这种历史图景，是被扭曲的，而不是真实的。它反映的更多是近代以来西方强势崛起后建立的新叙事，是一种倒放电影式的历史叙事。

要更好理解中国文明，就需要重新研究亚洲文明。将中国置于亚洲文明的语境下重新审视，是一种真正的全球史研究路径。即便放眼整个人类文明史，中国文明的开放性也毫不逊色，至少是最为开放的文明之一。比如公元 1 世纪佛教的传入，中国积极拥抱它的优秀思想元素，再造了自己的语言文字、信仰世界乃至生活方式和城市结构。中国文明之所以几千年不倒，并不是它多么顽固，而是它是一个极度开放包容的文化体系。司马迁的《史记》其实就是一部世界史，它讲述了当时中国人能掌握的所有人类历史。

我们希望通过本集刊的出版，围绕文明溯源、文明互鉴、文明复兴三大主题，重新解释亚洲在人类文明史上的地位和角色，重新梳理亚洲文明发展的脉络和内在逻辑。这也是研究中国文明的需要——中国文明的影响远远超出物理空间国界，而留存在域外的历史记忆（图像、文字等）对中国文明溯源也极为重要。亚洲文明的研究，要跨越世界史、中国史、考古学、艺术史等现代学科的界线，不分彼此，彼此助力，真正有效推动知识的进步。

孙英刚

2023 年 12 月 26 日于杭州成均苑 4 幢

 亚洲文明史研究　　总第 1 辑　2023 年 12 月出版

·佛教与亚洲文明·

"佛灭年代"问题的旧困局与新思路 …………………………… 刘　屹／1

通向救赎之路：中古中国佛教杀蛇记 …………………………… 陈怀宇／25

三阶教无尽藏等事探考 ……………………………………………… 张　总／50

论净土佛教以及中古中国的禅净融合

　　　…………………… 夏　复（Robert H.Sharf）撰　丁　一 译／77

谱牒、族属与信仰

　　——梁陈之际的长沙欧阳氏 ……………………………… 向鉴君／119

北宋佛国禅师惟白籍贯考 ………………………………………… 宗艳红／148

关于"华严八祖守真"身份再检讨 ……………… 平燕红　崔韩颖／164

福州版大藏经于世界各地之收藏现状 ………………………… 池丽梅／179

·西域与东海·

12 世纪于阗与中亚之间的文化交流

　　——和田博物馆藏错银鍮石器研究 …………………… 罗　帅／201

唐朝崩溃后的东亚世界与佛教

　　——以僧人越境为视角 ………………………………… 聂　靖／224

宋商的西方远航之路 ……………………………………………… 陈烨轩／247

"太平"仪礼：日本室町幕府的建政仪式与合法性构建 ……… 康　昊／285

从唱导到训读：佛教言语观与日语文学的兴起

　　——以《东大寺讽诵文稿》为例 …………………… 梁晓弈／299

《安永三年芜村春兴帖》"扫帚图"与"寒山拾得图"关系考

　　——与谢芜村俳画、俳谐作品的关系特征及其形成原因 …… 胡文海／318

正平本《论语集解》与明清时期的东亚文化交流

　　………………………………… 藤塚邻 撰　王连旺 译注／334

章太炎首次赴日交游考论 ·······················周 妍／350

年号"令和"：时间表象与政治隐喻 ·················葛继勇／364

· 综述与书评 ·

近代太平洋世界的移民和文化关系研究导论 ············陈博翼／377

南北朝佛教资料整理的集大成之作

　　——评李利安、崔峰著《南北朝佛教编年》········景天星／381

2022年浙江大学历史学院支遁人文系列讲座综述 ·······龚文静／387

Table of Contents & Abstracts ···················401

稿　约 ··································410

"佛灭年代"问题的旧困局与新思路 *

刘　屹 **

【摘　要】"佛灭年代"问题对印度史和佛教史的重要性不言而喻，国际学术界围绕此问题的讨论已经历三百年之久，却仍没有统一意见。中国佛教在历史上曾推出过多种"佛灭年代说"，中国学术界从 20 世纪初开始对此问题的学术性探讨，很长时期里都是在缺乏与国际学术对话的情况下展开的。本文力图将中国佛教和中国学者对"佛灭年代"问题的讨论，放在国际范围内三百年学术史背景下来观照和思考。希望对所谓"修订的长系年"和"短系年"之间相持不下的原因做出剖析，并分析中国学者对此问题看法的优劣得失。在充分了解各种"佛灭年代说"的来龙去脉后，再提出自己的倾向性意见和理由。

【关键词】佛灭年代　穆王壬申岁佛灭说　未修订的长系年　修订的长系年
短系年

引　言

所谓"佛灭年代"，并不是指佛教消灭、灭亡的年代，而是指作为真实历史人物的悉达多·乔达摩去世的年代，佛教称之为佛陀"灭度"或"涅槃"之年。确定了"佛灭年代"，根据佛陀在世 79 年或 80 年的不同说法，可推算出"佛诞"即佛陀出生之年。确认佛陀生活的年代，不仅对于了解初期印度佛教的历史背景非常重要，也是印度古代历史重要的时间坐标点。佛陀时代的古印度，没有明确的历史记录可依凭。在亚历山大东征进入印度河

　*　本文为国家社科基金重点项目"中国佛教'末法思想'的历史学研究"（19AZS015）阶段性成果。
　**　刘屹，首都师范大学历史学院教授。

流域以前，印度历史几乎没有可靠的历史纪年。因此，确定"佛灭年代"，就像确定中国历史上"武王伐纣之年"一样，意义重大。但古往今来，相关的记载和说法繁多，彼此难以协调和统一。

从 17 世纪末至今，长达三百多年间，世界范围内关于"佛灭年代"的论说，连篇累牍，论点纷纭，一直没有得出公认的结果。各式各样的论断，大体可归结为四种影响较大的观点，即中国文献记载的"穆王壬申岁佛灭说"、南传佛教传承的"未修订的长系年"、比照希腊信史得出的"修订的长系年"、依照北传佛教传承得出的"短系年"。到目前为止，前两种观点已基本被废弃不用，但"修订的长系年"和"短系年"之间，仍然长期相持不下。

中国学者大约从 20 世纪初才开始参与"佛灭年代"的国际学术讨论。张曼涛主编的《佛灭纪年论考》一书，汇集了 20 世纪 20 年代至 50 年代一些中、日学者的重要成果。[1] 那时的中国学者，尚能对日本和欧洲学者的研究做出相对及时和积极的回应。但是越到后来，中外学者之间越发欠缺有效对话的主观意愿和客观条件。颇具象征意味的是，1988 年在德国哥廷根召开的一次关于历史上佛陀生活年代的国际学术大会，竟没有来自中国大陆的学者参加，也没有能够代表中国学界对此问题看法的观点得到表述。中国学界迟至二十多年后，才通过纪赟先生的一篇综述，对这次会议情况有所了解。[2] 但至今也没有学者针对这次大会得出的"佛灭年代"具有明显倾向性的结论，做出过任何正面的回应。错过或忽视这次大会的结果，导致中国学界对过往三百年间世界范围的"佛灭年代"问题学术史，缺乏应有的认知；使得中国学者在研讨"佛灭年代"问题时，无论是研究方法还是结论，都存在某些明显的局限。

感谢纪赟先生的文章，为国内的学者打开了一扇窗户，使我们得以知晓国际学界对"佛灭年代"问题的讨论，在 20 世纪末已经进展到何种程度。近年来国内一些佛教研究的论著，在谈到"佛灭年代"问题时，绝大多数都

---

① 张曼涛主编《现代佛教学术丛刊》第 97 种《佛灭纪年论考》，台北：大乘文化出版社，1979 年。

② 纪赟：《佛灭系年的考察——回顾与展望》，《佛学研究》2011 年刊，第 181—200 页。

是从纪赟先生这篇文章获得的信息，但也仅限于此而已。我自己受这篇文章的启发很大，几乎是按图索骥，找到文中提到的一些重要研究成果。本文将在纪赟先生对相关学术史梳理的基础之上，强调有关"佛灭年代"问题研究中应该被重视的一些细节之处，解析目前两种主要观点之间相持不下的症结所在；同时，也希望能对这一国际学术界的焦点问题，提供一点新的思考路径。当然，"佛灭年代"问题牵涉极广，各语种的基本资料和研究成果早已堆积如山。我的能力和见识非常有限，只能就自己的观感做一些粗浅的评述。希望起到抛砖引玉之效，并请读者不吝赐教！

一 "穆王壬申岁佛灭说"的影响

从 17 世纪末到 21 世纪初，世界范围内对"佛灭年代"问题的讨论，大致持续了三百多年。这三百多年的学术史，我认为大体可分为三个时期：17 世纪末至 18 世纪末，可称是"穆王壬申岁佛灭说"占据主流意见时期；18 世纪末至 20 世纪初，是"未修订的长系年"与"修订的长系年"此消彼长时期；20 世纪初到 20 世纪后期，是"短系年"逐渐形成，并与"修订的长系年"分庭抗礼的时期。① 因为已有系统的学术史回顾和分析在前，我在此不拟再按照分期来陈述这三百年的学术史概貌，只提出几个值得重视的关键环节，来加深我们对这三百年学术史的理解。

目前所知，最早明确给出佛陀年代公元纪年的，是比利时来华传教士柏应理（Philippe Couplet，1623–1693）。他回到欧洲后，于 1687 年用拉丁文刊行了一本向西方介绍中国文化的书。此书出自多位耶稣会士之手，书的导言部分有一节专门介绍中国的佛教，出自柏应理手笔。他根据汉语史料，将

---

① 参见 Siglinde Dietz, "The Dating of the Historical Buddha in the History of Western Scholarship up to 1980", Heinz Bechert ed., *When Did the Buddha Live? The Controversy on the Dating of the Historical Buddha: Selected Papers Based on a Symposium Held under the Auspices of the Academy of Sciences in Göttingen*, Delhi: Sri Satguru Publications, 1995, pp. 39–105. 此文最初用德语写成，刊于 1992 年出版的哥廷根大会会议论文集第 2 册。文中将西方学界对"佛灭年代"的研究史分为三个阶段：早期、中期和近期。早期和中期的分界点定在 1837 年；中期和近期的节点定在 20 世纪 30 年代至 40 年代。我的分期与之不同。

佛陀生年定为周昭王时，给出公元前 1026 的纪年，佛陀在世 79 年，则佛灭之年为公元前 947 或前 946 年。① 这其实就是中国所传的"昭王二十四年佛诞，穆王五十二（三）年佛灭"的说法。在 17 世纪的中国，这一"佛灭年代"说在各种汉语史料中屡见不鲜，也许很难查对出柏应理直接依据的是哪部书。现知佛陀"昭王二十四年生，穆王五十二（三）年灭"说，在中国历史上是直到公元 7 世纪初才出现的。② 并且从 7 世纪初一直流行到 20 世纪初，还影响到日本和韩国的佛教，可说是东亚佛教世界接受度最高的一种"佛灭年代论"。③ 这样一种在特殊背景下产生的中国佛教"佛灭年代"说，与印度佛教历史的实际情况相去甚远，却是西方学界最早知道的一种"佛灭年代"说，且在很长一段时间内，西方不少重要学者都曾认同此说。如英国的语文学家威廉·琼斯（William Jones，1746–1794）、法国的汉学家雷慕沙（Jean Pierre Abel-Rémusa，1788–1832）、德国的语言学家克拉普罗特（Julius Heinrich Klaproth，1783–1835）等著名学者，都不同程度认可这一源自汉语史料的说法，认为佛陀是公元前 11 世纪生，公元前 10 世纪去世。此说虽非当时唯一的"佛灭年代"说，却因有明确的汉语文献依据，西方学界对此说曾长期给予充分信任。因此，真正影响到西方学界关于"佛灭年代"研究第一个百年的，是来自汉语史料的"穆王壬申岁佛灭说"，即公元前 10 世纪说。此说虽然现已被彻底否定，但从学术史上看，不能忽略不计。

二　"长系年"的出现与修订

与柏应理大体同时，17 世纪 80 年代，法王路易十四的使者 Simon de La Loubère 出使暹罗（泰国），1691 年出版了一部同样成于众手的介绍暹罗王

---

① Phillppe Couplet, *Confucius Sinarum Philosophus sive Scientia Sinensis Latine Exposita*, Parisiis, 1687, pp. ⅩⅩⅤⅱ - ⅩⅩⅰⅹ.

② 刘屹：《穆王五十二年佛灭说的形成》，《敦煌学辑刊》2018 年第 2 辑，第 166—177 页。

③ 刘屹：《穆王五十二年佛灭说在东亚佛教界的流传与影响》，陈益源主编《汉学与东亚文化研究：王三庆教授七秩华诞祝寿论文集》，台北：万卷楼图书公司，2020 年，第 185—200 页。

国的书。在介绍暹罗天文历法的一章，把暹罗文明的开端之年换算成公历，就是公元前 544 年。但当时法国人并没有确认这一年就是佛灭之年。① 此后将近一百年的时间，西方学者争论过是否存在时代一前一后的两个佛陀，以及佛教是否有埃及的源头等现在看来已经过时的问题，分别提出过"佛灭年代"在公元前 14 世纪、前 11 世纪和前 10 世纪的各种说法。还从未有人根据南传佛教的传统来确定"佛灭年代"。1799 年，Francis Buchanan 应是最早一位提出应该使用南传佛教的说法的人，他将佛灭之年定在公元前 540 年前后。② 从那时起，西方学界才开始面临选择：到底是采用汉语史料的公元前 10 世纪说，还是采信南传佛教的公元前 6 世纪说？

从 17 世纪末到 19 世纪初的一百多年，西方学界都是根据汉语史料和南传佛教史料字面上呈现的年代，直接换算成公元纪年来讨论，很少有人能够细究这两种不同的说法背后产生的原因。直到 19 世纪前期，西方学者对这两种"佛灭年代"说仍难以取舍。不过，他们更倾向于认为：南传佛教比较接近于印度佛教的原始面貌，印度佛教的经典被汉译后，经义和文本都不同程度上偏离了印度佛教的原貌。再加上从语言的角度，西方人更容易学习和转写巴利语的南传佛教资料。因此，南传佛教的说法，相对来说更容易受到西方学者的重视。南传佛教的佛灭在公元前 6 世纪 40 年代说，逐渐得到越来越多西方学者的认同。相对于此后认为佛灭在公元前 5 世纪的"修订的长系年"和公元前 4 世纪的"短系年"，南传佛教的说法被学界称为"未修订的长系年"。

之所以这一"未修订的长系年"后来被"修订"，是因为偶然发现了一条可以将"佛灭年代"比照希腊信史年代的线索。早在 1793 年，威廉·琼斯就提出了一个关键性的比定，即印度历史上的"月护王"旃陀罗笈多

---

① Simon de La Loubère ed., *Description du Royaume de Siam*, Paris, 1691; Amsterdam, 1713, Tome Second, pp. 160–166.

② Francis Buchanan, "On the Religion and Literature of the Burmas", *Asiatick Researches*, Vol. 6, 1799, pp. 265–266. 转引自 Siglinde Dietz, "The Dating of the Historical Buddha in the History of Western Scholarship up to 1980", p. 43。

（Chandragupta），应该就是希腊史料中记载的 Sandrakottos。① 然而，琼斯本人做出这一比定时，并没有将其与"佛灭年代"的考察联系起来。如前所述，琼斯自己是倾向于相信来自中国史书的"穆王壬申岁佛灭说"的，虽然后来他对"佛灭年代"略做十几年的调整，但基本上也只是对"穆王壬申岁佛灭说"的修订而已。

1837 年，英国人特诺（George Turnour）把斯里兰卡的《大史》（*Mahāvaṃsa*）进行转写，并从巴利语翻译成英语，介绍给西方世界，使西方研究"佛灭年代"有了可以直接依凭的南传佛教文献材料。在翻译《大史》时，特诺发现了一个重要的年代学问题。编纂时间不早于公元 4 世纪的巴利语《岛史》（*Dīpavaṃsa*），以及在它基础上于 6 世纪作成的《大史》，都记载在佛灭 218 年后，阿育王灌顶。② 如果按照南传佛教的传统，佛灭于公元前 544 年，218 年后，是公元前 326 年。但这一年不可能是阿育王灌顶之年。因为阿育王是月护王的孙子，月护王曾经见过亚历山大大帝，并在亚历山大死后，帝国分裂的背景下，月护王通过反抗和击败亚历山大的部将，在印度建立孔雀王朝。亚历山大是在公元前 323 年去世，这是可以确定的一个历史纪年。月护王的崛起，必在亚历山大去世之后。公元前 326 年时，亚历山大还在世，怎么可能有阿育王灌顶？根据与希腊史料的对勘，特诺发现南传佛教史料所记的月护王的年代，与希腊史料所记，有 60 年左右的误差。③

但特诺只是提出了希腊史料和南传佛教史料对月护王记载的纪年存在

---

① 琼斯是在 1793 年的一次演讲中提出这一观点，即 "The Tenth Anniversary Discourse, delivered 28 February 1793, by the President, on Asiatic history, Civil and Natural"，正式发表于 1795 年的 *Asiatic Researches*, Vol. 4, pp. 1–18。此据 *The Works of Sir William Jones: In Six Volumes*, Vol. 1, London, 1799, pp. 152–153。Sandrakottos 在古希腊阿里安著《亚历山大远征记》中，三次被提及，分别参见李活根据 1929 年英译本的汉译本，《亚历山大远征记》，商务印书馆，1979 年，第 187、299、305 页。近年来，有一些质疑甚至否定琼斯这一比定的意见，但意义不大，此不赘述。

② 参见摩诃那摩等著，韩廷杰汉译本《大史——斯里兰卡佛教史》（上），高雄：佛光文化事业有限公司，1996 年，第 30 页。《岛史》据《南传大藏经·藏外部》所收《岛王统史》，悟醒汉译本，CBETA 电子版，第 65 册，第 39 页。

③ George Turnour, *The Mahāwanso in Roman Characters*, Vol. 1, Ceylon, 1837, pp. xlviii–l. 其中讲到佛灭之后经 218 年到阿育王的一句，在该书第 22 页。

60 年之差，他本人并没有据此推算出佛灭之年应是公元前 544−60 ＝公元前 484 年。相反地，他仍然接受《岛史》和《大史》的记载，认为佛灭之年是公元前 542 年。在特诺看来，有问题的并不是佛灭之年，而是"218"这个数字。受特诺指出南传佛教和古希腊史料之间存在这 60 年误差的启发，其他学者才纷纷推算出佛灭之年，应该在公元前 484 年前后。此即到 19 世纪中期才开始出现的所谓"修订的长系年"。这一系年并不是来自传世文献中现成的记载，而是根据其他条件推算而得出的结果。经过琼斯和特诺先后两次并未专门针对"佛灭年代"所做的比定，"佛灭年代"问题才开始与旃陀罗笈多和阿育王这两位印度历史上的重要人物联系起来考察。这两位历史人物，都可以比照多方面历史记录或碑铭资料，确定出比较具体的年代，从而使"佛灭年代"问题有了相对可靠的时间下限：即最晚不会晚过公元前 4 世纪孔雀王朝的建立。这是"佛灭年代"问题研究取得的一大重要突破。也使得中国史籍中的"穆王壬申岁佛灭说"，在对照真实可靠的印度历史背景后，彻底失去了学术价值。

　　从 1837 年到 20 世纪 30 年代，西方学者关于"佛灭年代"的研究呈现一片热络景象，几十位学者、几百种论著讨论这一问题。涉及很多专门的研究，在此不能一一展开。在这一百年间，并不是所有学者都通过公元前 544−60 ＝公元前 484 这样一道减法题来求得佛灭之年。如麦克斯·缪勒（Friedrich Max Müller，1823−1900）根据佛教第三次结集的时间、月护王到阿育王的王统纪年等，提出了公元前 477 年说；高楠顺次郎（1866—1945）根据"众圣点记说"，提出公元前 486 年说；赫尔曼·奥登堡（Hermann Oldenberg，1854−1920）根据第二、第三次结集与阿育王即位之年的关系，提出了公元前 483 年说，并得到了盖格（Wilhelm Geiger，1856−1943）、瓦莱·普散（Louis de La Vallée Poussin，1869−1938）等重要学者从不同角度的支持；里斯·戴维斯（Thomas William Rhys Davids，1843−1922）通过考察锡兰的王统世系，提出公元前 412 年说；等等。① 因此，所谓"修订的长系年"，在我看来，不应是指某一个单一的系年，也不是通过某种单一的计

---

① 本文不拟详述这些观点的来龙去脉，见 Siglinde Dietz, "The Dating of the Historical Buddha in the History of Western Scholarship up to 1980", pp. 60−93。

算方法得出的结论，而是一系列通过各种不同的考察角度和计算方法得出彼此不同的系年，但大体的结论，都在公元前 5 世纪。

在这一百年中，有一些重要的观点值得重视。例如，学者们发现，《岛史》《大史》关于佛灭后 218 年阿育王灌顶的说法，"218" 这个数字很不可靠。因为《岛史》《大史》前面说第三次结集发生在佛灭后 118 年，后面说阿育王灌顶在佛灭后 218 年。而一般认为，正是在阿育王时代发生了第三次结集，也有认为在阿育王之后发生第三次结集，但不可能在阿育王之前百年就发生第三次结集。南传史料在这里明显自相矛盾。还有不止一位学者指出：在南传佛教的传统中，在公元 11 世纪（有说 12 世纪，有说 4 世纪）以前，原本就是遵从佛灭在公元前 5 世纪 80 年代的说法，只是随着历法的改革，从 11 世纪开始，南传佛教在换算的时候自己搞错了，才开始以公元前 544 年为 "佛灭年代"，再一直流传到近代，被法国人介绍到西方。[①] 果如此，则南传传统本身并非一成不变，最初就是采用公元前 5 世纪 80 年代说，只是后来误记为公元前 6 世纪 40 年代。

在文献史料总不能令人放心的情况下，印度古代的考古和碑刻资料，显然就分外值得重视。如阿育王石刻法敕的发现，特别是里面出现了 "256" 这个数字，一度被认为是指刻石时间是阿育王的某年，同时也是佛灭后第 256 年。但后来随着对铭文释读的深入，现已公认这个数字与 "佛灭年代" 无关。又如在菩提伽耶发现的石碑铭文，明确说刻碑之年是佛灭后第 1813 年。可惜此碑是 13 世纪的产物，那时已经完全遵从《岛史》《大史》的说法，对于 "佛灭年代" 的讨论来说，没有提供新的证据，[②] 等等。

总之，在 19 世纪 30 年代至 20 世纪 30 年代这一百年间，西方学者大多数倾向于佛灭之年应该在公元前 5 世纪，而非从南传资料字面上得出的公元前 6 世纪，至少要比南传的公元前 6 世纪 40 年代再晚 60 年以上。只不过学

[①] Siglinde Dietz, "The Dating of the Historical Buddha in the History of Western Scholarship up to 1980", pp. 80, 84, 92.

[②] Siglinde Dietz, "The Dating of the Historical Buddha in the History of Western Scholarship up to 1980", pp. 79–91. 关于菩提伽耶碑铭，还可参见 Cornelia Mallebrein, "Inscriptional Sources for the Dating of the Historical Buddha in India: The Bodh-Gaya inscription, dated 1813 A. N.", *When Did the Buddha Live?* pp. 287–295.

者们各自从不同角度出发，提供的论证思路和推算数据条件不同，所得出的具体年代也不同。通过这一百年的研究，基本上可以认为："修订的长系年"彻底取代了"未修订的长系年"。

三 "短系年"的兴起

早在 19 世纪中期，已有学者提出"佛灭年代"应在公元前 4 世纪的 70 年代至 60 年代。这是"短系年"说的萌芽。但或是因他们的论证思路后来看是站不住脚的，或是他们所依据推算的前提条件具有很大不确定性。所以他们得出的"短系年"结论，并未在当时产生重要的影响。直到 20 世纪初，西方学界还都是各种"修订的长系年"大行其道。

1896 年，荷兰学者科恩（Hendrik Kern，1833–1917）指出，南传佛教史料一方面说在佛灭到阿育王之间，共有 218 年；另一方面却记载佛灭之后至阿育王时代的佛教僧团内部，只有五位长老前后相续地传承，这不合情理。五长老传承 100 年左右，还算比较合理。这样，佛灭之年到阿育王灌顶，应该相隔 100 年左右，而非 218 年。[①] 科恩也是研究阿育王铭文的专家，他认定阿育王灌顶之年是公元前 259 年左右。由此上推百余年，则佛灭应在公元前 4 世纪 70 代年至 60 年代。科恩根据"异世五师"来质疑南传佛教传统中的 218 年时长，并由阿育王灌顶时间上溯佛灭之年，这些都成为日后"短系年"说的重要依据。只不过后来学者们对阿育王灌顶年代推算结果不同，因而得出的"短系年"结论略有不同而已。

1924 年，宇井伯寿（1882—1963）第一次为"短系年"提供了全面且权威的论证。[②] 在他之前，日本佛教界和佛教学者，先是长期接受以"穆王壬申岁佛灭说"为代表的、各种来自中国的佛灭年代论，继而又认可高楠顺次郎依据"众圣点记说"推算的公元前 486 年说。宇井氏则认为：阿育王即

---

① Hendrik Kern, *Manual of Indian Buddhism*, Strassbrug, 1896, pp. 105–116.

② 宇井伯壽「仏滅年代論」，初刊于 1924 年日本的『現代仏教』，收入氏著『印度哲学研究』第二、甲子社書房、1925、3-111 頁；汉译文见张曼涛主编《佛灭纪年考论》，第 99—185 页。

位年代，是支撑"佛灭年代"的一个重要支点。随着 19 世纪末至 20 世纪初，阿育王敕令刻石、摩崖、石柱等的发现和研究，通过印证铭文中出现的与阿育王同时代的希腊、埃及和西亚诸国国王，阿育王在位的年代基本就可确定下来。宇井氏当时定阿育王即位在公元前 271 年。确定这个时间基点后，由此上溯佛灭之年时，就面临"南传"和"北传"的两种不同说法。南传《岛史》和《大史》，都记载说佛灭后 218 年，阿育王灌顶。公元前 271+218=公元前 489 年。北传佛教很多佛书都记载是佛灭后 116 年，阿育王即位。公元前 271+116 = 公元前 387 年。两种系统计算的结果，彼此相差百年左右。到底该采信南传的公元前 489 年，还是北传的公元前 387 年？宇井氏认为南传说不可靠，理由正是前述科恩注意到的：佛灭后只有五位高僧先后主持教团，五人要传 218 年，不合情理。相对而言，北传佛教说这五位高僧总共传了 116 年，就合理得多。宇井氏遂取用北传的 116 年说，由公元前 271+116 = 公元前 387–1= 公元前 386 年，得出的"佛灭年代"是公元前 386 年。

宇井氏当年提出"短系年"时，西方学界整体上还正处在相信"修订的长系年"的时代，虽然宇井氏大量参考了西方学者的论著，指出西方学者普遍认为在公元前 5 世纪的说法（即"修订的长系年"）并不可靠。但他的观点在西方学界并未得到足够的重视。反而在中国学术界引起了强烈的反响（后详）。1955 年，宇井的学生中村元，进一步确定阿育王于公元前 268—前 232 年在位，得到学界的普遍认同。[1] 这实际上从阿育王的角度进一步印证了琼斯的比定和特诺的发现。到目前为止，虽然仍有不同意见，但阿育王的时代应是相对而言最为确定的一个已知条件。中村元依然不相信南传的 218 年说，他由公元前 268 年上溯 116 年，得出佛灭在公元前 383 年的结论。日本学界一般比较认可宇井氏和中村元的说法。所以，日本学者绝大多数是"短系年"的支持者。

1946 年，英国的托马斯（Edward Joseph Thomas, 1869–1958）通过比

---

[1] 此前奥登堡、戴维斯等人确定的阿育王即位之年是公元前 265 年，据此计算的结果也就互有参差。将阿育王年代定在公元前 268—前 232 年间的代表性意见，参见 Jean Filliozat, "L'énigme des 256 nuits d'Asoka", *Journal Asiatique*, 1949, pp. 143–153。中村元「マウリヤ王朝ならびにゴータマ・ブッダの年代について」『東方学』第 10 輯、1955；此据氏著『中村元選集』第 6 巻「インド古代史・下」東京：春秋社、1966、409–437 頁。

较不同版本的《岛史》抄本提出：现在通行版本中出现的佛灭后 218 年到阿育王灌顶这个数字，很可能是传抄过程中出现了误植。类似于中国古籍的传抄之误，原本是巴利语的 118 年，抄错变成了 218 年。[①] 如果这一点可以坐实的话，似乎对"修订的长系年"的公元前 5 世纪 80 年代说，就更加不利。

可见，"短系年"的兴起，并不是因为发现了什么直接而确凿的证据，很大程度是因为觉得不能从阿育王纪年直接上推 218 年，导致对"修订的长系年"的信任危机。因为"修订的长系年"变得可疑，"短系年"才越发显得有道理。

四 哥廷根大会及其影响

到 20 世纪中后期，几位西方重要学者纷纷转向接受"短系年"。具有指向意义的如比利时的印度佛教史专家拉莫特（Étienne P. M. Lamotte，1903–1983）。虽然他在 1958 年出版的《印度佛教史》这部巨著中，采用的是"修订的长系年"，但他不止一次表示，自己更倾向于"短系年"，甚至表示学界应该放弃"修订的长系年"转而接受"短系年"。[②] 受他的影响，德国哥廷根科学院的印度学和佛教史专家贝歇特教授（Heinz Bechert，1932–2005），不仅自己力推"短系年"，还于 1988 年 4 月，在德国海德明登举行了一次"历史上的佛陀系年及其确定在历史学与世界史上的重要性"的国际学术研讨会。贝歇特此前就发表多篇论文强调"短系年"。他认为，"修订的长系年"不应再被学者们遵奉，"短系年"应被更加重视起来。会后出版了两种有关这次研讨会的论文集。第一种是哥廷根科学院论文系列"文献学 – 历史学类"《历史佛陀的系年——佛教研讨会》，先后出版了 3 卷，收录了大

---

① Edward Joseph Thomas, "Theravādin and Sarvāstivādin Dates of the Nirvāṇa", D. R. Bhandarkar et al. eds., *B. C. Law Volume*, Part II, Poona, 1946, pp. 18–22.

② 拉莫特是在与贝歇特私人通信中表述他本人越来越倾向于"短系年"的意见，参见 Heinz Bechert, "Introductory Essay", *When Did the Buddha Live?* p. 18.

部分参会学者论文，以及一些学术史上重要的论文。[①]第二种是经过挑选的、英译的代表性论文选集。[②]

这次会议有欧美、日本、南亚的历史、宗教、文献、考古学者参加，却没有中国大陆的佛教学者参加。只有一位名叫陈延辉的中国台湾留德学生，用德语提交了一篇梳理汉语史料中出现各种"佛灭年代"的资料。文中按这些"佛灭年代"所对应的中国帝王纪年排序，基本没有深入的研究和讨论。[③]此外，德国的福赫伯（Herbert Franke，1914–2011）和美国的兰开斯特（Lewis Lancaster）两人提交的论文，也都是介绍在汉语佛教史料中各种"佛灭年代"的记载，都没有涉及中国学者的研究状况。[④]唯一一篇涉及中国学者对"佛灭年代"问题看法的，是对清代学者俞正燮（1775—1840）一则读书札记的介绍。[⑤]大概只有中村元在介绍日本学界的研究时，简略提及印顺法师在此问题上受到日本学者影响。[⑥]1995 年的论文选集，更是没有一篇直接反映中国学界对"佛灭年代"研究情况的文章。如果说这次大会召开之时，中国佛教学界的代表因为种种原因不能与会，尚可理解；但在会议召开前后，都没有介绍中国学界对此问题研究状况的文章，这颇令人感到不可思议。

中国学术界对这次大会的情况，以及会议产生的影响，一直缺乏应有的关注。直到 2011 年，纪赟先生依据贝歇特在 1995 年书中的导论，向国内学术界介绍了 1988 年这次会议的情况。在其文章结论部分，纪赟引述了贝

① 这三册论文集分别作为哥廷根科学院哲学与历史研究丛刊的第 189、194 和 222 号出版。即 Heinz Bechert ed., *The Dating of the Historical Buddha*, Part 1, Vandenhoeck & Ruprecht in Göttingen, 1991; Part 2, 1992; Part 3, 1997。

② Heinz Bechert ed., *When Did the Buddha Live?* Delhi: Sri Satguru Pablications, 1995.

③ 陈延辉的文章收在 1992 年出版的会议论文集第 2 卷，第 84—102 页。网上有一篇介绍他留德经历的文章（https://www.eusa-taiwan.org.tw/news_detail/78.htm），从中可知他参加这次大会前后的一些情况。

④ Herbert Franke, "On the Chinese Traditions Concerning the Dates of the Buddha", *When Did the Buddha Live?* pp. 343–350; Lewis Lancaster, "The Dating of the Buddha in Chinese Buddhism", *The Dating of the Historical Buddha*, Part 1, 1991, pp. 449–457.

⑤ Erhard Rosner, "Some Remarks on Yü Cheng-hsieh's Essay Concerning the Date of the Buddha (1833)", *The Dating of the Historical Buddha*, Part 2, pp. 341–347. 介绍和讨论了《癸巳类稿》卷 15《释迦文佛生日生年决定具足论》。

⑥ Hajime Nakamura, "Japanese Research on the Date of the Buddha", *When Did the Buddha Live?* p. 136.

歇特的总结，认为这次大会没有提出一个能够被大家广泛认可的新的系年结论，但至少得出一个共识：广为接受的"修订的长系年"并不具有说服力，学界公认佛陀涅槃于公元前 480 年前后的观念，已经过时了。此次与会的大多数学者主张佛灭的时间大大迟于公元前 480 年。纪赟接着说："只想提醒佛教学界，可能我们认为是理所当然的某种理论，在别人看来却未必一定是不需要证明就被视为当然的。而且，从华语学界对远在二十多年前的哥廷根大会的漠然，也应该反省一下我们华语学界，尤其是我所归属的大陆学界对国际佛教前沿的某种意义上的隔膜了。"① 在我看来，无论是"漠然"导致的"隔膜"，还是"隔膜"带来的"漠然"，都是在中外学界之间双向存在的。贝歇特毫不讳言很多印度学者对"佛灭年代"的认知，还停留在印度神话叙事之中。但他却没有点评到任何中国学者的研究。

如果只看贝歇特本人的综述和总结，他似乎在有意无意地给人留下"短系年"从此就可以代替"修订的长系年"的印象。1988 年参会的各国学者中，虽然持各种"佛灭年代"说的都有，但 1995 年选编的论文集，则明显带有倾向性，基本上多是倾向于"短系年"学者的论文。随后，对这本正式论文集的书评，也给人以"短系年"就应该取代"修订的长系年"的观感。②但我认为，"短系年"只是比以往更加值得重视，最多也只是达到了足以和"修订的长系年"平起平坐的地步，却远未能够彻底取代"修订的长系年"。

首先，这次会议之后的 1990 年 5 月，在印度瓦拉纳西（鹿野苑）召开一次主要由印度学者参与的讨论会，也是专门讨论佛陀的年代问题。这次会议的论文集，先后两次刊出。所收论文，基本上无一认同"短系年"说，最低也是坚持"修订的长系年"，但仍有比公元前 5 世纪 80 年代更早的佛陀年代系年。③ 当然，这次在印度举行的佛陀年代的国际会议，其规模和影响

① 纪赟：《佛灭系年的考察——回顾与展望》，第 197 页。

② L. S. Cousins, "The Dating of the Historical Buddha: A Review Article", *Journal of the Royal Asiatic Society*, Third Series, Vol. 6, No. 1, 1996, pp. 57–63；D. Seyfort Ruegg, "A New Publication on the Date and Historiography of the Buddha's Decease ('nirvāṇa'): A Review Article", *Bulletin of the School of Oriental African Studies, University of London*, Vol. 62, No. 1, 1999, pp. 82–87.

③ 会议论文集先刊载于 *The Indian Journal of Buddhist Studies*, Vol. 6, 1994。后又出版专书 Awadh Kishore Narain ed., *The Date of the Historical Śākyamuni Buddha*, Delhi: B. R. Publishing Corporation, 2003。

都远不及哥廷根大会。但也表明不认同"短系年"的学者仍在发声。其次，日本学者中也有始终不认同"短系年"而坚持"修订的长系年"，如山崎元一。他是参加哥廷根大会的日本五位正式代表中唯一不赞同"短系年"的人，并且在会后也没有改变自己的观点。① 这说明哥廷根大会之后，实际上在国际学术界并未形成"短系年"的压倒性优势。尽管应该对相关学者研究的科学性和客观性有足够信任，但南亚的佛教学者恰恰排斥根据北传佛教传统得出"短系年"，日本学者偏偏否认根据南传佛教传统得出的"长系年"。这样的事实总会让人联想到其各自背后或隐或现的某些不自觉的立场。在此情况下，或许更需要某种相对客观的立场和观点介入。

五　中国学者的贡献

当 20 世纪初的中国佛教界还在固守着"穆王壬申岁佛灭说"时，已有接触到西方和日本学术的中国学者质疑这个年代的可靠性。1923 年，国内的佛教界按照佛诞在昭王二十四年，即公元前 1027 年来庆祝佛诞 2950 年。吕澂先生（1896—1989）则依据"众圣点记说"，提出公元前 486 年是佛灭之年；相应的，前 565 年才是佛诞之年。② 1925 年，梁启超（1873—1929）在清华大学撰写《印度之佛教》讲稿时，认为当时欧洲学者考订的公元前 483 年说，不如中国史籍所载的"众圣点记说"可靠。③ 为何吕、梁两位学

---

① 山崎元一在大多数日本学者倾向于"短系年"的情况下，仍然坚持"修订的长系年"，他的观点很值得注意。他对"佛灭年代"问题的看法，参见氏著『アショーカ王とその時代』付章「仏滅年の再検討」東京：春秋社、1982、257−282 頁；「仏滅年代について」『東洋学術研究』第 23 巻第 1 号、1984、8−23 頁。他参加哥廷根大会归国后的报告，见「仏滅年代シンポジウムに参加して」『東方学』第 77 輯、1989、167−176 頁。在 2003 年出版的鹿野苑会议论文集，他还贡献了一篇短文，"The Importance of the Dotted Record"，见该书第 147—150 頁。

② 吕澂于 1923 年先作成《印度佛教史略表》，定佛灭之年为公元前 486 年。此表后作为《印度佛教史略》一书附表，1925 年由商务印书馆出版。1923 年《海潮音》第 4 卷第 4 期刊载了唐慧瑞针对吕澂之说提出的批驳。吕澂同年又撰《佛历年代辩证》作为答辩。此据《佛灭纪年论考》，第 1—11 页。

③ 梁启超：《印度之佛教》，后改题《佛陀时代及原始佛教教理纲要》，收入《佛学研究十八篇》，1936 年初版；此据上海古籍出版社，2001 年，第 59—61 页。但中外学者都有对"众圣点记说"持疑之论。

者这么重视"众圣点记说"？所谓"众圣点记说"，首见于公元 6 世纪的中国佛教文献记载。518 年成书的《出三藏记集》，提到了印度佛教保持着一个传统，即从佛灭之年起，每年都会在七月十五日那天，于律藏前做一点记。① 到 597 年成书的《历代三宝记》，明确说到相当于南齐永明七年（489）时，共点记了 975 点。② 489–975 ＝公元前 486 年。不少学者相信这是一种来自比较古老的印度佛教传统。

宇井伯寿 1924 年的文章，很快被译介到中国，对中国学界研讨"佛灭年代"问题，起到了很大的推进作用。无论是赞同还是反对宇井的观点，都通过宇井之文，关注到日本和欧洲学者的相关研究。1946 年，吕澂对宇井的论点提出了系统的反驳意见，主旨仍是坚持通过"众圣点记说"来确认佛灭之年为公元前 486 年。③ 1950 年，当时在香港的印顺法师，写出《佛灭纪年抉择谈》，倾向于接受宇井氏的论证思路，只不过他得出的佛灭之年为公元前 390 年。④ 此后，在中国佛教学界就形成了大陆的学界和教界一般否定宇井学说，港台的学界和教界大体接受宇井学说的局面。

2004 年，方广锠先生对"佛灭年代"问题做了评述，他的意见可视为今日大陆学界对此问题的代表性看法。⑤ 他肯定了宇井和中村等人先确定阿育王的时代，再上推佛灭之年的思路。认为目前来看，将阿育王即位定在公元前 268 年的结论也可取。但从阿育王向上，到底按北传的 116 年去推，还是按南传的 218 年去推？方先生权衡之下，认为恰恰是宇井等人认为不可靠

---

① 僧祐：《出三藏记集》卷 11《善见律毗婆沙记第十五》，苏晋仁、萧鍊子点校本，中华书局，1995 年，第 419 页。

② 费长房：《历代三宝记》卷 11，CBETA《大藏经》第 49 册，第 95 页。

③ 吕澂：《谈佛灭年代——辩宇井三八六年说之非》，1951 年初刊，收入《佛灭纪年考论》，第 187—207 页。关于此文刊出前后的故事，参见高山杉《谁先发现了〈顺中论〉里的"因三相"？》，《东方早报·上海书评》第 243 期，2013 年。吕澂还指出"众圣点记说"也属南传系统，且相对更早和更可靠。见《谈南传的佛灭年代》，1956 年初刊，此据《吕澂佛学论著选集》卷 4《印度佛学源流略讲》，齐鲁书社，1991 年，第 2318—2324 页。

④ 印顺法师：《佛灭纪年抉择谈》，1951 年初刊，此据《印顺法师佛学著作选集·印度佛教论集》，中华书局，2010 年，第 1—60 页。他在 1943 年出版的《印度之佛教》一书，即已采纳"短系年"说。

⑤ 方广锠：《渊源与流变——印度初期佛教研究》，中国社会科学出版社，2004 年，第 47—58 页。

的南传 218 年说，比北传的 116 年说更值得重视。因为如果认定佛灭至阿育王只有一百年左右，就要先否定掉一系列早期佛教史上已成定论的重要事件。只有承认两者之间相差二百年左右，才能符合现知的早期佛教史基本线索。并且，自吕澂到方先生（包括山崎元一），都认为依据"众圣点记说"可直接得出结论是公元前 486 年；从阿育王即位之年上溯 218 年，也是公元前 486 年。这两种不同计算方法所得出的结果相同，更使他们坚信佛灭在公元前 486 年的说法是可靠的。

在"佛灭年代"的争论中，汉语史料的重要性不言而喻，中国学者的研究不可或缺。面对纷繁芜杂的汉语史料，首先要做的就是去伪存真，辨析各种说法出现的时代和背景。这方面的工作，中国学者具有天然的优势。从历史上看，汉语史料中留下的"佛灭年代"诸说，主要是不同时代的中国佛教，根据自己的需要而创造出来，与印度佛教历史真实情况，实在有很大距离。但也不可否认会有真正反映了印度佛教传统的可靠记录流传到古代中国，通过汉语史料记录下来。"众圣点记说"最早在中国出现之地是广州，是在翻译南传律藏时得到的信息，这应看作南传佛教从海路进入中国所留下的痕迹。南传佛教毕竟要比北传佛教更直接保留一些印度原始佛教的传统，任何一种来自南传的说法，都应受到足够重视，除非有充分理由将其否定。中国佛教主要受北传佛教影响，在此背景下，"众圣点记说"就具有了在北传佛教中保留南传传统关于"佛灭年代"说的特殊意义。

身在北传佛教环境之中的中国佛教学者，在没有宗派倾向的前提下，强调和坚持南传传统的"众圣点记说"，正说明此说具有某种不容忽视的合理性。但如果仅凭"众圣点记说"，就要为"佛灭年代"的争论做出定谳，也会让人感到明显力有不逮。西方和日本学者已从多角度判定南传史料所记的 218 年之数不可靠。这个前提不解决，就不能将 268+218= 公元前 486 作为"众圣点记说"可靠的重要旁证。"众圣点记说"和从阿育王即位之年上溯，从这两种不同途径得到相同的数字，很可能真是一种偶然巧合而已。但是，大家公认"未修订的长系年"应该减去 60 年得出"修订的长系年"公元前 484 年，与"众圣点记说"的公元前 486 年，只有两年之差。这却是可以看作从两种不同考察路径得到非常相近的结论。两者都从不同路径揭示出南传佛教原本也是主张公元前 5 世纪 80 年代佛灭说的。

由于西方在"佛灭年代"研究方面早于中国二百年左右,当中国学者进入这一领域时,已经很难再有迥异于前人的新观点提出。但这不等于中国学者的努力就毫无意义。"众圣点记说"早在 19 世纪末,就被缪勒和高楠顺次郎等外国学者做过研究。缪勒否定"众圣点记说"之后,西方学界基本上没人再据此来探讨"佛灭年代"。高楠氏依据"众圣点记说"得出的结论,一度对日本学界产生过影响。但后来日本学界的主流,已抛弃此说,转而尊奉"短系年"。在此情况下,中国几代学者前后相续地坚持"众圣点记说",就非常值得吟味。中国学界若能充分观照到过往三百年学术史,重新对"众圣点记说"做出梳理和考辨,客观评价"众圣点记说"的意义和局限,与其他各种"佛灭年代"的结论进行比较研究,对于历来比较轻视汉语文献的国际"佛灭年代"研究而言,仍不失为一项重要的贡献。之所以说"短系年"实际上并未取得压倒性优势,也是因为"短系年"的学者基本上都不采信"众圣点记说",而中国学者对"众圣点记说"的坚持,实际上确有其不能被轻忽的道理。

六 旧困局的成因

不可否认,目前"佛灭年代"问题的讨论,已经陷入"修订的长系年"和"短系年"之间僵持不下的一个困局。要想突破困局,首先要找出造成困局的原因所在。我认为至少有三方面的原因值得反思。意识到这些问题,或许是下一步研究展开的必要前提。

第一,西方和日本学者逐渐倾向于"短系年"的主要原因,是在确定阿育王的年代后,越来越怀疑南传传统所记的"218 年说"的可靠性。从多角度验证了"218 年说"不可信,于是就取信了北传的"116 年说"。然而,在"佛灭年代"、阿育王即位之年、两者间隔的年数,这三个条件中,"佛灭年代"是待求的未知数,阿育王即位之年可算是已知条件;两者间隔的年数,看似是已知的,但因为有南传和北传年数的不同,事实上也成了未知。

在三个条件中只有一个已知的情况下，对另两个条件的推算，显然不能做到确定无疑。从佛灭之年到阿育王即位之间的年数，即便已经验证了南传的"218 年说"不可取，也并不意味着北传的"116 年说"就绝对可靠。"218 年"这个数字是否可靠，与阿育王即位是否在佛灭之后 200 年前后，仍然是两个层面的事情。不能否定了南传"218 年"的可靠性，就转而无条件地接受北传的"116 年说"。原本关于"佛灭年代"的讨论，是从多途径、多角度展开的。因为确定了阿育王年代，反而造成了其他途径和角度的探索，都被放弃，只在南传"218 年说"和北传"116 年说"之间，进行一种"非此即彼"的单项选择。这是很值得反思的一个现象，也是造成目前困局的主要原因之一。

如果继续停留在论证到底南传的"218 年说"还是北传的"116 年说"更可靠，在现有条件下，很难有新的进展。"佛灭年代"问题，并不是一道简单的算术题。涉及希腊、中亚、印度、锡兰的王统世系，早期佛教僧团内部的传承世系，早期佛教史上一些基本史实的认定，一些重要佛教文献的定年问题，以及对铭文考古材料等综合的研究。无论是"修订的长系年"还是"短系年"，都应该有各种不同的路径去推演得出，并能通过不同层面的考察得到多角度的印证。想通过一两条证据，做一番简单的加减法就得出"佛灭年代"的做法，显然无法应对以上众多复杂线索的多重检视。要想走出困局，或许先要暂时放下对"218"和"116"两个数字的执念。

第二，事实上，过去三百多年间有关"佛灭年代"的讨论，比较在意是否能将结论具体到某一精确的系年。特别对于佛教界来说，有了具体的系年，才能举行相应的周年纪念活动。教界的需求可以理解，但学界进行学术探讨时，需要有客观的条件才能做到准确的系年。目前看来，并不具备这样的条件。首先是关于佛陀到底多大岁数涅槃的，并不是只有 79 岁和 80 岁这两种说法。其次是阿育王的灌顶之年，是"佛灭年代"的一个重要支点。有人把"灌顶"理解为是阿育王接受佛教，认为他即位 4 年后才正式接受佛教；但"灌顶"本身也有王权授受仪式之意，也可理解为阿育王即位。理解不同，计算时就会有 4 年之差。再次是几乎所有说到"佛灭之后若干年"的各种看似精确的系年数字，都会面临各种各样的质疑。前述 218 年和 116 年只是吸引最多人注意的数字而已。在这些细微之处无法确认的前提下,任何准确而具体的系年数字,都难以兼顾到各种已知条件,因而都具有很大的不确定性。我认为在现有条件下,无法将"佛灭年代"精确到个位年数。无论544/543 年,486/483/477 年,386/383 年,系年越具体,被质疑和需要解释的空间就越大。勉为其难地追求精确的定年,把原本可以互相支持的结论,人为地分成看似彼此不兼容,甚至互相冲突的不同观点,这是造成目前困局的第二个重要原因。与其如此,不如现阶段就取大的约数,即公元前 540 年代的公元前 6 世纪,公元前 480 年代的公元前 5 世纪,公元前 380 年代的公元前 4 世纪。尤其在目前"修订的长系年"和"短系年"两者相持不下的情况下,能确定"佛灭年代"到底是在公元前 5 世纪,还是公元前 4 世纪? 就已是一种非常有意义的结论。将来条件许可时,再去追求"精准系年"。

第三,通常判断某种历史文献的记载可靠与否,要看其史料来源和文献成书时代的先后。对于印度早期佛教历史而言,运用这种判断文献记载可信度方法时,不能过于绝对。南传的《岛史》成书时间不早于公元 4 世纪,"众圣点记说"传入中国,已是公元 5 世纪末,进入汉语文献更是晚至6 世纪。但北传的"佛灭年代"资料,即便采纳相对保守的定年意见,也要早于南传的这些记录。① 能否据此就判定南传的说法因晚出而不可靠,北传的说法因早出而可靠? 南传资料的确有不准确的地方,但从法显和《布顿佛教史》的记录都可看出,南传佛教一直有对佛灭年代准确到个位数的纪年传统。轻易否认或忽视南传资料关于"佛灭年代"记载的重要性,或许是造成目前困局的第三个原因。

有关"佛灭年代"研究的基本资料,成书时代最早的,应是律藏文献。佛灭之后不久,发生第一次结集;佛灭后百年前后,通过第二次结集,产生了最早的律藏。但也是在第二次结集时,发生了上座部和大众部的分裂。现存记载第二次结集的佛教文献,都是出自佛教各部派之手。从上座部和大众

---

① 印顺法师认为北传的 116 年说,来自公元前 1 世纪罽宾佛教的论说。讲到佛陀预言涅槃后百年,阿育王成为转轮王的譬喻故事,是在公元前后形成的。参见《佛陀纪年抉择谈》,第 6—14、53 页。当然,他的推测可能过早。那体慧认为这些文献的时代可以晚至公元2—4 世纪。见 Jan Nattier, *Once upon a Future Time: Studies in a Buddhist Prophecy of Decline*, Berkeley, California: Asian Humanities Press, 1991, pp. 152–153。

部再分出诸多部派，是在佛灭二百年以后的事情。因而涉及"佛灭年代"的相关资料，最早也应该是在佛灭以后二百多年才出现的。但律藏文献缺乏明确的佛灭系年意识，基本没有提供什么有价值的线索。

接下去时代较早的文献，就是在佛灭后三百年以后出现，并移至印度西北部罽宾（犍陀罗）地区的说一切有部的文献。这也是对中亚和中国西域的佛教影响极深的部派之一。说一切有部是从上座部分化出来的。上座部的源头甚至可以追溯到佛弟子阿难传下的法脉，原本是比较遵守佛陀教法戒律的，因而他们这一法脉关于"佛灭年代"的记忆本应是最可靠的。但似乎在早期佛教传统中，一般无须强调"佛灭年代"。事实上，"佛灭年代"并不是一个在早期佛教文献中频繁出现的话题。现存北传佛教有关佛灭百年后阿育王出世的各种记录，几乎都很难追溯到公元前去。① 在佛灭之后的最初几百年不怎么讲"佛灭年代"与阿育王的关系，到公元后突然形成一种固定的模式反复出现，说明北传的传统实际上并不是从佛灭之后，一直念念不忘"佛灭年代"的问题。源自罽宾（犍陀罗）佛教的北传佛教文献，出奇一致地将阿育王置于佛灭后一百多年，很可能是出于某种特殊的原因做出的刻意安排。这样的说法不可能早于阿育王实际在位的公元前 3 世纪。

南传佛教据传在阿育王时期从印度本土传入锡兰，虽然这一传说不一定绝对可靠，但南传传统与印度本土的早期佛教传统更接近，这也是公认的事实。现存的南传佛教资料，虽是不早于公元 4 世纪编纂的，它们可能有更早的文献依据，乃至有更早的印度早期佛教口传传统。"众圣点记"即便不一定真如汉语史料所载，每年在所谓"律藏"之前点记，但在南传佛教相对封闭的环境中，继承下来每年做一标记的传统，并不是完全不可能的事情。然而，口传的传统，即便存在，只能是推测，在汉语史料中出现也相对较晚，

① 平川彰曾列举十几种北传佛教中将阿育王置于佛灭之后百余年的文献，最早一例是公元 2 世纪前后的马鸣《大庄严论经》。见氏著『印度仏教史』1974 年初刊，此据庄昆木汉译本，商周出版社，2002 年，第 96—97 页。塚本启祥认为阿育王譬喻中出现的"四恶王"破坏佛法的故事，反映的是公元前后印度西北地区的政治情势。见塚本啓祥「仏滅年代の资料」1960 年初刊，收入氏著『初期仏教教团史の研究』东京：山喜房仏書林，1966 年第一版、1980 年改定增補版、27—61 頁。则阿育王事迹进入佛教文献的时代，不仅晚于公元前 3 世纪阿育王在世之时，也很可能要晚至公元后了。

最多可作为重要的旁证资料，而不宜作为主要的论据。总之，从史料的来源和时代性上看，现存南传的记载，见诸文字的时间虽晚，但所依据的传统却不一定晚于北传。北传的"短系年"，反而很可能是在公元前后才新出现的说法。南传的传统很可能比北传的传统，更接近印度早期佛教的原初状态。但如果想在这方面深究下去，将会涉及大量南传和北传早期文献的时代判定，也并非短期内能够得出确切结论。如同218年和116年两个数字谁更可靠一样，暂时难以看到光明的前景。

七　"法灭年代"的意义

有没有可能找到比现知南传和北传文献更早的、更直接与"佛灭年代"相关的佛教文献？我认为应该充分重视印度早期佛教的"法灭思想"及其所蕴含的"法灭年代"。这很可能为"佛灭年代"的讨论，提供一条可以尝试的新路径。

所谓"法灭"的意思，才是指佛法的消亡、灭没。这是基于一个在佛教历史上流传久远的、据说是出自佛陀本人的预言，说在佛灭之年过后若干年，佛陀正法将必然在人间灭没。佛灭之后多少年会发生"法灭"？说法不一，有说500年，有说1000年，有说1500年，有说2000年，等等。显然，"法灭年代"的前提是确立"佛灭年代"。"佛灭"之后才会谈得上"法灭"。因而"法灭年代"与"佛灭年代"是密不可分的。[①] 因为"法灭"是一种预言，所以不可能精确到具体的年代，一般都是以百年整数计数，这正符合前述我们在现阶段没有条件、也不必追求精确系年的思路。

对于印度佛教的"法灭思想"，拉莫特、那体慧等都有专门的研究。[②]

---

① 贝歇特曾经做过这个方向上的思考，但他关注的是"法灭"思想的末端，即未来佛弥勒的出现。因而他提出的是所谓佛教的"千禧年主义""弥赛亚运动"等问题。见 *When Did the Buddha Live?* pp. 33–34. 纪赟也提示了从这一方向考虑的重要性，见《佛灭系年的考察》，第194—195页。但从弥勒信仰角度几乎难以对"佛灭年代"有直接的启发，特别是如果坚持要把"佛灭年代"具体到精确的系年时。

② Étienne Lamotte, *Histoire du Bouuhise Indien*, Louvain: Institut Orientaliste，1958 年初版；此据 Sara Webb-Boin 的英译本 *History of Indian Buddhism: from the Origins to the Śaka Era*, Louvain-Paris: Peeters Press, 1988, pp. 191–202; Jan Nattier, *Once upon a Future Time*。

与讨论"佛灭年代"密切相关的问题是：有关"法灭"的记载，在印度佛教中最早是何时出现的？那体慧认为最早的"法灭"故事版本，是传为西晋时汉译的《佛使比丘迦旃延说法没尽偈百二十章》，以及和此经内容非常近似的《迦丁比丘说当来变经》。她认为这两部经是不晚于公元 2 世纪时在巴克特里亚地区成书的。[1] 我已就此经中"法灭"部分的时代和地域问题提出了新的看法，认为应该形成于公元 1 世纪中期的贵霜帝国初期，地域应该是印度西北的罽宾（犍陀罗）地区。[2]

迦旃延在预言中说，在佛灭后 1000 年将会"法灭"。此前更早在《杂阿含经》就出现了佛陀正法可以传承千年的说法。那体慧认为在公元前 340—200 年，[3] 部派佛教中出现了由于佛陀允许女人出家，建立比丘尼教团，从而导致佛陀"正法"从原本可以传承 1000 年，减至只能传 500 年的情况。如果佛灭后 1000 年"法灭"的预言是在佛灭之后一两百年之内提出的，那时佛教中人所认定的"佛灭年代"，就应该比后来的各种说法，更具有可靠性和权威性。就现有资料看，"正法"传世预言之期，从 1000 年减半至 500 年，大约发生在公元前 3 至前 2 世纪，亦即佛灭之后第三个百年期间。到公元前后时，印度佛教就会面临 500 年之期即将结束的境况。佛灭满 500 年后，"正法"是否要消失？佛教教团当然不会承认佛灭 500 年之期一过，佛法就彻底消失。这时就需要在"正法"500 年之后，接续上一个新的时代以延续佛法在世间的传承。印度佛教采取了两种方法来达到这一目的：其一是说由于佛陀给比丘尼制订了"八敬法"，所以减半的正法就可以恢复到 1000 年了。其二是认为在正法 500 年之后，有个像法 500 年的阶段。像法结束之后，才会发生"法灭"。为正法 500 年续期的举动，只有发生在 500 年之期的节点到来之前，才有意义。因此，印度佛教何时提出为正法 500 年续期的，就应该是所谓佛灭后"正法"传 500 年到期之时。由此上溯 500 年，就能得出

---

[1] Jan Nattier, *Once upon a Future Time*, pp. 157–168.

[2] 在拙文《〈迦旃延偈〉"法灭故事"形成的时代和地域》，《宗教学研究》2019 年第 3 期，第 87—94 页。我认为《迦旃延偈》可以早到公元前，但后来我更正了自己的看法，最新看法是在公元 1 世纪中期以后。

[3] Jan Nattier, *Once upon a Future Time*, pp. 28–33. 这是那体慧根据部派分裂的背景而做出的推论。

早期佛教所秉持的佛灭年代。

这个思路也并非我的孤明先发。那体慧已注意到印度佛教在到佛灭后500 年发生"法灭"的临界点时，必然要改变原先的预言，将"法灭"发生的时间推迟到遥远的未来。不过她认为这种变化发生在公元 1 或 2 世纪。[①]她接受佛灭在公元前 483 年说，即佛灭在公元前 5 世纪。按此推算，佛灭后500 年"法灭"之期，到公元前后就到期了，无论如何也不该到 2 世纪时才会想到用"像法"1000 年来接续"正法"500 年。如果坚持佛灭在公元前 5世纪的话，"正法"500 年即将结束的节点，就只能是在公元前后的几十年间。只有认定佛灭在公元前 4 世纪，这一节点才需要延后到公元 2 世纪。可以说，在这一点上，那体慧也想到了从"正法"到"像法"的过渡问题，但她只是一带而过，没有深究。我们在此面临的选择是：究竟是承认佛灭在公元前 5世纪，所以公元 1 世纪初就发生了"正法"500 年后接续"像法"1000 年？还是认定佛灭在公元前 4 世纪，到公元 2 世纪时才完成从"正法"到"像法"的过渡？这一选择换个角度看，也正是究竟该选择"修订的长系年"还是"短系年"？

我在此只是提出在以往"佛灭年代"问题研究中，尚未被充分讨论到的一个新的研究路径。如果要论证"正法"之后接续"像法"发生在公元 1 世纪，也是要费大量的笔墨才能说通的。我相信在不必追求精准系年的前提下，考察"法灭年代"，或可为我们提供一种时代更早的印度佛教关于佛灭年代的基本看法，从而有助于我们在"修订的长系年"和"短系年"之间做出客观的选择。

结　语

最后，新的考古发现，似乎也不利于"短系年"。19 世纪末，考古学家在佛陀诞生地迦毗罗卫城的遗址，即尼泊尔蓝毗尼的 Tilaurakot，曾发现过当年阿育王巡礼佛教圣地时，建造的阿育王石柱，以及给摩耶夫人建立的庙

---

① Jan Nattier, *Once upon a Future Time*, pp. 42, 62–63.

宇等纪念物。2010—2017 年间，在这里又有新的考古发现。虽有不同意见，但目前考古学家基本确认这一遗址大约从公元前 8 世纪开始成为定居点，约在公元前 6 世纪左右实现城塞化。在公元前 3 世纪阿育王时代修建的摩耶夫人庙宇遗址下面，又发现了一个木结构的建筑。经过对新发现遗址所用木材的碳同位素检测，认定是公元前 6 世纪的木料。说明在阿育王给摩耶夫人建庙之前，这里原本是有个木结构建筑的，很可能是摩耶夫人庙宇的前身。参与发掘的考古学家认定：这一发现，可以对包括"修订的长系年"和"短系年"在内，都提出强烈的质疑。[①] 不过，公元前 6 世纪，正有可能是佛陀出生和摩耶夫人离世的时代，所以有摩耶夫人最早的庙宇并不奇怪。但佛陀若是公元前 6 世纪降生，自然其灭度之年不会晚到公元前 4 世纪。所以，这一发现实际上对"短系年"的冲击更大。当然，因为没有发现文字材料，所以仅凭碳同位素的检测，并不能断定新发现的木结构建筑与摩耶夫人或佛陀之间的关联性。但至少现在看来，"修订的长系年"在考古新发现面前仍有闪转腾挪的余地，反倒是"短系年"几乎要被彻底否定了。

总之，我认为中国学者坚持的 480 年代说，还是相比 380 年代说更为可靠一些。我们要做的是融会贯通各种支持"修订的长系年"的论据，再从新的研究途径提出新的论证思路，这样才可有理有据地坚持"修订的长系年"。从而也可在这一困扰国际学界三百年之久的重要问题讨论中，发出属于中国学者的声音。

---

① R.A.E. Coningham et al., "The Earliest Buddhist Shrine: Excavating the Birthplace of the Buddha, Lumbini (Nepal)", *Antiquity*, Vol.8, Issue, 338, 2013, pp.1104–1123. R.A.E. Coningham et al., "Defining the Chronological and Cultural Sequence of Mound V, Tilaurakot: A Report on Pilot Excavations Conducted in 1999", *Ancient Nepal*, No.190, 2016, pp.18–29. 村上東俊「ティラウラコットにおける近年の考古学調査について」『印度学仏教学研究』第 65 巻第 1 号、2016、288–283 頁。

通向救赎之路：中古中国佛教杀蛇记[*]

陈怀宇[**]

【摘　要】在中古文献中，蛇、虎被认为是自然界两种最为主要的危险物种，分别居于沼泽和山林。随着人类活动的扩展，人与动物之间的冲突不断加剧。中古中国的僧人发展出新的教义、策略、仪式和叙事以处理给寺院和当地社区带来危险的蛇。这些新的教义、策略、仪式和叙事受到四种因素的影响和塑造，即人与动物之间的冲突、戒律规定与现实处理之间的冲突、男性僧侣与女性化的毒蛇之间的冲突、有组织的宗教与地方信仰之间的冲突。尽管早期佛教教义和戒律禁止佛教徒杀蛇，中古中国佛教徒发展出叙事和仪式以应对来自毒蛇的挑战，蛇被阴性化和妖魔化，这也由来自道教的刺激。佛道都将蛇视为武器，以保护寺产，免于外界侵扰。对这些因素的研究可以加深了解中古时期中国佛教对蛇的态度及其处理之变迁及其体现的宗教、社会历史现实。

【关键词】蛇　杀生　佛教女性　当地社区　宗教冲突

前　言

与其他非人动物一样，蛇存在于不同层面的人类经验中。在上古和中古中国，它们生活在文化、历史现实（historical-physical）和心理认知的领域。阅读并视觉化文学、传说、故事、绘画以及雕塑中的文化产物能够产生文化经验。在这种情况下遇到的蛇是由传统思想和宗教话语，或者由中国本土文化、佛教和其他传统所构建的，而这些传统也给予了蛇不同的文化形象。历史现实指的是作为个体或者集体的人类与作为野生个体和族群的蛇之间所发

---

[*]　英文原刊 "The Road to Redemption: Killing Snakes in Medieval Chinese Buddhism", *Religions* 2019, 10(4), p. 247。

[**]　陈怀宇，美国亚利桑那州立大学历史哲学宗教学院教授。

生的实际接触。同时，心理认知经验指的是通过前两种接触被认知和想象出来的蛇。在古代这三种不同的经验常常相互交叉、相互影响。当在讨论中古中国的佛教徒是如何应对来自蛇的威胁时，我们需要注意的是他们所应对的蛇存在于以上这三种层面。僧人们的文化经验来自中国本土文本和早期佛教文学。

在 12 世纪早期，南岳净居岩后有蛇窟。一位名叫宗誉的僧人在这里临时结庵。由于常常被一妇人惊扰，他就躲到了岳寺中。后来在 1141 年，一位名叫善同的僧人来到净居岩，并在宗誉的基础上扩建了几间屋子。28 岁的游僧妙印路过这里，与妇人交合后数日暴毙，另一位行者在同样的地点突然生病，农历四月中，风雨暴至，半夜善同看到一条巨蟒盘绕在他的屋子周围。他与众僧一起在大石缝中杀死了巨蟒，此时风雨骤停。众僧很快发现这条身上布满黑方花纹的巨蟒已经杀死了僧仆共八人。① 这个故事反映出种种值得探究讨论的冲突，如人与动物之间、戒律与地方正义之间、男性僧人与女性化的蟒蛇之间，以及有组织的宗教与地方信仰之间的冲突。本文将会通过研究中国佛教对以上四种冲突的理解和处理方法来考察杀蛇话语和实践的背景。

在人与动物之间的冲突方面，上文中的故事展现出一群居住在深山中的僧人与盘踞此地的蛇之间的对峙。一方面来说，佛教文学常常将蛇看作威胁。亚洲的僧人和佛教信徒在野外行走、生存和修炼时都需要与蛇打交道，② 而上述故事正好展现了僧众在深山中独自修行或者聚居在寺院时所面

---

① 《大正藏》第 51 册，第 1079 页下栏—1080 页上栏；James Robson, *Power of Place: The Religious Landscape of the Southern Sacred Peak (Nanyue 南岳) in Medieval China*, Cambridge, MA: Harvard University Press, 2009；魏斌：《书写南岳：中古早期衡山的文献与景观》，《魏晋南北朝隋唐史资料》第 31 辑，2015 年，第 138—162 页。

② 从宗教史角度来说，蛇是印欧文化与宗教传统中最重要的动物之一。在亚伯拉罕宗教中它以引诱亚当和夏娃堕落而臭名昭著，而在佛教中则是贪嗔痴三毒之一的象征。在拜火教中也被认为是恶兽，见 Mahnaz Moazami, "Evil Animals in the Zoroastrian Religion", *History of Religions* 44: 4 (2005), pp. 300–317. 有关近东各宗教中蛇的象征演变历程，参见 James H. Charlesworth, *The Good and Evil Serpent: How a Universal Symbol Became Christianized*, New Haven: Yale University Press, 2009. 更早的重要研究则有 Balaji Mundkur, *The Cult of the Serpent: An Interdisciplinary Survey of Its Manifestations and Origins*, Albany: State University of New York Press, 1983；Diane Morgan, *Snakes in Myth, Magic, and History: The Story of a Human Obsession*, Westport, CT and London: Praeger, 2008.

对的巨蟒及暴风雨的威胁。①换句话说，生活在野外是很危险的，因为人一不小心就会进入蛇的地盘。另一方面，在野外人与动物（包括蛇）之间的冲突在许多早于佛教的文献中就有所记载。韩非（前279—前233）认为："上古之世，人民少而禽兽众，人民不胜禽兽虫蛇。有圣人作，构木为巢以避群害……号曰有巢氏。"②因此，人与动物之间对生存空间的争夺自古有之，而僧人可能会因为毒蛇噬咬而丧命。

以戒律与地方正义之间的冲突而言，这个故事则揭示了佛教戒杀生与当地人处决祸害之间的鸿沟。在故事的结尾，由于巨蟒杀死了八名僧仆，所以对巨蟒的处决是对其杀生的报应，然而杀蛇的僧众却又因此违反了佛教中最重要的杀生之戒。正如许多学者注意到的，佛教传统中僧人不应该杀生，这里的"众生"包括人和动物。③上文提到的这个杀蛇的故事是中古中国佛教中的一个特例，并由此产生了几个问题，比如中国地方佛教社区如何证明这种杀生行为的合理性，在证明其合理性的过程中这个佛教社区需要运用哪些教义和仪式资源。

---

① 其中一例可见于敦煌莫高窟112窟的壁画之中，见敦煌研究院编《敦煌石窟全集》卷19《动物画卷》，上海人民出版社，2000年，第108页。

② 见韩非著，王先慎集解《韩非子集解》，台北：台湾商务印书馆，1969年，第685页，英译见 Michael J. Puett, *Ambivalence of Creation: Debates Concerning Innovation and Artifice in Early China*, Stanford: Stanford University Press, 2000, p. 77；Albert Gavany, "Beyond the Rule of Rulers: The Foundations of Sovereign Power in the *Han Feizi*", in: Paul Goldin ed., *Dao Companion to the Philosophy of Han Fei*, Dordrecht: Springer, 2013, p. 89。

③ Christopher Key Chapple, *Nonviolence to Animals, Earth, and Self in Asian Traditions*, Albany: State University of New York Press, 1993；Mary Evelyn Tucker and Duncan Ryuken Williams eds., *Buddhism and Ecology: The Interconnection of Dharma and Deeds*, Cambridge: Harvard University Press, 1998；Pu Chengzhong, *Ethical Treatment of Animals in Early Chinese Buddhism: Beliefs and Practices*, Newcastle upon Tyne: Cambridge Scholars Publishing, 2014. 但是凡事皆有例外。比如，正像 Klaus Vollmer 指出的，杀生在前现代日本佛教中是可以合理化的，见 Klaus Vollmer, "Buddhism and the Killing of Animals in Premodern Japan", in Michael Zimmermann ed., *Buddhism and Violence*, Wiesbaden: Reichert Verlag, 2006, pp. 195–211；以及 Elizabeth J. Harris, "Violence and Disruption in Society: A Study of the Early Buddhist Texts", Wheel Publication No. 392/393, Colombo: Ecumenical Institute for Study and Dialogue, 1994；Tessa J. Bartholomeusz, *In Defense of Dharma: Just-War Ideology in Buddhist Sri Lanka*, London: Routledge, 2005；Michael K. Jerryson, *Buddhist Fury: Religion and Violence in Southern Thailand*, New York: Oxford University Press, 2011；Vladimir Tikhonov and Torkel Brekke eds. *Buddhism and Violence: Militarism and Buddhism in Modern Asia*, London: Routledge, 2015.

关于男性僧人和女性化的蟒蛇之间的冲突，这个故事貌似将蛇看作能够使男人生病且丧命的淫妇。尽管文中并没有直接指出杀死妙印的妇人就是巨蟒变的，却暗示了妙印冰冷的尸体与蛇类的侵蚀有关。其寓意是一个意志薄弱的男性僧人自甘堕落且最后在美女蛇的引诱下身心俱毁。佛教文学和佛教传入之前的中国传统中都存在将女人与蛇相关联的现象，而这种联系应该被记录和分析。①

关于有组织的宗教和地方信仰之间的冲突，这个故事提到巨蟒有招致暴风雨的本领，而这也是古代信仰中蛇神普遍具有的超能力。暴风雨所带来的危险威胁到了寺院及其居民，而蟒蛇被塑造成掌管这些自然力量的神祇。不过，故事中佛教僧人作为人类的代表能够通过杀蛇来控制这些力量，他们驱走了黑暗并迎来了光明。最终，这群僧人尽其所能杀死了这条惹是生非的巨蟒，他们的行为由于巨蟒先前所害的八条人命而取得了合理性。从此以后，这群僧人得以享受一个平静祥和的生活及修行环境。

在以下的讨论中，我认为有若干因素塑造了佛教僧人针对这些人蛇冲突所采取的态度和实践。第一个因素是中国历史上存在着悠久的杀蛇传统。第二个因素是古代中国以阴阳理论中蛇的女性化为基础所建立的女人和蛇之间的联系。第三个因素是中古中国佛教社区对大乘密教传统的接受，其中介绍了杀生的仪式以及对杀生合理性的解释。第四个因素是中古中国佛教与本地信仰之间的冲突以及面对道教的竞争和挑战。在中古中国的宗教话语中，虎和蛇对佛教和道教社区来说都是极其危险的，驯虎和杀蛇就文化资本来说至关重要——是否有能力驯服恶兽乃是一种显示这两种宗教力量孰优孰劣的方法。中国佛教和道教社区在处理当地危险动物所带来的威

---

① 在日本佛教的灵异记中，僧人面对以盘蛇形态出现的女性诱惑者乃是常见的主题。见 Susan Klein, "Woman as Serpent: The Demonic Feminine in the Noh Play Dōjōji", in: *Religious Reflections on the Human Body*, ed. by Jane Marie Law, Bloomington and Indianapolis: University of Indiana Press, 1995, pp. 100–136; Monica Dix, "Saint or Serpent? Engendering the Female Body in Medieval Japanese Buddhist Narratives", in: *The Body in Asia*, eds. ny Brian S. Turner and Zhang Yangwen, New York and Oxford: Berghahn, 2009, pp. 43–58; Barbara Ambros, *Women in Japanese Religions*, New York: New York University Press, 2015, pp. 91–92.

胁时互相学习和借鉴。也就是说，二者在发展其处理危机的策略时可以动用所有手头资源。①

一 人与蛇之间的对峙

科学研究指出，毒蛇已经在地球上存在了 6000 万年。亚洲游蛇（Colubroid snakes）进化出一个强大的毒液输送系统。一些致命毒蛇都属于游蛇，如蝰蛇科（Viperidae，蝰蛇和蝮蛇）、眼镜蛇科（Elapidae，眼镜蛇、曼巴蛇和珊瑚蛇）、游蛇科（Colubridae，游蛇、哥夫蛇和王蛇）的各种蛇类。② 一些科学家认为与蛇类接触的进化主要来源于哺乳动物为了感测和回避蛇类而发生的神经结构进化，这些神经结构将蛇与恐惧联系起来。③ 虽然古代中国人还没有掌握现代的蛇类科学知识，但他们对蛇的恐惧却是共同的。

最早对人蛇对峙的记载可以追溯到公元前 6 世纪，那时蛇——连同虎——被看作对人身和社会政治秩序的威胁。公元前 6 世纪，齐景公（？—前 490；前 547—前 490 在位）外出狩猎，他问晏婴（前 578—前 500）上山见虎和

① Robert Ford Campany, "Religious Repertoires and Contestation: A Case Study Based on Buddhist Miracle Tales", *History of Religions* 52: 2 (2012), pp. 99–141.

② Lynne A. Isbell, *The Fruit, the Tree, and the Serpent: Why We See so Well,* Cambridge, MA: Harvard University Press, 2009, p. 98.

③ Lynne A. Isbell, "Snakes as Agents of Evolutionary Change in Primate Brains", *Journal of Human Evolution* 51: 1 (2006), pp. 1–35；Vanessa LoBue, David H. Rakison, Judy S. DeLoache, "Threat Perception Across the Life Span: Evidence for Multiple Converging Pathways", *Current Directions in Psychological Science* 19: 6 (2010), pp. 375–379；Judy S. Deloache and Venessa Lobue, "The Narrow Fellow in the Grass: Human Infants Associate Snakes and Fear", *Developmental Science* 12: 1 (2009), pp. 201–207；Vanessa LoBue and Judy S. DeLoache, "Detecting the Snake in the Grass: Attention to Fear-Relevant Stimuli by Adults and Young Children", *Psychological Science* 19: 3 (2008), pp. 284–289；Frank C. Keil, "The Roots of Folk Biology", *Proceedings of the National Academy of Sciences of the United States of America* 110: 40 (2013), pp. 15857–15858；Kevin J. Tierney and Maeve K. Connolly, "A Review of the Evidence for a Biological Basis for Snake Fears in Humans", *The Psychological Record* 63: 4 (2013), pp. 919–928；Jonathan W. Stanley, "Snakes: Objects of Religion, Fear, and Myth", *Journal of Integrative Biology* 2: 2 (2008), pp. 42–58.

下泽见蛇是不是不吉利，① 但晏婴回答说只有治理不善才会为国家带来三不祥。② 尽管故事中的虎和蛇都被用作比喻，但清楚地表明虎和蛇都被当作人类在野外的威胁。汉代时期的王充（27—100）认为由于江南气候湿润，那里有不计其数的蟒蛇和毒蛇。③ 可见，人蛇的对峙广泛存在于从黄河流域到长江流域的地区。

上古和中古时期，中国的南方被看作蛇蟒横行的地方。夏季潮湿的气候和湿地为大量毒蛇和蟒蛇提供了适宜的栖息地，它们也带来了传染病和瘟疫。④ 公元前 3 世纪成书的中国早期辞典《尔雅》列举了四种主要的蛇类，其中包括螣蛇和一种神话中的蛇形动物。然而，根据 624 年编撰的《艺文类聚》，上古和中古早期的作者描述了五种主要的蛇类。⑤ 这种分类可以被当作中古早期的一种与蛇有关的文学传统（literary tradition）。这五种蛇分别是剧毒且无所不噬的长蛇、神话中的会飞的螣蛇、巨大的蟒状巴蛇、神话中可以吞象的巨蛇、⑥ 双头的枳首蛇。⑦ 第二种蛇并不是一种爬行动物，在自然界也不存在，但第三种蛇很有可能是一种蟒蛇。

唐朝时期，一些地区以蛇著称。按理来说，毒蛇应该被唾弃甚至屠杀，而无毒的蛇则只需被回避。然而，一些蛇却由于经济、药用和审美等因素而被赋予价值，因此地方政府会允许捕蛇的人以此作为进贡。比如说，唐朝的蕲春郡（今湖北蕲春）向朝廷进贡了大量的本地特产，其中包括白纻、鹿毛

---

① 晏婴著，孙彦林、周民、苗若素校注《晏子春秋译注》，齐鲁书社，1991 年，第 81 页。胡司德（Roel Sterckx）用这一故事来讨论晏婴拒绝一种物种在其自然习性中的非正常特点，见 *The Animal and Daemon in Early China,* Albany: State University of New York Press, 2002, p. 106。

② 晏子说："国有三不祥，是不与焉。夫有贤而不知，一不祥；知而不用，二不祥；用而不任，三不祥也。所谓不祥，乃若此者。今上山见虎，虎之室也；下泽见蛇，蛇之穴也。如虎之室，如蛇之穴，而见之，曷为不祥也。"对三不祥的讨论参见 Olivia Milburn, *The Spring and Autumn Annals of Master Yan,* Leiden: Brill, 2015, p. 214。

③ 北京大学历史系《论衡》注释小组：《论衡注释》，中华书局，1979 年，第 1301 页。

④ 《汉书》，中华书局，1962 年，第 2781 页；《新唐书》，中华书局，1975 年，第 6345 页。

⑤ 欧阳询等：《艺文类聚》，上海古籍出版社，1982 年，第 1664—1667 页。

⑥ Richard E. Strassberg, *A Chinese Bestiary: Strange Creatures from the Guideways through Mountains and Seas,* Berkeley: University of California Press, 2002, p. 190.

⑦ Sterckx, *The Animal and Daemon in Early China,* p. 156.

笔、茶、白花蛇以及乌蛇脯。①

唐代朝廷希望全国各地方能够将蛇作为贡品。这样朝廷就能用蛇及其身体部位入药。根据杜佑（735—812）于801年编撰的《通典》，许多郡县——包括新平（今陕西咸阳）、蕲春（今湖北蕲春）、潮阳（今广东潮州）、南海（今广东广州）、高凉（今广东恩平）和海丰（今广东海丰）——向朝廷进贡蛇脯以及蛇胆。② 由于对这些贡品的巨大需求，湖广（湖北和湖南）地方政府发动本地居民来冒死捕蛇。柳宗元的《捕蛇者说》对此有十分生动的描述。这种毒蛇黑质白章，可以治疗麻风病、手脚痉挛、恶疮，去死肌，杀三虫。因此朝廷命令每户每年要用两条蛇来抵赋役。③

在中古中国文学中，蛇和虎常常作为当地村庄的主要威胁而结伴出现。④ 中古中国的文献中时常提到虎暴或者虎灾，还有蛇灾。对付招灾引祸的虎和蛇有时甚至成了当地社会的头号考量。例如，据干宝的《搜神记》，东域闽中庸岭的石缝中有一条大蛇，它已经杀死了多名地方长吏。当地居民向大蛇祭献牛羊却也无济于事，政府还将奴婢之子和罪犯之女当作祭品献给大蛇。短短数年间，已有九名少女命丧蛇口。将乐县的李诞有六个女儿，其中最小的女儿李寄自愿祭蛇。她带了一把剑和一条狗来到蛇穴口并最终杀死了大蛇。⑤ 鉴于地方上人与蛇之间存在激烈冲突，中古佛教僧人会给当地群众带来治蛇的其他办法吗？由上可见，社会和历史现实给行走野外的僧人带来许多挑战，而地方社会也期望僧人来帮忙解决蛇患。

---

① 《新唐书》，第1054页。另一位宋代学者罗愿（1136—1184）也指出，尽管有很多种蛇，但蕲春地区的毒白花蛇极为活跃。这种毒蛇很奇怪，即使死后其眼睛仍然是张开着的。他也指出最毒的蛇是胆小带倒鼻和花纹的蛇。而在岭表地区则有两头蛇。见罗愿《尔雅翼》，四库全书版，1999年。

② 杜佑：《通典》卷5，中华书局，1988年；黄正建：《试论唐代前期皇帝消费的某些侧面：以通典卷六所记常贡为中心》，《唐研究》卷6，2000年，第173—212页。

③ Liu Zongyuan, "Catching Snakes", translated by Herbert Giles, see John Minford ed., *Classical Chinese Literature: An Anthology of Translations*, Vol. 1, From Antiquity to the Tang Dynasty, New York: Columbia University Press, 2000, p. 1050.

④ 《大正藏》第50册，第394页上栏。

⑤ 英译本见 *In Search of the Supernatural: The Written Record*, translated by Kenneth J. DeWoskin and James Irving Crump, Stanford: Stanford University Press, 1996, pp. 230–231。

二 早期佛教教义与处理地方现实问题的冲突

面对野外蛇类的威胁，单个僧人和佛教社区有着不同的态度和实践手段。可能有许多元素塑造了中国中古佛教徒对蛇的态度以及他们在社会和宗教生活中对付蛇的方法。中古中国僧人集体生活在一个由佛法、道德和纪律规范的社区里。从早期佛教那里传承和发展出来的文本和文学传统定然对一些中国僧人的态度产生了影响，也就是说，早期佛教文学中对付蛇的一些慈悲的教义依然可以在中国佛教中找到。我首先考察早期佛教文献传统中对蛇的慈悲态度，然后我会讨论这种慈悲的策略是如何在中国佛教中延续的。

巴利文佛典总是将蛇看作对社会和宗教生活中其他非人动物的威胁，而律文则为处理蛇与寺院僧众之间的接触提供了实例。① 作为对巴利文佛教律典的补充，我会提供汉译佛教律典中的一些案例。虽然我们需要将早期佛教文学中作为比喻的蛇和自然界的蛇加以区分，但早期佛教教义因崇尚和实践慈悲之怀而反对杀蛇。通过阅读这些佛教文献，我们不难找到证明早期佛教反对杀生的证据。对所有佛教徒来说，第一戒就是不能夺走任何有情众生的生命。②

在早期佛教中，与动物打交道时最重要的一项规定就是无论它们多凶残都不能杀死它们。詹姆斯·斯图尔特（James Stewart）将此称为总体和平主义（total pacifism），"连在自卫过程中杀死一条蛇都被当做是不合适的。这种不杀主义出于两种缘由。第一是佛教的慈悲……第二则更加利己，来源于

---

① Jivanayakam Cyril Daniel, *The Book of Indian Reptiles and Amphibians*, Mumbai: Oxford University Press, 2002, pp. 74–158. 南亚佛教中两种最常见的毒蛇也许是印度环蛇（Bungarus caeruleus）和眼镜蛇（Ophiophagus hannah）。有关印度环蛇，参见 Ramesh Chandra Sharma ed., *Handbook, Indian Snakes*, Kolkata: Zoological Survey of India, 2003, pp. 188ff。不过，佛教文献常常用蛇来做譬喻，以阐释教义。

② James P. McDermott, "Animals and humans in Early Buddhism", *Indo-Iranian Journal* 32: 4 (1989), pp. 269–280；Irina Aristarkhova, "Thou Shall Not Harm All Living Beings: Feminism, Jainism, and Animals", *Hypatia* 27: 3 (2012), pp. 636–650. 阿里斯塔克娃指出耆那教所谓 Ahimsa 的概念通常译为"不害"和"非暴力"。

一种奇怪的自卫本能"。[1] 在古代的南亚，蛇对于人来说十分危险，而佛教文本展现了许多表现这种危险的故事。总的来说，蛇可以咬僧人，而规避这种危险的防护非常有必要。在巴利文的律法中，佛陀经常被询问如何处理这种问题。在《小品》（*Cullavagga*）第三章集犍度（Khandha paritta）中，乔达摩允许贫民使用防护措施来抵御蛇类的攻击。[2]

无意间杀死蛇和有意杀蛇在律法中都被看作攻击性行为。在汉译《弥沙塞部和醯五分律》（*Mahīsāsaka-Vinaya*）中，一群穿着木屐的僧人在寺院里制造了很多噪声，干扰到了其他僧人坐禅。后来一位僧人由于其木屐锋利在夜间踩死了一条蛇。作为对此事的回应，佛陀命令禁止穿木屐，并认为犯了突吉罗（duṣkṛta）。根据汉译《弥沙塞部和醯五分律》，对于一位僧人来说，就算是有杀蛇的想法都被看作犯律。当一位僧人试图用石头打蛇却不小心杀死了一个人，佛陀说这名僧人在设法打蛇的时候就已经犯了突吉罗。[3] 此外，巴利文的律法不允许僧人吃蛇肉，因为蛇非常可恶和恶心。[4] 根据《大品》（*Mahavagga*）第六章，上古时代，佛教信徒曾将蛇肉供给僧人，而后者用之。这种行为使那些认为蛇很可恶且恶心的人不满，因为这条规矩来源于历史上的佛陀，应蛇王的请求他坚持禁止僧人吃蛇。有意思的是，蛇往往被描述为"嗔"的化身，早期佛教中的三毒之一，与佛教的慈悲和清净作对。

律法中的一些例子展现了佛陀教导僧人在面对蛇所带来的危险时能够用来保护自己的几种方法，但是这种保护应该不会以杀蛇为代价。佛陀指导僧人制作灯盏、绳索和小筒来驱赶或者临时盛放蛇以待日后放生。比如，中译版《根本说一切有部毗奈耶杂事》（*Mūlasarvāstivāda-vinaya kṣudraka-vastu*）中有一个故事，讲述了佛陀指导僧人为了晚上念经不被蛇打扰而制作

---

[1] James Stewart, *Vegetarianism and Animal Ethics in Contemporary Buddhism*, London: Routledge, 2015.

[2] Isaline Blew Horner, *Women Under Primitive Buddhism: Laywomen and Almswomen*, London: Routledge, 1930, p. 287.

[3] 《大正藏》第22册，第184页上栏。

[4] Horner trans., *The Book of the Discipline* (Vinaya-Pitaka) Vol. IV, Mahāvagga, London: Luzac & Co., 1962, pp. 299–300.《十诵律》汉译本也禁止僧人吃蛇肉、蛇脂、蛇血等，但蛇骨除外；见《大正藏》第23册，186页下栏。中古时期一些汉文医药文献比如《葛仙翁肘后备急方》（卷7）、《证类本草》（卷4）等都声称蛇骨可以被用来制药疗疾。

灯盏。① 在中译版的《四分律》（*Caturvargika-Vinaya*）中，佛陀教那些还未离欲的僧人用筒来装蛇并将蛇用绳子绑好，然后毫发无损地放生。② 在《四分律》的同一章，一条毒蛇从浴室中空的横梁中出来杀死了一名僧人后，佛陀告诉僧众如果他们对所有八种蛇乃至万物都心怀慈悲的话，那么谁都不会被毒蛇所害。③ 这里佛陀的教导也许来自他个人的修炼经历，但并不能推广到其他僧众。作为一位大彻大悟的师者，他个人的修炼使其发展出一种强大的精神力量来控制蛇，我将在下文进行介绍。

上述所有的例子都在教导大家，在律文中，即使是像佛陀一样最强大的人也不会夺走毒蛇的性命。相反，佛陀可以用他的精神力量来驯服蛇。《大品》的第一章中有个故事描述了佛陀在苦行林期间用他的精神力量与蛇王搏斗，他在没有摧毁蛇王的皮、肉和骨的前提下将其控制。当他把蛇王放进碗里时，佛陀说服苦行者优楼频螺迦叶皈依佛门并向他提供了源源不断的食物。④ 在这个故事中，佛陀通过在不伤害蛇的前提下将其控制来彰显他的力量。他控制佛教中兽界危险动物的能力展现了佛教在与蛇打交道过程中的慈悲，并以此吸引更多的信众。这种用精神力量驯服蛇的方法照应了譬喻（Avadana）文学中的故事。大沼玲子（Reiko Ohnuma）分析过《撰集百缘经》（*Avadānaśataka-Sūtra*）中一个关于黑蛇的故事。佛陀驯服了这条毒蛇并在死前心中生信。最终，它重生忉利天。大沼认为这个故事中毒蛇的自杀"代表了动物态与道德、自我修炼或者是从苦难中的最终解脱之间的彻底矛盾"。⑤ 只有当动物的兽性被消除，它们才可以真正地被救赎且在忉利天重生为神。汉译《撰集百缘经》中，当佛陀在王舍城迦兰陀竹林时，有一位富有的长者由于贪婪、嫉妒和自私投生为蛇。佛陀去看蛇并用自己的慈力从五指端放出五彩之光将它驯服。⑥

---

① 《大正藏》第 24 册，第 263 页上栏至中栏。

② 《大正藏》第 22 册，第 870 页下栏。

③ 《大正藏》第 22 册，第 870 页下栏。

④ Horner, trans., *The Book of the Discipline* (Vinaya-Pitaka), 1962, pp. 32–35.

⑤ Ohnuma Reiko, *Unfortunate Destiny: Animals in the Indian Buddhist Imagination*, New York: Oxford University Press, 2017, pp. 35–40.

⑥ 《大正藏》第 4 册，第 228 页上栏。

总的来说，现当代南亚和东南亚的上座部（Theravada）佛教徒依然遵守慈悲的原则。① 在卡马拉·提雅瓦尼（Kamala Tiyavanich）对泰国佛教大师的研究中，她注意到泰国佛教徒相信以杀蛇为生的人会被蛇杀死。② 缅甸佛教中，一些佛教徒相信无论在室内还是野外发现的毒蛇只可以被捕捉和放生但不能被杀死，哪怕是出于自卫的目的。如果一个人攻击毒蛇并因此身亡，那么这是那个人的业报。毒蛇不会攻击或者伤害出家的僧人。③

早期有关杀生（包括蛇）业报的佛教话语在中古中国的佛教中继续流传。④ 许多故事说杀蛇会带来恶报。人只有通过停止杀生才能避免伤害。如果人必须要杀蛇的话，那么皈依佛门并时刻忏悔才能减轻杀业。一个故事将蛇塑造成一种会给杀害它的人带来毁灭的力量。高邮人郑羣说他的表亲卢氏住的村庄离水近，几个邻居——不包括卢氏——联合杀死了一条白蛇。然后很快电闪雷鸣大雨滂沱，那几个参与杀蛇的邻居家在洪水中塌陷无遗，只有卢氏家安然无恙。⑤ 另一个故事发生在元和年间（806—820）。某年早秋，五六个客人在嵩山习业，在二帝塔避暑的时候，他们看到一条大蛇盘在塔心。经过一番讨论，大多数客人同意杀死它，因此大蛇被杀并被烹调。一名不同意杀蛇的客人生气地离开了。很快狂风暴雨将剩下那几名客人震死塔下，而不同意杀蛇的那名客人到空的寺庙里祈祷，并解释自己不是同谋。最

---

① 然而，偶尔也有一些例外。如同 Martin Southwold 指出的，在斯里兰卡的小村庄 Polgama 地区，有些佛教徒在不得已的情况下也不得不杀生。他说一些村里的佛教徒常会杀死一种特殊的蛇种，即所谓 Polanga 或 Russell 蝰蛇，因为这种蛇的毒液是致命的，这种蛇侵略性也很强，经常攻击人。见 Martin Southwold, *Buddhism in Life: The Anthropological Study of Religion and the Sinhalese Practice of Buddhism*, Manchester: Manchester University Press 1983, p. 67. 在其研究佛经文献及中古僧伽罗语文献时，Mahinda Deegalle 指出上座部佛教认为在任何情况下都不可以使用暴力，暴力及其体现乃被视为对佛陀教导的背离。见 Mahinda Deegalle, "Is Violence Justified in Theravada Buddhism?" *Social Affairs* 1: 1 (2014), pp. 83–94。

② Kamala Tiyavanich, *Sons of the Buddha: The Early Lives of Three Extraordinary Thai Masters*, Boston: Wisdom Publications 2007, p. 208.

③ Melford E. Spiro, *Buddhism and Society: A Great Tradition and Its Burmese Vicissitudes*, Berkeley: University of California Press 1982, p. 46.

④ 对于道宣而言，杀死一只动物从来不是一个选项。他在《量处轻重仪》中以《四分律》为依据讨论了十三种寺院财产的分类，列出了三种处理动物的办法：收留动物在寺院内、释放野生动物至野外、抚养幼小动物并最终放生。见 Chen Huaiyu, "A Buddhist Classification of Plants and Animals in Early Tang China", *Journal of Asian History* 43: 1 (2009), pp. 31–51.

⑤ 李昉等编，张国风会校《太平广记会校》，北京燕山出版社，2011 年，第 8184 页。

后，他成了唯一的幸存者。① 这个故事照应了本文开端提到的那个故事。蛇作为掌控风雨的神祇可以动用危险的暴风雨和电闪雷鸣来威胁人的生命。不同的地方在于这个故事介绍了杀蛇所带来的死亡业报。

在中古中国的佛教话语中，人可以通过皈依佛门并念诵佛名来避免杀蛇带来的业报。上虞人冯珉是个猎人，他响应号召去除掉祸害当地百姓的巨蛇。他带了一杆槊但最后用石头砸死了巨蛇。之后由于他担心杀蛇带来的业报，便皈依佛门并念诵佛名。十年之后，他安然辞世。② 这个故事中的杀蛇方法与南岳山众僧杀蛇的方法相同。除了杀蛇，冯珉可能还有过其他的杀生行为。从一个非佛教的角度来看，以为民除害为目的的杀蛇行为成了他肩负社会责任的功德。不过杀生显然违背了佛教的第一戒，因此他还是需要通过忏悔和念佛来进行补偿。

另外，中国佛教社区继承了精神力量可以自动驱赶蛇类的观念，这显示出中古中国佛教徒企图追随历史上佛陀的教诲和行为。当杀戮已不再是一种选择，僧人应该尝试用来自佛教道德和修行活动的精神力量去控制野兽，包括蛇。一位名叫圆震（705—790）的僧人曾在中山地区学习儒家五经，但他在听完其父请来的游僧的说法后便出家为僧。后来，他在智幽法师那里受戒并跟随禅师神会（688—758）学习禅法。他在南阳乌牙山的时候解决了当地的蛇灾并在此过程中没有杀生。因此他的弟子为了纪念他将其肉身保存在塔中。③ 这个故事中，圆震是著名禅师神会的弟子，也是一名高僧，他之所以被视为高僧乃在于其用非暴力驱走了蛇。因此，一方面他通过掌握蛇的行为和活动弘扬了佛法的力量，另一方面他做到了为民除害。

最后，中国佛教中也有一个驯服而不是杀蛇的传统。僧人可以给蛇受戒，使它们皈依佛门。举一个例子，潜县霍山（今安徽霍山）天柱寺的僧人惠符（631？—730）在山中遇到了一条巨蛇，他给了蛇两个选择，要么吞噬惠符，要么受佛戒。蛇突然化为人形并请求受戒，于是惠符为他落发披

---

① 李昉等编，张国风会校《太平广记会校》，第 8176 页。
② 《大正藏》第 49 册，第 285 页下栏。
③ 《大正藏》第 50 册，第 838 页下栏。

衣。① 这个传奇说明高僧可以用他的精神力量通过语言与蛇交流并在其化为人形后为其受戒。然而，这的确展现了包括冷血动物蛇在内的所有有情众生都可以受戒。最终，这个故事提醒我们，身体的变化可以使低级生物更快地实现大乘传统中的觉悟，就如同《法华经》中龙女转身成佛的故事一样。

随着大乘传统的崛起，许多教义和佛教修行活动被转化、修正以及改造。一开始蛇与地狱相关联。佛陀跋陀罗翻译的《佛说观佛三昧海经》有一段关于阿鼻地狱的形象描写，其中提到了三种动物。佛陀跟阿难说，在阿鼻地狱有一座由七层墙围绕的铁城，四条铜犬守护着铁城的四角，烈火从它们的身体中喷射而出，产生恶臭的浓烟。城中划为十八个地区，每个地区都有八万四千条铁蛇。蛇吐出的毒液和火焰弥漫全城。② 这段将地狱描写为一座有毒之城，狗和蛇喷出的火焰使这里成为万物最恐怖的栖息之所。虽然早期佛教话语中的蛇是仇恨的象征，是苦难之源的三毒之一，但早期的大乘佛教进一步称蛇具有四毒。比如，在《大般涅槃经》中有一条四毒蛇：见毒、触毒、气毒和啮毒。③ 这四毒显然指的是引起苦难的视觉、触觉、嗅觉和味觉。这种说法与蛇在早期佛教中三毒的象征意义不同，却使蛇负面的形象更加深入人心。

除此以外，蛇还象征着与佛陀相对立的异端势力。由于出现在当时颇为流行的《经律异相》（516）中，这种观点似乎被早期中古中国的佛教徒广泛接受。《经律异相》中讲了这样一个故事：檀那王国发洪水以后，一条大蛇绕城一圈并吞噬了一些城中居民。两位道人沙诃调和摩诃调来见国王并承诺除掉大蛇。二人分别变成一只大蛤蟆和一只金翅鸟将大蛇驱赶到了山里，然后他们显形，原来是佛陀和弥勒，而大蛇则是佛陀充满嫉妒的表亲提婆达多。自提婆达多遁形以后，二佛便向国王及其臣民授五戒。④ 故事中出现的这三种动物分别是蛤蟆、金翅鸟和蛇，其中蛇以佛教敌人的身份出现并被二

---

① 《大正藏》第 50 册，第 829 页中栏。

② 《大正藏》第 15 册，第 668 页下栏—669 页上栏。

③ 《大正藏》第 12 册，第 499 页中栏。

④ 《大正藏》第 53 册，第 158 页上栏至中栏。相关研究见 Rupert Gethin, "Keeping the Buddha's Rule: The View from the Sūtra Piṭaka", Rebecca Redwood French and Mark A. Nathan eds., *Buddhism and Law: An Introduction*, Cambridge: Cambridge University Press, 2014, p. 73。

佛的力量驱逐出境。蛇的离开维护了国家的安全和平静，更重要的是使国民皈依佛门。这种类型的题材在中古中国佛教故事中非常普遍。

当佛教被介绍到中国时，来自南亚和中亚且边缘化的大乘传统成为主流。一些佛教学说和修行活动与中国本土的观念和活动相融合。与地狱观不同，佛教的动物观对于中国佛教徒来说并不陌生，尽管他们也由此认识了一些有意思的新物种，比如说中国并不存在的狮子。对于蛇来说，其有毒且恶心的形象在早期中古中国佛教中得到了延续，而佛教理论中的戒杀生（包括毒蛇）也在中国找到了扎根的土壤。除此之外，我将在下文讨论被看作恶魔的蛇与女性相关联并成为早期中古佛教故事中有关业报最受欢迎的主题。[1]

三 佛教男权与蛇类女性化的冲突

早期佛教和大乘传统中有关女性的话语丰富而多维，[2] 甚至在帝制中国晚期的宗教传统中，女性被塑造成为带有性别特征而慈悲救苦的佛教神祇。[3] 然而，来自古代男权社会的厌女声音在中国佛教中快速蔓延。这个部分将会讨论厌女话语是如何以赢得恶女邪蛇的救赎而在中古中国佛教中灭蛇的。

---

[1] 宗教学的一些研究已经指出所谓恶魔来自那些死于不幸灵魂不得安息的亡灵，他们试图回来寻找报应，见 Joseph Baker, "Who Believes in Religious Evil? An Investigation of Sociological Patterns of Belief in Satan, Hell, and Demons", *Review of Religious Research* 50: 2 (2008), pp. 206–220; David Brakke, *Demons and the Making of the Monk: Spiritual Combat in Early Christianity*, Cambridge, MA: Harvard University Press, 2006。

[2] Alan Sponberg, "Attitudes toward Women and the Feminine in Early Buddhism", in: Jose K. Cabezon ed., *Buddhism, Sexualilty and Gender*, Albany: State University of New York Press, 1992, pp. 3–36; Rita Gross, *Buddhism after Patriarchy: A Feminist History, Analysis, and Reconstruction of Buddhism*, Albany: State University of New York Press, 1993; Peter Skilling, "Nuns, Laywomen, Donors, Goddesses: Female Roles in Early Indian Buddhism", *Journal of International Association for Buddhist Studies* 24: 2 (2001), pp. 241–274; Kate Crosby, "Gendered Symbols in Theravada Buddhism: Missed Positives in the Representation of the Female", *Xuanzang Foxue Yanjiu* 9 (2009), pp. 31–47.

[3] Steven P. Sangren, "Female Gender in Chinese Religious Symbols", *Signs* 9, (1983), pp. 4–25; Yü Chün-fang, *Kuan-yin: the Chinese Transformation of Avalokitesivara*, New York: Columbia University Press, 2000.

事实上，佛教和佛教传入以前的中国传统在将女性和毒蛇进行关联的话语上有着共通之处。中国传统宇宙观中的阴阳理论为这种话语提供了至关重要的依据，而动物因此与形成物质与生命的阴气或者阳气有了关联。[①] 蛇与女性一道同幽暗寒冷的阴气而不是明亮温暖的阳气相关。在古代中国，占卜者认为梦到棕黑色的熊意味着男孩而梦到蛇蟒则是女孩。[②] 中古时期的朝廷政治也将蛇看作女性的象征。634 年，陇右地区频繁有大蛇出没，被看作女性的象征。[③] 许多学者注意到早期佛教通过比喻将蛇与女性联系起来。比如说，女性被比作使男人陷入危境的黑蛇。女性被塑造成怪物、妖魔和黑色毒蛇。伊丽莎白·哈里斯（Elizabeth J. Harris）指出了"女性作为引诱和邪恶的形象。这里的女性被当做是女巫、蛇以及警报。她对于男性的精神进程是一种威胁———一种可以用无法兑现的承诺来引诱并且最终使其走向毁灭的力量"。[④] 早期大乘佛教文学进一步建立了蛇类与女性的关联。比如，蛇与狗都用来比喻邪恶的女人。大乘经典《大宝积经》（*Mahā-ratnakūṭa-sūtra*）中收录的《优填王经》中说："如死狗死蛇，秽恶而坏烂，亦如烧粪秽，人皆厌恶之，死蛇粪狗等，虽甚可恶，如是诸女人，可厌复过彼。"[⑤]

---

① 康笑菲讨论了中国阴阳宇宙论下的狐狸，见 Kang Xiaofei, *The Cult of the Fox: Power, Gender, and Popular Religion in Late Imperial and Modern China*, New York: Columbia University Press, 2006, p. 18；在前现代日本狐狸也是以女性的面貌出现，见 Michael Bathgate, *The Fox's Craft in Japanese Religion and Culture: Shapeshifters, Transformations, and Duplicities*, London: Routledge, 2004, p. 40。

② 《诗经》斯干篇（86/29），英文译本见 Arthur Waley trans., *The Book of Songs*, London: Routledge, reprinted 2012, p. 283。胡司德注意到汉代的阴阳学者将蛇与女性的信号联系在一起因为女性乃是阴的产物，也引用了这首诗作为证据，见 *The Animal and Daemon in Early China*, p. 209。这种占卜术在后来文献中被广为接受，比如刘向（前 77—前 6）的《新序》、王符（85—163）的《潜夫论》，以及《汉书》的《五行志》和《艺文志》。

③ 《新唐书》，第 951 页。

④ Elizabeth Harris, "The Female in Buddhism", in: Karma Lekshe Tsomo ed., *Buddhist Women across Cultures: Realizations*. Albany: State University of New York Press, 1999, pp. 49–65；Bernard Faure, *The Power of Denial: Buddhism, Purity, and Gender*, Princeton: Princeton University Press, 2003, pp. 319–323；Karma Lekshe Tsomo, "Is the Bhikṣuṇī Vinaya Sexist?" in: Karma Lekshe Tsomo ed., *Buddhist Women and Social Justice: Ideals, Challenges, and Achievements*, Albany: State University of New York Press, 2012, p. 66.

⑤ 《大正藏》第 11 册，第 545 页上栏；Diana Y. Paul, *Women in Buddhism: Images of the Feminine in the Mahāyāna Tradition*, Berkeley: University of California Press, 1985, pp. 41–42。

女性化的蛇在中国大乘文献中更加常见，也是早期中古中国佛教故事中最显著的特征之一。[①] 女性化的蛇出现在一篇 6 世纪的故事中，讲的是皇后变成蛇的业报。萧衍是中国历史上在位时间最长的皇帝之一，在其一生 85 年的时间里做了 46 年的皇帝。他娶了郗徽为后，儒家史书中说她是一个善妒的女人，常常在朝堂上说其他嫔妃的坏话，因此她被视作"毒蛇"。她不满皇帝信佛就撕毁了他的佛教经卷。皇帝经常在朝堂上招待僧人，供养佛教寺院，这都使郗徽不快。她于是悄悄用面粉包了葱、蒜、韭菜甚至肉放在了皇帝给僧人的斋饭中，希望以此来伤害佛寺僧众。然而，这些僧人发现了她的诡计并将郗徽的恶食换成了斋饭。郗徽在三十岁的时候意外身亡，堕身畜生道并转生为蛇，须时时忍受饥饿以及身上毒虫带来的疫病折磨。于是她请求其夫的帮助。出于佛教信徒的慈悲之心，皇帝起草了一篇祷文在斋会上宣读。在这一番努力之后，郗徽获得了解脱，最终重生忉利天。[②] 这个故事是佛教慈悲思想的表现。皇帝把他组织斋会的功德回向给了化身为蛇的恶妻。她为什么转生为蛇呢？不仅仅是因为她对其他嫔妃女官的冷酷有违儒家价值观，还因为她毁掉了佛教经卷（毁坏佛法）且企图用假冒斋饭来伤害僧众。这些食材在佛教寺院里是明令禁止的，因为它们会使僧人发怨憎恚，干扰他们的念定。这个故事清晰地描述一个邪恶的女人死后转生为蛇，饱受畜生道的折磨，但她却可以通过让其夫举办斋会来从痛苦中得到解脱。

古代中国的厌女情结与佛教的恐蛇心理相结合形成了中古中国故事中恶女转生为蛇的业报。[③] 如果一个女人不能胜任她的家庭责任或者好好顾家，她就会遭到惩罚变成蛇。有一个关于御史中丞卫之姊的故事，由于她对仆人十分恶毒且打死数人，所以其生病后变成了一条大蛇。她的家人非常害怕，

---

① 蛇的阴性化与女性身体的妖魔化在前现代日本的民俗中十分常见，见 Barbara Ambros, *Women in Japanese Religions*, pp. 91–92；Ria Koopmans-de Bruijn, "Fabled Liaisons: Serpentine Spouses in Japanese Folktales", In *JAPANimals: History and Culture in Japan's Animal Life*, eds. by Gregory M. Pflugfelder and Brett L. Walker, Ann Arbor: Center for Japanese Studies, University of Michigan, 2005, pp. 60–88。
② 《大正藏》第 45 册，第 922 页中栏。
③ 道宣列举了女性的十恶，类同毒蛇，见《大正藏》第 45 册，第 824 页。

就把她送到了野外。① 作为政府官员之姊，卫氏家境优越，又有仆人伺候，本应该对他们亲善，但她骄傲蛮横，不仅常常殴打他们甚至还害死数人，这都违反了佛教杀生的大戒。她在现世而不是来世就被驱逐出了人道，可见变蛇的惩罚也不仅仅限于佛教信徒。另一个故事是关于兴元静明寺一名叫王三姑的尼姑，她死后在棺材中变成了蛇。在她出家以前曾嫁作杜家妇，但当丈夫老弱之时，她任由其独自饥寒而死。② 虽然她后来皈依三宝，但并没有洗清她的罪过。在棺材里化蛇说明她来世不能再做人，只能成为被人猎杀的动物。

信仰异教的女人也会转生为蛇。《金刚经持验记》中有一个有趣的故事，晚唐时期的王氏是吴可久的妻子，他们在长安生活的时候信仰摩尼教。一年以后，妻子暴毙，三年后她给丈夫托梦说她由于信摩尼教变成了蛇被困在皇子陂浮图之下。她担心第二天被杀，就乞求丈夫能够请僧人念《金刚经》来解救她。从此以后，吴可久皈依了佛门并供奉《金刚经》。③ 这个故事说明了信仰摩尼教会使人变成蛇，而请僧人念《金刚经》则能从恶业中将人解救出来。故事没有特别指出王氏是一个伤害其夫及众人的冷酷女人，仅仅只提到她的摩尼信仰。这展现出晚唐佛教护教文学使用转世成蛇来反对摩尼教。

在所有这些故事中，佛教和佛教传入之前的中国传统都将女人看作肉体和感情上冷酷、暴力和烦人的有情物，她们就像暴力、剧毒和冷血的蛇类一样。当她们活着的时候，她们会撕毁丈夫的佛教经卷，将禁忌的食材供给僧人，还会信仰像摩尼教这样的异端。简而言之，她们给佛法和僧众带来伤害，就像蛇代表反对和损害佛教的异教。在中古早期的中国，儒教社区也发展出一种声讨女性是威胁男权和等级的强大声音。为了植根于中国社会，佛教社区很快地分享了这种情绪并通过将女性与蛇绑定来将这种情绪发展成为自己的叙事体系，教导人们：女人和蛇由于其恶业都会在悲惨中死去，只有皈依佛门、追随佛教和敬仰佛教才能使蛇或者女人得救。

---

① 李昉等编，张国风会校《太平广记会校》，第 8194 页。
② 李昉等编，张国风会校《太平广记会校》，第 8206 页。
③ 《续藏经》第 87 册，第 535 页上栏。

最终，她们的死亡才会转为救赎。

四　不同宗教实践之间的冲突

在中古时期，道教和佛教之间的宗教斗争迫使它们要互相学习。中古中国佛教在斗蛇方面也被牵扯进了与道教的激烈竞争之中，因为在争夺寺院地盘的时候，道教将蛇当作攻击佛教的武器。于是跟蛇打交道成为中古中国佛教和道教交流的一个有趣的方面。夏维明（Meir Shahar）认为蛇形的生物表现出道教神仙和佛教密宗的联系。他写道："马神与蛇有关。他的副手是轰天素练白蛇。将道教神仙与蛇形生物相关联很有可能来自佛教密教。追溯到唐代，一部密教经文声称马头观音以弯曲的蛇为装饰。这种蛇类主题的终极源流可能是湿婆（Siva），他也类似地将蛇作为首饰。"[1] 我认为僧人和道士都利用蛇来保护生命和寺院财产，而双方又都以蛇为武器来消灭对方。[2]

在讨论佛教与道教在对付蛇方面的冲突之前，我们应该注意道教对蛇的态度和处理蛇的方法从上古到中古经历了进化和发展。在上古时期，道教杀蛇长时间以来是受到嘉奖的行为。后来道教社区发展出了驯蛇的叙事系统和仪式方法。最终到了中古时期，道士们声称他们已经可以动用蛇来抵御佛教僧人的入侵。道教杀蛇的传统可以追溯到 3 世纪，以最重要的道士之一许逊（约 239—292）为核心，他以斩杀巨蛇而著称。他曾是吴猛（274 年身故）的弟子。公元 3 世纪，长江下游地区遭受蛇灾，吴猛挑选了一百名弟子前往灭蛇。许逊用剑斩杀了蛇王，铸就了为民除害的好名声。[3] 这个故事主要描写了道士可以通过消除所谓"蛇灾"来为当

---

[1] Meir Shahar, "The Tantric Origins of the Horse King: Haayagrīva and the Chinese Horse Cult", in: Yael Bentor and Meir Shahar eds., *Chinese and Tibetan Esoteric Buddhism*. Leiden: Brill, 2016, p. 173.

[2] 许多学者已经对中古时期的佛道关系做了广泛而深入的探讨，其中一个比较有代表性的研究是 Christine Mollier, *Buddhism and Taoism Face to Face: Scripture, Ritual, and Iconographic Exchange in Medieval China*, Honolulu: University of Hawai'i Press, 2008。

[3] 段成式著，许逸民校笺《酉阳杂俎校笺》，中华书局，2015 年，第 203 页；Catherine Despeux and Livia Kohn eds., *Women in Daoism*, Cambridge, MA: Three Pines Press, 2003, pp. 131–132.

地社会服务。

　　中古早期，道教发展出一系列驯化蛇类的方术和仪式，因为道士们已经意识到在深山老林中行走时很危险，而且野兽虫蛇可能还会攻击隐居的道士。葛洪（283—343）的《抱朴子》中讲道：修道之人"行炁或可以治百病，或可以入瘟疫，或可以禁蛇虎，或可以止疮血，或可以居水中，或可以行水上，或可以辟饥渴，或可以延年命"。① 在葛洪的文章中，蛇和虎分别代表着在沼泽和深山中最常见也最容易发动攻击的两种动物。由于环境潮湿，蛇经常隐匿在沼泽地里，而虎则被看作山林里最凶猛的动物。在唐朝，道士时常用符来抵御毒蛇。宝历年间（825—827），邓甲从崂山峭岩学到了用符来召唤鬼神，其中包括蛇。他驯蛇的名声传到了会稽县，而当地人正饱受毒蛇之苦。通过立道坛，邓甲杀死了蛇王以及超过一万条追随蛇王的蛇。② 这个故事似乎表现了邓甲追随许逊斩杀蛇王为民除害的传统。然而，杀蛇的方法不是用剑斩杀而是在道坛上用符咒。

　　尽管蛇常常以威胁道教社区的形象出现，但在中古道教故事中蛇一旦被驯服就能够成为道观的守护者，阻止官府和官军的无端闯入。③ 晚唐时期，杜光庭（850—933）编撰的《道教灵验记》中有许多故事都将蛇塑造成道观的守护者。④ 它们可以消灭来自官府的擅闯者，而当官府和官军将要焚毁道观时，蛇会招来暴雨保护道观。这里有两个故事显示了道观既能以毒蛇为武器，道士又能够用致命力量来抵抗地方政府的进攻。第一个故事讲的

---

① Edward H. Schafer, "Orpiment and Realgar in Chinese Technology and Tradition", *Journal of American Oriental Society* 75: 2 (1955), pp. 73–89; Fabrizio Pregadio, *Great Clarity: Daoism and Alchemy in Medieval China*, Stanford: Stanford University Press, 2006, p. 138; Paul Copp, *The Body Incantatory: Spells and the Ritual Imagination in Medieval Chinese*, New York: Columbia University Press, 2014, p. 48.

② 李昉等编，张国风会校《太平广记会校》，第 8177—8178 页。

③ 在中古中国，蛇与龟的组合常常是玄武的象征，即北方的守护神，乃是四灵之一。后来玄武演变为真武，道教神祇之一。相关研究见 Chao Hsin-yi, *Daoist Ritual, State Religion and Popular Practices: Zhenwu Worship from Song to Ming (960-1644)*, London & New York: Routledge, 2011。

④ Franciscus Verellen, "'Evidential Miracles in Support of Taoism': The Inversion of a Buddhist Apologetic Tradition in Late Tang China", *T'oung Pao*, 2nd Series 78: 4/5 (1992), pp. 217–263.

是巨蛇守护兴元老君观。杨守亮于 891 年失守兴元，他随后回到梁城。然而他发现政府官衙已经受到重创，因此他决定重建官衙。他的一位小吏建议从附近的老君观取一些材瓦备用。当地居民筹了很多钱希望政府能够保留这所道观，但官吏不听。当工匠们遵照杨守亮的命令登上道观时，一条巨蛇突然出现，吓得他们坠落身亡。杨守亮大怒，他命令焚毁道观。但此时突然电闪雷鸣、大雨倾盆，官军无法完成任务，而道观最终得救。[①] 另一个类似的故事讲的也是蛇通过召唤雷雨来保护洋州（今陕西西乡）素灵宫，以此展现道教的灵验。784 年，德宗皇帝抵达洋州，令政府对官衙进行修缮。后来当地的武定军节度使冯行袭（？—910）令自己的儿子率领工匠去素灵宫取材。但是当工匠开始摧毁素灵宫建筑时，他们发现有无数的蛇藏在砖瓦之下。冯行袭的儿子企图将素灵宫焚毁，但一场暴雨消灭了他的手下。[②] 以上这两个故事都属于中古中国道教护教文学的范畴，表现了道教社团以蛇为武器来保护道观财产——凡是官府、官军企图摧毁道观建筑的行为都被护教的蛇以风雨制止。总之，蛇一经驯服就能够抵御各种入侵道观的官府和官军力量。

更有趣的是，被驯服的蛇不光可以抵抗官府官军对道观的入侵和破坏，还可以协助道士消灭僧人。[③] 一个故事讲到有三十多个僧人于 880 年到 885 年期间占领了道教的启灵观。有一天他们企图摧毁天尊像，将天尊殿用于坐定。然而，当他们开始移动塑像底座的时候，一条巨蛇从中蹿出喷射毒气，同时电闪雷鸣。僧人吓得四散奔逃，其中数人丧命。后来道士张法相长驻该处。虽然巨蛇时常会出现在当地村庄，但它却从不害人。[④] 通过说明巨蛇不伤本地村民，这个故事特别地将企图破坏道教神像的佛教僧人当作了攻击目标，他们最终得到了报应。所有这些故事都显示了道教社区已经掌握了操纵

---

① 杜光庭撰，罗争鸣辑校《杜光庭记传十种辑校》，中华书局，2013 年，第 158 页。
② 杜光庭撰，罗争鸣辑校《杜光庭记传十种辑校》，第 158—159、160—161、163—164、166、211—212、238—239 页。
③ 更早的时候在道安的《二教论》中，张陵号称天师，而其报应乃是被蟒蛇所噬；见《大正藏》第 52 册，第 140 页上栏。
④ 杜光庭撰，罗争鸣辑校《杜光庭记传十种辑校》，第 202 页。

自然现象（在这里主要是雷电风雨）的神奇力量，而这种力量来自蛇。[①]

在佛教社区中，各种亚传统使对待不同种类蛇的对策和手段也各不相同。中古中国的密教传统发源于早期大乘佛教，并遵照其"方便"的教义，同时也有可能受到道教的影响，从而发展出咒语来杀死巨蛇。这可以被看作解决蛇害的一种新技术，并使之与其他中古中国的佛教亚传统相区别。

唐代的有关两位密教僧人的传记将他们与密教的杀蛇仪式相关联。[②] 其一是善无畏（637—735）的传记，讲述了邙山有巨蛇，善无畏担心它会造成洛阳城的洪涝灾害，就念诵了数百声梵语的密陀罗尼，几天之后巨蛇死。当时的人相信这是安禄山攻陷洛阳的凶兆。[③] 另一个相似的故事是有关密宗大师不空的，讲述了北邙山里有一条头像小山丘一样的巨蛇，樵夫时常见到它。当巨蛇见到不空时，它作人语，说它常常想要翻河水淹没洛阳城，因此得恶报。不空为其受戒并授予佛法，并告诉它可以舍弃蛇身。后来，樵夫在涧下碰到了巨蛇的尸体。[④] 这两个故事虽然没有直接介绍密教的仪式，但两条蛇都死了。其他文献记载说密教就处理蛇的问题引入了新的仪式性

---

① 在此类故事中，巨蛇的出现往往伴随着雷电和暴雨。蛇与暴雨的联系在古代有很漫长的历史，见 Qiu Xigui, "On the Burning of Human Victims and the Fashioning of Clay Dragons in Order to Seek Rain in the Shang Dynasty Oracle-Bone Inscriptions", *Early China* 9–10 (1983–1985), pp. 290–306；滝沢俊亮「龍蛇と祈雨の習俗について」『東方宗教』第 20 号、1962、18–34 頁；Michael Loewe, *Divination, Mythology and Monarchy in Han China*, Cambridge: Cambridge University Press Loewe, 1994, pp. 142–159；Edward H. Schafer, *The Divine Woman: Dragon Ladies and Rain Maidens in Tang Literature*, Berkeley: University of California Press, 1973；雷闻《祈雨与唐代社会研究》,《国学研究》第 8 卷, 2001 年, 第 245—289 页；金井德幸「宋代の祈雨祈晴：特に州県下の郷をめぐりて」『立正大学東洋史論集』第 19 号、2015、1–15 頁；Paul Katz, *Demon Hordes and Burning Boats: The Cult of Marshal Wen in Late Imperial Cheikiang*, Albany: State University of New York Press, 1995, pp. 19–21；Jeffrey Snyder-Reinke, *Dry Spells: State Rainmaking and Local Governance in Late Imperial China,* Cambridge, MA: Harvard University Press, 2009；松前健「古代韓族の竜蛇崇拝と王権」『朝鮮学報』第 57 号、1970、1–22 頁；川野明正「蛇蠱とトウビョウ：日韓中の霊物信仰にみる特定家庭盛衰の伝承（2）」『人文学報』第 374 号、2006、57–130 頁。

② 《大正藏》第 50 册，第 715 页下栏；《旧唐书》，中华书局，1975 年，第 1371 页。

③ Chou Yi-liang, "Tantrism in China", *Harvard Journal of Asiatic Studies* 8: 3–4 (1945), p. 269.

④ Chou Yi-liang, "Tantrism in China", p. 304.

手法。① 这两篇人物传记将杀蛇解释为对当地社会有益的义举，这是否意味着中国密教将杀生看作好事？还是说这只是一种新的发展？大乘佛教似乎发展出一种关于杀生义举的观念。比如说，藤井明（Fujii Akira）注意到《陀罗尼杂集》和其他密宗经疏发展出一套证明屠杀恶鬼之合理性的话语。② 大卫·格雷（David B. Gray）指出"除了对大慈（universal compassion）的强调，一些大乘佛教的僧人不曾也不会明确排除诸如杀戮等暴力行为"。③ 他认为在《大毗卢遮那成佛经疏》（*Mahāvairocana Abhisaṃbodhi Vikurvita Adhiṣṭhāna Tantra*）中编者善无畏和一行支持将镇压邪教看作合理的行为。

史蒂芬·詹金斯（Stephen Jenkins）指出月称（Candrakirti）在对圣天（Aryadeva）《广百论》的注疏中提到，因为"任何逆转轮回的行为都成为了吉事，所以任何行为根据不同的因素都可以成为吉事。如果杀生可以做功德，那么这既不是邪恶也不是无价值，而是显而易见的吉事"。④ 他举了一个例子说菩萨必须得切掉被毒蛇咬过的手指，并引用了另一个例子说菩萨利用大象的叫声吓退巨蛇来保护群众。这两个例子都没有直接涉及杀蛇，但它们却展现了大乘佛教接受并证明暴力合理性的途径。

在一项对蛇在日本之形象的研究中，迈克尔·凯尔希（W. Michael Kelsey）指出僧人以及其他日本人原本将蛇看作邪恶和暴力的生物，常常威胁到人，但后来却变成了佛陀的化身。⑤ 凯尔希进一步将神话与早期资料中的蛇形象划分为五类：神话中的蛇、被佛教解救（打败）的神话中的蛇、

---

① 据密教文献，佛陀曾教其弟子难陀《孔雀王神咒经》（Skt. *Mahāmayuri-vidyārājñī-dhāraṇī*）用于治疗蛇咬，见《大正藏》第 19 册，第 416 页上栏；研究见 Donald M. Davidson, *Indian Esoteric Buddhism: A Social History of the Tantric Movement*, New York: Columbia University Press, 2002, p. 278。

② 藤井明「密教における殺と降伏」『東洋学研究』第 54 号、2017、376-361 頁；Jens Schlieter, "Compassionate Killing or Conflict Resolution? The Murder of King Langdarma according to Tibetan Buddhist Sources", Michael Zimmermann ed., *Buddhism and Violence*, Lumbini: International Research Institute, 2006, pp. 131-157.

③ David B. Gray, "Compassionate Violence?: On the Ethical Implications of Tantric Buddhist Ritual", *Journal of Buddhist Ethics,* Vol. 14 (2007), pp. 239-271.

④ Stephen Jenkins, "On the Auspiciousness of Compassionate Violence", *Journal of International Association for Buddhist Studies* 33: 1-2 (2011), pp. 299-331.

⑤ W. Michael Kelsey, "Salvation of the Snake, The Snake of Salvation: Buddhist-Shinto Conflict and Resolution", *Japanese Journal of Religious Studies* 8: 1-2 (1981), pp. 83-113.

佛教中的蛇、神话和佛教二合一的蛇以及获得解脱的蛇。事实上，在中古中国佛教中，僧人也面对着一个相似的处境。一方面，对蛇的信仰已经得到发展，蛇被看作控制雨水的神祇；[①]另一方面，蛇常常威胁到当地社会的安全。

　　然而，蛇不总是该死，它们也可以成为僧人的伴侣和守护者。在唐代早期，一位名叫慧瑜（563—641）的僧人搬到了长沙的玉泉山，他独自住在泉边的草庵中。一条大蛇时不时地现身保护慧瑜，因此当地的群贼不敢靠近。有一个老贼想要杀死大蛇，但他们在与蛇对峙的时候都突然生病，其中七人不治而亡。慧瑜念诵了《摩诃般若波罗蜜大明经》救了三个贼人。[②]这里的蛇保护僧人不受贼人侵犯，并为此杀死了七人。一方面这些贼人可能死于恶业，另一方面他们也是需要佛教悲悯的可怜众生。因此慧瑜念诵佛咒治好了这些受到大蛇惩罚的贼人。另一个故事来自孟献忠于718年编撰的《金刚般若经集验记》，讲述的是一条大蛇守护位于蓝田县南山悟真寺的弥勒阁。弥勒阁在上方禅院的中心位置，因为许多僧人说那里有一条大黑蛇守护不让人进入，所以弥勒阁被锁了起来。703年，一位名叫清虚的僧人来这里坐夏，他告诉这些僧人说江南有一位湖神也是一条大蛇，可以招致风雨。尽管这位蛇神十分强大，但他还是驯服了它，因此，他也可以驯服弥勒阁的大黑蛇。于是他进入阁中，烧香启请，至心念诵《金刚经》三天三夜。最后他在禅院找到了一眼泉水。[③]这个故事说明僧人可以驯服凶恶的蛇并用其力量来找到水源，造福寺院里的僧众。一方面，这条蛇负责掌控水源，另一方面，僧人可以通过念诵《金刚经》来与蛇进行和平交流。这让我们想到了上文中佛陀用其精神力量驯服蛇类的故事。因此这个僧人事实上继承了佛陀的传统。

　　道士肩负起为当地群众解决蛇灾和虎灾的责任，而后来的佛教文学则将

---

① 类似的，在中古日本，密教僧人也发展出求雨仪式，见 Brian Ruppert, "Buddhist Rainmaking in Early Japan: The Dragon King and the Ritual Careers of Esoteric Monks", *History of Religions* 42: 2 (2002), pp. 143–174。

② 《大正藏》第 50 册，第 537 页中栏。

③ 《缩刷大藏经》第 87 册。

高僧描述成驯服蛇和虎的英雄。① 高僧永远不会去杀虎，但他们却会杀蛇。为什么他们对待蛇和虎如此不同呢？就佛教学说而言，蛇往往被看作引起烦恼的三毒之一——贪婪的象征。另外，早期佛教文学用蛇来比喻四大，即四毒。因此，灭蛇也就是灭毒。佛教与道教的比拼貌似也造成了很大的影响，而道教故事常常将蛇看作对抗佛教僧人的武器。

结　语

总的来说，早期佛教中与蛇打交道的原则是慈悲。这个传统也可以在中古中国佛教的典籍中找到。但是，中古中国佛教在对付蛇的方面，面临许多挑战。第一，蛇和虎对于佛教社区和当地群众来说是最大的威胁。中国僧人经常在野外遇到蛇。第二，中古中国的僧人认为他们需要通过消除蛇灾来扩大佛教影响力，从而建立与当地群众的联系。第三，中古中国佛教男权与蛇的冲突。女性化的蛇与女性的联系在中国佛教故事中有所体现，尤其是那些由于贪婪、嫉妒和邪恶的行为在畜生道受到惩罚而重生为蛇的可悲女人。通过忏悔的仪式，中古中国佛教企图解救这些被中国厌女传统和佛教恐蛇心理迫害的女性和蛇。第四，中古中国佛教面临来自道家和其他地方崇拜活动的竞争。

中古中国佛教中对待蛇最显著的发展之一就是通过杀蛇来保护僧人和寺院财产。虽然早期佛教不支持杀生（包括杀蛇），中古中国的僧人改编出一个杀蛇以济世、治愈群众、与道士争锋的策略。古代的道士通过动用神仙发展出杀蛇的方法和仪式，蛇既被当作危险的动物又被看作妖魔。与此同时，中古道士将蛇从妖魔转化为道观的守护者。蛇在中古道教故事中成为与政治势力和宗教对手抗衡的武器。

中古中国佛教的杀蛇是由以下几个因素所构建的新发展：第一，不断进化的大乘佛教给杀生义举提供了理法基础。大乘传统中的新教法通过菩萨为众生福泽而做出牺牲的例子来认可这种极端的反应。像自残和杀恶生的暴力

---

① 陈怀宇：《动物与中古政治宗教秩序》，上海古籍出版社，2012 年。

义举被中古中国僧众所广泛接受，有时甚至成为评价寺院僧众杰出与否的证据。第二，为了帮助当地社会以及解救群众，社会和历史方面对杀蛇的需求吸引了僧众的注意并得到了他们的回应。第三，佛教和道教之间就如何处理毒蛇有想法和实践的交流。僧人发展出了方法和仪式，尤其是密教的手段来杀蛇，以实现与道教的竞争。我将这种新发展看作一个响应挑战的过程。来自教义、历史、社会和宗教的挑战塑造了佛教对杀蛇的接受，并以此作为对中古中国社会、文化和宗教危机的回应。

三阶教无尽藏等事探考[*]

张 总^{**}

【摘 要】本文考察了佛教中含三阶教等无尽藏的情况。戒律典籍中对"无尽物"与"无尽财"的描述与规定，事实上仅部分对应于后世所用"无尽藏"一词。佛陀时代实际允许适当使用无尽财物获取利息，以供佛教事业用。南朝长沙寺与招提寺，梁武帝与萧子良就此论说并有行事，三阶教信行用十六无尽藏，影响很大。宋代有长生库等续行。

【关键词】无尽藏 无尽物 三阶教 长生库

探讨无尽藏的文著已有不少，包括对三阶教之数种论著。但是，就"无尽藏"来说，其词语分析仍有明显不足之处，其义项的内涵外延以及梵文语源对应等并不明晰，应当先加探考。三阶教的无尽藏之用，乃至宋代长生库及佛教经济状况等，仍具有不少探讨空间。本文依次而作探究。

一 无尽藏与无尽物

佛教经中以"无尽"为词根的语词不少，与"无尽藏"密切相关者有无尽财、无尽物等。而"无尽藏"这个词汇其实也常见有多个义项，其两种基本的含义，一种是指功德方面的，另一种才是指财物方面。其实后者更对应者是"无尽物"，但实际多有涵盖混同。汉语佛经中"无尽藏"一词于大乘诸典多偏功德意义，律典中则保留不少实物财产含义。此外，还有比丘尼以

---

* 本文曾宣讲于加拿大皇家哥伦比亚大学举办的"Conference on Buddhism and Business"（商业、经济与佛教国际学术会），温哥华，2017 年 4 月。

** 张总，中国社会科学院世界宗教研究所研究员，陕西师范大学人文科学高等研究院特聘研究员。

此为名、十重戒具"十无尽藏戒"之称，① 且有梵咒称为"般若无尽藏陀罗尼"等，甚至有植物具有近似的名称。

无尽藏梵文应为 Akṣayâkara。根据网上梵汉辞典，akṣaya 意为无有尽，无尽；akṣaya-dharma 意为无尽法；akṣaya-kośa 意为无尽功德藏；akṣayâkara 意为不可尽，无尽藏。其中 akṣayâ 为无尽之意，"无尽功德藏"与"无尽藏"构词非常相近，② 恐在古代翻译汉语时未区别开，其梵文古本极容易混同，译出语境常难臻清楚明白。菩萨四无尽藏与十无尽之功德行等就对应此词，而无尽藏一词中能含无尽物、无尽财意，亦有其他义项在内焉。

"无尽"从其本义来讲，就应是无穷无尽之意。而大乘佛典有无为法、有为法中各说无尽，无为法中离生灭之相、有为法之缘起，一多相即俱是无尽。③ 又以无尽宝藏喻无尽功德。而律典中无尽财物即寺院中积存之金钱，可以贷出获得利息、以供三宝所用。宋代道诚《释氏要览》阐释，所谓寺院长生钱即是律藏的无尽财。"律云，无尽财盖子母辗转无尽。"④ 道诚还举例说明此事。律藏有多种此说，隋唐三阶用无尽藏成经济基础。明清也有多位僧侣阐释律藏中说法，但宋代僧人阐其可生利息，还是给人较为突出的印象。

（一）声闻戒律中的"无尽物"

有不少律典含此内容，如《十诵律》《摩诃僧祇律》《根本说一切有部毗奈耶》等。⑤ 有一处讲比丘尼穿衣时偶提"无尽藏"，但与余处所说"无尽

---

① 《梵网经》中十重戒有"十无尽藏戒"或"十无尽戒"之称。鸠摩罗什译《梵网经》，《大正藏》第 24 册，第 1003 页。

② Digital Dictionary of Buddhism: Sanskrit Terms Index[2016], http://www.buddhism-dict.net/ddb/indexes/term-sa.html.

③ 陈义孝编《佛学常见辞汇》"无尽"条目。而《佛光大辞典》《佛学大辞典》等"无尽"条目以无为法与有无法释无尽。

④ 道诚：《释氏要鉴》，《大正藏》第 54 册，第 304 页。原文于无尽故处断开有误。道忠《禅林象器笺》有引述，《大正藏补编》第 19 册，第 841 页。下引佛典皆出自 CBETA 中华电子佛典 2016 年版。

⑤ 义净译《根本说一切有部苾刍尼毗奈耶》卷 11，吐罗难陀苾刍尼得胜鬘夫人施好衣后专卖了钱充食，夫人见其着破衣而问之，她回答说前衣已充无尽藏。此处"无尽藏"意谓已用掉了。且因汉文诸律藏仅此一处说无尽藏，所以绝不能理解为寺院中贮常住财物机构，如杨学勇《三阶教无尽藏法研究》（《敦煌学辑刊》2008 年 1 期，第 134 页）所说。

物"同义。还有《华严经》中讲到放光明处也有说及无尽物，其所指略同于财物之意。至于佛典中出现的很多无尽藏，义项最多是在功德藏方面，[①] 个别地方也有与无尽财等关联之处。以下就分别展开论述。

1. 律典之无尽物

从现知经典等情况来看，佛教中无尽物是指财物而且是特定的财物。具体是指佛寺的公共财物，属于三宝，不是一般实用物品。从衣装与塔园中花果产生的多余价值而贮存，而且允许生利息，以供佛僧用。对其用途有限定，甚至对出息的合同契约也有规制。因为佛陀回答僧徒的请问，所以有具体的答复与规定。

戒律中多数径称此"无尽物"，而《摩诃僧祇律》有"佛无尽物"说明了其三宝性质，[②] 原始佛教只允僧团而非僧人贮财物。现知的无尽物最初记载主要是供养塔园法，造塔造园及寺或供养等。[③] 而且，据律典可知，佛陀允许以无尽物得利，但用途有限定，如营修寺宇、不能食用等。佛陀制定了其在财物方面的舍堕（波逸提）罪，[④] 还规定了若以无尽财获利等应有合同等。[⑤] 与头陀行不同，僧团伽蓝需要财物建设营修，所以佛陀规定了僧团财物方面一些细致戒律，并没有禁绝以此生利，但有限定用途及规定合约等细致说法。

---

① 具见《佛光大辞典》《中华佛教百科全书》《英汉汉英佛学辞典》等条目释义。

② 佛陀跋陀罗共法显译《摩诃僧祇律》卷 33，塔园法有佛无尽物。《大正藏》第 22 册，第 498 页。那连提黎耶舍译《大集经》卷 36，善人得加持获"无尽物"，属一般含义而律典中含义，《大正藏》第 13 册，第 245 页。唐译《大方广佛华严经》卷 15，"以无尽物施三宝，是故得成此光明"，《大正藏》第 10 册，第 76 页。读体《毗尼止持汇集》卷 6 有释"无尽物即四方招提物也"。《卍续藏》第 39 册，第 388 页。

③ 佛陀跋陀罗共法显译《摩诃僧祇律》卷 33，《大正藏》第 22 册，第 498 页；《十诵律》卷 56，《大正藏》第 23 册，第 415 页；《萨婆多部毗尼摩得勒伽》卷 6，《大正藏》第 23 册，第 599 页；《根本说一切有部毗奈耶》卷 22，《大正藏》第 33 册，第 743 页。

④ 戒律中有六聚（类）罪，波罗夷、僧残、偷兰遮、波逸提、提舍尼、突吉罗。尼提萨波逸提是拿取不应得财物罪，要将财物舍僧中再忏悔。

⑤ 无尽物获利可作房舍中衣，不得食。《摩诃僧祇律》卷 10，《大正藏》第 22 册，第 311 页；义净：《根本说一切有部毗奈耶》卷 22、卷 9，《出纳求利学处》，皆有无尽物置僧库说，《大正藏》第 23 册，第 743、960 页；《大宝积经》卷 42，信戒舍闻惭愧慧。《大正藏》第 11 册，第 248 页；《华严经普贤行愿品》卷 4 讲四摄无尽藏，《大正藏》第 10 册，第 678 页；《悲华经》四无尽藏为：福德、智、慧、佛法和合。《大正藏》第 3 册，第 198 页。

　　小乘戒律中的"无尽物"最初是指供养给塔园，或是得到金银等财物。《摩诃僧祇律》有两处说此。其卷10是讲比丘不能持拿金银、类似钱物。日用之外，若有多者可置入无尽物。允许生利息（可以租出）借贷等。但用途仅只止于僧侣房舍及衣，而食用则不为许可。

　　此金银、若钱、若作、不作、若多、若少、若纯、若杂、若成器、不成器等，僧中舍己不得还，彼比丘僧亦不得分。若多者应著无尽藏中。于此无尽物中，若生息利得作房舍中衣，不得食用。[①]

而此律第三十三卷塔园法处云：

　　塔园法者：佛住舍卫城，尔时波斯匿王往至佛所，头面礼足白佛言：世尊！我得为迦叶佛塔作园不？佛言：得作。过去世时有王名吉利，迦叶佛般泥洹后，王为起塔，塔四面造种种园林。塔园林者，种庵婆罗树、阎浮树、颇那娑树、瞻婆树、阿提目多树、斯摩那树、龙华树、无忧树，一切时华，是中出华应供养塔。若檀越言：尊者！是中华供养佛、果与僧。应从檀越语。若花多者，得与华鬘家，语言：尔许华作鬘与我，余者与我尔许直。若得直得用然灯、买香以供养佛、得治塔，若直多者得置着佛无尽物中。若人言：佛无淫怒痴，用是华果园为？得越比尼罪，果报重。是名塔园法。

这是波斯匿王问佛做园供养迦叶佛塔之事，世尊听许供养。其波斯匿王有以树中的花供佛而果供僧之愿望，世尊应听其要求。佛陀又说如花多可以卖，所得钱直可以买灯供佛或修治塔，再多可以放在无尽物中。

　　其下的塔池法有类似的表述。在《十诵律》卷56记载：

　　毗耶离诸估客，用塔物翻转得利供养塔。是人求利故欲到远处。持

---

　　① 东晋佛驮跋陀罗共法显译《摩诃僧祇律》卷10，《大正藏》第22册，第311页；卷33，塔园法与塔池法讲到无尽物。《大正藏》第22册，第49页。

此物与比丘言：长老，是塔物，汝当出息令得利供养塔。比丘言：佛未听我等出塔物，得利供养塔。以是事白佛，佛言："听僧坊净人若优婆塞出息塔物，得供养塔。"是名塔物无尽供养塔法者。

又如《萨婆多部毗尼摩得勒伽》第六卷中记载：

> 云何偷婆无尽功德？毗耶离诸商客，为世尊起偷婆。起偷婆已，复为偷婆故多施诸物。诸比丘不受是无尽物，即以白佛。佛听受，使优婆塞净人知。若彼得利，用治偷婆或作偷婆。

此《摩得勒伽》是解释《十诵律》的律论，也就是由于毗离耶诸商客，要布施佛塔等很多财物，比丘不敢接受，如是诸商人跟世尊说明原因，佛就听许，但用作修治塔用，多则置于无尽藏中。

2.《毗奈耶》

义净译《根本说一切有部毗奈耶》《出纳求利学处》，专讲众人施舍无尽物为修僧舍事。义净所译此段明确了佛陀为出纳求利制戒中情况，特别涉及无尽物的情况。商者施主造高楼层僧舍，为维护楼舍而施无尽物。[1] 诸苾刍先不敢受，佛允可受（但比丘只允盖三层、比丘尼两层楼）。接受后仅存僧库，修房无钱施主问之，诸比丘言不敢转利受而询于佛。佛言若为僧伽可求利润。转求得利时（状如出租）出现三种情况，讨价还价而斗净辨；贵者出息而杖势不还物，贫者不能还。佛交代咐嘱，可订契约以两倍利出（租）求利，（并约以）年月日和上座及受事人姓名。

就此可知，佛陀戒律中是允许为三宝事业接受无尽物、无尽施物，并可出质典当求利，仍用于三宝。但要订立合同，约定时地人物，定两倍质钱，适宜推行。

---

[1] 戒律中有六聚（类）罪，波罗夷、僧残、偷兰遮、波逸提、提舍尼、突吉罗。尼提萨波逸提是拿取不应得财物罪，要将财物舍僧中再忏悔。此处如果是施钱，问题就简化一些。可知当时天竺社会施物较方便。

3. 律典的疏注解说

唐代法砺在《四分律疏》第二卷对三宝是否可以出贷进行了分析：

> 出贷得否？《宝梁》《宝印》等二经，佛法二物不得出贷，以无可咨畴故。僧物众和则得，不和不得。依《祇》，塔无物僧有物，得如法贷用。但分明券记，某时贷某时还，僧贷塔物亦尔。十云：比丘欲以塔物出息，得利供养塔。佛言：听令僧坊净人。若优婆塞出息塔物，得利供养塔。伽云：毗舍离商主施偷婆物。佛言：是无尽物应受。使优婆塞净人，知得利供养偷婆或作偷婆。准此二文，法僧亦应尔。

法砺认为：据《宝梁》及《宝印》二经，佛法两物不可出贷，而僧物若僧和合同意则可，不和合则不可。《僧祇》塔僧二物可以互代但要有券记，《十诵》《摩得勒伽》则塔物可以出息但所得利息还得作为供养塔及修塔用，因此法砺认为"法僧"二物也可以出息。

从以上分析可以得出，在部派佛教戒律中的"无尽物"或"无尽财"，是指供养佛塔及尊者的塔物，只能作为修塔或供养塔用，出贷所得之息也是如此。

唐道世《法苑珠林》与《诸经要集》中，皆有对塔园法的简要引用。

4. 宋代释氏书

宋道诚《释氏要览》释"寺院长生钱"：

> 律云。无尽财盖子母展转无尽。故两京记云。寺中有无尽藏。又则天经序云。将二亲之所蓄。用两京之旧莫不总结招提之宇。咸充无尽之藏。十言律云。以佛塔物出息。佛听之。僧祇云。供养佛华多。听卖买香油。犹多者。卖入佛无尽财中（详诸律。三宝皆有无尽财）。

宋代允堪述《四分律拾毗尼义钞辅要记》：[1]

---

① 《卍续藏》第44册，第836页。

一舍后许还主也。无尽物即无尽财，谓展转母子相生无尽。两京记云寺有无尽藏今谓长生财是也。谓下释上入无尽财者，即畜贸宝戒是。若下即舍于无尽财中复生息者。故彼律云，于此不尽物中，若生利息，得作房舍中衣，但不得分用等。

晋译《华严经》中有"无尽藏陀罗尼门"之说，[①] 玄奘所译《大般若波罗蜜多经》中有无尽藏陀罗尼，即善现菩萨得无尽藏、海印、莲花众藏陀罗尼，闻正法无疑惑不忘失。[②]

（二）无尽藏功德

大乘经典中更多的表述是无尽藏，集中在菩萨无尽藏内容，有四无尽与十无尽藏等。

1. 四无尽藏

《悲华经》卷 5 中记载云：

> 尔时其师报言，摩纳，如汝所问，菩提者即是菩萨之所修集四无尽藏，何等为四？所谓无尽福德藏、无尽智藏、无尽慧藏、无尽佛法和合藏，善男子是名菩提。……复有四无尽藏，是诸菩萨所应成就，何等四？一者信根、二者说法、三善根愿、四者摄取贫穷众生，是为菩萨四无尽藏具足修满。

又《大乘悲分陀利经》卷 4 中记载云：

> 大师告曰：童子，菩萨具四无量藏得逮菩提，何谓为四？具无尽福藏、具无尽智藏、具无尽慧藏、具无尽一切佛法藏，是名具足四无尽藏。
>
> ……复有四无尽藏菩萨应满，信无尽藏菩萨应满、说法无尽藏菩萨

---

① 《大方广佛华严经》卷 43，《大正藏》第 9 册，第 260 页。
② 《大般若波罗蜜多经》卷 449，《大正藏》第 7 册，第 268 页。

应满、回向无尽藏菩萨应满、济穷厄众生无尽藏菩萨应满，是为四。

《悲华经》是昙无谶译，而《大乘悲分陀利经》虽佚译者，但其四无尽藏内容基本相同，于中菩提即是成佛，就是菩萨圆满和合了福、智、慧及一切佛法藏四种无尽功德，同时菩萨也要具足信、说法、善根愿及摄取贫苦众生四菩萨行才能成就佛道。也可以说圆满种种无尽行是成佛的必要条件，其中"摄取贫穷众生"或"济穷厄众生无尽藏"值得特别注意。从功德性来说，菩萨行此善事的行为具有无尽藏功德，但行事中必会涉及施物舍财，从而联系结合两种系统的无尽藏之说。

2. 十无尽藏

菩萨行功德如华严经系内"十种无尽藏"，见于晋译与唐译。

《大方广佛华严经》第十二卷（菩萨十无尽藏品）中说：

> 尔时，功德林菩萨摩诃萨复告诸菩萨言：佛子！菩萨摩诃萨有十种藏，三世诸佛之所演说，何等为十？信藏、戒藏、惭藏、愧藏、闻藏、施藏、慧藏、正念藏、持藏、辩藏，是为十。

此中世尊向诸菩萨宣说，欲成就佛道、当圆满信、戒、惭、愧等十种无尽藏功德。

《维摩经佛道品》利众生言"诸有贫穷者，现作无尽藏。因之劝导之，令发菩提心"。[1]

从以上对声闻无尽财、菩萨无尽藏之无尽藏法的梳理，可以看出它们之间的差异。就小乘无尽物来说只是讲檀越供养塔物，僧团可以接受用来修治塔及买香花等供养，多则可放置无尽财中，也可以将无尽财出息，但这些利息只能归于塔物。而大乘菩萨无尽藏则是菩萨功德，其中多不涉行事，但在信根、说法、回向、济贫四无尽藏中，也有布施物财的结合点。

---

[1] 《维摩诘所说经》卷2，《大正藏》第14册，第220页。

二　梁武帝无尽藏与南北朝隋唐初事

南朝时已经出现寺院中的质典机构与情况之记载，时在梁武帝之前，而且相当发达成熟。所以将此数条史料略加陈述，用以考虑梁武帝造无尽藏之背景。

（一）南北朝初

据载南朝时寺院里已出现典当机构，被认为是典当行业之形成或兴起。① 据《南史》，南朝宋时任江陵令的甄法崇（永初年间，420—425）的孙子甄彬，"尝以一束苎就州长沙寺质钱，后赎苎还，于苎中得五两金，以手巾裹之。彬得，送还寺库"。② 管库僧人惊说近有人抵押此金，因事仓促而失所在，檀越竟能得后而归还。于是用一半金子作为酬谢，两人往复推辞了十多次，甄彬坚决不肯接受酬金。他至五月仍穿皮衣而拾柴，不贪取遗金，遂为美谈。可见寺僧确实以黄金等动产而做质当事业。

史载梁武帝为布衣时就听说此事，对甄彬人格非常赞赏。即位后任用他做益州刺史的录事参军并郫县令，同时就任别处县令者还有四人。临上任时武帝一一告诫，应以廉洁谨慎为重，唯独对甄彬因往日有还金之美，不加嘱说。此事后世多有引述，如陆游《老学庵笔记》等，皆说为南朝梁。但萧衍为官约在建武二年（495）、称帝登基于天监元年（502），可知其事应在南朝齐（始于公元 479 年）初。③ 其实隋代阳玠《谈薮》记：齐有甄彬者，有

---

① 《后汉书·刘虞传》载，东汉末年黄巾起义时，甘陵相刘虞奉命攻打幽州，与部将公孙瓒发生矛盾。"虞所赉赏，典当胡夷，瓒数抄夺之。"刘虞原打算把受赏之财质押外族，却被公孙瓒劫掠。这是历史上将"典当"二字最早连用，有认为这已是社会经济活动的"典当"，但也有学者并不认同，认为是以后词释先事。

② 《南史》卷 70《循吏甄法崇传附甄彬传》：有（甄）法崇孙彬。彬有行业，乡党称善。尝以一束苎就州长沙寺库质钱，后赎苎还，于苎束中得五两金，以手巾裹之，彬得，送还寺库。

③ 梁武帝布衣而闻之，及践阼，以西昌侯藻为益州刺史，乃以彬为府录事参军，带郫县令。将行，同列五人，帝诫以廉慎。至彬，独曰："卿昔有还金之美，故不复以此言相属。"由此名德益彰。谢和耐（Jacques Gernet）《中国五—十世纪的寺院经济》中，据 30 年一代人推断此为 475—500 年间事（耿昇译，甘肃人民出版社，1987 年，第 212 页）。

行业，以束苎，就荆州长沙寺库质钱，后赎苎，于苎束路得金五两，史料较唐编《南史》更早，已证为南朝齐事。

荆州长沙寺是长沙太守滕畯在江陵的宅第施舍而成，时在东晋兴宁三年（365），即道安于襄阳立檀溪寺（365）之随后。[①] 长沙寺之寺库或为专营、更应为兼营的当铺。此寺东晋末有僧四百，南朝宋时已达千人，[②] 其影响甚巨。长沙寺确以僧业极为富沃而著称，收藏令人吃惊，也难怪将五两黄金不当回事，遗忘在苎麻中。《南齐书》称其专以僧业富沃，竟铸黄金为龙千两，藏于地下，历相传付，称为黄铁。以致萧颖胄将其作为军费而取用。[③] 时即齐永元二年（500）萧颖胄在荆州响应萧衍起兵。

"僧业"看来是指僧侣经营之经济事业，且不止于荆州长沙寺。《南齐书》中还载，重臣褚渊逝后，家无余财，还负债数十万。其弟褚澄善医术亦为官，以钱从招提寺赎南齐太祖赐其兄的种种宝物。"（褚）渊薨，澄以钱万一千，就招提寺赎太祖所赐渊白貂坐褥，坏作裘及缨，又赎渊介帻犀导及渊常所乘黄牛。"[④] 这些情况确切鲜明地说明了寺院具专营或兼营典当机构性质，南朝齐时兴起无疑，长沙寺与招提寺都为代表，此后还有南朝梁居士庾诜为助邻人、以书质钱二万之载。

北朝时期佛教经济亦有寺僧质出利贷之事。北魏昙曜请立僧祇与佛图户，前者年交六十斛"僧祇粟"平时济贫灾时赈荒，后者为重罪者与官奴为寺院杂役并农作。前者虽必僧曹管理目的是全社会起调节作用。运作中有寺僧营为私利者。宣武帝永平四年（511）曾下诏责备，《释老志》有载。"但主司冒利，规取赢息，及其征责，不计水旱，或偿利过本，或翻改券契，侵

---

① 杨鹏：《江陵长沙寺的缔构与兴盛考论》，《长江大学学报》（社科版）2010 年第 3 期，第19—23 页。对此施主寺名多有考辨。汤用彤等都曾讨论，谢和耐误为江陵太守邓汉，见谢和耐《中国五—十世纪的寺院经济》，第 212 页。

② 刘宋时欲沙汰僧尼，查得数字。

③ 李昉等：《太平御览·珍宝部九》。《南齐书》又说：梁武帝于襄阳起兵，萧颖胄以荆州应焉。时长沙寺僧铸黄金为龙，数千两，埋土中，历相传付，称为下方黄铁。颖胄因取此龙，以充军实。

④ 谢和耐著作中将褚渊误为褚澄之父，实为其兄。见谢和耐《中国五—十世纪的寺院经济》，第 212 页。

蠹贫下，莫知纪极。"① 可知其严重程度。但北朝此制约至北周武帝灭佛后才止。

（二）梁武帝无尽藏

上述情况可知梁武帝之前寺院的质典事业已很发达了。但梁武帝建无尽藏事更为重要。现知只有两种文献与梁武帝无尽藏有关，见于僧祐《出三藏记集》与道宣《广弘明集》，后者更详。

汤用彤指出"建无尽藏实始于梁武帝"，② 可知萧衍为中土此事项第一人。梁武帝所建此无尽藏是属实际事务即无尽物或无尽财之藏，非功德性，而且萧衍所建，初为十三种，后为十种，其确切内容项目并无史料明述，但可依此史料做些推测性的比定。

南朝僧祐《出三藏记集》卷中著录了梁武帝十无尽藏文，即《大梁功德录》下有《皇帝造十无尽藏记》③ 等五篇文稿，惜仅存目录。学者引用多止于此目。

而道宣《广弘明集》收录有萧子显的《叙御讲摩诃般若经序》，其中说及梁武帝无尽藏一些情况颇值重视。萧子显有文才，任梁侍中国子祭酒，此文叙述梁武帝于中大通五年（533）二月二十六日至同泰寺讲《金字摩诃（大品）般若经》21 天的盛况，道俗无遮大会听众 31 万余人，有王侯 698 高僧千人居士外国使节百岁高僧专来。讲完后帝遍施宝物 21 种，值 1096 万钱。太子奉经施僧 343 万钱，六宫施 270 万钱，百姓多少似未明确。但文中强调此会所施净财并非公款，皇帝化力之所到，百姓善根之有成。

此文续说，"初上造十三种无尽藏，有放生、布施二科"，且说"此藏利益已为无限。而每月斋会复于诸寺施财施食。又别敕至到张文休。日往屠肆命切鼎俎。实时救赎济免亿数……又钱一千一百一十四万。上区其心迹列有十条。或舍财同今法事者。或舍财以供养者。或舍财行慈悲者。或舍财乞

---

① 《魏书》卷 114，中华书局，1974 年，第 3041 页。
② 汤用彤：《跋矢吹庆辉〈三阶教之研究〉》，《汤用彤集》，中国社会科学出版社，2007 年，第 107 页。同样内容见《隋唐佛教史稿》中隋唐佛教宗派中三阶教一节（中华书局，1982 年，第 200 页）。
③ 僧祐：《出三藏记集》卷 12《大梁功德下卷》，《大正藏》第 55 册，第 93 页。

诵经者。或舍财入节供者。或舍财入放生者。或舍财入布施者。或舍身施大众者。或烧指供养三宝者。或闻讲启求出家者。昔如来化道获悟不同。故法眼无生根性非一。上并为其人同发大愿别见愿文"。①

梁武帝建无尽藏先有十三种、分放生与布施两类。又于斋会赴寺布施，其广行放生之事，又重用了张文休，因其舍米给贫民，未加问罪反而加以任用。竟致使他每日至屠宰场，购动物而放生。社会各界又随喜一大笔钱，萧衍用来区分为十用途。是否确切属于无尽藏，尚未可知。但其性质情况，第一是其"利益无限"不知是佛事好处还是有实际利益，但前朝寺库已发达，现再设相似者似无必要。武帝区分千余万钱施者心迹，所说恰为十种，有舍财施讲经法事、供养、行慈悲、乞诵经、入节供、放生、布施、舍身、烧指，因听讲经求出家者。虽然未必属无尽藏事，但大略也可以对应十无尽吧？武帝且与众生同发大愿，也可说明无尽藏若为众施的基础。虽然仍不明确其为机制，或设在皇宫还是寺中抑或公共社会空间，布施与受者主身份等等问题。

此次在同泰寺讲般若经，恰为梁武第二次（中大通元年，529）与第三次舍身（中大同元年，546）之间，舍身所费皆为亿数。又《大梁功德文下》内，梁武"十无尽藏文"排在"注大品般经序"与"遣僧外国求禅经"文之间，仅可知前者至迟序于天监十八年（519）。② 而梁武无尽藏有十三科变为十种之减，大略在其统治中期所立吧。现在来看，梁武帝的"无尽藏"不太可能在寺中，也未必济贫救民，主要是施向佛事僧人，其种类为十，与上述诸愿有所对应，不知与华严经等十无尽藏有无关系。大略来说，先有放生与布施，后来才侧重布施吧。

（三）吉藏昙献等高僧事

据僧传，三论教主吉藏以财充无尽藏之事也很生动。吉藏讲经解义十分出名，禅门大德昙献专为他开创了讲座、演说京城流行的《法华经》。吉藏

---

① 见《广弘明集》，《大正藏》第 52 册，第 237 页。梅鼎祚辑《释文纪》，《大藏经补编》第 33 册，第 530 页，文字有修订。
② 对此序注于何年有多说，晚者是天监十八年（519）。

声誉巨大，七众来拥，施财不断，随作福田（即佛教事用），余钱则返充给昙献作十无尽藏，用为悲敬田（即做慈善事业）。① 法国谢和耐讲 5 至 10 世纪寺院经济的名著中，将吉藏与昙献的事缘说反；而刘淑芬著作中说昙献将得到供养委付吉藏资于悲敬，亦将两僧之事情说反了。②

此事将悲敬田的"无尽藏"名目亦说为十，不知是否来自梁武，是否与其建造藏有关。但悲敬慈善应是僧人救济世俗了，这与梁武帝所倡的施受主体有所不同、或者说恰好反过来了。晋王杨广于仁寿元年（601）在长安曲江造日严寺，亦延请吉藏移居至此，曲江有高百尺大像，仁寿年中仍未身成，是得吉藏舍施化缘才成功，应是其福田事业。

唐代初年，律门高僧玄琬曾撰出《无尽藏仪》，是为规范，但其内容已不可知，③ 还有一种《大乘无尽藏经》，武周时判为伪经。④ 而齐州泰山金舆谷神通寺的僧人善遇和慧智，二人皆是求法高僧义净之师，他们曾在齐州附近的土窟居，营设无尽藏食，供养无碍，所受檀施咸随喜舍。善遇法师遵菩萨行，有人从乞不回绝，日施三文是其所愿。救助病僧亦不遗余力。⑤ 此处的无尽藏食虽仅为食物，但其运作以僧人为主，亦得到檀越布施（或为财物），即营为食物济众，其救人事行为大乘愿思之体行，明显有平衡社会贫富之作用，而且也有救助病僧的福田事业。这都可以与隋代吉藏与昙献无尽

① 《续高僧传吉藏》："时有昙献禅师，禅门钲鼓。……创首屈请敷演会宗，七众闻风造者万计。……豪族贵游皆倾其金贝。清信道侣俱慕其芳风。藏法化不穷财施填积。随散建诸福田。用既有余。乃充十无尽，藏委付昙献资于悲敬。"《大正藏》第 50 册，第 513 页。
② 谢和耐：《中国五—十世纪的寺院经济》，第 258、265 页。"'无尽藏'一词甚至在化度寺的无尽藏创立之前就出现在吉藏的传记中了。在隋文帝（590—605）执政年间，禅宗大师昙献在说法中取得了巨大成果。'豪族贵游皆倾其金贝，请信道侣俱慕其芳风。藏法化不穷财施填积，随散建诸福田。用即有余，乃充十无尽，藏付昙献资于悲敬。'吉藏传记说吉藏来京说法众莫能对，但京师流行《法华经》，所以昙献创讲座请吉藏讲《法华经》（法华经有会三归一之说，此处会宗即指《法华经》），而且以下原文分明是（吉）藏委付于昙献。且此段处《吉藏传》内亦说明了这一点。台湾中研院刘淑芬著作中说昙献将得到供养委付吉藏资于悲敬，亦将事情说反。"刘淑芬：《中古的佛教与社会》，上海古籍出版社，2008 年，第 199 页。
③ 道宣：《大唐内典录》，《大正藏》第 55 册，第 281 页。延兴寺沙门玄琬作《无尽藏仪》只见于目录。
④ 武周（690—705）明佺编定《大周刊定众经目录》，卷 15 伪经目中列有"《大乘无尽藏经》一卷"，《开元录》卷 18、《贞元录》卷 22 沿用。《大正藏》第 55 册，第 473、677、1022 页。
⑤ 义净：《南海寄归内法传》卷 4，《大正藏》第 55 册，第 231 页。

藏悲田事相续应。善遇与慧智的无尽藏所为，是依沿弘法利生之路径，行大乘悲敬之事业。

综上，可见由寺僧无尽物至无尽藏的发展。其中梁武帝所建十无尽应是俗界向僧寺的施舍（扩及放生），而吉藏、昙献等所行，得到布施首先用福田佛事；续充悲敬，就是社会慈善事业了。善遇写慧智所行僧俗皆具，供养无碍（无遮）应是一切僧俗。但从其志向离开山居而营无尽，主要是向世俗了，日施三文虽不多却有不断意。梁武帝愿说则内容较多庞杂。戒律中无尽物（及得利）主要用于寺塔造修，而菩萨行的四无尽藏行含有救济贫俗之效用。

三　三阶教无尽藏

三阶教与无尽藏有特殊的关系。三阶教将无尽藏之财施发展到极致，成为其教派基本的构成，与乞食一起，不仅成为维持僧团派别经济基础与命脉的基本方式，而且拓展到了再施分予佛教界与社会慈善事业。由此，无尽藏成为三阶教团与社会及教界沟通的基本渠道。而三阶教的无尽藏之发展，也与教派本身相随与共，约有四个阶段。

（一）信行无尽藏

信行的创教，曾举十六种无尽藏与常乐我净行为之旗号，还具分出大小乘普别施等内涵。其中的主体性问题，即对布施者与受施者的混同分合，具体可析为僧俗两界的受与施、福田与悲田、布施者所获功德等，前此较少受到关注，均可深入分析。

从历史状况来看，无尽藏在三阶教中主要还是体现为财施方式，是信众予以僧团的布施，内容上主要有具体为十六种的规定。其对社会的影响也曾达到极高程度，虽然时段有限。以前少有人注意过，十六种无尽藏行中十种财物与三阶僧团修行所需高度符合。这也有力说明了其创教缘起的状况，无尽藏施初只为保障三阶僧团之修行，而非多种用途。唐初，三阶无尽藏施在化度寺达到高潮，于此前后才有修寺塔、日用与慈善的分用；此后则为武则天所利用，移化度寺无尽藏于洛阳，但未成功。玄宗敕断使此停止。

第一阶段，初传。信行创教之初期，就确定了以"顿舍身命财"而追求成佛的原则，且其含指为十六种，所以必可联系成为"十六种无尽藏"。而且僧传中说他宣教传法 32 年，约从他 17 岁到 48 岁（556—587）阶段，苦心孤诣，只有两僧两俗共四个人为其骨干分子，追随他实行此种彻底"常乐我净行"。

第二阶段，隋代。信行入京，三阶教合法迈跨进主流，其领袖接近上层，无尽藏施成为可以施行与普及的阶段。信行开皇七年（587）入京，不久到十四年即圆寂了。但其逝后由僧邕来主持三阶僧团，至少直到开皇二十年其教派还具有正统性，同年遭敕禁传播（有可能主禁其经典）。虽然《大唐内典录》等记其仍得流传，但应受一些限制。化度寺无尽藏机构情况并无详情，但应有存在，或有实而无名。

第三阶段，初唐。唐初三阶教实得不小发展，或说武德时（618—626）设机构，未必确切。但贞观年间（627—649）其无尽藏中已有裴玄智贪盗事发，这已从侧面证明其已经发展到相当程度，有财可贪、有机可乘了。经历此种事件之后会有一些波折，但其发展并未止步，反而达到了高潮。由《两京新记》所载，《太平广记》续录，都具体言及其事达到很高的峰值程度。因由此况引起了女皇注意，要对其加以利用。

第四阶段，盛唐。武则天如意元年（692）移化度寺无尽藏院至洛阳大福先寺（原太原寺），但是其盛况不再。长安年间（701—704）又迁主持僧法藏还长安检校无尽藏，此后两寺应仍存无尽藏。再至唐开元九年（721）时，玄宗敕令将两京无尽藏院等财产没收，入于官产且分贫寺，三阶教之无尽藏基本上应止于此时。[1] 开元十三年敕令限止，毁经籍并取缔诸寺中三阶院，让三阶僧人身份混同于其他僧人。但贞元年间（785—805）三阶教又有复兴，诸寺中三阶院实有恢复，但无尽藏等事，不得其详。

（二）三阶无尽藏文献

三阶教的无尽藏文献，应只归于两种，即信行撰《明大乘无尽藏法》、

---

[1] 张总：《中国三阶教史——一个佛教史上湮灭的教派》，社会科学文献出版社，2013 年。古文献将玄宗的敕收之令叙为开元元年，应是传抄误录。第 72—316 页。

弟子撰《大乘法界无尽藏法释》，可知三阶教立无尽藏法门，有阐说与注疏。[①]前者存世有三残件（S.2137、S.9139、S.190 号），后者仅一（S.721V 号），四件均存标题只能归于两种。虽然矢吹庆辉曾增出了一个标题《信行遗文》，但此题是学者拟出，实际并不存在。经与三阶经目析解对比，应只存信行撰述与弟子注疏。

其基本内容由方广锠整理 S.2137 号与 S.9139 号《大乘无尽藏法》而明了，[②]后者较前者更完整，存文多，有尾题《大乘无尽藏法》。笔者在所著三阶教史中对此已有探讨，现更阐明。矢吹所定的 S.2137 号《信行遗文》前残，所存数行文字后标有"无尽藏法略说尽"，而后面内容是所谓《信行遗文》，其实文中仍含有"无尽藏法"内容。S.190 号《无尽藏法略说》结束处亦题"无尽藏法略说竟"。从其归纳处可知有十一条内容，但所见约从第五条开始，其前仅有一行。而 S.9139 号实起于此第九条内容，结束处文虽同于 S.2137 号信行自叙，但多一个尾题《大乘无尽藏法》，而且有题记，题记中还有称说，每天施上上钱一枚，入"法界信行普无尽藏"。可见"法界信行普无尽藏"或也可以作为三阶教无尽藏之专称。

由此可知，三个编号的英藏文献，其实所抄可归于一种无尽藏法的文献，至少有三个复本。当然，其中对应还有些区别。如 S.2137 号中间、S.190 号结束处有"无尽藏法略说尽"，可不可以比定出一个"无尽藏法略说"？其实，三阶教经目之中，并无此题。无论是自身的《人集录都目》，还是官方的《大周》《开元》录，都没有这个标题。从 S.9139 号有尾题《大乘无尽藏法》来看，此尾题与《无尽藏法略说》的关联，有两种可能。一是

① 卢誉：《三阶教无尽藏寺院经济研究》，硕士学位论文，河南大学，2013 年。就三阶教《无尽藏法》的内容方面有一些较详细的探讨。

② 方广锠整理《大乘无尽藏法》，方氏编《藏外佛教文献》第 4 辑，宗教文化出版社，1998 年，第 363—372 页。王惠民《长兴五年（934）三界寺应有藏内经论目录》，说明敦煌研究院藏 D0715（发表号 345）道真所撰此件目录之中，录有一卷《大乘无尽藏法》之标题。且此经并未与三阶教典并置，而是与六种别经同帙。"《无尽义摩诃般若经》《金光明经》，四卷一部。《一切经录》，四卷，《大乘无尽藏法》，一卷，《楞伽佛语心》一卷，《佛母经》《阎罗王经》，右经十一同帙。"介绍中加按语说此帙有七经 13 卷，而非 11 卷，还说是有两卷为需补者等。其实是将抄为一卷的短经如《佛母经》等误为多卷。敦煌研究院网站：敦煌文物介绍。

两个文献的衔接，二是前者包含后者，即后者仅为小标题。因为其所出现两处，都为"说尽"，且所见也是"竟说尽"并非此题。更重要者即上说三阶经目里并无此题。综合来看，无尽藏法略说只是小标题。三阶经目之中情况如何呢？《大周录》出现了"《大乘无尽藏法》"，而《开元录》中则是《明大乘无尽藏法》。两者并不一致。核以三阶教派自身《人集录都目》，却也是《明大乘无尽藏法》。日本所存《贞元录》古本内同于《开元录》。《龙录内无名经律论》则较简略而标题具有细目。

所以，现知见的无尽藏法文献与三阶目录中小有区别。"无尽藏法略说"必非单独文献。《大周录》所列的《大乘无尽藏法》见于 S.9139 号。而三阶自身与智升官方经目中《明大乘无尽藏法》并无出现。由内容上看，《大乘无尽藏法》应阐说"大乘无尽藏法"的内涵，《明大乘无尽藏法》只是对其加以详细的说明。而矢吹所谓"信行遗文"恰是说明无尽藏法的内容。"略说"以十一段文义加以更多的说明。从题记且可知，实践者后来称此为《（信行）法界普无尽藏法》，由此可清晰区别于佛典中的"无尽藏"或"无尽藏法"。所以，我们基本可以推定，三阶文献中先后出现《大藏无尽藏法》与《明大乘无尽藏法》，最终可归于后者，是三阶经典中一种无疑。

由"无尽藏法略说竟"存在，可知其基本应比定为小标题。杨学勇曾认为此类经本有个发展过程，即《无尽藏法略说》—《大乘无尽藏法》—《大乘法界无尽藏法释》。其中恰恰缺少三阶教自身与官方经目中的《明大乘无尽藏法》。只看文献存本而不核经目肯定是不够全面的。古人拟定经目，不会无道理与无出处根据。原初本始材料虽少，也是能看出问题的，但就此具体情况而言，肯定是先有信行创设"大乘无尽藏法"（杨文所指？）而后再加其他内容，将有关内容归为"略说"，合并成《明大乘无尽藏法》。所以，信行之后的注疏问题不大，但前面两者，杨文很可能弄反了。[①] 无论如何，先有信行所创的十六种无尽藏"法"，此后才会解释说明。再后才有《大乘法界无尽藏法释》，即注疏性著作。时约在 7 世纪前期，亦前后亦残，其中明确写到三阶教成立无尽藏的初衷是菩萨依大悲心立无尽藏法，内有四条较

---

① 杨学勇：《三阶教史研究——以敦煌资料为中心》，博士学位论文，兰州大学，2010 年，第 56—67 页。同作者以后又有增补出版。

大标题，第四条内有符合前文的十一条内容。

总体而观，由于《大乘无尽藏法》仅在《大周录》中出现，正式的三阶教目录从《人集录都目》到《开元录》中只有《明大乘无尽藏法》，所以关于信行"无尽藏"正式的经名只即《明大乘无尽藏法》。其实从经名亦可见内容，既有此法，又有对其的说明。其间虽有发展增拓，但正式的经本仅一。加上信徒的注疏，其实仍是对此的进一步说明。可知只有两种有关无尽藏法的文献，一为信行初期传教宣说之《明大乘无尽藏法》，一为门徒撰注了《大乘法界无尽藏法释》。从三阶经目与文献的对应来说，抄本文献应符合于三阶自身目录与较完善的官目。杨学勇文与方广锠的研究，①都缺少了对文献本身与经目之间关系的探讨。

对于三阶教无尽藏，具体为十六种无尽藏法，尽管有很多分析与阐释，但是，如果不能从文献中看出"礼佛法"与十六种无尽藏之后十事的配合关系，从而了知其无尽藏法首要目的是服务于三阶僧团的修行，其他事项为后出发展，那么诸多析解都是皮毛性的，未及本质。②三阶僧团的修行不但甚苦，而且耗费很大。具体事项可见表1。

表1　敦煌三阶文献内十六种无尽藏对比，《礼佛法》等参照

S.190号十六种无尽藏	S.2137、S.3139号十六种无尽藏
一者学施供养佛无尽，礼佛等是。二者学供养法无尽，转经等是。三者学供养僧无尽，莫问持戒犯戒、普供养者是。四者学供养众生无尽，亦莫问有行无行，六道众生一种普供……五者总明离一切恶无尽。六者总明修一切善无尽。七者学施香无尽。八者学施光明无尽。九者学施洗浴无尽。十者学施音声无尽。十一者学施衣服无尽。十二者学施房无尽。十三者学施床坐无尽。十四者学施食器无尽。十五者炭灰无尽。十六者学施饮食无尽。	一者愿施礼佛无尽，日日不断，乃至成佛。二者愿施转经无尽。日日不断，乃至成佛（"日日不断，乃至成佛"下同，略）。三者愿施众僧无尽。四者愿施众生无尽。五者愿施坐禅无尽。六者愿施十二头陀无尽。七者愿施饮食无尽。八者愿施食器无尽。九者愿施衣服无尽。十者愿房舍无尽。十一者愿施床坐无尽。十二者学施灯烛无尽。十三者愿施钟铃无尽。十四者愿施香无尽。十五者愿施柴炭无尽。十六者愿学洗浴无尽。

① 方广锠整理《大乘无尽藏法》，方氏编《藏外佛教文献》第4辑，宗教文化出版社，1998年，第363—372页。
② 如日本、美国诸学者的论著，还有杨学勇的论著及《三阶教无尽藏法研究》，《敦煌学辑刊》2008年1期，第134—145页。

续表

《礼佛法》内有关于洗澡，拜佛须用耗费等。
礼佛法用功至大。 第一须食，若官府听乞食，食自乞，一向不须食。若官府不听乞食，先须得食。 第二大须炭。 第三大须柴。 第四须内衣，多少任意。 第五须香，多少任意。 第六大须澡豆。 第七大须灰水。 第八须杨枝。 第九须四人，两人供灰水，两人作食。 第十须屋三口，一口礼佛，一口消息，一口坐禅。
P2489 号《大众制法》
常相续、相续。十二时修行。

　　无尽藏行在保障三阶僧团修行事宜的基础上得以发展。三阶僧团的修行应也保持。初唐无尽藏施风行社会以后，财产用于修寺塔与做慈善也得以开展，用于佛教事业的部分，除了保证僧团修行外，还可做多项事务。佛教福田事业界限并不明确划为佛教内，也可能具有社会民众事务。

（三）唐代兴起与禁断

　　三阶教在唐初最重要事即贞观年间无尽藏财施风行，可谓无尽财富行天下。开元十年（722）成书的《两京新记》对长安城义宁坊之化度寺有详述，从寺僧来历、无尽藏风行及贞观时裴玄智盗藏至开元毁禁事宜，非常重要，广受中外学者引叙。[①] 宋太平兴国三年（978）编《太平广记》有相似记载。韦述《两京新记》言：

　　　　（化度寺）寺内有无尽藏院。即信行所立。京城施舍，后渐崇盛。贞观之后，钱帛金绣，积聚不可胜计，常使名僧监藏，供天下伽蓝。修

---

① 谢和耐：《中国五—十世纪的寺院经济》，第 212 页。

理藏内所供。天下伽蓝修理，燕凉蜀赵，咸来取给。每日所出，亦不胜数。或有举便，亦不作文约。但往至期还送而已。

《太平广记》中亦有相似记载：

武德中，有沙门信义习禅、以三阶为业。于化度寺置无尽藏。贞观之后，舍施钱帛金玉，积聚不可胜计。常使此僧监当。分为三分，一分供养天下伽蓝增修之备，一分以施天下饥馁悲田之苦，一分以充供养无碍。士女礼忏阗咽，施舍争次不得。更有连车载钱绢，舍而弃去不知姓名。

以上两说于贞观以后所得之盛相同。差别为用途，前者说修理天下寺庙，燕凉蜀赵，每日支出不少。若"举便"用之不写收据，届时还来，应为无息借用。后者明确三种用途：一是修增天下寺院，二是天下慈善事业，三是供养无碍（佛教本身），即修建寺庙、慈善悲田、佛寺僧众。

佛教有福田、敬田与悲田之说。会昌寺三阶教僧德美，先从僧邕、再为静默弟子。静默原承道善，所得大宗施物很多，逝时将其福田事业传德美，其中敬田指法事系仪，而悲田之含义指慈善救助，包括各寺功德处，还有盂兰盆节的普盆钱。这些慈善钱施，也可视为三阶无尽藏的形态。

《太平广记》说武德有僧信义创此事，又说"常使此僧监当……"等，仿改明显不可尽信。[1] 尽管矢吹庆辉、谢和耐、西本照真有不同程度的指疑，[2] 杨学勇文却坚持列其为创无尽藏院三阶教僧。[3] 杨文举《两京新记》亦有开元九年（721）误为开元元年之误，且言《太平广记》列出其据还有《辩疑志》。但年代中这种错误很难确定为唐人之误，书写传抄亦常出现。而《太平广记》所列《辩疑志》或只指贪盗一事。史料完美无缺者几无。但

---

[1] 《两京新记》原文为：化度寺……高炯宅。开皇三年炯舍宅，奏立为寺。时有沙门信行，自山东来，炯立院以处之。乃撰三阶集录卅余卷……

[2] 矢吹庆辉『三阶教の研究』東京：岩波书店，1973、48-51页；谢和耐：《中国五一十世纪的寺院经济》，第258页；西本照真『三阶教の研究』東京：春秋社，1998、96页。

[3] 杨学勇：《三阶教无尽藏法研究》，《敦煌学辑刊》2008年第1期，第134—145页。

就此事而言，唐代史料与宋代记载的价值当非一个层面。特别重要的事，三阶诸事多非孤说，如果唐初有立无尽藏院的信义这样重要的僧人，道宣《续高僧传》怎会毫无痕迹？当然，三阶化度无尽藏院似无明确建立机构的时间，从而为信义说留下空间。但是此事从信行以来自然发展也是很可能的。如果机构明确成立，有管理者及执行者，那么怎么会发生裴玄智贪盗事件？所以，《太平广记》说绝不可靠。

化度寺无尽藏院之财施日渐崇盛，贞观（627—649）后达于极盛高潮。武则天移其于东都后，就有衰落事相，开元年间禁停毁。其兴盛转落，真实而合理。

据韦述记载，贞观中有裴玄智，戒行修谨，入寺洒扫十数年间，得到信任守此藏。后密盗黄金，前后所渐略不知数，寺众不知。后竟逃走。其寝房还题诗"将肉派遣狼，放骨狗头前。自非阿罗汉，谁能免作偷"。

《太平广记》卷 439 载略同但更加润色：

> 贞观中，有裴玄智者。戒行精勤，入寺洒扫，积十数年。寺内徒众，以其行无玷缺，使守此藏。后密盗黄金。前后所取，略不知数。寺众莫之觉也。因僧使去，遂便不还。警疑所以，观其寝处。题诗云：放羊狼颔下，置骨狗头前。自非阿罗汉，安能免得偷。更不知所之。出《辨疑志》。

此事给人印象深刻。无尽藏发展迅猛，应有监管。其实也有制度"常使名僧监之"，但不知是此事前还是事后。从史载可知其贪盗事后才达于极盛，可见未受影响。

由隋入唐，情形显然不一，日舍少钱可能仍有，但难以形成巨大份额。贵族豪富，帝室国戚加入，是无尽藏财施海量的基础。化度无尽藏院每日所出不少，而每日所入并不太详，三阶特点虽强调日日所施，但每年正月四日（信行忌日），天下士女施钱极隆，敦煌文书及德美传言，每年七月十五盂兰盆节，"所在州县造功德处，皆得普超，随喜助成，不必须送化度寺"。各州县寺功德处都可行（S.721 号）。唐高宗至武则天时，曾令长安净域寺

法藏检校无尽藏。开元二年（714）塔铭：①

> 如意元年（692），大圣天后闻禅师解为精最，奉制请于东都大福
> 先寺检校无尽藏。长安年（701—704），又奉制请检校化度寺无尽藏。

此言恰与韦述说化度无尽藏迁出回复对应。此前女皇追称父母为帝后、并将其母宅改的太原寺又改称大福先寺并建塔（691），随之迁来无尽藏院并委任法藏检校。约十年后，又迁回或遣回了法藏禅师，因为不成功。所谓则天布施无尽（据谢和耐考述）"特别是向由她创立的无尽藏施基金。如洛阳的福先寺无尽藏广施"，其实只是福先寺前身太原寺是其母旧宅。②

玄宗开元九年（721），禁断三阶教首先从没收无尽藏财始，随后禁止流行。《两京新记》载：

> 开元元（九）年③，敕令毁除。所有钱帛，供京城诸寺，修缉毁坏。
> 其事遂废。

禁三阶无尽实有两道敕令。一道针对化度与福先两寺，一道针对长安化度寺无尽藏。

> 禁士女施钱佛寺诏
> 闻化度寺及福先寺三陛（阶）僧创无尽藏。每年正月四日，天下士女施钱，名为"护法"。称济贫弱，奸欺事真。正即宜禁断。其藏钱付御史台、河南府勾会知数，明为文薄（簿）。待后处分。

---

① 《大唐净域寺故大德法藏禅师塔铭并序》，《金石萃编》卷71，第1条，中国书店本第2册，1985年，神田、矢吹、西本等都用过，也刊过拓本。
② 又则天经序云，将二亲之所蓄，用两京之旧邸，莫不总结招提之宇，咸充无尽藏。《大正藏》第54册，第304B页。这是《释氏要览》寺院长生钱下的阐释，此释使人误会无尽藏具利钱性质。谢和耐著作早已指明这一点。
③ 《两京新记》与《全唐文》误为开元元年（713）四月壬寅日。开元元年并无四月，谢和耐早已指出其误。应从《册府元龟》卷62的开元九年之载。

此诏令首先提及化度与福先两寺。其文只说要将钱交付御史台与河南府，登记造册，等待处分，没有涉及其他财物，重点在禁止社会各界布施现钱，特别强调了女性与每年正月四日的布施。理由是无尽藏以"护法"旗号，号称救济贫弱，实蕴"奸欺"之事，所以立即禁断。

由诏令所涉可知，武皇迁移无尽藏回长安后，福先寺仍有无尽藏院及布施事。再从此诏题目"禁士女施钱佛寺"，指向宽泛。谢和耐据 S.721 号 V《大乘法界无尽藏释》，认为全国各县功德处都执此令。不过诏令明确"（无尽）藏钱付御史台、河南府，清点造册"。其他只是全国一般布施也被禁停，也包括各地无尽藏机构事财。

> 分散化度寺无尽藏财物诏
>
> 六月丁亥，诏化度寺无尽藏，财物、田宅、六畜并宜散施京城寺观。先用修理破坏尊像、堂殿，有余入常住，不得分与私房，从贫观寺给。

此诏令处分化度寺中无尽藏等财物。包括有动产不动产，可见是接续上一诏令，对无尽藏财产进一步的处理。两令一为四月壬寅日，一为六月丁亥日，应是同年所为。尽管有些载记将前者录为开元元年，但实际应均是开元九年四至六月间事。

但是三阶教信行所倡，更侧重使其成为一种日常的宗教行为。尽管布施很少，每日一钱、十六钱、三十钱，要坚持不辍，结果反可成其自身的菩萨之心，成为修道的重要方式。因而，信行的倡导的无尽藏、是对无尽藏事的含义有所提升的。是包含有较重要的修行内涵在其中，产生社会影响也达于最为广大。至于其是否影响到封建社会的经济秩序，以致引起毁除，则可再议。从其发展演进的起伏曲线来看，最臻高潮的高宗及二圣（高宗与武后）阶段，未受打压。至武后临朝到女皇阶段，似欲推行利用之时，于两京之间的迁移，可能使无尽藏的运行受到损折。至玄宗开元统治稳固期，有发展农业之举，有抑佛兴道之事。或对佛教此类事业不满意，因而采取了毁除措施。

从三阶教无尽藏的运营来看，尽管有些论著称其为金融性寺院经济，但实际上其内主要是动产形态，再者机制中有无放贷生利则很难说。即使不排除其可能性，或有部分存焉，也非其主流形态。绝不能说其以此为主甚或机制中重要部分。[①] 可以认为，三阶教的无尽藏是以布施与分配为主，以动产与部分货币为辅，对应大乘无尽藏概念，而非小乘无尽财、无尽物的概念。

四 宋代长生库

中国寺庙经济的主流形态实为地主型，经唐宋社会转型，诸大宗派多受打击，禅宗则依农禅而兴起。宋代寺院经济自主性更强，以贷息获利的长生库等普遍风行。此类寺庙利益似有两个主要源头。一即无尽藏系统（盂兰盆之处会），二即丧葬习俗中的预修逆修模式，更大范围的法会——水陆法会系统。

我们上文已明确，无尽藏一词本有两种含义，德性方面的无尽藏与财物方面的无尽藏。有不少讨论对宋代寺庙院经济中以贷款物获取利息是持批评态度，有些是将隋唐无尽藏与之混同，说其获利息，但隋唐无尽藏应无贷息，或者说非主流形态只占少许分量。不过，从寺院僧团来说，原始佛教中从无尽物——僧物获取合理的利润，是佛陀所允许的，明指可获取合宜利息，用在正当用途上。

宋代长生库等也有关注探考。《夷坚志》卷 49 载永宁寺罗汉院事值得关注。[②] 还有宝云院等两例。宝县《宝云院利益长生库记》叙北宋天台复兴时事，高丽僧义通来华从螺溪义寂学，临返为州守钱惟忠所留，顾维捐宅为寺。门下四明知礼与慈云遵式都为天台中兴高僧。宝云寺名是北宋太宗所赐，被目为义通道场。主持宗莹接任后，立即募款。

---

① 杨学勇《三阶教化度寺无尽藏机构的管理与运转》对三阶教无尽藏财施并无多少利贷性质有较多说明。《敦煌学辑刊》2017 年第 3 期，第 70—76 页。

② 该院集众童行本钱，启质库储息，"谓之长生库"，为诸沙弥购买度牒，院僧以徒智禧掌其事。庆元三年四月结算时，失去一金钗，遍索厨柜不可得，禧窘甚。谢和耐著作已举其例，详见谢和耐《中国五—十世纪的寺院经济》，第 212 页。

得钱一百万。内外道俗又得钱百万。太师魏国史公捐国夫人簪珥。以施之。合为利益长生库。以备岁时土木钟鼓无穷之须。后五年建大讲堂。半取其赢以助工役。实其志也。

道俗民众与高官魏国公史浩捐夫人首饰。备修庙用，嗣后建讲堂果然用了其盈利的一半之数，此长生库确实起到了作用。

浙江舟山的普陀观音道场，圆通宝殿南宋时曾遭风雨毁，魏国公史弥远继父志捐修。

淳祐八年戊申。制帅颜颐仲。祷雨有应。施钱二万。米五十石。置长生库接待。庄仍请于朝免租役。

《续补高僧传》叙元代至美，至元间曾主吴双塔寺，又迁嘉禾三塔寺，寺近废而得复。

鼎建养蒙堂。以处方来名胜。土木繁兴。中外轮奂。寺产素瘠。增置腴田五百余亩。以裕斋钵。立长生库取月息。为众朔望祝圣焚修。资印赎大藏经文。雕补千佛圣像。寺之阙文。至师大备焉。

宋代寺院经济中长生库等十分流行，一个重要原因是宋代寺院要向朝廷官府交赋税，其实晚唐五代已有端倪，[①] 宋代普遍实行。经济基础不同，生态存在方式就不同。

明四大高僧之憨山德清，曾受请到过广东南华曹溪宝林寺。《憨山老人梦游集》对此过程有详述，还加上德清自己对寺院经济基础来源与变化的长篇论述。认为佛教在印度本无财产，入华后得很多赠施，但也多有乱象。直至南禅宗确立后，百丈怀海立明规矩。他也不是把长生库作为一个例外元

① 贾亚冰：《宋代寺院经济收入与消费研究》，硕士学位论文，云南大学，2013 年，第 51—52 页；黄敏枝：《宋代佛教社会经济史论集》，台北：学生书局，1989 年，第 66 页；游彪：《宋代寺院经济史稿》，河北大学出版社，2003 年，第 77—80 页。

· 74 ·

素，而是放在寺院经济整体中考虑。其自身整肃时也是将田产收入皆归入长生库统一支配管理，为佛门此事变化源流情形提供了专论。此文的一些配合之文可以相互参照对比。

长生库外还有受生库之说，即预修存库，预修功德变成了预存资金，不管真金假金。逆预修最初在《灌顶经》中表述，且有明确的范围指限。唐末在讲预修的疑伪经即《阎罗王授记经》中出现时，范围已无限，门槛却非常低、预修本来的功德（最便宜简单的只是烧两盘纸钱等）。无论逆修或顺修，主要的沟通是办法会，需要施舍资金等。但极便宜的预修形式与说法，肯定是由底层社会民众出资的，这些人民地位低但数量大。至于有图偈的《佛说十王经》，这种便宜简单的方式就被取消了。其经济性进一步加强。俄藏 Дx.6609+143 号《阎罗王授记经》，将斋日的七七四十九天改成了法会要请七七四十九僧，其供养成本大大提高，更说明了此类经本其实是用来供施修法僧团，或作为修法仪轨文本。因丧葬事宜的普及推广，可成一大库藏吧。

总体上，宋代水陆法会在社会上广泛流行，也是僧团与寺院经济的共同需求所致的。

本文主要对三阶教的无尽藏进行了探讨，也对其前后关联的线索与情况进行了考查。全文从律藏典籍中的无尽物与无尽藏着手，厘清了实物性无尽物与功德性无尽藏的一些区别与联系。关键的一点是释迦牟尼佛是允许获取利息的。这说明佛陀本人对商业的性质与根本有着清楚的了解。季羡林先生早年曾写过《商人与佛教》，佛教的传播其实也与商业贸易有着密切的关系。佛教的社会基础与商人有密切关系，传入中国后与农耕产生了更密切的联结。

中国无尽藏在三阶教派中得到最大的表现，梁武帝时所建无尽藏及南朝质库也可探查得更为清楚。无尽藏从三阶创教既是主要理论，也是三阶僧团修行的重要依凭。初唐达到高潮，随后武皇利用受抑而玄宗禁断。饶有趣味的一点就是，南北朝质仓库与宋代长生库，都具有放贷得利息的性质。而梁武帝与三阶教的无尽藏，却应无此一性质。实际上是大乘无尽藏观念与实际财物结合的事况与运作形态。

宋元明的长生库具有鲜明的金融性，也是寺院经济的基础，而非某一个方面或补充。虽然仅限于个别例证，佛教经济方面有着很大的起落，原始佛教的一些内涵，经过各种波折，在以禅宗为主体的中国佛教中也得以体现。

论净土佛教以及中古中国的禅净融合[*]

夏　复（Robert H. Sharf）撰　丁　一译[**]

【摘　要】现代佛教和中国宗教研究经常提到中古时期兴起的中国本土净土"宗派"。这一宗派通常被描述为一个独特的传统，有自己的教义和宗师，包括昙鸾（476—542）、道绰（562—645）与善导（613—681）。在宋代，永明延寿（904—975）等释经者创造了净土法门与禅宗的融合，其结果——"禅宗／净土合宗"（禅净双修）——成为宋末至今佛教僧侣修行的主要形式。在这篇论文中，我认为在中古的中国，几乎没有任何类似于独立或自觉的净土传统的证据。净土宇宙论、净土教义学和净土仪轨始终是中国佛教，尤其是禅宗的重要组成部分。因此，没有必要将净土宗和禅宗"融合"起来。中国净土宗有自己的宗派与教义的现代概念以及与之相关的禅宗／净土宗合流的概念，受到日本历史发展和当代日本学术界宗派论战的持久影响。

【关键词】净土宗　禅宗　合流　中国佛教

关于中古中国佛教[①]的现代描述，很难找到一个不是围绕禅、天台、华严、法相或者净土等各种"宗派"（school）或"传统"（tradition）来组织其主题的。净土宗和其他宗派类似，对其典型的呈现就认为它是一种或多或少算作中国本土式的发展，因一套备受其推崇的佛经及一个受敬的祖师世系而成为一个完善的宗派。因此，正如天台宗是基于《法华经》、华严宗是基于

[*]　本文译自 "On Pure Land Buddhism and Chan/Pure Land Syncretism in Medieval China", *T'oung Pao* 88. 4 (2002): pp. 282–330。译者按：据夏复教授函知，本文中"禅净融合"（Chan-Pure Land syncretism）所指的主要是学术文献中对中国佛教中所谓的"禅净双修"等现象的一个外视角下的（etic）指称。另外，我用日汉字『禅』来翻译指日本禅宗或禅法的 Zen，而用汉字"禅"来翻译 Chan。丁一译。本文又刊于夏复著，姜虎愚等译《夏复禅学自选集》（华林佛学译丛，V），新加坡：World Scholastic Publishers，2022 年，第 18—69 页。

[**]　夏复，美国加州大学伯克利分校陈廷骅杰出教授，伯克利佛学研究中心主任。丁一，美国德保罗大学宗教研究系助理教授。

[①]　在此文中我将使用更宽松意义上的"中古"（medieval）一词，大致指从六朝到宋代。

《华严经》、而禅宗是基于《金刚经》或诸大师"语录"那样，中国的净土宗则是基于三四部净土佛经的权威之上。净土祖师们对这些经典大加阐释，其中最为著名者如昙鸾（476—542）、道绰（562—645）、善导（613—681）等。① 净土宗以强调对阿弥陀佛（Amitābha）之愿力的信仰、颂念阿弥陀佛的名字（念佛）的修行以及往生阿弥陀佛的西方净土的目标而闻名。②

学者告诉我们，禅宗与净土宗之所以主导了唐以后的中国佛教，是因为相比于经院气息更重的其他派别，这两派在 755 年的安史之乱和 9 世纪 40 年代的会昌灭佛中能够更好地躲过一劫（华严宗、法相宗和天台宗等派被认为更为依赖国家的惠护，因而更易为政策变更和政治危机所波及）。③ 最晚至宋前期之时，对禅宗和净土宗进行融合的理论基础就已到位，禅净融合遂成为从宋末至今的中国佛教的主导形式。概言之，这就是权威的当代文献中被反复叙述的情形。

虽然很少有东亚佛教学者明确地质疑这种叙事，但许多学者已意识到了某些难题，特别是关于是否可以指称"净土"为一独立宗派。我们可以说一个中古中国寺院是属禅、律（vinaya）或教（即天台）诸谱系的，但是这不适用于净土；并没有一个正式指称某一个寺院为净土机构的机制或先例。④ 这并不令人惊讶，因为也没有可以管理这种机构的净土宗僧人：并不存在将

---

① "净土佛经"包括两部印度经文，即有多种汉译本的长、短两部《极乐世界经》（Sukhāvatīvyūha Sūtra，即《无量寿经》《阿弥陀经》），以及有可能出自中亚的《观无量寿经》。《般舟三昧经》是另一部留下了多种汉译本的印度典籍，它有时也会被加入前三者之列。

② 我通篇将梵文名 Amitābha 作为一个方便的略语来使用。中国人将梵文 Amitāyus（"无量寿"）和 Amitāyus（"无量光"，但常被译作"无量寿"）当作一个佛的两个名称，他们将两个都音译作"阿弥陀"。见 Kōtatsu Fujita, "Pure Land Buddhism in India", In *The Pure Land Tradition: History and Development*（Berkeley Buddhist Studies Series, No. 3），pp. 12–13, edited by James Foard, Michael Solomon, and Richard K. Payne, 1–42. Berkeley: Center for South and Southeast Asian Studies at the University of California, and the Institute of Buddhist Studies, 1996。

③ Kenneth Ch'en, *Buddhism in China: A Historical Survey*. Princeton, pp. 398–399, N. J. : Princeton University Press, 1964；Stanley Weinstein, *Buddhism under the T'ang*. p. 63, Cambridge: Cambridge University Press, 1987；Chün-fang Yü, *The Renewal of Buddhism in China: Chu-hung and the Late Ming Synthesis*. pp. 4–5, New York: Columbia University Press, 1981。

④ 在宋代，强调礼忏阿弥陀佛的寺院（其中许多和天台宗有联系）常被命名作"白莲寺"，这种做法一直持续到明代。但就我所知，这种命名方式并不意味着正式的、组织意义上的关系。例见 Barend J. ter Haar, *The White Lotus Teachings in Chinese Religious History*. p. 18 n. 7, Institutum Sinologicum Lugduno Batavum, No. 26, Leiden: E. J. Brill, 1992。关于中国佛教寺院的三分法，见 Yü, *The Renewal of Buddhism in China*, pp. 147–150。

某一个僧人归入一个独特的净土谱系的剃度之礼或者传法仪式。虽然现代学者将昙鸾、道绰和善导称作净土祖师，但几乎没有证据显示，这些僧人曾经把他们自己当作一个独立的净土宗的成员或拥护者。简而言之，在中古中国并不存在一个净土宗的教团组织（ecclesiastical organization）。

因此，日本学者佐佐木功成和塚本善隆，在其有关慈愍（慧日，680—748）、承远（712—802）和法照（殁于约 820 年）等唐代"净土"人物的开拓性研究中，谨慎地避开"净土宗"一词，转而代之以"净土教"或"净土信仰"。① 佐佐木功成和塚本善隆了解，并没有一个简单的方法可以用来概括这些唐代人物的派系归属。虽然慈愍、承远及法照可能在日本被尊为净土祖师，但中国史料将他们描绘为曾经广泛参与各种宗教活动，其中很多是禅宗、天台宗或律宗的活动（见后文）。

不少西方学者和中国学者继踵其后：虽然他们承认在中国"净土"事实上从未作为一个独立的学派或教派出现过，但他们继续将其当作一个独特的"运动"（movement）、"教义"（teaching）或"传统"（tradition）。② 他们会辩解：是否存在一个在教理上、救赎论上或礼忏对象上有关佛教思想和修行的净土宗教倾向，它明显地与其他诸佛教系统有所不同？当然存在，我们现在认为是净土祖师的诸僧人就曾试图将净土修行抬升到比其他佛教形式更优

---

① 特别可参见佐々木功成「承遠・法照の事跡に就いて」『竜谷大学論叢』第 265 期、1925、67-85 頁；塚本善隆「南岳承遠伝とその浄土教」『塚本善隆著作集第四巻：中国浄土教史研究』東京：大東出版社、1976、511-568 頁。原刊于『東方学報』（京都）1931 年第 2 期、186-249 頁；塚本善隆「唐中期の浄土教：特に法照禅師の研究」『塚本善隆著作集第四巻：中国浄土教史研究』東京：大東出版社、1976、209-510 頁。原刊于東京：東方文化学院京都研究所、1933。法照的卒年取自小野勝年『入唐求法巡禮行記の研究』（四巻本）第 2 巻、東京：鈴木学術財団、1964-1969、432 頁。

② 于君方指出，像讨论天台宗或禅宗那样讨论净土宗（Pure Land school），是误导性的："当然曾存在着几种净土传统，但是不存在有着真正的师徒传承的单一净土宗派。"（Yü, *The Renewal of Buddhism in China*, pp. 31；另见前揭书第 38 页）。田中贤信（Kenneth Tanaka）也认识到了这个困难，他试图在"正统净土"——他用此来指代昙鸾、道绰、善导及其学说继承人——和更宽泛意义上的"净土佛教"现象之间做出区分（Kenneth K. Tanaka, *The Dawn of Chinese Pure Land Buddhist Doctrine: Ching-ying Hui-Yüan's Commentary on the Visualization Sutra*. p. xxiii, SUNY Series in Buddhist Studies. Albany: SUNY Press, 1990）。但是，主要基于"难行道"和"易行道"之间的教义区别，田中贤信仍将"正统净土"当作一个独立的宗派来对待（前揭书第 12 页）。包如廉（Julian Pas）更为谨慎，他认为净土更应该被当作一个"运动"而非一个"宗派"，它"在宋（或更早）及宋之后被整合到了所有

越或起码更合时宜的地位上。同样的，如永明延寿（904—975）——一位积极地寻求禅净融合的宋代大师——等人的护教学说，只能是在讨论两个独立传统被熔而为一的时候才能够被理解。

使用"净土"来指称一个具有自我意识的在中国的宗派、运动或者传统是否合适的问题——我希望这一点在下文会变得清楚——并不是简单的术语之争。除非我们可以澄清我们到底用"净土"来指代什么，不然"禅净融合"这样的概念就一直会问题丛生。①

我最初是在研究一部 8 世纪晚期的、被伪称是僧肇（374—414）所著

其他宗派，甚至包括禅宗"（Julian F. Pas, *Visions of Sukhāvatī: Shan-tao's Commentary on the Kuan Wu-Liang-Shou-Fo Ching*. p. 58, SUNY Series in Buddhist Studies. Albany: SUNY Press, 1995）。夏普德（David Chappell）给出了相似的结论："中国净土的宗派意识（sectarianism）既不是基于一个排他性的宗教组织也不限于特定的宗教实践，而是一个松散地织成的联合体（association），组成这个联合体的是那些一心一意把自己托付给作为唯一有保证的救赎的阿弥陀佛和往生净土的人。"[David W. Chappell, "The Formation of the Pure Land Movement in China: Tao-ch'o and Shan-tao", In *The Pure Land Tradition: History and Development*（Berkeley Buddhist Studies Series, No. 3）, p. 145, edited by James Foard, Michael Solomon, and Richard K. Payne, 139–171. Berkeley: Center for South and South-east Asian Studies at the University of California, and the Institute of Buddhist Studies, 1996] 在英文文献中对此问题的至今最细致的处理中，高泽民（Daniel Getz）说："如果……我们用'宗派'来指一个特殊的共同体，此共同体将自己的渊源追溯至一个奠基始祖之上并由他而衍生出一个连续的世系，那么'净土'在中国曾是否是一个'宗派'是值得质疑的。在北宋时……'净土'被认作以已有的诸佛教宗派的一个组成部分并照此而被实践，这些宗派主要是天台宗和律宗，以及在不同程度上也包括禅宗。"[Daniel Aaron Getz, Jr., "Siming Zhili and Tiantai Pure Land in the Song Dynasty", p. 4, Ph. D. dissertation, Yale University, 1994；另见前揭书第 245—246 页，以及 Daniel Aaron, Getz, Jr., "T'ien-t'ai Pure Land Societies and the Creation of the Pure Land Patriarchate", p. 477, In *Buddhism in the Sung*（Kuroda Institute Studies in East Asian Buddhism, No. 13）, edited by Peter N. Gregory and Daniel A. Getz, Jr., pp. 477–523. Honolulu: University of Hawai'i Press, 1999] 这也是中国学者刘长东的研究取径，他将他称作"弥陀净土信仰"和"净土思想"之物当作一个贯穿几乎所有早期中国佛教宗派的现象，包括三论宗、华严宗、天台宗、禅宗和唯识宗（刘长东：《晋唐弥陀净土信仰研究》，巴蜀书社，2000 年，第 309—347 页）。

① 由于"融合主义"（syncretism）这个术语假设存在着基因上纯正的原型（prototype），所以将它使用到"任何"历史现象之上都是问题丛生的，并总是修辞性的且意识形态性的，而非描述性的。有关"融合主义"这个术语和它在中国宗教现象中的使用的学术文献，参见 Robert H. Sharf, *Coming to Terms with Chinese Buddhism: A Reading of the Treasure Store Treatise*. p. 290 n. 26, 27, Kuroda Institute Studies in East Asian Buddhism, No. 14. Honolulu: University of Hawai'i Press, 2002.

的《宝藏论》时，被引至这个主题之上。① 在这部有些晦涩的著作的第三章中，有一段有关念佛修行者现前诸佛状态的文字。兹录如下：

> 或复有人念佛佛现。念僧僧现。但彼非佛非非佛。而现于佛。……何以故？为彼念心希望现，故不觉自心所现。……然则法身，非现非非现，离性无性，非有非无，无心无意。不可以一切度量也。但彼凡夫，随心而有即生见佛之想。一向谓彼心外有佛，不知自心和合而有。②

最初，我假设这个批判针对的是净土宗的修行者，并设想也许对于 8 世纪晚期净土宗更清晰地理解会提供给我一些有关此文本来源的线索。但是当我开始自己的探究，我立即发现，"中国净土传统"这一说法并没有明确的历史指示物，并且，对此点持相反看法的学者们误解了"禅净融合"这个概念。本文将复审相关的证据，并接着解决这样一个问题：学者们为何会从一开始就被误导。

一 净土的祖师系统

中国佛教徒——或僧或俗——在整个佛教史上都一直渴望能够在净土重生，不管此重生是在隐喻层面上，还是在字面意义上被理解。净土既是"安乐和至福"的世界，对身处其中之人而言，也更是一个易行佛道，而不受限于或肉体上或精神上的不净的地方。对于已往生至净土的人来说，他们的终极解脱是有保证的。

当然，得成再生于这样一个奇妙之境的渴望，并非一个独特的、中国式的发展。葛利高里·叔本（Gregory Schopen）已指出，往生须摩提（Sukhāvatī）——极乐世界——的愿望，也是印度大乘佛教的一个重要方面，

---

① Sharf, *Coming to Terms with Chinese Buddhism: A Reading of the Treasure Store Treatise*.

② 《大正藏》第 1857 号，第 45 册，第 149 页上栏第 21—24 行和中栏第 10—13 行；Sharf, *Coming to Terms with Chinese Buddhism*, pp. 252–253。

虽然此净土并不一定和阿弥陀佛崇拜有着必然的联系。通过对各种早期大乘经文中提及须摩提的段落的细读可发现，"往生须摩提成为了一个向整个大乘教团开放的、泛化了的宗教目标"，并且这一发展在公元 2 世纪之前就很可能已经发生了。[①]

无论如何，净土——特别是阿弥陀佛的净土——的概念，从几乎最开始就在中国佛教中扮演了中心性的角色。《般舟三昧经》（*Pratyutpannasamādhi-sūtra*）是被最早译介至汉文的印度佛经之一，最初为支娄迦谶于公元 179 年译出。[②] 这个佛经详述了可以导致佛现眼前的"念佛"（budhāsmṛti）修行。此文本似乎启发了庐山慧远（332—416）和他的信徒在庐山专心于阿弥陀佛信仰。根据晚出的传统，由僧俗两众信徒组成的慧远的团体，被称作"白莲社"，而慧远和 123 位社员于 402 年一起所结之愿，则众所周知被当作中国净土宗的开端。[③]

和净土联系紧密的四部佛经在中国变得广为流传，如下文所将要展示的，中国佛教的几乎每个主要诠释传统的代表人物，都曾为其中的一部或多部作过注疏。被统称为"念佛"的各式各样的修行，则可以在所有主要拜忏（liturgical）传统的仪式手册中找到。对中国艺术史和考古资料的研究可进一步证明念佛，尤其是念诵阿弥陀佛极具重要性。阿弥陀佛和他的净土在中国佛教史中占据的中心位置，则更无须赘言。

然而，学者还是惯于将净土当作一个独立的传统来处理。对此传统的学

[①] Gregory Schopen, "Sukhāvatī as a Generalized Religious Goal in Sanskrit Mahāyāna Sūtra Literature", *Indo-Iranian Journal* 19 (1977): 204. 对于阿弥陀佛之净土和阿閦佛之国土的比较，见 Jan Nattier, "The Realm of Akṣobhya: A Missing Piece in the History of Pure Land Buddhism", *Journal of the International Association of Buddhist Studies* 23–1 (2000): 71–102。

[②] 它被译作《般舟三昧经》（T. 417），对于不同的藏文及汉文译本的综合性的分析，见 Paul Harrison, "Buddhānusmṛti in the *Pratyutpanna-buddha-saṃmukhāvasthita-samādhi-sūtra*", *Journal of Indian Philosophy* 6 (1978): 35–57; 以及 Paul Harrison, *The Samādhi of Direct Encounter with the Buddhas of the Present: An Annotated English Translation of the Tibetan Version of the Pratyutpanna-Buddha-Saṃmukhā-vasthita-Samādhi-Sūtra with Several Appendices Relating to the History of the Text*, Studia Philologica Buddhica Monograph Series, No. 5. Tokyo: The International Institute for Buddhist Studies, 1990。

[③] 但是"白莲社"这一术语并没有在中唐以前出现过。对于慧远的生平的概述，见 E. Zürcher, *The Buddhist Conquest of China: The Spread and Adaptation of Buddhism in Early Medieval China*. 2 vols. Vol. 1, pp. 217–223. Leiden: E. J. Brill, 1972。

术研究——无论是在日文还是西方语言的数据中——常常是围绕着一条净土祖师的前后承续来组织的。虽然人物名单会各有所不同，但总有昙鸾、道绰和善导。[①] 有时这一名单中还另有六七位僧人，其中包括庐山慧远、慈愍和法照。[②] 考虑到这些僧人只构成了那些注疏过净土佛经或撰写过以净土主题文章的一小部分，我们可能要问，少数几个人是如何会被指定为"净土宗祖师"。我们对于净土宗的研究就会由此问题出发。

追溯净土宗祖师系统之源的学术尝试，一般是追溯至编纂于 7 世纪上半叶《安乐集》。[③] 此文本列举了"六大德"，即菩提流支（Bodhiruci）、慧宠、道场、大海和法上（495—580）。[④] 道绰显然认为，这些人中每一位都既是佛教虔敬的典型，也是其个人宗教感召的主要来源。但是很难认为，道绰的这个名单本身，就是一个净土宗谱系的原型；它并不是如此呈现出来的，而其中某些人物和净土思想或修行的关系也远非明了。菩提流支——通过他对号称是世亲（Vasubandhu）所造之《净土论》的翻译——可能对净土教理有着不小的贡献，并且一般认为是他促使昙鸾"转归"至净土修行。[⑤] 昙鸾对净土诠释的贡献广为人知，例如他的《往生论注》（T.1819）就明确地区分了"难行道"和"易行道"，后者须依仗阿弥陀佛的愿力。但是，道绰名单中的后面四位，则较成问题。虽然道绰可能将他们看成发愿往生净土的典范性大乘修行者，但历史记录几乎没有留下任何关于他们对净土传统的兴

---

① 例如极具先驱性的日文研究望月信亨『中国净土教理史』東京：法藏館、1942；以及小笠原宣秀『中国净土教家の研究』京都：平楽寺書店、1951；及英文讨论 Galen Amstutz, "The Politics of Independent Pure Land in China", *Journal of Chinese Religions* 26 (1998): pp. 24–29；Chappell, "The Formation of the Pure Land Movement in China: Tao-ch'o and Shan-tao", p. 159；以及 Roger J. Corless, "T'an-luan: The First Systematizer of Pure Land Buddhism", In *The Pure Land Tradition: History and Development* (Berkeley Buddhist Studies Series, No. 3), edited by James Foard, Michael Solomon, and Richard K. Payne, pp. 107–137. Berkeley: Center for South and Southeast Asian Studies at the University of California, and the Institute of Buddhist Studies, 1996. 这些研究都将这三位僧人当作中国净土宗杰出的祖师加以浓墨描写。

② 这个名单取自 Ch'en, *Buddhism in China*, pp. 342–350。

③ 我们在下文可以看到，学者们在这个选择上受到了日本僧人法然（1133—1212）的著作影响。

④ 《大正藏》第 1958 号，第 47 册，第 14 页中栏第 11—18 行。

⑤ 《净土论》也称作《往生论》（T. 1524）。

趣或贡献的信息。[①] 无论如何，道绰没有将他们当作任何一个特定谱系中的祖师。[②]

在净土宗的祖师系统的构建中，另一个被当作有影响力的来源而被引用的，是那些依仗热诚的礼忏而往生净土的佛徒的传记汇编。现存最早的汇编见于迦才（620—680？）编于大约 650 年的《净土论》卷三。[③] 此文本共列出了大约二十人的传记，包括六位和尚、四位尼姑、五位居士和五位女居士，每一位都据说已"得往生净土"。[④] 单个的传记分别记录了这些早期念佛修行者的宗教热情以及发生在其死时，昭示他们升入净土的灵瑞事件。而且这个列表包含了昙鸾和道绰（分别位于第二和第六），他俩在我们对净土的现代构想中占据了显要地位。但是，剩下的那些人物，则相当微不足道，如果不是由于此书提供的简单传记，许多人都会被历史遗忘。无论我们如何理解"谱系"（lineage）一词，鉴于此名单的性质，它都很难被误解成为一个祖师的谱系。

迦才的著作，充当了正要涌现出的一种特殊文本样式的原型，即一种往生了净土的、虔诚僧人和居士的传记汇编。迦才的《净土论》被认为影响了

---

① 实际上我们对慧宠一无所知，虽然望月信亨试图将他等同于菩提流志的徒弟道宠（望月信亨『中国净土教理史』、64 页）。即便这个勘同是正确的，也没有他与净土修行或诠释有关的证据。道宠更多地是被当作《大智度论》的研究者而为人所知，他对于净土的兴趣的唯一现存证据见于《法苑珠林》，据说道宠画了一幅在京城流行的有五十菩萨侍从的阿弥陀佛像（望月信亨『中国净土教理史』、64—65 页）。大海是另一个我们对其一无所知的人物。望月信亨试图将他等同于慧海（541—609），一位我们知道曾参与过净土虔敬活动的僧人。这个勘同有一个问题，即慧海生于列表中最后一个僧人法上之后，而除此外其他都是按照年代顺序的（望月信亨『中国净土教理史』、65 页）。最后，法上是萧齐时的僧统（上统），他也是净影慧远（523—592）的师父。但是并没有任何证据显示他对净土思想和修行有特殊兴趣。

② 有关"六大德"，见望月信亨『中国净土教理史』、63—67 页；David W. Chappell, "Tao-ch'o (562-645): A Pioneer of Chinese Pure Land Buddhism", pp. 70–79, Ph. D. dissertation, Yale University, 1976；以及 Tanaka, *The Dawn of Chinese Pure Land Buddhist Doctrine*, pp. 48–51。

③ 此论不应与被认为是世亲所著的、同标题的论文混淆。关于迦才的净土书目合集，特见望月信亨『中国净土教理史』、165–168 页；以及小笠原宣秀『中国净土教家の研究』、81–82 页。

④ 《大正藏》第 1963 号，第 47 册，第 97 页上栏—100 页上栏。

9 世纪编撰的《往生西方净土瑞应传》，它是真正的第一部此类汇编。[①] 这部传记被归到了文谂（9 世纪）和少康（卒于 805 年）[②] 名下，但很可能是在五代末才编撰完成，其中收录了四十八位传主。汇编的开头部分——只包括了"高僧"——以年代编排，始于慧远、昙鸾和道珍，直至道绰和善导。但是，当人物变得越来越没有名气且转换到虔敬的帝、后、妇、青之时，在此著作开头部分中保持的年代顺序，就坚持不下去了。大多数僧人因为他们热诚的念佛修行及他们死时的灵瑞事件而被记录下来。再次说明，没有任何证据显示这个汇编是试图记录一个祖师谱系，或是一个独立的"净土专修者"的传统。

现存的下一部此类著作，是戒珠（985—1077）所撰的，刊刻于 1064 年的《净土往生传》。[③] 此书共含三卷七十五篇传记，是基于赞宁《宋高僧传》中所见的材料。它还是不能被解释为一个谱系史或者一个有着特殊宗派目标的著作。如同《往生西方净土瑞应传》一样，《净土往生传》只是规模更大。它是一部信徒的传记汇编，其传主以礼忏而终致往生净土。这个汇编包含了一众与不同传统相关的高僧，包括著名的天台宗人物如南岳慧思（515—576）、天台智𫖮（538—597），以及灌顶（561—632）。[④]

戒珠的著作又在后世编撰者手中经历了诸多变化。在其刊刻后不久，一个叫王古的人就将它扩展为四卷共 115 篇传记，并重命名为《新修往生传》。在 12 世纪的中叶，一位叫作陆师寿的居士又增缀此书，将传记总数增至 209

---

① 《大正藏》第 2070 号，第 51 册，第 104 页上栏—108 页中栏。此文本被日本的净土宗学者认为极端重要。虽然它的年限断定还有很多问题，但是至少文本中出现的人物之一——僖宗（873—888 年在位）——生于少康（他被认定是作者之一）死后。虽然文谂和少康给此文本作了导论，但是似乎编撰工作一直延续到道诜的手中；见望月信亨『中国净土教理史』、317-318、382-383 页；水野弘元等编辑『仏典解题事典』東京：春秋社、1977, 221 页；小笠原宣秀『中国净土教家の研究』、91-94 页。

② 关于少康的传记，见刘长东《晋唐弥陀净土信仰研究》，第 432—433 页。

③ 《大正藏》第 2071 号；亦见 Hirosato Iwai, "The Compilers of Ching-t'u pao-chu chi", *Memoirs of the Research Department of the Toyo Bunko* 13 (1951): pp. 47–86.

④ 各见《大正藏》第 2071 号，第 51 册，第 114 页中栏 26 行—115 页上栏第 26 行，第 115 页上栏第 27 行—116 页上栏第 22 行，以及 118 页中栏第 10—下栏第 1 行。值得注意的是，法然在他的《类聚净土五祖传》中引用了《净土往生传》中的段落（Iwai, "The Compilers of Ching-t'u pao-chu chi", p. 64）。

篇。此时，这部八卷本的汇编被命名作《宝珠集》。最后，四明（靠近今宁波）僧人海印将这部仍称作《净土往生传》的书扩展至 12 卷。在这四部书之中，只有戒珠所撰被完整地保留了下来。①

另一个重要的"净土传记"汇编见于宋代居士王日休所著的《龙舒增广净土文》（T.1970）。② 王日休声称他从可被利用的 200 篇往生净土者的传记中选出了 30 篇，"略取其斋戒修者、及中人修者、及罪恶人修者、及疾苦中修者共三十传，所以发人之信心也"。③ 禅宗大师大慧宗杲（1089—1163）为这部汇编撰写了颂扬性的跋文，此点的重要性在下文将会显示出来。④

在成书于 1271 年的《佛祖统纪》中，宋代佛教史家志磐（活跃于 1258—1269）在编撰其有关净土礼忏的典型人物的章节之时，显然参考了这些著作中的某一部分。⑤ 但是，志磐在大量往生者的传记（共有传 262 篇）和"莲社祖"之间做出了明确区分。⑥ 在后一个类别之中，志磐只提到了七位人物，而他们全都是僧人。

此处需要暂作分说。志磐不是第一个构建出一个明确无误的"莲社祖"名单之人；它要归功于宋代早期的天台宗史家石芝宗晓（1151—1214）。在刊于 1200 年的《乐邦文类》中，宗晓记录下了"莲社继祖五大法师传"，即善导、法照、少康、省常（959—1020）和宗赜（卒年不明），最后一人乃《禅苑清规》的作者。⑦ 另外，慧远被当作"始祖"而被置于名单之首。⑧ 试图构建一条专心于莲社或净土教法的祖师的线性前后承续，

---

① 海印的著作已佚，陆师寿的八卷汇编只现存一卷，而王古的著作只残存下来了种种片段（Iwai, "The Compilers of Ching-t'u pao-chu chi", pp. 68–69）。

② 此文本的日期，有的定于 1173 年，有的则是 1161—1162 年，见 Iwai, "The Compilers of Ching-t'u pao-chu chi", p. 70。

③ 《大正藏》第 1970 号，第 47 册，第 265 页下栏第 7—9 行，翻译见 Iwai, "The Compilers of Ching-t'u pao-chu chi", p. 69。

④ 此跋文保存在《大正藏》第 1969 号，第 47 册，第 172 页下栏第 21—28 行。

⑤ Yün-hua Jan, "Buddhist Historiography in Sung China", *Zeitschrift der Deutschen Morgenländischen Gesellschaft* 114-2 (1964): pp. 372–373.

⑥ 这些"祖师"的传记见于卷 26 的上半部分（《大正藏》第 2035 号，第 49 册，第 260 页下栏—265 页上栏），而"往生"者的章节则包括卷 27 和卷 28（《大正藏》第 2035 号，第 49 册，第 271 页中栏—290 页下栏）。

⑦ 《乐邦文类》，《大正藏》第 1969A 号，第 47 册，第 192 页下栏第 18 行—193 页下栏第 26 行。

⑧ 《大正藏》第 1969A 号，第 47 册，第 192 页中栏第 6 行—下栏第 17 行。

这似乎是第一次。①

志磐在他的《佛祖统纪》中对宗晓的名单进行了修改，他去掉了宗赜，加上了承远②和延寿，最后形成了共七位祖师。"七"这个数字是有意味的，因为它沿袭了之前禅宗的模式，而后者又可以回溯至古代帝国时期的原型。③数字"七"也被保留在了《净土指归集》中的"莲社立祖"的名单之中，而这部书是由蓬庵大佑在1393年编撰的。大佑稍微修改了志磐的名单：他重新加入了宗赜，但是仍然保留了"七"的数字——他声称慧远是"始祖"并将慧远与七位"继祖"分隔开来。④这个名单保持到了清代基本未动，直至佛教史家开始加入后世人物，如颇具影响力的明代高僧袾宏（1535—1615）。⑤

现在我们已经得到了某种祖师系统，虽然准确地说，前述人物不是被当作"净土祖师"，而是被当作"莲社"祖师而被提及的。令人更加好奇的是，在每个现代的中国净土宗的讨论中都出现的两位关键人物——昙鸾和道绰——却引人注目地在此缺席。⑥另一个问题则是，为何是天台宗的

---

① "莲社"这一术语无论如何并不与"净土宗"同义（见 ter Haar, *The White Lotus Teachings in Chinese Religious History*），但是学者们一直假设这两个词在宋代天台史家的脑海中是紧密联系的，见下文。

② 关于他的传记，见佐々木功成「承遠・法照の事跡に就いて」『竜谷大学論叢』第265期、1925、68–72頁；塚本善隆「南岳承遠伝とその浄土教」『塚本善隆著作集第四巻：中国浄土教史研究』；宇井伯寿『禅宗史研究』東京：岩波書店、1939、175–177頁；以及 James Robson, "Imagining Nanyue: A Religious History of the Southern Marchmount through the Tang Dynasty (618–907)", pp. 540–545. Ph. D. dissertation, Stanford University, 2002。

③ John Jorgensen, "The Imperial Lineage of Ch'an Buddhism: The Role of Confucian Ritual and Ancestor Worship in Ch'an's Search for Legitimation in the Mid-Tang Dynasty", *Papers on Far Eastern History* 35, (1987): p. 110；以及 T. Griffith Foulk and Robert H. Sharf, "On the Ritual Use of Ch'an Portraiture in Medieval China", *Cahiers d Extrême-Asie* 7 (1993/94): pp. 175–176.

④ 《续藏经》，第108册，第120页中栏；望月信亨『中国浄土教理史』、459–460頁；小笠原宣秀『中国近世浄土教史の研究』京都：百華苑、1963、182頁。

⑤ 袾宏作为第八祖还是第九祖出现，这取决于宗赜是否算在其中。关于将此列表扩展到了十位和十三位祖师的清代发展的叙述，见小笠原宣秀『中国近世浄土教史の研究』、183–185頁。

⑥ 昙鸾在元代普度（1255—1330）的《庐山莲宗宝鉴》中出现过。此文本有包括了昙鸾（《大正藏》第1973号，第47册，第322页上栏第23行—中栏第23行）的一章，名为"念佛正派说"（《大正藏》第1973号，第47册，第319页中栏以后）。但是这组扩展了的传记，包括了天台智颛及一众平信徒，并不能算作一个真正的祖师系统。

成员在对所谓的净土宗始祖谱系进行构建？表面上来看，我们或许可以假设，身为天台僧人的宗晓、志磐和大佑是将净土修行视作天台救赎论的大框架中众多选项之一；但是，为何他们觉得需要把莲社或者净土当成一个独立的佛教传统来加以表述呢？另外值得注意的是，并没有人不断想要构建一个师徒相承的不间断谱系传承；二祖善导，生于一祖慧远死后的大约两百年。最后，名单中提及的三个人物——承远、延寿和宗赜——都是禅宗谱系中有名的成员，很难想象这些人物会被当作一个排他性的净土宗派的领导者。

对于更广泛意义上的宋代天台净土，以及更局部意义上的净土祖师系统的构建，高泽民（Daniel Getz）都做过深入的研究。根据他深入细微的重构，对于这样一个祖师系统进行勾勒的企图，必须要从宋代天台宗和众多居士结社活动间关系的角度来理解。这些社对于受戒僧众的宗教权威构成了威胁，而根据高泽民的分析，为这些社构建一个真正的僧人祖师系统的企图，是强化僧众对这些社的控制。关于支撑着这些祖师名单编撰活动的意识形态上的、宗教组织上的目标，我完全同意高泽民有依有据的论证。仍然需要澄清的，则是这些居士之社和净土修行之间的关系。

这种居士之社本身并不是宋代的新出现的现象；历史文献提到唐代就有过三次结社，实际上可能还有更多。但是，我们知道的这些结社的发起人——智琰（564—634）、神皓（716—790）和神凑（744—817）——都没有与净土或天台宗有任何特别联系；神皓和神凑均以律师而闻名。[①] 省常——宋代第一位此类结社的发起人、宗晓和志磐笔下的莲社祖师之一——也和净土或者天台宗没有任何特别的联系。虽然省常的团体显然受到了庐山慧远所结之莲社的启发，但是在现存文献中并没有其净土礼忏修行

---

① 见 Getz, "Siming Zhili and Tiantai Pure Land in the Song Dynasty", pp. 260–261；智琰、神皓和神凑所结之社的记载可各见《续高僧传》，《大正藏》第 2060 号，第 50 册，第 532 页上栏第 20—23 行；《宋高僧传》，《大正藏》第 2061 号，第 50 册，第 803 页上栏第 5 行及第 807 页中栏。

的证据。①

接下来的两个定于宋代的社则确实是由天台僧人所创立。遵式（964—1032）于996年建立了一个相对小的团体，而知礼（960—1028）则于1013年建立了一个更大规模的社。据高泽民的研究，这些团体——特别是知礼所建的——被后来其弟子所组织的社当成了模范。即便知礼死后几百年，我们仍然可以发现，强调为获福报而口头念诵佛号，强调用表格记录念诵等，都可以上溯到知礼。与此同时，在广泛意义上的僧团的地位以及在局部意义上的天台宗僧团的地位，随着此类社在宋代的发达而变得模糊。许多有寺院隶属关系的社属于律寺或者禅寺、而非天台寺，而更多的社似乎是由虔诚的居士来运作的，它们几乎没有受到僧团的襄赞和协助。②

高泽民认为，对宗晓和志磐二者而言，虽然事实上没有证据显示被他们认作是祖师的诸多人物曾经参与过此类团体，但是，净土祖师系统的"决定性的主题"，恰恰就是通过此类结社活动而在俗界传播净土修行。③这可以解释为何慧远会被列于首位（他的庐山莲社变成了后来的社的模型）以及为何善导被尊为二祖（他与在俗界提倡口头念佛有关）。高泽民

---

① 见 Getz, "Siming Zhili and Tiantai Pure Land in the Song Dynasty", pp. 275–294; Getz, "T'ien-t'ai Pure Land Societies and the Creation of the Pure Land Patriarchate", pp. 485–488; Daniel Aaron Getz, Jr., "Winning Pure Land or Winning Hearts and Souls? Shengchang's Pure Conduct Society and the Chinese Pure Land Patriarchate", Paper presented at the workshop "Critical Moments in Chinese Buddhism", University of Illinois, October 30, 1999. 高泽民写道，省常"实际上并非净土信仰的鼓吹者，他主要致力于为佛教信仰辩护并在杭州地区的士人官员中传法。而且，即便净土信仰几乎可以肯定是[省常]所组织的团体中的一个组成成份，它对于此社的目的和功能也不是至关重要的"（Getz, "Siming Zhili and Tiantai Pure Land in the Song Dynasty", p. 276）。

② Getz, "Siming Zhili and Tiantai Pure Land in the Song Dynasty", pp. 425–426; 以及 Getz, "T'ien-t'ai Pure Land Societies and the Creation of the Pure Land Patriarchate", pp. 501–502. 有关遵式所建之社，另见 Daniel Bruce Stevenson, "Protocols of Power: Tz'u-yün Tsun-shih (964–1032) and T'ien-t'ai Lay Buddhist Ritual in the Sung", In *Buddhism in the Sung* (Kuroda Institute Studies in East Asian Buddhism, No. 13), edited by Peter N. Gregory and Daniel A. Getz, Jr., pp. 340–408. Honolulu: University of Hawai'i Press, 1999。

③ Getz, "T'ien-t'ai Pure Land Societies and the Creation of the Pure Land Patriarchate", p. 503. 高泽民找不到善导、法照或者少康创建过净土社的任何证据。

猜测，宗晓和志磐勾勒出一个独立的净土祖师系统的努力——一个引人注目地略去了知礼这样的天台人物的谱系——是一种对现实的让步，即许多社和天台宗并没有正式的联系，并且本质上是小区的（communal），它们有其自身组织上的正当性。[①] 但是，当净土的地位以及与净土修行有关的救赎机理变成了所谓的山家山外之争的导火索时，复杂的教义问题也就牵涉其中。[②] 据高泽民所论，盘旋于几代天台宗论战参与者心中的教义问题，可以被追溯到天台宗教义和禅定修行系统，与流行性的净土礼忏的性质之间的水火不容。谈到宗晓的《乐邦文献》，高泽民认为它反映了这样一种认识，即"净土信仰和礼忏不可能无缝地被织入任何宗派的教义。这些教义上和修行上的问题，再加上净土社的显著地位，可能使得宗晓认为需要将净土传统看作有一个分别开来的认同，而这个认同需要有自身的祖师系统"。[③] 据高泽民所言，这种自治性在志磐笔下的祖师系统中又得到了加强。

这里我暂时搁置不谈净土和其他中国佛教形式——包括天台宗和禅宗——之间的根本不可调和的问题。我们当前的问题是这些天台宗的构建在我们对"中国净土宗派"探索中的地位。正如前所述及的，被天台僧人当作"莲社祖师"而兜售的人物，并不是排他性的净土修行的热心拥护者。并且，在现代学术著作中和净土宗派联系最紧的两位僧人——昙鸾和道绰——根本没有被宗晓或志磐认作为祖师。高泽民依照佛教研究的传统，将"白莲社"一词或多或少地视作"净土社"的同义词。但是，有证据显示"白莲社"是一个对居士之社的常见称呼，这些社或处于或不处于寺院的领导之下。既然这些社致力于在俗界传法，我们很自然地会发现，许多社聚焦于阿

---

① Getz, "T'ien-t'ai Pure Land Societies and the Creation of the Pure Land Patriarchate", pp. 504–505.

② 关于这些争论的概括，特见 Chi-wah Chan, "Chih-li (960–1028) and the Crisis of T'ien-t'ai Buddhism in the Early Sung", In *Buddhism in the Sung* (Kuroda Institute Studies in East Asian Buddhism, No. 13), edited by Peter N. Gregory and Daniel A. Getz, Jr., pp. 409–441. Honolulu: University of Hawai'i Press, 1999; Getz, "Siming Zhili and Tiantai Pure Land in the Song Dynasty", pp. 71–128; 以及 Brook Ziporyn, "Anti-Chan Polemics in Post-Tang Tiantai", *Journal of the International Association of Buddhist Studies* 17–1 (1994): pp. 26–65。

③ Getz, "T'ien-t'ai Pure Land Societies and the Creation of the Pure Land Patriarchate", p. 508.

弥陀佛礼忏、念佛修行及对往生净土的渴望。但是没有证据显示，对于所有被归于"白莲"名字之下的社，这些元素是定义性的，或者是其显著特点。当从唐代开始阿弥陀佛就是一个在僧俗两界都流行的神祇之时，对于其他神祇——特别如观音菩萨——的礼忏也仍然广为流传（值得注意的是，在处理以观音菩萨礼忏为主的寺院组织或者居士之社时，学者们并没有提及一个观音"宗派"或者"传统"）。

另外，相比于居士之社的发达，我们对净土祖师系统的现代观念，与净土诠释中特别的一支有着更多的关系。昙鸾、道绰和善导，更为人所知的是他们对于净土思想的贡献，而不是他们在大众间的传法。但是为何专注这几个特别的人物？任何对中国净土教义的全面的调查，都会纳入地论师净影慧远（523—592）、[①] 三论诠释者吉藏（549—623）、[②] 法相宗僧人慈恩（632—682）、[③] 华严祖师智俨（602—668）[④] 和几乎所有主要的天

---

① 关于净影慧远的净土思想，见 David W. Chappell, "Chinese Buddhist Interpretations of the Pure Lands", In *Buddhist and Taoist Studies 1*（Asian Studies at Hawai'i, No. 18）, edited by Michael Saso and David W. Chappell, 22–53. Honolulu: University of Hawai'i Press, 1977; 及 Tanaka, *The Dawn of Chinese Pure Land Buddhist Doctrine*。慧远最有影响的净土著作是他给《观无量寿经》作的注，《观无量寿经义疏》（T. 1749）。

② 他是《无量寿经义疏》（T. 1746）和《观无量寿经义疏》（T. 1752）的作者，根据他的传记数据，有证据显示吉藏曾礼忏与阿弥陀佛净土相联系的二十五尊像，命终时，他让其侍从烧香、念佛名（《续高僧传》，《大正藏》第 2060 号，第 50 册，第 513 页下栏—514 页下栏；及望月信亨『中国净土教理史』、115 页）。

③ 他据称是《西方要决释疑通规》（T. 1964）、《阿弥陀经疏》（T. 1757）和《阿弥陀经通赞疏》（T. 1758）的作者。望月信亨对第一部著作的署名提出了质疑，其他的也都有可疑之处（望月信亨『净土教の研究』東京：金尾文淵堂、1930、原版于 1922 年、463–480 页）。

④ 对于智俨的传记，见《华严经传记》，《大正藏》第 2073 号，第 51 册，第 163 页中栏—164 页上栏。对于他对净土的理解，例见其《华严经孔目章》中有关"十种净土"和"往生义"的章节（分别在《大正藏》第 1870 号，第 45 册，第 541 页上栏第 6 行—中栏第 7 行和 576 页下栏第 8 行—578 页上栏第 6 行；相关讨论另见望月信亨『中国净土教理史』、153–157 页）。值得注意的是，根据志磐的《佛祖统纪》，杜顺（557—640），华严宗所据称的创始人，也是净土的信徒（《大正藏》第 2035 号，第 49 册，第 292 页下栏）。关于接着的华严诸祖——包括法藏（643—712）和宗密（780—841）——的净土理论，见望月信亨『中国净土教理史』、303–314 页。

台宗人物——从智𫖮 ① 和湛然（711—782）② 一直到知礼 ③ 和智圆（976—1022）。④ 不仅这些僧人每一位都对净土教义有所贡献，而且，就传统上来说，每一位都被署作一部或几部净土佛经的注疏者（当然，有些注疏的署名——特别是慈恩和智𫖮的注疏——不再被现代学者所接受；然而，这些署名是被中古中国的佛教共同体所接受的。换而言之，没有人会对在为净土佛教注疏的法相宗或天台宗僧人表示惊诧）。

有些人惯于从教义的角度，将昙鸾和善导等"正统"净土祖师的著作和许多其他注疏过净土佛教或者写过有关净土主题的人的著作区分开来。这种正统论使得这样一种信条成为必须：净土曾是一种独特的（如果不是更高级的）修行，它自己有着基于阿弥陀佛之本愿的救赎论逻辑。一般认为的"自力"和"他力"之间的关键性区别，最早是由昙鸾清晰地阐述出来的，而它就成了正统论的一个决定性的标志。另一个标志则可能是这样的信条：在末法之世，依仗自力并不合适或容易误入歧途；抑或口诵阿弥佛陀之名应该比其他形式的修行更受青睐；抑或阿弥陀佛是报身佛（sambhogakāya-buddha）而非化身佛（nirāmaṇakāya-buddha），并且他的净土是超越三界的。问题在

---

① 在传统上被归于智𫖮的著作中，有《净土十疑论》（T. 1961）、《五方便念佛门》（T. 1962）、《观无量寿佛经疏》（T. 1750）和《阿弥陀经义记》（T. 1755）。虽然学者们现在相信，现存的《净土十疑论》是一个晚出的文本，可能定在 695 年至 774 年之间 [Leo Pruden, "The Ching-t'u Shih-i lun", *Eastern Buddhist* 6–1 (1973): 129]，但是，此书名在唐代就与智𫖮相关联，见 Robson, "Imagining Nanyue: A Religious History of the Southern Marchmount through the Tang Dynasty (618–907)", p. 557, 他提及了一个柳宗元（773—819）撰的碑文。智𫖮对净土佛经的注疏的真伪也同样有疑问。但是，智𫖮确实对净土思想做出了显著的贡献，特见其在《维摩经略疏》中有关净土的分析，《大正藏》第 1778 号，第 38 册，第 564 页上栏—565 页中栏（望月信亨『中国净土教理史』、104–113 页；Chappell, "Chinese Buddhist Interpretations of the Pure Lands", pp. 32–36），以及他在《摩诃止观》中对《般舟三昧经》——"常行三昧"的最重要的部分——的细致分析 [Daniel Bruce Stevenson, "The Four Kinds of Samādhi in Early T'ien-t'ai Buddhism", In *Traditions of Meditation in Chinese Buddhism*（Kuroda Institute Studies in East Asian Buddhism, No. 4), edited by Peter N. Gregory, 58–61. Honolulu: University of Hawai'i Press, 1986]。

② 有关他对阿弥陀佛、净土和净土修行的颂扬性的评论，例见他的《止观辅行传弘决》，《大正藏》第 1912 号，第 46 册，第 182 页下栏，以及《法华文句记》，《大正藏》第 1719 号，第 34 册，第 355 页中栏。

③ 他是《观无量寿佛经疏妙宗钞》（T. 1751）的作者。

④ 他是《阿弥陀经疏》（T. 1760）的作者。

于，任何试图分离出"正统"中国净土注疏独特教义特点的努力，都是本末颠倒的做法。更根本性的问题在于，中国传统本身是否曾经基于教义或者其他立场来对"正统净土"和更一般的类型进行区分。到目前为止，我们几乎找不到证据显示中古中国的佛教徒视昙鸾、道绰和善导属于一个独特的学派或者哪怕是一个特殊的净土注疏传统。他们对于净土注疏及阿弥陀佛信仰的演进的贡献是被认可的，但是传统的佛教史家并不把他们当作一个单一的佛教形式的支持者，而是视其为卓有成就的佛经注疏者或禅师。

这样我们就回到了这个问题：我们的中国净土祖师系统的观念源自何处。其实，答案不在中国，而是在日本的净土宗和净土真宗的传统之中。第一位明确地构建出如同现今学者所理解的"净土祖师系统"观念的人，是日本净土宗佛教的创始人法然（Hōnen，1133–1212）。而且几乎毫无疑问，法然对于净土学派的看法是史无前例的。

法然立场的新颖之处在于其行事起点具有自我意识并具护教性质。在法然于 1198 年所撰，[1] 并影响广泛的《选择本愿念佛集》的开头，就提到了在中文材料中没有任何"净土宗"记载的这个问题：

问曰："夫立宗名，本在华严天台等八宗九宗，未闻于净土之家，立其宗名。然今号一净土宗，有何证据也？"

答曰："净土宗名，其证非一。元晓《游心安乐道》云：'净土宗意，本为凡夫，兼为圣人。'[2] 又慈恩《西方要决》云：'依此一宗。'[3] 又迦才《净土论》云：'此之一宗，窃为要路。'[4] 其证如此，不足疑端。"[5]

---

[1] 另一个可能的著述年份是 1204 年，见 Hōnen, *Hōnen's Senchakushū: Passages on the Selection of the Nembutsu in the Original Vow* (*Senchaku Hongan Nembutsu Shū*). p. 163 n. 125, Trans. Senchakushū English Translation Project. Kuroda Classics in East Asian Buddhism, Honolulu: University of Hawai'i Press, 1998。

[2]《大正藏》第 1965 号，第 47 册，第 119 页中栏第 20 行。

[3]《大正藏》第 1964 号，第 47 册，第 110 页上栏第 22—23 行。

[4]《大正藏》第 1963 号，第 47 册，第 83 页中栏第 8—9 行。

[5]《大正藏》第 2608 号，第 83 册，第 1 页下栏第 10—12 行；石井教道编辑『昭和新修法然上人全集』京都：平楽寺書店、1955、511 頁；另参见 Hōnen, *Hōnen's Senchakushū: Passages on the Selection of the Nembutsu in the Original Vow*, p. 58。

我按照法然的读法来翻译上述段落，但是很显然，不论是否有意为之，法然是在断章取义地使用引证。值得注意的是，只有一个例子——即元晓（韩：Wǒnhyo，617–686）的《游心安乐道》——出现了"净土宗"之语；其他两个文本只提到了"一宗"。而且，在法然每个引用的段落中，对"宗"字更加自然的解释不是"学派"、"宗派"或者"谱系"，而是"精要教理"或者"中心教义"。换而言之，法然只能够引用三部文献（其中两部还来源可疑）①来支撑他所宣称的在中国存在一个"净土宗"，然而细读之下，这些段落根本没有提及一个"宗派"，也不能支撑法然的论点。

把这个问题放在《选择集》的开始处，就是默认法然是在试图制造出一个东亚净土宗以圈示新领地。这一点在此书的后文中变得更明显，因为他试图将他的"净土宗"置入中国佛教的更大范围之中。在确认三部"净土经"时，法然直率地承认他是在创新，因为这一特别的书目类别在中国没有先例。②当他第一次判定他的宗派祖师传统时，他也同样承认他是在创新。他宣称，正如天台宗和真言宗等其他所有佛教宗派有一个祖师承续（相承血脉）一样，净土宗也应该有一个。

在《选择集》对净土祖师系统的描述中，法然先是注意到，在这个单一的净土宗之中，有着不同的谱系，即（1）庐山慧远系，（2）慈愍系，以及（3）道绰、善导系，等等。据他所言，有两种不同的方式来构想第三个谱系：第一种由道绰的《安乐集》中的六"大德"组成（见上文），而第二种则包括菩提流支、昙鸾、道绰、善导、怀感（约 689 年卒）和少康。③后五位——昙鸾、道绰、善导、怀感和少康——在法然的《类聚净土五祖传》中

---

① 值得注意的是，《游心安乐道》是否为元晓所著已为学者们所质疑，并且它很可能要晚于传统上所定的 7 世纪（Robert E., Buswell, Jr., *The Formation of Ch'an Ideology in China and Korea: The Vajrasamādhi-Sūtra, A Buddhist Apocryphon*, pp. 67–68 n. 60, Princeton, N. J.：Princeton University Press, 1989）。学者们也对《西方要诀》的作者有所质疑，见望月信亨『净土教の研究』、466–480 頁。

② 《大正藏》第 2608 号，第 83 册，第 2 页上栏第 7—14 行；石井教道编辑『昭和新修法然上人全集』、312 頁。

③ 《大正藏》第 2608 号，第 83 册，第 2 页中栏第 28 行—下栏第 13 行；石井教道编辑『昭和新修法然上人全集』、313 頁；Hōnen, *Hōnen's Senchakushū: Passages on the Selection of the Nembutsu in the Original Vow*, p. 62；相似的讨论另见「逆修说法」石井教道编辑『昭和新修法然上人全集』、263–266 頁。

作为"五净土祖师"出现，而这变成了在后来宗派著作中日本净土宗祖师系统的标准列举方式。①

法然煞费苦心地为他对净土祖师的选择进行辩解，特别是他对善导的推崇。在《选择集》的结尾处，他解释道，为何在众多重要的中国净土佛经注疏中他主要依靠善导：

> 问曰：华严、天台、真言、禅门、三论、法相诸师，各造净土法门章疏，何不依彼等师，唯用善导一师乎？
>
> 答曰：彼等诸师虽造净土章疏，而不以净土为宗，唯以圣道而为其宗，故不依彼等诸师也。善导和尚偏以净土而为宗，而不以圣道为宗，故偏依善导一师也。
>
> 问曰：净土祖师其数又多，谓弘法寺迦才，慈悯三藏等是也，何不依彼等诸师，唯用善导一师哉？
>
> 答曰：此等诸师虽宗净土，未发三昧，善导和尚是三昧发得之人也；于道既有证，故且用之。
>
> 问曰：若依三昧发得者，怀感禅师亦是三昧发得之人也，何不用之？
>
> 答曰：善导是师也，怀感是弟子也；故依师而不依弟子也。况师资之释，其相违甚多，故不用之。
>
> 问曰：若依师而不依弟子者，道绰禅师者是善导和尚之师也，抑又净土祖师也，何不用之？
>
> 答曰：道绰禅师虽是师，未发三昧，故不知往生得否。②

讨论的推进在于使用什么样的标准来从数十个中国的净土注疏者和有成就的修习者中判定出"正统"的净土大师。如果善导作为净土注疏者的地位

---

① 见「類聚净土五祖伝」石井教道编辑『昭和新修法然上人全集』、843–857 頁。

② 《大正藏》第 2608 号，第 83 册，第 19 页上栏第 5—24 行；石井教道编辑『昭和新修法然上人全集』、347–348 頁；参见 Hōnen, *Hōnen's Senchakushū: Passages on the Selection of the Nembutsu in the Original Vow*, pp. 148–149。

和权威在当时是被广泛认可的，法然就不需要为他强调善导的教义而加以特别的辩护。法然对善导的理解——例如，他坚称善导宣扬的是对净土教义的"排他性的"依仗，抑或相比于其他的法门，善导独尊口诵念佛——影响力是如此深远，以至于直到近期才有西方学者开始对其提出质疑。[1] 我们现在还可以体会出，为何道绰的《安乐集》和迦才的《净土论》等文本被当作构建净土祖师系统的早期尝试而被呈现出来，这也是由于法然的恒久遗产。可见，带有自己祖师系统的中国净土宗的现代重构，并非根植于中国而是法然的著作。

"中国净土祖师系统"的思想谱系学的最后阶段存于法然的弟子亲鸾（Shinran，1173–1262）的著作中，他是日本净土真宗的创始人。亲鸾提出了一个共包含了七位人物的承续脉络，即龙树、世亲、昙鸾、道绰、善导、源信（Genshin，942–1017）和法然。[2] 亲鸾的创新之处是在师徒承续中纳入了印度和日本的祖师，清晰地暗示出他的教法代表了一个源自印度的大乘重要祖师的真实传承。

在当代中国净土宗的描述中占据中心地位的祖师——昙鸾、道绰和善导——似乎是出自日本的传统；他们正是日本净土宗和净土真宗都认可的三位中国祖师。简而言之，我的观点是，如果完全没有受到日本宗派发展的先入之见的影响，仅凭中国数据我们所看到的祖师名单就会不同。确实，如果不是因为法然和亲鸾的遗产，我们首先就不会想到要构想一个自己的净土宗祖师系统。

二 念佛和早期禅

我想再次强调，对于阿弥陀佛的信仰是中国佛教处处可见的一个方面，往生净土的渴望也在佛教修行者中几乎普遍存在，不论给他们剃度的谱系、他们的教团教育（或者这种教育的缺乏），还是他们制度上的归属关系如何。

---

[1] 对于在不受日本宗派观念的影响的情况下重新评价善导的著作的尝试，见 Pas, *Visions of Sukhāvatī: Shan-tao's Commentary on the Kuan Wu-Liang-Shou-Fo Ching*。

[2] 石田瑞磨『親鸞思想と七高僧』東京：大蔵出版、1976。

和净土思想最息息相关的修行是念佛（buddhānusmṛti），这是一个覆盖了种种不同修行的概括性术语，从简单地诵念佛名——通常是，但非必须是阿弥陀佛——到包括了咏唱、伏拜和观想（visualization）等的复杂仪式。这样，这个术语可以在不同语境下被翻译成"回想（recollection）佛祖""冥想（contemplation）佛祖""诵念（recitation）佛祖""召唤（invocation）佛祖"等。① 许多念佛修行都要在此世给予渴求者一个阿弥陀佛的愿像（vision），或者使其相信他在死时会获得此愿像。但是在中国，一个对念佛的更崇高化的、"去神话化的"理解和这种修行本身一样古老，我下文将会对此展开论述，假设对念佛机制和净土地位按照字面的理解有历史性的或者佛经上的先例，那将会是错误的。

不同形式下的念佛，一直是中国佛教禅修（dhyāna）传统的一个重要方面，许多前所述及的、所谓的净土祖师，包括道绰和善导，在早期传记中都被列为"禅师"或者在唐代高僧传记中被标作"习禅"。② 而且，敦煌文献证实，与早期"祖师禅"相联系的大师们仍然还在教导他们的弟子念佛修行。

着眼于北宗禅文献中批评净土修行的段落，有些学者暗示了与此相反的看法。在本文导论部分，我引用了《宝藏论》中的一段文字，这段文字是在贬损那些修行念佛以图见佛的人，类似的批评也见于《绝观论》，此论和禅宗之牛头宗有关。③ 传统上归于禅宗五祖弘忍（601—675）的《修心要论》中的一段对话，可算作这种批评的经典论调："问：何名自心胜念彼佛？答

---

① 对于"念佛"的早期的使用及意义，见宇治谷佑顕「阿含における称名行について」『日本仏教学会年报』1954 年第 30 期、51—70 頁；芳冈良音「阿含における念仏の起源」『印度学仏教学研究』1961 年第 9 卷第 2 期、130—131 頁；Paul Harrison, "Buddhānusmṛti in the *Pratyutpanna-buddha-saṃmukhāvasthita-samādhi-sūtra*"；以及 Heng-ching Shih, *The Syncretism of Chan and Pure Land Buddhism*, pp. 26–71. Asian Thought and Culture, No. 9, New York: Peter Lang, 1992。

② 《往生西方净土瑞应传》《续高僧传》等书中即是如此。

③ Sharf, *Coming to Terms with Chinese Buddhism: A Reading of the Treasure Store Treatise*, pp. 44–46.

曰：常念彼佛，不免生死；守我本心，则到彼岸。"① 马克瑞（John McRae）在其对北宗禅的研究中评论道："这个段落显然是在反对净土宗的念佛修行。"② 但是这样的一种解读，未必像它乍看之下的那样显然。这个段落可能是在反对某一种对于念佛的特殊"解读"，而并非反对念佛修行本身。换而言之，此段落与常被关注的禅宗对坐禅的反对或禅宗更加戏剧性的"焚经杀祖"的主张相类似。此类段落，并不应该按字面意义来理解；唐代禅宗寺院生活中，充满了坐禅、诵经和祖师崇拜。相反，贬低坐禅、贬低佛教诵念或者真正念佛的段落，应该被放入大乘救赎论的语境之中加以理解：它们反对之前寺院环境中特别顽固存在的诸执（attachment）。对于修行的"所有"形式表示修辞上的，而不应该按字面意义进行理解的反对，就成了禅宗正统论的标志。

因此，虽然粗读之下，《楞伽师资记》中所记载的四祖道信（580—651）之教法，似乎是在支持批评现在被认为是北宗诸禅师的念佛修行和净土观念（ideology）：

> （问：）云何能得悟解法相、心得明净。（道）信曰：亦不念佛、亦不捉心、亦不看心、亦不计心、亦不思惟、亦不观行、亦不散乱。直任运。③

又见：

---

① 《大正藏》第 2011 号，第 48 册，第 377 页中栏第 17—18 行；参见此翻译 John Robert McRae, *The Northern School and the Formation of Early Ch'an Buddhism*, p. 123, Kuroda Institute Studies in East Asian Buddhism, No. 3, Honolulu: University of Hawai'i Press, 1986.《修心要论》于 1570 年刊于朝鲜，也在出自敦煌的几种抄本中出现（S. 2669，S. 3558，S. 4064，S. 6159，P. 3559，P. 3434，P. 3777）。虽然这一点仍然处于日本学者的争论之中，但是传统上它被归于五祖。关于文本历史的详细注释见 McRae, *The Northern School and the Formation of Early Ch'an Buddhism*, pp. 309–312, 此书末还附有此文本。

② McRae, *The Northern School and the Formation of Early Chan Buddhism*, p. 315.

③ 《大正藏》第 2837 号，第 85 册，第 1287 页中栏第 17—20 行；柳田聖山『初期の禅史Ⅰ·禅の語録 2』京都：築摩書房、1971、205 頁。

> 问：临时作若为观行？信曰：真须任运。又曰：用向西方不？
> 信曰：若知心本来不生不灭、究竟清净、即是净佛国土。更不须向
> 西方。①

但是令人好奇的是，在同一个文本之中，我们可以在其他归于道信大师的段落中找到反证：

> 不取相貌、系心一佛、专称名字。随佛方所、端身正向。能于一佛
> 念念相续，即是念中能见过去、未来、现在诸佛。何以故？念一佛功德
> 无量无边。②

又见：

> 念佛心心相续、忽然澄寂，更无所缘念。《大品经》云："无所念者
> 是名念佛。"③ 何等名无所念？即念佛心，名无所念。离心，无别有佛；
> 离佛，无别有心。念佛，即是念心；求心，即是求佛。所以者何？识
> 无形、佛无形。佛无相貌。若也知此道理，即是安心。常忆念佛攀缘不
> 起，则泯然无相、平等、不二。④

他对于念佛主题的深入教导暗示，道信不仅宣扬念佛，而且还是其僧团中的主要修行。在此情况下，道信告诫性的批评就不应被解读为反对念佛修行，而是在提醒要以不二法门来观想净土或者佛祖。冥想的终极对象是心本身，而可得之净土，亦即自心之本净。

---

① 《大正藏》第 2837 号，第 85 册，第 1287 页下栏第 7—10 行；柳田聖山『初期の禅史Ⅰ・禅の語録2』、213-214 頁。

② 《大正藏》第 2837 号，第 85 册，第 1286 页下栏第 28 行—1287 页上栏第 2 行；柳田聖山『初期の禅史Ⅰ・禅の語録2』、186 頁。

③ 《大品般若经》（*Pañcaviṃśatisāhasrikā-sūtra*，两万五千颂般若经），《大正藏》第 223 号，第 8 册，第 385 页下栏第 5 行。

④ 《大正藏》第 2837 号，第 85 册，第 1287 页上栏第 9—15 行；柳田聖山『初期の禅史Ⅰ・禅の語録2』、192 頁。

同样，被现代学术归于北宗禅师神秀（605？—706）名下的《观心论》，就在空念佛名和真正的冥想之间做出了区分：[①]

> 又问：经所说言至心念佛必得解脱？答曰：夫念佛者，当须正念为正，不了义即为邪。正念必得往生净国，邪念云何达彼？佛者，觉也。所为觉察心源、勿令起恶。念者，忆也。谓坚持戒、行不忘精勤了如来义，名为正念。故知念在于心，不在于言。因筌求鱼、得鱼妄（忘）筌；因言求言（意），[②] 得意忘言。既称念佛，云名须行念佛之体。若心无实、口诵空言，徒念虚功。[③]

这段话并没有说要放弃念佛。与之相反，它花了很大力气来澄清，对于一种显然重要的寺院仪式应有正确的态度。

北宗禅修者中的念佛修行的证据，可见于另一个和神秀有关的敦煌文本，即《大乘无生方便门》。[④] 这个不同寻常的数据，以一个公开授法仪式的记录开始，跟着的则是一个讲法布道的记录。在仪式的某一点上，集会大众要跟随主持者的引导开始"一时念佛"。[⑤] 另一个和早期禅宗相关的敦煌文书《达磨禅师观门》，则毫不含糊地宣告了念佛修行的价值。在解释了禅有七种观门之后，该文曰："大声念佛得十种功德，一者不闻恶声，二者念佛不散，三者排去睡眠，四者勇猛精进，五者诸天欢喜，六者魔军怖畏，七

---

① T. 2833 关于《观心论》的文本信息和研究书目，见 McRae, *The Northern School and the Formation of Early Ch'an Buddhism*, p. 325。

② 此处"言"字应该改作"意"字。

③ 《大正藏》第 2833 号，第 85 册，第 1273 页上栏第 5—13 行。

④ 有着不同标题的不同版本的此文见于敦煌，最重要的版本是 S. 2503、P. 2058 和 P. 2270，它也刊于《大正藏》第 2834 号。它的文本信息可见于 McRae, *The Northern School and the Formation of Early Ch'an Buddhism*, pp. 327-330。各版本可见宇井伯寿『禅宗史研究』、447-510 页和铃木大拙贞太郎『鈴木大拙全集』(32 卷)、東京：岩波書店、1968-1971、第 3 卷、153-253 页。对于不同抄本的一个合译，见 McRae, *The Northern School and the Formation of Early Ch'an Buddhism*, pp 171-196。

⑤ 《大正藏》第 2834 号，第 85 册，第 1273 页下栏第 3 行。

者声振十方，八者三途息苦，九者三昧现前，十者往生净土。"①

　　净土修行也被现存最早的禅宗谱系史之一的《传法宝纪》（T.2838）所提及，此记撰于约713年。它记录了弘忍及其同代的僧人所教授的一种念佛修行："及（弘）忍、（法）如、大通之世，则法门大启，根机不择，齐速念佛名，令净心。"②此记载也被与五祖的弟子们相关的文献所证实。例如，《净土往生传》记录了弘忍的弟子法持（635—702），"持于净土、以系于念凡九年，俯仰进止必资观想"。③

　　许多年前，日本学者宇井伯寿在其有关早期禅宗史的重要著作中，已经注意到了被他称作"念佛禅"的普遍存在，它出自弘忍门下的不同谱系中。④宇井伯寿注意到，虽然在与弘忍的弟子智诜（或作"侁"，609—702）⑤或处寂相关的文献中没有明确提及念佛修行，⑥但是处寂自己的法

---

① 《大正藏》第2832号，第85册，第1270页下栏第1—5行。对此文本的讨论，见关口真大『達磨大師の研究』東京：彰国社、1957、295-316頁。十种功德的起源不甚清楚，虽然大致相同的列表可见延寿的《万善同归集》（《大正藏》第2017号，第48册，第962页中栏第7—11行）。也有可能，这个有关念佛的段落是后来增入《达磨禅师观门》的（关口真大『達磨大師の研究』、299-300頁）。

② 柳田聖山『初期の禅史Ⅰ・禅の語録2』、420頁。对于此本文的来源的讨论，见柳田聖山『初期の禅史Ⅱ・禅の語録3』京都：築摩書房、1976、47-58頁和 McRae, *The Northern School and the Formation of Early Ch'an Buddhism*, pp. 86-88 及其他各处。

③ 《大正藏》第2071号，第51册，第119页下栏第29行—120页上栏第1行；译文稍改自 Hakuju Ui, "The Nembutsu Zen of the Disciples of the Fifth Patriarch", Trans. Burton Watson. *Eastern Buddhist* n. s. 29-2 (1996): 211. 此部分译自「五祖門下の念仏禅」、原收于宇井伯寿『禅宗史研究』、169-194頁。法持也被当作牛头宗的第四祖。他的传记可见于《净土往生传》，《大正藏》第2071号，第51册，第119页下栏第24行—120页上栏第9行；另见关口真大『達磨大師の研究』、第314-316頁；以及宇井伯寿『禅宗史研究』、172-173頁。

④ 宇井伯寿『禅宗史研究』、169-194頁。宇井伯寿的分析受累于他的一个假设的影响，这个假设仍常见于日本学者之间，即僧人使用念佛代表对"纯粹禅"的偏离（宇井伯寿『禅宗史研究』、171頁以及其他各处）。

⑤ 根据《历代法宝记》中的一个貌似伪造的故事，智诜从武则天处得到了作为传法象征的慧能的袈裟（柳田聖山『初期の禅史Ⅱ・禅の語録3』、137頁）。除了《历代法宝记》中的短篇传记和散落的提及之处外，关于智诜的信息还见于《宋高僧传》中处寂和无相的传记；见宇井伯寿『禅宗史研究』、172-173頁。

⑥ 关于处寂的生卒年有几种不同的说法，如648—734年、665—732年和669—736年。关于他的传记，见宇井伯寿『禅宗史研究』、174頁。

嗣——特别是无相（韩：Musang）[1]和承远——与净土式修行有密切关系。并且，如果在无相和承远两系上再添上宣什一系，我们就可以追溯到弘忍之上的、全部集中在四川的三个谱系，他们都传扬念佛。[2]

无相是一个被称作"净众宗"的创始人，他因为一个经常由其主持的、叫作"开缘"的复杂授法仪式而载于史料。这个仪式被记录在了宗密的《中华传心地禅门师资承袭图》[3]和《历代法宝记》中。在后一本书中，此仪式被描述如下：

> 金和上每年十二月正月，与四众百千万人受缘，严设道场，处高座说法。先教引声念佛尽一气念。绝声、停念讫云：无忆、无念、莫妄（忘）。无忆是戒；无念是定；莫妄（忘）是惠（慧）。此三句语即是总持门。[4]

无相的"法兄"承远，据说曾经传授过慈愍系传统中的念佛三昧，并且，承远所住锡之南岳被认定是"弥陀台"。[5]另外，承远的弟子之一法照的"净土"资格也是毋庸置疑的，因为法照出现在不同的宋代天台宗的"莲

---

① 新罗人无相的生卒年并不清楚，680—756 年和 684—762 年都被提出来过。他 728 年入唐。虽然有晚出的相关记录，但是无相很可能和智诜没有关系，而最有可能是在处寂下学习并得到其传法。他的弟子包括保唐寺的无住（714—774），见宇井伯寿『禅宗史研究』、174-175 頁。

② 关于四川的派别，特见 Jeffrey Broughton, "Early Ch'an Schools in Tibet", In *Studies in Chan and Hua-yen* (Kuroda Institute Studies in East Asian Buddhism, No. 1), edited by Robert M. Gimello and Peter N. Gregory, 1–68, Honolulu: University of Hawai'i Press, 1983. 关于在这些派别中念佛的使用，除了宇井伯寿『禅宗史研究』，另见关口真大『達磨大師の研究』、303–316 頁。

③ 鎌田茂雄『禅源諸詮集都序・禅の語録 9』東京：築摩書房、1971、305 頁。

④ 《大正藏》第 2075 号，第 51 册，第 185 页上栏第 11—15 行；柳田聖山『初期の禅史 II・禅の語録 3』、143 頁；参 Broughton, "Early Ch'an Schools in Tibet", p. 37.

⑤ 宇井伯寿『禅宗史研究』、176 頁；宇井伯寿注意到唐代皇帝将其道场赐名曰"般舟道场""弥陀寺"。关于承远在南岳的活动——严格的禅宗苦修和有关念佛的修行和传扬的一种混合物——另见佐々木功成「承遠・法照の事跡に就いて」『竜谷大学論叢』第 265 期、1925、68–72 頁；塚本善隆「南岳承遠伝とその浄土教」『塚本善隆著作集第四卷：中国浄土教史研究』；宇井伯寿『禅宗史研究』、175-177 頁；以及 James Robson, "Imagining Nanyue: A Religious History of the Southern Marchmount through the Tang Dynasty (618–907)", pp. 540–545, Ph. D. dissertation, Stanford University, 2002.

社祖"的名单之上（见前文）。法照模仿慧远在庐山上建了一个西方道场；他坐于道场，由正定中趋安乐国，在那里他看见一位老僧人在服侍阿弥陀佛。[①] 法照因其"五会念佛"的教法而特别为人所知，并且他撰写了数部关于此主题的文本，包括《净土五会念佛诵经观行仪》（T.2827）、《净土五会念佛略法事仪赞》（T.1983）和《净土法身赞》。发现于敦煌的最后一个文本，宣称"无念"就等同于念佛。[②] 这就是在说，"禅"修和念佛其实是一致的——净土的目的不在他处而就在人心。[③]

同样活跃于四川的宣什，据宗密称是五祖的弟子。[④] 和无相类似，他也践履一种包括了禅宗传承和念佛的授法仪式。[⑤] 在其《圆觉经大疏钞》中，宗密指称此派为"南山念佛禅宗"，它专长于"传香"和"存佛"。对于该仪式的描述如下：

> 言"存佛"者，正授法时，先说法门道理、修行意趣，然后令一字念佛。初引声由念，后渐渐没声、微声，乃至无声。送佛至意，意念犹粗。又送至心念，念存想，有佛恒在心中，乃至无想，盍（盖）得道。[⑥]

[①] 宇井伯寿『禅宗史研究』、第 176 頁。关于法照的全面研究，见于佐々木功成「承遠・法照の事跡に就いて」『竜谷大学論叢』第 265 期、1925、73–79 頁；塚本善隆「唐中期の浄土教：特に法照禅師の研究」『塚本善隆著作集第四卷：中国浄土教史研究』、209–510 頁、東京：大東出版社、1976、原刊于東京：東方文化学院京都研究所、1933；以及刘长东《晋唐弥陀净土信仰研究》，第 376—420 頁。

[②] 关于最后一个文本，有不同的版本见于敦煌（值得注意的是 P. 2690、P. 2963），见塚本善隆「唐中期の浄土教：特に法照禅師の研究」『塚本善隆著作集第四卷：中国浄土教史研究』、458–459 頁；上山大俊「敦煌出土浄土法身讃について」『真宗研究』、1976 年第 21 期、62–71 頁；以及 Broughton, "Early Ch'an Schools in Tibet", pp. 34–36.

[③] 承远和法照也与天台宗和律宗的和尚与修行有着密切的联系，可参见佐佐木功成和塚本善隆的相关研究。

[④] 鎌田茂雄『禅源諸詮集都序・禅の語録 9』、289 頁。

[⑤] 関口真大『達磨大師の研究』、303 頁；以及 Broughton, "Early Ch'an Schools in Tibet", pp. 36–37.

[⑥] 関口真大『達磨大師の研究』、303 頁；宇井伯寿『禅宗史研究』、191 頁；翻译参见 Yün-hua Jan, "Tsung-mi: His Analysis of Ch'an Buddhism", *T'oung Pao* 58 (1972): 49；以及 Ui, "The Nembutsu Zen of the Disciples of the Fifth Patriarch", pp. 233–235.

所有可兹利用的证据都暗示，早期禅宗大师并不拒斥念佛修行本身；相反，念佛在这些僧团中被广泛地实践。当唐代禅师谈及这个主题时，他们侧重一种与大乘的无执、不二和性空的根本宗旨相调和的念佛取径。

三　宋代禅宗与念佛

早期禅宗史的资料主要出自敦煌写本，再加上现存宗密的著作。这两种资料都表明，和新生的 7、8 世纪的禅宗运动有关的僧众，也参与到形式不同的念佛以及其他中古中国佛寺中典型的崇拜及禅定仪式之中。但是，当我们转向晚唐的寺院生活，由于缺乏可靠的文本证据，就很难重构历史。几乎所有的白话语录或所谓唐代禅宗黄金时代的"谈话录"——以马祖道一（709—788）及其弟子的语录为始——都经过了宋代的改编。宋代编纂者们心系神化唐代禅宗，认为它是一个按字面意义来理解的，反偶像（iconoclastic）、反律规（antinomian）的独立的运动。① 因此在他们笔下，晚唐的禅师就似乎是在"按字面意义地"（literally）反对坐禅、诵经、崇拜图像及舍利，甚至反对遵守毗奈耶律。正因此，在重构被记载的唐代僧人的寺院生活时，语录就几乎没有价值。但是，没有什么理由假设，有中国佛教寺院生活特色的、繁复的仪式性的和典礼性的实践没有像之前那样存续下去。禅宗反偶像崇拜的论调是寄生于一个高度仪式化的生活方式之上的。

尽管宋代编纂者努力巩固存在一个纯粹的唐代禅宗的神话，宋代寺院组织的记录本身显示出，几乎没有人试图模仿他们先辈所谓的反偶像主义和反仪式主义（anti-ritualism）。到宋代，大多数公共寺院机构已经开始属于某一个禅宗谱系，即住持们将他们的法系追溯到百丈（749—814）、惠能（638—713）和菩提达摩，直至释迦牟尼。但是，这种归属关系并没有要求

---

① 关于宋人构建的唐代禅宗，特见 T. Griffith Foulk, "The Chan School and Its Place in the Buddhist Monastic Tradition" 以及 T. Griffith Foulk, "Myth, Ritual, and Monastic Practice in Sung Chan Buddhism", In *Religion and Society in Tang and Sung China*, edited by Patricia Buckley Ebrey and Peter N. Gregory, 147–208, Honolulu: University of Hawai'i Press, 1993。

它们必须全盘放弃早期唐代组织中可见到的种种实践。最令人信服的宋代寺院的保守做派的证据，就存于此时段的禅宗僧规之中。清规如《禅苑清规》（1103）和《入众日用清规》（1209）给我们提供了一个窥视宋代寺院日常运转的丰富细致的途径。[①] 其中，这些文本证实念佛被普遍用于许多礼仪环节中。

《禅苑清规》被证明是在东亚地区最具影响力的禅宗寺规。如前所述及，《乐邦文类》宣称《禅苑清规》的作者宗赜是莲社谱系中的五祖的最后一位。我们知道，他不仅仅主动宣教，而且他创建了"莲华胜会"以弘扬普修念佛三昧的。他传授一种可以用来往生净土的修行，即重复地（从每天重复一百次到每天一万次）诵念阿弥陀佛之名。[②]

《禅苑清规》也包括了许多不经意间提到的念佛。诵念十方诸佛名号被放进了餐前仪式中。[③] 在施主请斋时，也有念佛诵经仪式。[④] 正如预期，在普通僧人和住持的葬礼之中，也在不同的节点上有念佛活动。《禅苑清规》明确地提及在寺院葬礼上十念阿弥佛陀的名号，而在给往生的住持举行的更加复杂的葬礼中还要另散"念佛钱"。[⑤] 在僧人葬礼最后，待唱衣竟，乃云：

　　　　"上来大众念诵并唱衣物功德，并用回向殁故某人，资助觉灵往生

---

① 《禅苑清规》（《续藏经》第 111 册，第 438 页第 1 栏—471 页第 3 栏）已经编辑并翻译，即：鏡島元隆、佐藤達玄、小阪機融『訳注：禅苑清規』東京：曹洞宗宗務庁，1972；另见英文的研究和翻译，Yifa, *The Origins of Buddhist Monastic Codes in China: An Annotated Translation and Study of the Chanyuan Qinggui*, Kuroda Institute Classics in East Asian Buddhism, Honolulu: University of Hawai'i Press, 2002。《入众日用清规》见于《续藏经》第 111 册，第 472 页第 1 栏—474 页第 2 栏；另见 T. Griffith Foulk, "Daily Life in the Assembly", In *Buddhism in Practice* (Princeton Readings in Religions), edited by Donald S. Lopez, Jr., pp. 455–472, Princeton, N. J.：Princeton University Press, 1995。《入众日用清规》也被标作"日用轨范"而并入了《敕修百丈清规》之卷 6（《大正藏》第 2025 号，第 48 册，第 1144 页中栏第 5 行—1146 页中栏第 8 行）。
② 《大正藏》第 1969 号，第 47 册，第 193 页下栏第 13—24 行。
③ 鏡島元隆、佐藤達玄、小阪機融『訳注：禅苑清規』、48、219 頁。餐前诵念十方佛名现在仍被许多东亚佛教宗派的僧人所施行。
④ 鏡島元隆、佐藤達玄、小阪機融『訳注：禅苑清規』、207 頁。
⑤ 鏡島元隆、佐藤達玄、小阪機融『訳注：禅苑清規』、239、261 頁。

净土。再烦大众念十方三世一切诸佛。"并以志诚念佛，不得戏笑语话乖角。^①

《入众日用清规》——一部专注于寺院礼节和重要性较小的日用仪式，而非寺院管理和重大典仪的僧规——也在不同语境下提及念佛。例如，在折袈裟时的规矩，就包括"如堂殿礼拜不得占中央妨住持人来"以及"不得出声念佛"以免影响大众。^② 这个文本也将念佛纳入了餐前的诵念活动之中。^③

最后，《敕修百丈清规》（编撰于 1336—1343 年）提供了进一步的证据证明，在禅宗组织中存在念佛修行。例如，在"病僧念诵"的规矩中，僧人需要念佛一百声，并同时赞阿弥陀佛及净土之德。有时，他们还被命令要保持使病僧往生净土之愿。^④

尽管宋代禅宗的兴盛带来了意识形态和修辞上习惯的转变，禅宗体系中典仪性的实践仍然大体上是循蹈传统的。这似乎就带来了一种在唐代禅宗语录所珍视的反偶像主义典范，和寺院生活中现实实践之间存在着一种"明显的"张力。一些宋代禅宗注疏家和护教者对这种张力的回应，则是对广泛流行的念佛，以及其他"净土宗"和"密教"的崇拜性和仪式性的诸形式加以理性化。在很大程度上，这类僧人的著作造成了我们视宋代及其后佛教为融合主义（syncretic）之物。

著作颇丰的宋僧永明延寿在这方面就很典型。他被认为是禅净融合的一个先驱人物，并在《佛祖统纪》中被当作禅宗法眼一系的三祖和第六位莲社祖师。^⑤ 延寿以一个热诚的念佛修行者而闻名，他同时也是一个禅宗教法的不倦的宣传者。因此，他被认为是至今一直主导中国佛教的那种修行的奠基者。

---

① 鏡島元隆、佐藤達玄、小阪機融『訳注：禅苑清规』、246 頁。

② 《续藏经》第 111 册，第 472 页第 2 栏第 15—16 行。

③ 《续藏经》第 111 册，第 472 页第 4 栏第 8 行。

④ 《大正藏》第 2025 号，第 48 册，第 1147 页中栏第 18—29 行。《敕修百丈清规》也包括在去世的僧人的葬礼上念唱阿弥陀佛的指导。《大正藏》第 2025 号，第 48 册，第 1148 页下栏第 12 行。

⑤ 《大正藏》第 2035 号，第 49 册，第 260 页下栏第 23—24 行。

对延寿的传记和大部头的著作的粗略检查可以显示出，中古佛教寺院修行的整个范围他都有所参与。[①] 文冲所撰的《智觉禅师自行录》记录了延寿每日要做的一百零八项修行。[②] 这些修行包括背诵某些大乘佛经——包括《华严经》、《大般若经》、《宝积经》、《法华经》和《心经》，并修法华忏、诵陀罗尼、崇拜一众佛祖及菩萨，还要放生、施食饿鬼、念佛、坐禅、注经。[③] 根据《自行录》，这些修行的每一项都是为了饶益一切众生并使其获得解脱。

在他 961 年撰写的不朽汇编《宗镜录》的序言中，延寿解释了他的取径："今详祖佛大意，经论正宗，削去繁文，唯搜要旨。假申问答，广引证明。举一心为宗，照万法如镜。"[④] 延寿的诠释策略——从"一心为宗"的角度来考察所有佛教教理——在《宗镜录》全篇是很显著的。不管是辩证的形式还是内容，这个诠释模式都和更早的注疏结构有很多相同之处，其中所有的形式都被理解为指向同一个月亮的手指。日本学者称此策略为"观心释"，它在上述的许多早期禅宗文献中是很典型的，即"把佛经的每一句都当做'一心正相之宗的三昧'的一个功用或者一个部分"来考察。[⑤] 虽然并非其原创，

---

① 对于延寿的生平和思想的近期研究可见 Shih, *The Syncretism of Ch an and Pure Land Buddhism*；以及 Albert Franklin Welter, "The Meaning of Myriad Good Deeds: A Study of Yung-ming Yen-shou and the Wan-shan t'ung-kuei chi (Treatise on the Common End of Myriad Good Deeds)", Ph. D. dissertation, McMaster University, 1987 与 Albert Franklin Welter, "The Contextual Study of Chinese Buddhist Biographies: The Example of Yung-Ming Yen-Shou (904–975)", In *Monks and Magicians: Religious Biographies in Asia*, edited by Phyllis Granoff and Kōichi Shinohara, pp. 247–268, Oakville, Ontario: Mosaic Press, 1988. 释恒清（Shih Heng-ching）的研究受损于不加批判地依靠有关延寿生平的传统叙述，这个缺点为魏雅博（Albert Welter）所纠正。两位学者都接受净土在中国是一个"宗派"（school），它在教义上与禅宗有抵牾之处，所以需要"综合"。

② 《续藏经》第 111 册，第 77 页第 2 栏—84 页第 4 栏。

③ Shih, *The Syncretism of Chan and Pure Land Buddhism*, pp. 104–118.

④ 《大正藏》第 2016 号，第 48 册，第 417 页上栏第 19—21 行。

⑤ McRae, *The Northern School and the Formation of Early Ch'an Buddhism*, p. 202. 这个术语其实借自智颛对不同风格的《法华经》批注的分析，"观心释"指的是第四种也是最高等级的一种诠释；见智颛《妙法莲华经文句》的第一卷，《大正单挑》第 1718 号。另见 McRae, *The Northern School and the Formation of Early Ch'an Buddhism*, pp. 201–205, 339–340；以及 Bernard Faure, "La volonté d orthodoxie: Généalogie et doctrine du bouddhisme Ch'an de lécole du nord-d après une de ses chroniques, le *Leng-chia shih-tzu chi* (début 8e siècle)", pp. 101–102, Ph. D. dissertation, University of Paris, 1984.

但是延寿也许比大多数人更为执着地依仗此法门。

因此，像他的先辈一样，延寿坚持认为，净土只能从人心中得到。此立场就是世所周知的"唯心净土"。延寿解释如下："故知：识心方生唯心净土，着境只堕所缘境中。既明因果无差，乃知心外无法。"① 出现于念佛修行者现前的诸佛祖，以及示现于濒死的净土信徒的诸佛，都是法身（dharmakāya）的呈现，而非心外之物。对于根器鲁钝者而言，念佛是一种有效的方便法门（upāya），但是最终的目标还是人心之澄明。② 对于延寿而言，念佛仅仅是通向认识"空"的一种途径，往生净土就是完成菩萨之誓愿：《往生论》云：'游戏地狱门者，生彼国土，得无生忍已，还入生死国，教化地狱，救苦众生。以此因缘，求生净土。'"③

延寿是在采用一个经验证明有效的解经策略，这个策略也许和大乘本身一样古老。他认为，已经是禅宗中心宗旨的心佛为一之旨，并没有使得念佛的功效降低。他认识到，将净土等同于人心，并没有将净土降成"仅仅"是一个隐喻，也没有使其变得比日常存在的现象更不真实。佛教僧人在意识到心与净土为一之后，也不会放弃往生净土之愿。相反，延寿的"化度一切众生"的愿望，正是通过这种往生才能实现。

延寿关于此主题的广泛著述——其中汲取了几十种佛经——反复重申此点：正确理解禅法，和念佛修行并非针锋相对。与其将此观点看作试图在禅净之间融造一种新的融合物，倒不如视其为一种合法化的已有典仪性先例的方式。就我所知延寿的立场从来没有被严肃地反驳过，虽然大部分僧人继续空谈"顿教虚辞" [rhetoric of immediacy，借佛雷（Bernard Faure）之妙语]，但他们一如既往地从事全套净土"禅"修行，而毫无显然的意识

---

① 《大正藏》第2017号，第48册，第966页下栏第3—5行；另参 Shih, *The Syncretism of Ch'an and Pure Land Buddhism*, pp. 146–147.

② 《大正藏》第2016号，第48册，第506页上栏；Shih, *The Syncretism of Chan and Pure Land Buddhism*, p. 149.

③ 《大正藏》第2017号，第48册，第966页下栏第16—19行。

形态上的负疚。①

四 "禅宗净土"还是仅仅"净土"?

文本证据暗示，在唐宋两朝禅师们经常会宣扬念佛修行。与此同时，禅宗文献中的众多段落也警告说：对净土教法不能生硬地按字面来理解，也不能简单化地理解。我们被反复告诫，净土就是人心的本来清净，只能在当下此际求得。理解了这一点就是实现了念佛的目标——"见佛"。唱诵佛名，仅仅是为了能够理解现象现实之自性空的一种法门。

这个教理不该被视为禅宗的独创——不论是把它当作试图将"传统的"净土宇宙观去神话化的一种创新，还是把它当作一种试图将唯识和中观派原则强加至一众顽强的、流行性的净土神话及修行之上的后发的努力。恰恰相反，这种对净土的理解方式被保存在众多印度大乘文献中，在时间上它比对净土采取更按字面义理解的取径要早。

虽然汉文的术语"净土"缺乏明确的梵文对应词，②它与印度的"佛国"或"佛土"（buddha-kṣetra）的观念却是紧密关联的。根据《大事》（*Mahāvastu*）一书，一个佛土是"可以找到一个神圣、具有无上正等觉的如

---

① 延寿对于真俗二谛的辩证关系的掌握，在半个千年后的永觉元贤（1578—1657）的语录中仍然清晰可见，他被后世史家认为是延寿的"精神上的传人"："所信佛言，凡有二门。一信其理，二信其事。信其理者，信我心便是净土，我性便是弥陀也；信其事者，信西方果有净土，西方果有弥陀也。虽有其理。而全理成事。如海印之能现万象；虽有其事，而全事是理，如万象之不离海印。亦一亦二，非一非二。如是信解。名为正信。"（《角虎集》，《续藏经》第 109 册，第 269 页第 3 栏第 7—12 行；译文见 Shih, *The Syncretism of Ch'an and Pure Land Buddhism*, p. 188, 略有更改）1770 年济能所编撰的《角虎集》记录了大约 59 位跟随延寿传统的禅师的教导。

② 关于"净土"缺乏一个单一的或者精确的印度先例，见 Kōtatsu Fujita, "The Origin of the Pure Land", *Eastern Buddhist* n. s. 29–1 (1996), pp. 33–36；Kōtatsu Fujita, "Pure Land Buddhism in India", In *The Pure Land Tradition: History and Development* (Berkeley Buddhist Studies Series, No. 3), p. 20, edited by James Foard, Michael Solomon, and Richard K. Payne, pp. 1–42, Berkeley: Center for South and Southeast Asian Studies at the University of California, and the Institute of Buddhist Studies, 1996b；以及 Nattier, "The Realm of Akṣobhya: A Missing Piece in the History of Pure Land Buddhism", pp. 73–74 n. 6.

来生活、存在、传法并饶益有情天人之全体"的地方。① 菩萨行就被解释为造极于通过除去尘染而创造出一个清净的"佛土"，不管在自己身上还是在其他人身上。一个佛土就是一个菩萨积累出的功德和智慧的现象性的展现，以使这功德可以服务他人。

虽然有材料枚举出三类佛土——清净、不净和杂，不少大乘佛经坚称所有这种区别乃是虚幻；略举几例，《两万五千颂般若经》《十万颂般若经》《法华经》《楞伽经》都教导：此世根本清净。②《维摩诘经》的第一章也许是对此尊圣佛理最清晰的表达："若菩萨欲得净土，当净其心；随其心净，则佛土净。"③

在中国，对净土教义的这种取径在 7 世纪禅宗兴起之前就已经很好地确立了。例如，僧肇（374—414）就在他所撰现存最早的汉文《维摩诘经》注疏（《注维摩诘经》）中断定了净土和人心为一。④ 僧肇解释说：染净之别均是虚幻——所有的佛土皆空并且相互贯穿。⑤

虽然僧肇和净影慧远等作者从来没被拟入被认可的"净土祖师"的行列之中，但是许多学者已经强调了在净土思想的演进中他们的重要性。⑥ 慧远

---

① 引文见 Étienne Lamotte, *The Teaching of Vimalakīrti (Vimalakīrtinirdeśa)*, p. 276, Trans. Sara Boin. London: Pali Text Society, 1976。此书中第 275—284 页深入地讨论了 buddhakṣetra 的概念。另见 Paul Demiéville, et al., eds., *Hōbōgirin: Dictionnaire Encyclopédique du Bouddhisme d'Après les Sources Chinoises et Japonaises*. 8 vols. to date. Vol. 3. pp. 198–203 (s. v. "*butsudo*" 佛土), Tokyo: Maison Franco-Japonaise, 1929；以及在 Teresina Rowell, "The Background and Early Use of the Buddha-kṣetra Concept", *Eastern Buddhist*, 1934–376, (3): 199–246；6 (4): 379–431；7 (2): 131–176 中全面的、稍有过时的研究。

② 全面的讨论见 Lamotte, *The Teaching of Vimalakīrti (Vimalakīrtinirdeśa)*, pp. 275–284。

③ Lamotte, *The Teaching of Vimalakīrti (Vimalakīrtinirdeśa)*, pp. 21–22. 值得注意的是，鸠摩罗什对"佛土"（buddha-kṣetra）的汉译是作"净土"（《大正藏》第 475 号，第 14 册，第 538 页下栏第 4—5 行）。该段落被引用于不少早期与禅宗相关的文本，包括《楞伽师资记》（《大正藏》第 2837 号，第 85 册，第 1283 页中栏）、柳田圣山『初期の禅史 I · 禅の語録 2』、67 页）以及《宝藏论》（《大正藏》第 1857 号，第 45 册，第 145 页下栏第 10—11 行）。

④ 《大正藏》第 1775 号，第 38 册。这个注本撰于鸠摩罗什翻译此经的 406 年与僧肇逝世的 414 年之间。

⑤ 《大正藏》第 1775 号，第 38 册，第 334 页中栏；见刘长东《晋唐弥陀净土信仰研究》，第 61—66 页；以及 Chappell, "Chinese Buddhist Interpretations of the Pure Lands", pp. 27–28。

⑥ 除了见于刘长东前揭和 Chappell, "Chinese Buddhist Interpretations of the Pure Lands"，另见 Tanaka, *The Dawn of Chinese Pure Land Buddhist Doctrine*。关于慧远，另见望月信亨『中国净土教理史』、89–103 页。

对不同佛土的地位的详细分析是坚定地基于大乘佛经和中观辩证法；他的观点来自《维摩诘经》《大般涅槃经》《华严经》等佛经以及如《大智度论》等论典。他对净土最系统的处理见于《大乘义章》。他宣称：虽然不同的佛土可能对不同根器的人而言是不同的，但是它们本质上是一样的，故而"一切佛土即一佛土，一即一切"。[①] 引用《十地经论》，慧远曰："善知一切国土道如虚空，而起庄严净佛国土行。"[②]

智颛是另一个重要的人物，在跟随僧肇和净影慧远之后，他在对净土教义的分析中强调"终极性的"和"偶然性的"之间的区别。智颛在"真土"与"应土"、"理"与"事"、"本"与"迹"等之间划出了辩证性的对立。但在最终的分析中，智颛也坚持净土就是从慧的角度来看的此世。最终而言，净土就是法身，并且只有从俗谛义上看，我们才会按照不同的特征来分别出众多不同的净土。[③]

于是似乎，将净土解释为一种方便（upāya）的分析，也就是将净土理解为无有迷妄的人心，它并非始自禅宗。即便是那些被日本净土学僧视作正统祖师的僧人，也不愿意简单地从文本主义的角度来理解净土。昙鸾、道绰和善导提供的解释是围绕着中观论和瑜伽行派教理来组织的。

昙鸾——他可能曾经既是一位道士也是佛教大师[④]——没有在具有慧远或智颛特色的对净土的分类上花费功夫，因为在那种分类中净土和我们所处的娑婆（Sahā）世界的区别会最终瓦解。但是他强调净土是"超越性的"——它处于轮回（saṃsāra）的三界之外（过三界）。在昙鸾为《大智度论》中的一段话进行评论时他写道："《释论》言：'如斯净土，非三界所摄。

---

① 《大正藏》第 1851 号，第 44 册，第 835 页下栏第 15—16 行。

② 《大正藏》第 1851 号，第 44 册，第 835 页上栏第 24—25 行，引文取自《大正藏》第 1552 号，第 26 册，第 174 页上栏第 5—6 行。讨论见 Chappell, "Chinese Buddhist Interpretations of the Pure Lands", pp. 28–32。

③ 望月信亨『中国净土教理史』、104–113 页；Chappell, "Chinese Buddhist Interpretations of the Pure Lands", pp. 32–36。

④ 关于昙鸾对净土的理解以及他宣扬的观想修行（visualization practices）可能有受到道教宇宙观和内丹术的影响，见 Roger J. Corless, "T'an-luan: Taoist Sage and Buddhist Bodhisattva", pp. 41–42, In *Buddhist and Taoist Practice in Medieval Chinese Society*；*Buddhist and Taoist Studies 2* (Asian Studies at Hawaii, No. 34), edited by David Chappell, pp. 36–45, Honolulu: University of Hawai'i Press, 1987。

何以言之？无欲故非欲界、地居故非色界、有色故非无色界。……出有而有曰微。'"①

昙鸾的注，进一步证实了这个大乘认识论和救赎论中的标准信条。他引《观无量寿经》说："诸佛如来是法界身。入一切众生心想中。是故，汝等心想佛时，是心即是三十二相八十随形好。是心作佛；是心是佛。"② 昙鸾接着颇为明确地宣称："言心能作佛也，是心是佛者，心外无佛也。"③ 很难想象还有比这更"禅宗式的"对净土的解说，但其实这些话出自一位 6 世纪早期僧人的笔下，后来的日本传统毫无疑问地接受他作为正统净土宗的资格。但是，昙鸾的思想还要比将净土简单地化约为人心更为复杂一些。在昙鸾看来，净土修习者在死时会被转化为"平等法身"，这样的一位菩萨——借"（修行）结果之三昧"（报生三昧，vipākaja samādhi）之力——立即可以在无量世界中现身，供养十方诸佛及其法会而无须离开净土。④ 再一次似乎是把中观论的辩证方式用到了净土之上：既然轮回是空，那么轮回和涅槃就有着存在论上的相同地位。从已经觉醒的人的视角来看，净土即轮回之土。往生净土就等于成就涅槃，不同之处仅在于往生净土的菩萨可以根据他或她的誓愿再回到轮回之中（这不禁令人想到《法华经·见宝塔品第十一》中的栩栩如生的图景，即多宝如来被发现在他的塔内进入了永恒的三昧。虽然多宝如来已经获得了涅槃，但是他并没有离开有情界）。

在道绰和善导的著作中可以找到对净土类似的分析，但是在此我将不做进一步梳理。⑤ 总而言之，他们对净土的理解并非像人们想象的那样激进

---

① 《无量寿经优婆提舍愿生偈注》，《大正藏》第 1819 号，第 40 册，第 830 页上栏第 17—20 行；此翻译略修改自 Corless, "T'an-luan", p. 38.《大智度论》的引文见于《大正藏》第 1509 号，第 25 册，第 340 页上栏第 20—21 行。

② 《大正藏》第 1819 号，第 40 册，第 832 页上栏第 8—11 行。

③ 《大正藏》第 1819 号，第 40 册，第 832 页上栏第 24—25 行。

④ 见《大正藏》第 1819 号，第 40 册，第 833 页上栏第 23—26 行，第 840 页上栏第 23 行之后；以及 Corless, "T'an-luan", p. 41.

⑤ 对于道绰所理解的净土的英文研究，见 David W. Chappell, "Tao-ch'o (562–645): A Pioneer of Chinese Pure Land Buddhism" 和 David W. Chappell, "Chinese Buddhist Interpretations of the Pure Lands", In *Buddhist and Taoist Studies 1* (Asian Studies at Hawai'i, No. 18), edited by Michael Saso and David W. Chappell, pp. 22–53, Honolulu: University of Hawai'i Press, 1977. 与其先辈们类似，道绰坚持净土就本性来说是无净、无不净的（Chappell, "Chinese Buddhist Interpretations

地偏离"主流"中国佛教注疏。追随他们的前辈，道绰和善导两位都不是在简单地宣扬口头念诵阿弥陀佛之名号，而是在促进一种严格的、长期的念佛修行，以进入一种可以和阿弥陀佛面对面的三昧之中。只有达到了此景象（vision），往生净土才有所保证。的确，不像他们同时代的某些人，道绰和善导倾向于强调净土的真实性——他们不愿意将净土化约为"仅仅"是人心。但是当时他们在中观论方面有着良好的训练，[①] 并且他们对净土之真实性的强调，必须被理解为对现象界的肯定。否定日常真实性的存在"或者"净土的存在，就会犯了虚无主义或者天真的唯心主义的错。从根本上来说，比之我们所处的娑婆世界，净土既没有更不真实，也没有更为真实。

似乎，我们不但被迫放弃这样的一个观念，即存在着一个显著不同、有自我意识、包含一个正统的祖师谱系的净土宗，而且也要放弃存在一个显著不同、为达到佛教救赎的净土取径的观念。我重申，不管某一个僧人是属于哪一宗派的，念佛修行和与之紧密联系的往生阿弥陀佛之土的渴望，都是中国寺院修行的中心主题。致力于分析净土的注疏家们在很多地方有显著不同的意见，引起过许多学院式的争论：阿弥陀佛是化身佛还是报身佛？阿弥陀佛的寿命是否是无限的？什么是念佛修行的最灵验的方式？罪人如何往生净土？有关净土的存在论和在念佛背后救赎机制的争论，就是中国注疏家用以理解中观论和瑜伽行派教理中根本问题的领域。但是，把这些争论中的辩论者分成两个清晰定义的阵营或者"宗派"是误导性的，即不存在这样的两个

---

of the Pure Lands", pp. 37–38，引用了《安乐集》,《大正藏》第 1958 号，第 47 册，第 6 页中栏第 7—8 行）。关于善导，特见 Pas, *Visions of Sukhāvatī: Shan-tao's Commentary on the Kuan Wu-Liang-Shou-Fo Ching*；以及刘长东《晋唐弥陀净土信仰研究》，第 277—309 页。包如廉明确地试图把善导从日本宗派学术的枷锁中解脱出来，展示出善导其实远远没有之前想象的那样具有革命性。例如，没有证据显示，善导反对更传统的冥想和"观"的修炼而排他性地支持强调念佛，抑或他将念佛视作往生的排他性途径，抑或他强调口头念诵佛名胜过其他念佛的法门。善导强调与《观无量寿经》所列出的详细法门相一致的一整套冥想修行，以及伦理的和道德上的行动（他尤其强调孝道）。善导没有在念佛三昧和观佛三昧中做出明确地区分，两个都被解释作可达至在此世实现净土。但是，善导的作用，在于他使得念佛变得所有人都可以参与；他认为不只是僧人，居士也可以而且应该追求净土修行。因此，虽然他没有按照日本的净土宗和净土真宗的解读那样将口头念佛高举为最上等的修行，他的确认为对于根器劣钝的人而言它是最合适的修行。

① 善导的第一位老师是明胜（卒年不明），根据日本的资料，他是三论法师法朗（507—581）的弟子，见 Pas, *Visions of Sukhāvatī*, p. 81。

阵营：一边是承认念佛的灵验性和净土存在论意义上真实性的净土僧人，而另一边则是否定这些命题的禅宗僧人。[①] 几乎所有中古中国的大师都认为，念佛修行和净土教义在大乘传统中具有中心地位。同时，几乎没有人会像许多现代教科书所述的那样，选择对净土存在论和救赎论按照"他力"来简单地分析。[②]

似乎所谓的具有宋代和宋代以后中国佛教特色的、对净土思想和修行的"禅宗式"取径，并没有在教义上脱离早期注疏家的立场。简而言之，禅宗和净土的融合本来就是没有必要的。声称禅宗"为了将禅宗和净土教法相融合，而将禅宗的预设带进了净土传统之中"，[③] 其实是误解了在中国的修行和意识形态之间的关系。众禅宗大师修正了经典意义上的中观论的修辞策略，使得所有的佛教形式变得仅仅是"指月之指"。但是禅宗修行者使用的这种修辞本身，并没有揭示出他们日常的寺院生活的方式。

结　语

我已经论述了在中国没有独立的净土宗，也就是说，没有历史性的净土祖师系谱，也没有独树一帜的"净土宗式"的对净土佛经和净土修行的取径。而且，净土宇宙观和净土修行，事实上从中国佛教形成之初就是中国佛教的重要部分。当然，存在着专长于净土经典的经师、侧重念佛的禅师以及其信仰以阿弥陀佛为中心并渴望往生净土的居士，但是他们并未构成任何独立的传统，更遑论一个宗派。我们见到的最接近的一个"净土运动"是宋代衍生的，以居士为主的莲社。但是即便如此，我们发现这些社是附属于禅宗、律宗或天台宗谱系内的僧人或者寺院。而且，他们的礼忏活动并不一定

---

① 这似乎就是夏普德（David Chappell）在他关于唐代净土教义的精彩文章中所做的区分，见 David W. Chappell, "From Dispute to Dual Cultivation: Pure Land Responses to Ch'an Critics", In *Traditions of Meditation in Chinese Buddhism* (Kuroda Institute Studies in East Asian Buddhism, No. 4), edited by Peter N. Gregory, pp. 163–197, Honolulu: University of Hawai'i Press, 1986。

② 中国注疏者一般将"他力"解释为对某人自身业报状态——如信、愿、行等——的一种"应"；见 Shih, *The Syncretism of Ch'an and Pure Land Buddhism*, p. 158。

③ Ingram Samuel Seah, "Shan-tao, His Life and Teachings", p. 185, Ph. D. dissertation, Princeton Theological Seminary, 1975。

是围绕着阿弥陀佛或其净土。因此，"莲社"这一术语，不应该被当作"净土社"的同义词，而应该是一种对于佛教居士修行者之社的泛称。

　　我接着论及禅宗的寺院生活一直包含了所谓的净土元素，如念佛和往生净土之愿；禅宗和尚并没有提供一种激进的、对净土思想的新诠释——所谓"禅宗式"的将人心和净土等同的看法，在印度大乘佛经以及禅宗之前的中国注疏中就有很多先例。我的结论是："禅净融合"的观念从历史的角度和教理的角度都是误导性的。

　　在本文中我故意避开了宋代之后的佛教这一颇为复杂的问题。众所周知，明清佛教的许多领导性人物，如袾宏和际醒彻悟（1741—1810），都继承了永明延寿的先例：他们都在禅宗谱系中受戒并同时传扬禅和净土的一种"融合"，以对他们主动热衷于阿弥陀佛崇拜和念佛活动进行合法化。在念佛修行的"流行"观念和一种摈弃中介或依仗外力结构的"纯粹禅"之间有一种张力，他们部分地是在响应这种所感知的张力。但是，他们的注疏倾向并不只是被教理上的问题所驱动。他们首先且主要是佛教改革者，他们对当时的禅宗寺院组织持极为批判的态度。僧职被广泛地视为在垂死挣扎之中——如果不是堕落且腐败的话——且改革者们寻求居士对佛教崇拜和修行的更高参与度，以当作复兴传统的一种方式。正是如此，他们被引至熔造一种更紧密地将寺院修行和居士修行结合起来的佛教，而这个解决方案就在于重新在僧界强调念佛修行，并且坚持认为念佛可以饶益居士界中的禅悟。因此，许多后来的禅师就宣扬他们所谓的"念佛公案"，在其中修行者会念阿弥陀佛之名并自问："谁在念佛？"[1]直到今天，不同形式的此类修行还一直主导着

---

① 关于明代和清代的禅师使用念佛和其他净土修行，特别见小笠原宣秀『中国近世净土教史の研究』、173-238 頁；Chün-fang Yü, "Chu-hung and Lay Buddhism in the Late Ming", In *The Unfolding of Neo-Confucianism* (Studies in Oriental Culture, No. 10), edited by Wm, Theodore de Bary and the Conference on Seventeenth-Century Chinese Thought, pp. 93–140, New York: Columbia University Press, 1975；以 及 Yü, *The Renewal of Buddhism in China*, Hurvitz 1970；以 及 Charles B. Jones, "Mentally Constructing What Already Exists: The Pure Land Thought of Chan Master Jixing Chewu (1741–1810)", *Journal of the International Association of Buddhist Studies* 23-1 (2000): pp. 43–70。

寺院课程。①

因此，虽然明代清代的诸大师确实参考了延寿的著作，以宣扬禅和念佛的"融合"，但是这不应该被视为两种相互竞争的救赎体系的融合，也不应该被视为寺院修行和居士修行形式的融合。如上所述，袾宏的念佛取径和唐代早期禅宗大师的念佛取径之间没有根本的"教义上"的差别。也许，真正新的内容是这样一个观念，即僧人和居士可以参与同一种修行和渴望达到同一种宗教目标，以及念佛不仅仅是对于钝根者的一种方便法门，而更是达到禅宗觉悟的唯一最灵验的方法。

德川时期的日本禅宗体制对在明代灭亡后流亡日本的中国禅宗大师的反响，似乎可以印证这样一种感观，即认为晚期中国禅法因杂有净土元素而变得混杂不纯。到德川时期为止，日本禅宗已经或多或少肃清了自身更明显的"净土"修行形式——即和日本天台宗、日本净土宗以及净土真宗紧密关联的诸种修行，如长期念佛。日本的宗派意识鼓励日本禅宗领袖强调那些他们认为是日本禅宗独特的法门。② 明代大师隐元隆琦（1592—1673）和他的弟子（后来以"黄檗宗"闻名）带到日本的中国禅法——不出所料——充满了包括反复念佛的净土元素，这些禅法使得日本禅宗权威感到不安。③ 对于著名的中国大师的涌入，不少日本禅宗住持感到了威胁，并且，中国禅宗僧人进行"净土"修行这一事实也给了日人攻击的口实，即明代禅宗是不纯正或者腐朽的。直至今日，对于晚期中国佛教的这种误导性的滑稽画，仍然一直保存在教科书之中。事实上，较之德川时期的曹洞宗和临济宗体制中所保留之物，黄檗宗大师所宣扬的"融合主义"的日本禅法在许多方面都更接近宋代中国的禅法。

如果上述分析是正确的，那么我们就必须问，为何学术文献在研究"中

---

① 关于在 20 世纪早期念佛被用来当作禅宗冥想的聚焦点，见 Holmes Welch, *The Practice of Chinese Buddhism, 1900-1950*, pp. 89-104, 398-400, Harvard East Asian Series, No. 26, Cambridge: Harvard University Press, 1967。

② 事实上到了早期德川时期，几乎没有日本禅宗体制还维持着任何类似中国传统寺院修行之物。黄檗宗的到来刺激了日本临济宗和曹洞宗进行重大的寺院改革。

③ Helen J. Baroni, *Ōbaku Zen: The Emergence of a Third Sect of Zen in Tokugawa Japan*, Honolulu: University of Hawai'i Press, 2000。

国净土宗"或者"禅净融合"这类话语时，一直把它们当作描述性的历史术语，而非意识形态性的 [或者最多不过是启发性的（heuristic）] 构建。当然，这无疑是有多方面因素造成的。其中之一是，人们怀疑净土教法表面上的简易——阿弥陀佛之愿力加上口头颂念阿弥陀佛之名就可以使人往生极乐世界的教义——在根本上是和天台宗、华严宗和禅宗的那些更加复杂的教理上的及救赎论上的纲领相矛盾的。但是对于净土思想的这种感观并不是出自对于中国文献资料批判性的阅读，而是出自日本净土传统的重要影响。而且，我们所相信的禅宗似乎是和净土虔诚针锋相对的这一点，不是出自对中国禅宗和日本禅宗寺院生活的毫无偏见的评价，而是出自日本禅宗的护教大师如铃木大拙等人的论辩。[1]

　　中国净土的史学编纂在很多方面变得与中国怛特罗或密教的史学编纂的发展轨迹相平行。正如我在其他地方论述的那样，没有证据显示出，被认为是密教顶峰之时的唐代，中国人认为存在一个独立的怛特罗的（Tantric）"宗派"。[2] 也没有证据显示出，所谓的中国怛特罗教祖师——善无畏（Śubhakarasiṃha，637–735）、金刚智（Vajrabodhi，671–741）、不空（Amoghavajra，705–774）以及其他——自认为是密教祖师。"秘密（Esoteric）佛教"这一分类是出自这些密教大师早已淡出历史舞台的 10 世纪和 11 世纪，即便如此，宋代对于这个术语的理解也和今天宗教史学家使用这个术语的方法相去甚远。正如中国净土佛教的例子那样，我们对中国怛特罗教的当代理解受到了日本宗教发展的过度影响。在这两个例子中，学者们都在透过日本佛教宗派史的镜片来考察中国资料。[3]

----

① Robert H. Sharf, "The Zen of Japanese Nationalism", In *Curators of the Buddha: The Study of Buddhism Under Colonialism*, edited by Donald S. Lopez, Jr., pp. 107–160, Chicago: University of Chicago Press, 1995.

② Sharf, *Coming to Terms with Chinese Buddhism: A Reading of the Treasure Store Treatise*, pp. 263–278.

③ 对于中国佛教思想的日本影响并不限于现代。有证据暗示，宋代时中国人所构造的"密教"类别就是受到了密教在日本获得成功的消息的影响（Sharf, *Coming to Terms with Chinese Buddhism: A Reading of the Treasure Store Treatise*, pp. 275–276）。就我所知，没有类似的净土宗的证据，但是，但是日本宗派发展的知识反方向地渗到中国并影响了中国人看待自己传统的方法，也是有可能的。

　　虽然我认为不论某一个人的教义上或者组织上的归属，净土信仰都是中国佛教的一个根本特点，但我并不想暗示说，中国僧众在细节上完全一样。正如我提及的，对于净土教理和修行的每一个方面都存在着没完没了的争议。为了标识出对反复出现的教义问题的复杂而深奥的立场——例如，阿弥陀佛的存在论意义上的地位，或者念佛的最灵验的法门——个别注疏家试图宣称正统，以彰显出他们冥顽不灵的论敌的错误看法。这种策略被证明是具有欺骗性的，这恰恰是因为各方都同意，他们对阿弥陀佛的极乐世界有着同样持久的着迷和渴望。

谱牒、族属与信仰
——梁陈之际的长沙欧阳氏

向鋆君[*]

【摘　要】中古时期欧阳氏的谱牒存在多处明显的断裂，并且不断被改造。以往的研究推测长沙欧阳氏是由始兴迁居至长沙的俚、溪之属。但兴起于南朝的欧阳氏将自己塑造为越王后裔，通过攀附书写将世系接续到渤海欧阳氏之下，并不断获得与渤海欧阳氏相关的封望。进入隋唐后，其郡望逐渐转移为长沙。此外，欧阳氏与佛教的关系非常密切，欧阳颁、欧阳纥父子在陈朝广州支持诸多僧人译经。欧阳颁向建康上表进献祥瑞与《广州刺史欧阳颁德政碑》的树立都离不开僧人的帮助。欧阳氏的佛教影子，最终伴随欧阳询进入隋唐帝国。

【关键词】欧阳氏　谱牒　地方豪族　欧阳颁　欧阳纥

　　梁陈之际地方豪族的兴起是南朝政治社会的巨大变动之一，陈朝的建立很大程度上依赖于此。[①] 欧阳颁、欧阳纥父子所属的长沙欧阳氏是其中的典型，[②]

＊　向鋆君，浙江大学历史学院博士研究生。

① 陈寅恪强调陈朝建立时南方土著豪族（蛮族）的基础性，后来学者有所修正——吕春盛认为吴人寒门武将为主导地位，土豪酋帅次之。章义和则以"非士族"称之。参见以下诸文：陈寅恪《魏书司马叡传江东民族条释证及推论》，原载《历史语言研究所集刊》第 11 本第 1 分，此据氏著《金明馆丛稿初编》，生活·读书·新知三联书店，2015 年，第 105—109 页；万绳楠整理《陈寅恪魏晋南北朝史讲演录》第 12 篇"梁陈时期士族的没落与南方蛮族的兴起"，黄山书社，1987 年，第 203—214 页；吕春盛《陈朝的政治结构与族群问题》第三章"陈朝政权的成立及其结构"，台北：稻乡出版社，2001 年，第 115—117 页；章义和《地域集团与南朝政治》第七章"梁陈之际统治阶层的变动及陈朝政权的支撑力问题"，华东师范大学出版社，2002 年，第 180—207 页。

② 在"寒门"与"士族"的对立视角下，长沙欧阳氏这类地方豪族受到门阀士族的歧视，参见唐长孺《门阀的形成及其衰落》，《武汉大学人文科学学报》1959 年第 8 期，第 8—9 页。

以往多将其纳入政治集团的研究范式之下。① 但近年来，针对诸多中古家族的个案研究，学者们进行了如下反思：一方面，"士族"作为学术概念仍缺乏明确的界定；② 另一方面，需要在中古知识精英家族之外，合理地分析和解构所谓地方豪族。③

长沙欧阳氏作为地方豪族，其地域性背景不可忽视。中古的地域性视角被诸多学者强调，④ 六朝隋唐岭南地区的开发是关注的重点。⑤ 长沙欧阳氏便主要活跃在梁陈之际的岭南地区。学界此前对欧阳颙、欧阳纥父子与当时岭南的军事、政治、经济、佛教的关系已做了不同程度的讨论，⑥ 但相对分散。尤其是欧阳氏对佛教的支持以及如何利用佛教与陈朝中央进行政治斡旋，还值得详细展开。对欧阳氏与佛教关系的梳理也可以对欧阳询的早年经历有所补充。此外，由于多年来的出土文献中并无欧阳氏的相关信息，对其家族谱

① 榎本あゆち「梁末陳初の諸集団について——陳霸先軍団を中心として」原載『名古屋大学東洋史研究報告』第8号、1982、収入氏著『中国南北朝寒門寒人研究』東京：汲古書院、2020、5—38頁。吕春盛：《陈朝的政治结构与族群问题》第三章第二节"陈霸先兴起过程所吸收的人物及其特色"，第81—82页；金裕哲：《梁陈时代的岭南统治与种族问题》，收入殷宪主编《北朝史研究：中国魏晋南北朝国际学术研讨会论文集》，商务印书馆，2004年，第384—386页。

② 仇鹿鸣：《失焦：历史分期争论与中文世界的士族研究》，《文史哲》2018年第6期，第110—120页。

③ 陈爽：《垒壁与交集：中古士族研究中的历史人类学借鉴》，《史学月刊》2019年第3期，第5—11页。

④ 中村圭尔『六朝江南地域史研究』第十六章「六朝史と『地域社会』」東京：汲古書院、2006、597–621頁；范兆飞：《士族个案研究的问题、路径与超越》，收入楼劲、陈伟主编《秦汉魏晋南北朝史国际学术研讨会论文集》，中国社会科学出版社，2016年，第292—301页；Andrew Chittick（戚安道），"Thinking Regionally in Early Medieval Studies: A Manifesto", *Early Medieval China*, 26, 2020, pp. 3–18。

⑤ 朱大渭：《南朝少数民族的概况及其与汉族的融合》，《中国史研究》1980年第1期，第57—76页；刘希为、刘磐修：《六朝时期岭南地区的开发》，《中国史研究》1991年第1期，第3—13页；胡守为：《南朝岭南社会阶级的变动》，《中山大学学报》2000年第1期，第53—60页。王承文近年来对岭南"溪洞社会"与地方族群的研究值得关注，参见氏著《唐代环南海开发与地域社会变迁研究》，中华书局，2018年。

⑥ 石田德行「南朝後期の社会と地方軍——歐陽頠一族を中心として」『軍事史学』第13巻4号、1978、75—89頁；鲁浩：《衡州变动与梁陈之际欧阳颙家族的兴衰》，《中国历史地理论丛》2022年第3辑，第69—74页；吕春盛：《陈朝的政治结构与族群问题》第二章第四节"岭南的开发与陈霸先兴起的关系"，第56页；姚潇鸫：《六朝岭南译经群体考略》，收入楼劲、陈伟主编《秦汉魏晋南北朝史国际学术研讨会论文集》，第263—274页。

牒、世系的研究已停滞许久。① 重新审视中古时期诸多的欧阳氏谱牒材料可以发现，其断裂和攀附的痕迹非常明显。以下将对长沙欧阳氏的谱牒、族属、信仰以及在梁陈之际的政治作用进行更为深入的分析。

一　断裂与分化：中古欧阳氏谱牒的再生产

徐陵所撰《广州刺史欧阳頠德政碑》保存了较早的欧阳氏谱牒信息，② 原碑似不见存，但文本流传至今，版本繁多。如《艺文类聚》③《全陈文》④ 皆有收录，许逸民校笺的《徐陵集》已经做了较为详备的整理，并考证此碑文应作于天嘉元年（560）之后。⑤ 此外，广州的部分地方志也收录了这篇碑文，对于校勘有参考之处。⑥ 今以校笺本为主进行讨论，徐陵在碑文开头追溯了欧阳氏的世系：

> 弱水导其洪源，轩台表其增殖。懿哉少府，师储皇于二京。盛矣司徒，传儒宗于九世。广陵邕邕，族擅江右。渤海赫赫，名重洛阳。若夫岳镇龙蟠，星悬鹑火。衡山诞其高德，湘水降其清辉。千仞孤标，万顷无度。⑦

---

① 目前所见讨论欧阳氏谱牒的专文，仅有何光岳《越王勾践之裔欧阳氏的分布》，《江西文物》1991 年第 2 期，第 53—62 页。此文于世系考补上最为着力最多，利用了元代欧阳建寅《积符谱序》接续南北朝时期的世系缺环，以欧阳质弟崇文传七世到景达。但在元代之前的史料中，从未出现过欧阳崇文，故存疑。

② 谱牒信息存于碑刻文献之中，经过多年的研究，已为学界共识。陈直：《南北朝谱牒形式的发现和索隐》，《西北大学学报》1980 年第 3 期，第 48—53 页。新的推进参看陈爽《出土墓志所见中古谱牒探迹》，《中国史研究》2013 年第 4 期，第 69—100 页；范兆飞《中古早期谱系、谱牒与墓志关系辩证》，《中国史研究》2021 年第 2 期，第 85—104 页。

③ 欧阳询：《艺文类聚》卷 52《治政部上》，王绍楹校，上海古籍出版社，1982 年，第 945—947 页。

④ 《全陈文》卷 11，严可均校辑《全上古三代秦汉三国六朝文》第 4 册，中华书局，1958 年，第 3462 页。

⑤ 徐陵撰，许逸民校笺《徐陵集校笺》卷 9，中华书局，2008 年，第 1081—1109 页。

⑥ 阮元等修，陈昌齐等纂《道光广东通志》卷 200《金石略二》，清同治三年（1864）重刊本，第 12 页左栏—14 页左栏；戴肇辰等修，史澄等纂《光绪广州府志》卷 98《金石略二》，清光绪五年（1879）粤季书院本，第 10 页左栏—12 页右栏。

⑦ 徐陵撰，许逸民校笺《徐陵集校笺》卷 9，第 1081 页。

碑文中"少府"即欧阳地余，"司徒"即欧阳歙，均出自两汉以《尚书》学显赫于世的千乘欧阳氏。^①"广陵"并无著名的欧阳氏房支，但"欧阳"是当时广陵以南的一处地名。东晋永和年间于"欧阳"设埭蓄水，连接邗沟与长江，此地因而成为军事要冲，并设有"欧阳戍"。^②"欧阳"地处长江北岸，与江左相对，应该曾有大量的欧阳氏族人在此定居和活动，故曰"族擅江右"。"渤海赫赫"即西晋的欧阳建，^③代表了渤海欧阳氏。"衡山"与"湘水"则指长沙欧阳氏，即欧阳頠这一支。陈天嘉四年（563）江总撰《广州刺史欧阳頠墓志》也将这几支欧阳氏塑造为一体：

> 公家习《尚书》，少府儒高于汉册；世居渤海，太守文重乎晋原。中原丧乱，避地南徙。^④

志文中"少府"即欧阳地余，"太守"即欧阳建。江总在撰写墓志时，并未提及欧阳頠的父祖辈，直接将先世追述至更为显赫的两支。^⑤唐大历十年（775）十月二十四日颜真卿撰《游击将军左领军卫大将军兼商州刺史武关防御使上柱国欧阳使君（琟）神道碑铭》保留了"千乘—渤海—长沙"的连续性叙述。^⑥唐元和九年（814）柳宗元撰《南岳大明寺律和尚碑》亦载："师姓欧阳氏，号曰惠闻……师先因世家潭州，为大族，有勋烈爵位。"^⑦据《元

① 《汉书》卷 88《欧阳生传》，中华书局，1964 年，第 3603—3604 页。《后汉书》卷 79 上《欧阳歙传》，中华书局，1965 年，第 2555—2556 页。

② 董志翘：《传世文献与出土文物的古代地名考释两则》第一节"'欧阳'考"，《古籍整理研究学刊》2014 年第 4 期，第 24—27 页。

③ 《晋书》卷 33《欧阳建传》，中华书局，1974 年，第 1009 页。

④ 王连龙编撰《南北朝墓志集成》（上），上海人民出版社，2021 年，第 1055—1056 页。

⑤ 江总为萧勃外甥，江陵陷落（554）后投奔欧阳頠，其间受恩颇多，在书写墓志之时对欧阳頠家世有所虚饰，亦不足为奇。欧阳頠死于天嘉四年（563），同年江总以中书侍郎征还建康朝廷。参见《陈书》卷 27《江总传》，第 388—390 页。

⑥ 收入董诰等编《全唐文》卷 343，中华书局，第 3485—3486 页。欧阳修曾得到过此碑拓本，发现其中错讹颇多，参见欧阳修《欧阳修全集》卷 140《集古录跋尾》卷 7，李逸安点校，中华书局，2001 年，第 2250 页。详细讨论见赵超《新唐书宰相世系表集校》，中华书局，1998 年，第 735—737 页。

⑦ 柳宗元撰，尹占华、韩文奇校注《柳宗元集校注》，中华书局，2013 年，第 492 页。

和郡县图志》，唐代长沙县属潭州。[①] 惠闻律师应出自长沙欧阳氏。据《元和姓纂》，欧阳氏郡望有三，即千乘、渤海、长沙。其中长沙临湘一支出自渤海：

> 越王句践之后，支孙封乌程欧阳亭，因氏焉。汉有欧阳和伯，授尚书；曾孙高，博士；孙地余，少府。
>
> 【乐安千乘】欧阳生曾孙高后，代居千乘。元孙歙，大司徒。
>
> 【渤海】晋有欧阳建，字坚石，石崇外甥也，官至冯翊太守，为赵王伦所杀。兄子质，奔长沙。
>
> 【长沙临湘】欧阳建兄子质，避难居长沙。九代孙颁，陈阳山公；生纥，陈广州刺史，反，诛；生询，为江总所收养，博士、唐给事中、率更令；生通，兵部尚书、纳言。纥弟约，生胤，始州刺史、南海公。元孙何价，下邳令。[②]

《元和姓纂》提供的信息非常有限，只有汉代的欧阳氏传承有序，于史有证。千乘与渤海、长沙之间的关系扑朔迷离，尤其是长沙临湘一支声称出自渤海，但欧阳质与欧阳颁之间长达数代的世系空白显得十分可疑。令人非常怀疑这是后世攀附书写的重新建构。[③]《新唐书·宰相世系表》（下称《新表》）"欧阳氏"曰：

> 欧阳氏出自姒姓。夏少康庶子封于会稽，至越王无疆为楚所灭，无疆子蹄更封于乌程欧余山之阳，为欧阳亭侯，遂以为氏。后有为涿郡太守，子孙或居渤海。晋顿丘太守建为赵王所杀，兄子质，字纯之，居长沙临湘。七世祖孙景达，字敬远，齐本州治中。生荔浦令僧宝，字士

---

① 李吉甫：《元和郡县图志》，贺次君点校，中华书局，1983 年，第 701—702 页。
② 林宝撰，岑仲勉校记，郁贤皓、陶敏整理，孙望审定《元和姓纂（附四校记）》，中华书局，1994 年，第 730—732 页。
③ 这一问题的经典研究，参见仇鹿鸣《"攀附先世"与"伪冒士籍"——以渤海高氏为中心的研究》，《历史研究》2008 年第 2 期，第 60—74 页。

章。僧宝生梁阳山穆公颜。颜二子：纥、约。[1]

在《新表》中，乌程与渤海这两支被接续起来，进而叙述了长沙临湘一支分离出来的过程，同时千乘欧阳氏的痕迹被直接抹去。《新表》记载欧阳氏宰相一人，即武后朝宰相欧阳通。《新表》以其为中心，强化了"乌程—渤海—长沙临湘"这一序列。但行文中"后有为涿郡太守，[2] 子孙或居渤海"的描述露出了一丝马脚。

岑仲勉考证《新表》当出自吕夏卿之手。[3] 吕夏卿于庆历七年（1047）入局编修，[4]《新唐书》至嘉祐五年（1060）修成奏上。几乎是在《新表》撰写的同一时期，欧阳修在编纂《欧阳氏谱图》（下称《谱图》）。石本《谱图》曰："当皇祐（1049—1053）、至和（1054—1055）之间，以其家之旧谱问于族人，各得其所藏诸本，以考正其同异，列其为次。"[5] 石本《谱图》最早于至和二年（1055）编成，[6] 集本《谱图》则于嘉祐四年（1059）四月完成改订。[7] 欧阳修《谱图》的材料源于欧阳氏族人所藏的诸多旧谱，相比吕夏卿能见到的史料必然更多。前文所说"马脚"即吕夏卿在《新表》中很明显

---

[1]《新唐书》卷 74 下《宰相世系四下》，中华书局，1975 年，第 3159 页。前引《元和姓纂》载欧阳建九世孙颜，《新表》则补充了景达、僧宝，可能参考了《陈书》《南史》的《欧阳颜传》或者其他谱牒。

[2] 汉武帝元朔二年（前 127）置涿郡，两汉史料中无欧阳氏为涿郡太守者，参见严耕望《两汉太守刺史表》，商务印书馆，1948 年，第 91、262—263 页。

[3] 岑仲勉：《元和姓纂四校记再序》，见前引《元和姓纂（附四校记）》，第 81—86 页。后来学者基本继承了这一观点，参见郭锋《吕夏卿与〈新唐书·宰相世系表〉》，《史学史研究》1996 年第 8 期，第 31—37 页；刘丽《引谱入史——以河东裴氏谱系塑造与吕夏卿的重构为例》，杜文玉主编《唐史论丛》第 32 辑，三秦出版社，2021 年，第 223—238 页。

[4] 钱大昕《修〈唐书〉史臣表》定于皇祐元年（1049），小注又曰"未详年月"，近来学者考证吕夏卿入局约在庆历七年（1047），详见王东《〈新唐书〉研究之考论》，博士学位论文，南京大学，2013 年，第 35 页。

[5] 欧阳修：《欧阳修全集》卷 74《居士外集》卷 24，第 1081 页。

[6] 辽宁省博物馆藏有《欧阳氏谱图序》的一份残稿，明代宋濂的题跋认为其完成于至和二年（1055），参见王鹤鸣《国宝〈欧阳氏谱图序〉简介》，《图书馆杂志》2003 年第 4 期，第 65 页。

[7] 欧阳修：《欧阳修全集》卷 74《居士外集》卷 24，第 1068 页。岑仲勉推测石本《谱图》在嘉祐四年（1059）之前曾有刊行，因所载欧阳琮之事混乱，遂有以集本救石本之失的改订，详见《元和姓纂四校记再序·附跋〈欧阳氏谱图序〉》，前引《元和姓纂（附四校记）》，第 91—92 页。

地删去了千乘一支的相关信息：

> 石本《谱图》：当汉之初，有仕为涿郡太守者，子孙遂居于北，或居青州之千乘，或居冀州之渤海。
>
> 集本《谱图》：而欧阳亭侯之后有仕汉为涿郡太守者，子孙遂居于北。一居冀州之渤海，一居青州之千乘。
>
> 《新表》：后有为涿郡太守，子孙或居渤海。

千乘欧阳氏作为两汉高门一直出现在此前的欧阳氏谱牒中，吕夏卿在《新表》中将其抹去，是为了突出渤海一支的地位，对于其根据的史料进行了删减。因此，《新表》中的欧阳氏谱牒可视为欧阳氏某一旧谱的节本。

比对《新表》与《谱图》，还可以发现许多差异。例如，《新表》所载欧阳胤的后裔不见于《谱图》；《新表》记载"琼八世孙万"，《谱图》记载"琼八世孙彪，彪弟万"；《新表》中雅、楚二人为兄弟，《谱图》中为父子。而邓名世《古今姓氏书辨证》曰："万孙雅，字正言，生效及楚。"[1] 雅、楚为父子，沿袭了《谱图》。

这些差异表明，吕夏卿修《新表》时并未参考欧阳修《谱图》。北宋治平元年（1064）夏至，欧阳修在《唐欧阳琟碑》跋尾中记载，他在利用诸多碑志拓本修谱时曾求助过吕夏卿，并说"因为余考正讹舛，而家谱遂为定本"。[2] 很可能到此时，吕夏卿才看到欧阳修所作《谱图》。

欧阳修在整理诸家旧谱时，已经察觉到了欧阳氏世系叙述中"渤海—长沙—吉州"之间的断裂，但仍将其视为一个具有历史连续性的整体：

---

① 邓名世：《古今姓氏书辨证》（三），《丛书集成初编》本，商务印书馆，1936 年，第 256—257 页。

② 欧阳修：《欧阳修全集》卷 140《集古录跋尾》卷 7，第 2250 页。点校本《欧阳修全集》以清嘉庆二十四年（1819）欧阳衡编校本为底本，其中《谱图》完成时间为嘉祐四年（1059）四月。据点校本卷 72 校勘记 33，宋庆元二年（1196）周必大刻《欧阳文忠公集》、《四部丛刊》影印元代刻本《欧阳文忠公集》并无时间，仅在目录中注云"熙宁二年（1069）"。周本、丛刊本所收应该就是《集古录跋尾》中所说的治平元年（1064）"定本"。

石本《谱图》：自亭侯踪因封命氏，自别于越，其后子孙散亡，不可悉纪。其不可纪者，千乘、渤海之后。……千乘之族以《尚书》显于汉，自生传歆八世，歆子复无后，世绝，经不传家，其他子孙亦遂微弱不复见。而渤海之后独见于今，然或微或绝，中间失其世次者再。盖自质奔长沙，至于景达，七世而始见。自琮至于安福府君，又八世而始见，其后遂不绝。①

欧阳修在完成《谱图》之后，提出了自己的修谱理论，即《谱例》。他认为修谱要遵循"远者、疏者略之，近者、亲者详之"，"玄孙既别自为世，则各详其亲，各承其所出"。②《谱图》的表以欧阳景达为始，欧阳胤即为欧阳景达玄孙，故《谱图》不载欧阳胤的后裔。

从《广州刺史欧阳頠德政碑》到《元和姓纂》，欧阳氏的诸多房支被接续为一体。而吕夏卿《新表》则是以欧阳通为中心的建构，突出了渤海一支的地位。欧阳修《谱图》以吉州庐陵县儒林乡欧桂里的房支向上追溯，且有《谱例》作为理论依据。中古欧阳氏谱牒除了诸多被接续起来的明显断裂，在不同时期的书写中也有着以不同人物、房支为中心的分化。这些差异源于房支的政治地位、修谱观念等因素的影响，带有强烈的目的性。

二　渤海与长沙之间：郡望转移的史相与史实

在史料关于欧阳氏从渤海迁居至长沙的叙述中，欧阳建（？—300）是关键人物，他的死亡直接造成了欧阳质的南迁。《晋书》本传称其"世为冀方右族""擅名北州"，③没有证据表明他与千乘欧阳氏有联系。在欧阳建闻名之前，欧阳氏已经形成了渤海的郡望，如西晋咸宁四年（278）《临辟雍碑》碑阴第九列即有"弟子渤海欧阳□益茂"。④

---

① 欧阳修：《欧阳修全集》卷 74《居士外集》卷 24，第 1089—1090 页。
② 石本、集本略同，欧阳修：《欧阳修全集》卷 74《居士外集》卷 24，第 1076、1091 页。
③ 《晋书》卷 33《欧阳建传》，第 1009 页。
④ 毛远明校注《汉魏六朝碑刻校注》第 2 册，线装书局，2008 年，第 273 页。

西晋八王之乱期间，以贾南风侄子贾谧为中心形成了一个著名的文学、政治集团——"金谷二十四友"，欧阳建与其舅石崇位列其间。[①]贾谧死后，石崇、欧阳建与赵王司马伦、孙秀之间的矛盾越发不可调和。据《晋书·石崇传》，孙秀以求取名妓绿珠为借口挑起了事端：

> 及贾谧诛，崇以党与免官。时赵王伦专权，崇甥欧阳建与伦有隙。崇有妓曰绿珠，美而艳，善吹笛。孙秀使人求之……使者以告……崇竟不许。秀怒，乃劝伦诛崇、建。崇、建亦潜知其计，乃与黄门郎潘岳阴劝淮南王允、齐王同以图伦、秀。秀觉之，遂矫诏收崇及潘岳、欧阳建等。[②]

《晋书》里并无其他"欧阳建与伦有隙"的记载，《欧阳建传》称"及遇祸，莫不悼惜之"，[③]齐王司马冏后来也表示欧阳建是无罪遭戮。[④]但《世说新语》所引《晋阳秋》保存了更多细节：

> 欧阳建字坚石，渤海人。有才藻，时人为之语曰："渤海赫赫，欧阳坚石。"初，建为冯翊太守，赵王伦为征西将军，孙秀为腹心，挠乱关中，建每匡正，由是有隙。[⑤]

司马伦对关中的不当统治，引发了当地匈奴等族群的叛乱。[⑥]欧阳建于其时战败，或许对司马伦已有怨言。《晋书·惠帝纪》元康六年（296）载：

---

① 《晋书》卷40《贾谧传》，第1173页。

② 《晋书》卷33《石崇传》，第1009页。

③ 《晋书》卷33《欧阳建传》，第1009页。

④ 赵王伦、孙秀被诛之后，齐王冏辅政，曾上奏曰："孙秀逆乱，灭佐命之国，诛骨鲠之臣，以斫丧王室；肆其虐戾，功臣之后，多见泯灭。张华、裴颜各以见惮取诛于时，解系、解结同以羔羊并被其害，欧阳建等无罪而死，百姓怜之。"见《晋书》卷36《张华传》，第1076页。

⑤ 刘义庆撰，刘孝标注，余嘉锡笺疏，周祖谟、余淑宜、周士琦整理《世说新语笺疏》卷下之下《仇隙》，中华书局，2007年，第1081页。

⑥ 此时的关中局势可参考殷盼盼《司马颙都督关中时期的统治体系构建及关陇局势》第一节"齐万年叛乱与司马颙入督前的关陇局势"，《魏晋南北朝隋唐史研究资料》第41辑，上海古籍出版社，2020年，第36—40页。

五月，荆、扬二州大水。匈奴郝散弟度元帅冯翊、北地马兰羌、卢水胡反，攻北地，太守张损死之。冯翊太守欧阳建与度元战，建败绩。征征西大将军、赵王伦为车骑将军，以太子太保、梁王肜为征西大将军、都督雍梁二州诸军事，镇关中。①

多年来，学界对八王之乱的持续关注使得研究不断推进，张金龙在考察禁卫武官对于核心权力转移的影响时，注意到赵王司马伦上台前后，一系列军中要职的变动。②据《晋书·惠帝纪》，赵王伦担任征西将军的时间在元康元年（291）九月至元康六年（296）五月之间。③欧阳建与赵王伦、孙秀，至少在此期间已有矛盾。清代学者辑佚《晋阳秋》时将此事系于永康元年（300），是以石崇之死为下限，有所不妥。④所谓欧阳建无罪遭戮，只是齐王司马冏上台后为了笼络人心炮制的一套政治话术。

渤海石氏与渤海欧阳氏关系密切，石崇与欧阳建为舅甥。仇鹿鸣曾认为八王之乱打断了渤海石氏的士族化进程，但其世官化的趋势是明显的，在石赵时期也得到了重用。⑤相较之下，在欧阳建被杀后，渤海欧阳氏则基本消失在十六国北朝的政治舞台之上：

> 欧阳建兄子质，避难居长沙。九代孙頠，陈阳山公；生纥，陈广州刺史，反，诛；生询，为江总所收养，博士、唐给事中、率更令；生通，兵部尚书、纳言。纥弟约，生胤，始州刺史、南海公。元孙何价，下邳令。⑥

---

① 《晋书》卷 4《惠帝纪》，第 94 页。
② 张金龙：《"八王之乱"与禁卫军权》，《史学月刊》2003 年第 4 期，第 32—42 页。禁卫的变动也与当时"荧惑入羽林"的天文星象有关，参见孙英刚、朱小巧《天文星变与政治起伏：中宗政局中的韦湑之死》，荣新江主编《唐研究》第 23 卷，北京大学出版社，2017 年，第 526—527 页。
③ 《晋书》卷 4《惠帝纪》，第 91、94 页。
④ 汤球辑，黄奭补辑，乔治忠校注《众家编年体晋史》，天津古籍出版社，1988 年，第 137 页。
⑤ 仇鹿鸣：《魏晋之际的权力与家族网络》，上海古籍出版社，2012 年，第 296—298 页。
⑥ 林宝撰，岑仲勉校记，郁贤皓、陶敏整理，孙望审定《元和姓纂（附四校记）》，第 731 页。

要言之，卷入八王之乱对渤海欧阳氏造成了毁灭性打击，恐遭牵连的欧阳质逃至长沙临湘定居。北魏太和十九年（495）《欧阳解愁造弥勒像铭》表明，部分欧阳氏族人一直留在渤海。[①] 不过《元和姓纂》所载世系，在欧阳质与欧阳颜之间，存在一个相当巨大的断裂。这是欧阳氏谱牒接续中的众多疑点之一。

进入南朝后，欧阳氏直到齐梁时代才出现在史料中。欧阳景达为齐、梁两代湘州治中，这可能才是欧阳氏定居长沙的开始。其子欧阳僧宝为荔浦令（今广西壮族自治区荔浦市），宦在岭南。欧阳颜即欧阳僧宝之子。[②]

长沙欧阳氏的显赫得益于欧阳颜一支在陈朝初年的重要政治地位。侯景之乱导致萧梁中央政权崩溃之际，兴起了众多把持地方军政的豪酋，其中大都有少数民族背景。传世史料中对欧阳颜的籍贯记载有所不同，《陈书·欧阳颜传》曰："长沙临湘人也，为郡豪族。……少质直有思想，以言行笃信闻于岭表。……梁左卫将军兰钦之少也，与颜相善，故颜尝随钦征讨。"[③]《陈书·萧引传》则载"始兴人欧阳颜为衡州刺史"。[④]

欧阳颜与兰钦年少交好，《梁书·兰钦传》称其为"中昌魏人也"，周一良据《晋书·地理志》认为是"冀州中山国魏昌人"。[⑤] 榎本あゆち也认为兰钦是投奔梁朝的鲜卑人后裔。[⑥] 兰钦为中山魏昌人的结论难免牵强。陈连庆推测"中魏昌"析自魏昌县（今湖北省房县西南），为蛮左县。[⑦] 赵灿鹏以此出发，考证兰钦出自南方的兰姓，属于巴蛮，早年生活在始兴。兰氏

① 该造像为"勃海郡欧阳解愁"为其亡儿所铸，参见常叙政、于丰华《山东省高青县出土佛教造像》，《文物》1987 年第 4 期，第 31—35 页。
② 《陈书》卷 9《欧阳颜传》，中华书局，2021 年，第 175 页。《新唐书》卷 74 下《宰相世系四下》，第 3159 页。
③ 《陈书》卷 9《欧阳颜传》，第 175 页。本文所涉南朝史事已复核《南史》与《建康实录》，所载略同。为避免繁复，以《陈书》为准，不再重复出注。
④ 《陈书》卷 21《萧引传》，第 327 页。
⑤ 周一良《南朝境内之各种人及政府对待之政策》，原载《中央研究院历史语言研究所集刊》第 7 本第 4 分，此据氏著《魏晋南北朝史论集》，中华书局，1963 年，第 75 页。
⑥ 榎本あゆち「帰降北人と南朝社会——梁の将軍蘭欽の出自を手がかりに」原載『名古屋大学東洋史研究報告』第 16 号，1992，收入氏著『中国南北朝寒門寒人研究』，第 271—300 頁。
⑦ 陈连庆：《东晋南朝胡越出身将帅考》，《松辽学刊》1983 年第 1—2 期合刊，第 28 页。

在梁陈之际的始兴有着巨大的影响力。[①] 中古史料中对于南朝人物的家世、族源记载多有南北二源的冲突，[②] 这可能是南方少数族群华夏化过程中记载不一导致的情况。

周一良认为欧阳頠若长在长沙，则少时不可能"闻于岭表"，怀疑其年少时曾居住在始兴。[③] 陈寅恪据此推论长沙临湘欧阳氏自始兴迁出，很有可能是俚、溪之属，并列举史料中欧阳询长相丑异，有如猕猴的外貌描写作为旁证。但陈寅恪的最终目的是要论述以欧阳氏一族为代表的南方土著在梁陈之际华夏化的历史浪潮。[④]

在陈寅恪的定义中，"溪"是槃瓠种"蛮"，"獠"或"夷獠"最初专指梁益地区的"獠"，史籍中广越诸州的"獠""夷獠""俚獠"则专指"俚"。[⑤] 后来讨论欧阳頠的学者大都继承了这一观点。[⑥] 但在民族史研究范式的反思下，中古南方"蛮""獠"等他称族名内部的多样性被注意到，是

---

① 赵灿鹏：《梁陈之际南方豪族崛起的先声：南朝名将兰钦家世与生平蠡测》，《江西社会科学》2019 年第 8 期，第 123—132 页。

② 王承文发现岭南"汉族移民后裔"存在夷夏身份认同的矛盾，详见王承文《中古岭南沿海甯氏家族渊源及其夷夏身份认同——以隋唐钦州甯氏碑刻为中心的考察》，《魏晋南北朝隋唐史资料》第 31 辑，2015 年，第 196—228 页。传统史料将甯氏定义为蛮夷，但新出碑刻却记载甯氏的北方家族渊源与汉人文化传统，明显将其与少数民族区别开来。该文认为这种情况具有普遍性，但无法推翻钦州甯氏是"汉族移民后裔"的记载，蛮夷身份更多是来自隋唐官方书写的认定。该文进一步认为，六朝时期大量编户存在"蛮夷化"的趋势。但甯氏、冼氏的蛮夷化是否可以作为南迁汉人的普遍情况，还缺乏更多的史料支持。被纳入编户、承担国家赋役是"王化"的标准，不代表脱离"王化"的流民就会"蛮夷化"。缪钺早年指出南朝流民大多是游荡于其他汉人居住的郡县，而非逃入少数民族地区。存在一部分流民逃入少数民族地区，但绝不比依靠大族、结聚山险或参加小规模起义的人数多，也更不是多逃入岭南。参见缪钺《南朝汉人逃亡少数民族地区的问题》，收入氏著《读史存稿（增订本）》，北京大学出版社，2017 年，第 394—398 页。

③ 周一良：《南朝境内之各种人及政府对待之政策》，原载《中央研究院历史语言研究所集刊》第 7 本第 4 分，此据氏著《魏晋南北朝史论集》，第 75 页。

④ 陈寅恪：《魏书司马叡传江东民族条释证及推论》，原载《中央研究院历史语言研究所集刊》第 11 本第 1 分，此据氏著《金明馆丛稿初编》，第 113—119 页。

⑤ 陈寅恪：《魏书司马叡传江东民族条释证及推论》，原载《中央研究院历史语言研究所集刊》第 11 本第 1 分，此据氏著《金明馆丛稿初编》，第 87—89 页。

⑥ 朱大渭：《梁末陈初少数民族酋帅和庶民阶层的兴起》，收入《纪念陈寅恪教授国际学术讨论会文集》，中山大学出版社，1989 年，第 348 页；吕春盛：《陈朝的政治结构与族群问题》，第 82 页。

否能称之为民族实体尚且存在疑问，[①] 将欧阳氏识别为某一民族实体的成员更会受到质疑。

与欧阳氏相关的姓氏在南方广泛分布，是一条可以与渤海欧阳氏南迁区别开来的线索。罗泌（1131—1189）《路史》曰："（越王无彊）其次子蹄守欧余之阳，为欧氏、讴氏、沤氏、余氏、乌氏、乌余氏、瓯氏、欧侯氏、欧阳氏、欧羊氏。"[②] 这说明南宋时人已明确将这些姓氏统合至越王的世系之下。更早的材料如《元和姓纂》《古今姓氏书辨证》《通志·氏族略》对其中几个姓氏的记载如表1。[③]

表 1　欧阳氏及其相关姓氏在唐宋姓氏书中的记载

姓氏	《元和姓纂》	《古今姓氏书辨证》	《通志·氏族略》
欧	（原缺，今本据《古今姓氏书辨证》补入）	《元和姓纂》曰：东欧王之后，亦作瓯	瓯氏。亦作欧。东瓯王之后也。瓯冶子，吴人，善铸剑
区	缺	《急就篇》：区氏古善剑欧冶子之后，单姓区氏。《广韵》云：今郴州有之	区氏。音驱。《风俗通》云：欧冶子之后，转为区氏，又音欧。……望出渤海
讴	越王之后。《左传》：越子伐吴，使大讴阳先及郊，是其后也（岑补）	《左传》：越大夫讴阳之后	缺
欧阳	越王句践之后，支孙封乌程欧阳亭，因氏焉	出自姒姓，夏帝少康庶子封于会稽。至越王无彊为楚所灭，更封无彊子蹄于乌程欧余山之阳，为欧阳亭侯，遂以为氏	姒姓。越王勾践之后，支孙封乌程欧阳亭，因氏

陈连庆认为南越有区氏，东越亦有区氏，又作欧氏、瓯氏。区氏以地方

① 胡鸿：《能夏则大与渐慕华风——政治体视角下的华夏与华夏化》第五章"华夏网络断裂与南方山地人群的华夏化——以六朝长江中游地区为中心"，北京师范大学出版社，2017年，第163—165页。

② 罗泌：《路史·后纪》卷13下，《四部备要》本，中华书局，1930年，第2页。《路史》作者罗泌为南宋时期吉州庐陵（今江西省吉安市）人，与庐陵欧阳氏相近，对其应该有一定的了解。

③ 林宝撰，岑仲勉校记，郁贤皓、陶敏整理，孙望审定：《元和姓纂（附四校记）》，第728—730页。邓名世：《古今姓氏书辨证》（三），《丛书集成新编》本，第254—257页。郑樵：《通志二十略》，王树民点校，中华书局，1995年，第73、74、96、186页。

豪酋身份活跃于汉末三国的长沙、岭南等地区。[①] 何光岳认为区、讴、瓯是南迁的北方部族，早于越王之后的欧阳氏，后来二者相杂，混乱不清。越大夫讴阳的后裔在攀附到越王勾践的世系之后，都以欧阳为姓。[②] 吉川忠夫也曾怀疑长沙欧阳氏的"欧"与瓯越的"瓯"有关。[③] 长沙走马楼三国吴简中也存在大量的区氏人群，魏斌认为这些长沙周边的最早的土著民应该以百越族群为主体，逐渐掺杂了其他民族成分。[④] 与欧阳氏相关的姓氏在南方有着广泛分布，这是否有可能表明，长沙的欧阳氏并非单纯是八王之乱后由北向南的回流，而是南方土著持续华夏化的结果？由此也可以更好地理解，尽管没有形成显赫的房支，《广州刺史欧阳頠德政碑》仍有"广陵邕邕，族擅江右"的表述，这是徐陵基于南方地域居民认知的书写。

在谱牒所构建的世系中，欧阳氏属于越王后裔，则并非陈寅恪定义的俚、溪，亦非"山越"之越，而是广泛意义上的"百越"。罗新认为六朝之初江南与华南的底层社会还是以非华夏人群为主，除了荆州苗瑶系的诸蛮，还有扬州百越系的山越、交州南越系的越人。[⑤] 鲁西奇认为非华夏化的"越"是他称族名，从地域性政治人群的"越"逐渐演化为历史文化人群的"百越"。[⑥] 现有的史料不足以证明欧阳頠家族的确切族属，但其自我认知是越王之后。从华夏化的角度上来讲，只能称为聚居于始兴、迁居至长沙的地域

---

① 陈连庆：《东晋南朝胡越出身将帅考》，《松辽学刊》1983 年第 1—2 期合刊，第 28 页。陈连庆还认为南越之"区"，是欧骆（越王）的后裔；东越之"区"，是东瓯的后裔，参见氏著《中国古代少数民族姓氏研究——秦汉魏晋南北朝少数民族姓氏研究》，吉林文史出版社，1993 年，第 249 页。

② 何光岳：《越王勾践之裔欧阳氏的分布》，《江西文物》1991 年第 2 期，第 54 页。

③ 吉川忠夫「嶺南の欧陽氏」原載谷川道雄編『中国辺境社会の歴史の研究』京都：玄文社、1989、48—53 頁、收入氏著『六朝隋唐文史哲論集Ⅰ 人・家・学術』京都：法藏館、2020、155—165 頁。

④ 魏斌：《吴简释姓——早期长沙编户与族群问题》，《魏晋南北朝隋唐史资料》第 24 辑，武汉大学文科学报编辑部，2008 年，第 23—45 页。魏斌认为区（欧）姓为今天的侗族。陈弱水认为"区"是湖南的一个区域性姓氏，参见陈弱水《早期东南原住人群——以山越和姓氏为例的探讨》，《台大历史学报》第 63 期，2019 年，第 24—27 页。

⑤ 罗新：《王化与山险——中古早期南方诸蛮历史命运之概观》，《历史研究》2009 年第 2 期，第 4—20 页。

⑥ 鲁西奇：《"越"与"百越"：历史叙述中的中国南方"古族"》，《东吴历史学报》第 32 期，2014 年，第 1—63 页。

居民集团。① 从齐梁时代开始，累世出仕南朝政权，其家族具有地方武装力量，终于在梁陈之际获得显赫地位，并在谱牒中构建起与北方高门的联系，这应当就是欧阳氏崛起的真相。

攀附和伪冒的实现，有时通过归葬来达成，② 获得与攀附对象相关的封望也是手段之一。欧阳建曾为山阳令，欧阳颜则封为山阳公。集本《谱图》曰："世居长沙，犹以渤海为封望。"③ 欧阳氏望出渤海，欧阳询被封为渤海县男，欧阳昶被封为渤海子。长沙欧阳氏，经历南朝至隋唐的漫长岁月，不断进行着对渤海的想象。

结合敦煌的出土文献，可以看到欧阳氏郡望从渤海到长沙的转移。池田温对于 S.2052《新集天下姓望氏族谱》的研究比较了《太平寰宇记》、《古今姓氏书辨证》与《广韵》，如表 2。④

表 2　欧阳氏郡望的变动

出处	冀州渤海郡	潭州长沙郡
BD08679	四姓：吴、欧阳、高、刁	四姓：刘、茹、曾、秦
S.5861C	缺	五姓：刘（下缺）
S.2052	廿八姓：欧阳（余略）	六姓：曾、吴、罗、彭、茹、秦
《太平寰宇记》	三姓：吴、高、欧阳	五姓：刘、茹、曾、秦、彭
《广韵》	同蹄、封、刁、高	罗、欧阳、王、刘

陈丽萍以 S.5861 为主体进行了缀合工作，认为是李林甫等撰、颁布于天宝八年（749）正月十日的《大唐天下郡姓氏族谱》的抄本，BD08679 应

---

① 鲁西奇认为中古时代的华夏士人对南方族群的分类忽视了其内部多样性，这些族群并非民族实体。为了认知其社会特征与地域特征，应该将蛮（及其他南方族群）视为"社会群体"或"地域居民集团"，参见鲁西奇《释"蛮"》，《文史》2008 年第 3 期，第 72—75 页。

② 仇鹿鸣：《"攀附先世"与"伪冒士籍"——以渤海高氏为中心的研究》，《历史研究》2008 年第 2 期，第 70—71 页。对于东晋南朝士族归葬问题的研究可另参李华《归葬：三至六世纪士族个体安顿与家国想象》，东方出版中心，2023 年。

③ 欧阳修：《欧阳修全集》卷 74《居士外集》卷 24，第 1067 页。

④ 池田温「唐代の郡望表（上）——九・十世紀の敦煌写本を中心として」『東洋学報』第 42 卷 3 号、1960、293−331 頁。

当是以《大唐天下郡姓氏族谱》抄本为底本的伪作。① 沈琛综合前人研究，认为 BD08679、S.5861C 所属的系统年代最早，郡姓最少。BD08679 最终撰成于天宝至乾元年间（742—758），反映了唐前期的郡姓。而 S.2052 年代最晚，郡姓最多。② 敦煌文献基本上反映了唐代欧阳氏仍旧以渤海为望，《太平寰宇记》延续了这一点。中古门阀士族在唐末五代消亡，郡望不再具有政治特权与身份象征，经历回落后，《广韵》中的长沙欧阳氏更多是作为地方望族存在。

三 凶徒抑或鼎臣：梁陈之际政治书写的个案

王鸣盛《十七史商榷》有"欧阳頠传多误"条，主要聚焦于正史与碑志记载的差异。王氏认为"頠本无德政，史家多有溢美"，批评了徐陵在《为陈武帝作相时与岭南酋豪书》《广州刺史欧阳頠德政碑》《与章司空昭达书》中对于欧阳頠、欧阳纥父子前后矛盾的形象书写。③ 又有"贼臣当入欧阳纥"条，对《陈书》《南史》进行了史学批评，认为《欧阳纥传》不应附于《欧阳頠传》之后，应采取《梁书》对于反叛者的书写义例。④

关于徐陵的书写是否存在前后矛盾，回到文本的生成时空中去讨论或许更为合适。据《陈书·欧阳頠传》记载，侯景之乱爆发后，衡州刺史韦粲还都征讨侯景，以欧阳頠监衡州。当时岭南地方豪强相互吞并，前高州刺史兰裕围攻欧阳頠，陈霸先解救了欧阳頠。⑤《陈书·高祖纪》载：

> （太清）三年（549）七月……高祖迎萧勃镇广州。是时临贺内史欧阳頠监衡州，兰裕、兰京礼扇诱始兴等十郡，共举兵攻頠，頠请援于勃。

---

① 陈丽萍：《敦煌本〈大唐天下郡姓氏族谱〉的缀合与研究——以 S.5861 为中心》，《敦煌研究》2014 年第 1 期，第 78—86 页。

② 沈琛：《旅顺博物馆藏吐鲁番本〈唐天下诸郡姓氏谱〉考释》，《文献》2018 年第 5 期，第 38—45 页。

③ 王鸣盛：《十七史商榷》，黄曙辉点校，上海书店出版社，2005 年，第 518—519 页。

④ 王鸣盛：《十七史商榷》，第 525—526 页。

⑤《陈书》卷 9《欧阳頠传》，第 176 页。

勃令高祖率众救之，悉擒裕等，仍监始兴郡。①

后来陈霸先讨伐蔡路养、李迁仕，欧阳頠率兵度岭助阵。欧阳頠在陈霸先北上的过程中与其结下了较好的政治关系。平定侯景后，陈霸先一度想让欧阳頠出岭任职，但是被萧勃阻拦，欧阳頠只能出任衡州刺史。②

承圣三年（554），梁元帝一方面忌惮占据广州的萧勃，另一方面又想抑制在湘州势力庞大的王琳，遂让王琳南下取代萧勃为广州刺史。③萧勃为了避开王琳，率兵至始兴境内。欧阳頠态度暧昧、消极避战，惹得萧勃十分恼怒。萧勃击败欧阳頠后，迫于局势又不得不拉拢欧阳頠，只能将其赦免并与之结盟。④同年西魏围困江陵，王琳北上救援，萧勃再次占据广州，欧阳頠委质于萧勃。

太平二年（557），萧勃起兵。《梁书·敬帝纪》载：

> 太保、广州刺史萧勃举兵反，遣伪帅欧阳頠、傅泰、勃从子孜为前军，南江州刺史余孝顷以兵会之。……癸巳，周文育军于巴山生获欧阳

---

① 《陈书》卷1《高祖纪上》，第3页。

② 衡州是通往岭南的交通要道。鲁浩通过梳理梁陈之际衡州行政区划和人事安排的变动，认为陈霸先始终对欧阳頠都不是完全信任，详见鲁浩《衡州变动与梁陈之际欧阳頠家族的兴衰》，《中国历史地理论丛》2022年第3期，第69—74页。萧勃命令陈霸先救援欧阳頠之后，陈霸先以麾下成州刺史王怀明为衡州刺史，迁欧阳頠为始兴内史。但欧阳頠监州时仍为八品超武将军，陈朝的郡内史，万户以上为六品，万户以下为七品。欧阳頠任始兴内史已算升迁。王怀明自成州转任衡州，不过平级调任，只是占据了更加重要的地理位置。后来陈霸先于大宝元年（550）破蔡路养，二年（551）三月斩李迁仕。欧阳頠出兵助阵，陈霸先才可能萌生拉拢欧阳頠的想法。梁元帝以始兴郡分置东衡州，以欧阳頠助陈霸先平叛有功，为东衡州刺史。鲁浩认为这是梁元帝想要拉拢欧阳頠制衡萧勃。但这似乎更像是萧勃与梁元帝政治博弈的结果，在东衡州这一要地上安排了双方都能接受的人。大宝三年（552）三月，平定侯景后，陈霸先向梁元帝萧绎推荐了欧阳頠。欧阳頠先后被任命为武州、郢州刺史，却因萧勃阻拦未能出岭，最后出任衡州刺史。萧勃阻拦欧阳頠出岭任职，可能是导致欧阳頠在王琳南下期间对萧勃十分冷漠的原因之一。江陵陷落后，面对北方紧张的局势，欧阳頠需要再次寻找政治靠山，才委质于萧勃。政治考量并非单纯的信任问题，各方都需要利用欧阳頠在岭南的影响力。

③ 《南史》卷51《萧勃传》，中华书局，1975年，第1263页。《北齐书》卷32《王琳传》，中华书局，1972年，第432页。

④ 《陈书》卷9《欧阳頠传》，第176页。

颍。……（三月）甲寅，德州刺史陈法武、前衡州刺史谭世远于始兴攻杀萧勃。夏四月癸酉，曲赦江、广、衡三州；并督内为贼所拘逼者，并皆不问。①

萧勃出岭与陈霸先作战时，欧阳颍为前军都督，但迅速战败被俘。考虑到王琳南下时欧阳颍的暧昧态度与其后的被迫委质，他在此战中或许并未对萧勃有过多忠心。击败萧勃后，陈霸先除了曲赦岭南诸州，还要安抚当地的地方势力。作为一份具有统战性质的宣传文本，徐陵《为陈武帝作相时与岭南酋豪书》便是在这样的情况下诞生的：

> 比春初，便遣大都督欧阳颍、堀口城主傅泰等，凶徒数十，遂到临川。……获傅泰不劳于一箭，擒欧阳无待于尺兵。……今所擒欧阳颍、傅泰等，莫不弘宥，政尔授其兵马，处以荣禄，坦然游狩，无介怀抱。……君之才具，信美登朝，如恋本乡，不能游宦，门中子弟，望遣来仪。当为申闻，各处荣禄，深加将保。②

在徐陵《为陈武帝作相时与岭南酋豪书》中，欧阳颍虽为凶徒，但受到了陈霸先的礼遇，《陈书·欧阳颍》记载"高祖释之，深加接待"。所谓凶徒的身份，在被弘宥的瞬间，即不复存在。为了稳固对岭南的统治，陈霸先反倒对欧阳颍有所重用。此后欧阳颍历任衡州、广州刺史，颍弟盛为交州刺史，次弟邃为衡州刺史。陈朝初年，岭南的诸多地区都在欧阳氏的控制之下。

欧阳颍任广州刺史期间，"多致铜鼓、生口，献奉珍异，前后委积，颇有助于军国焉"。③ 铜鼓是岭南蛮酋的权力象征。④ 欧阳颍在梁朝时随兰钦

---

① 《梁书》卷 6《敬帝纪》，中华书局，1973 年，第 148 页。

② 徐陵撰，许逸民校笺《徐陵集校笺》卷 7，第 775—778 页。

③ 《陈书》卷 9《欧阳颍传》，第 177 页。

④ 参见龚雅华（Catherine Churchman）著，魏美强译《汉唐时期岭南的铜鼓人群与文化》，南京大学出版社，2023 年，第 42—50、211—212 页。历史中也有将象征酋豪权力的铜鼓，改铸造成标榜王朝功德的铜柱，参见胡鸿《从马援铜柱到溪州铜柱——文本与物质的交错互动》，荣新江主编《唐研究》第 23 卷，北京大学出版社，2017 年，第 489—491 页。《广州刺史欧阳颍德政碑》记载"悠悠铜界，薿薿金邻"，许逸民便引马援铜柱来解释。

南征夷獠，擒陈文彻，曾进献大铜鼓。至侯景之乱前，长期跟随衡州刺史韦粲在湘、衡、广等地征讨溪洞蛮族与山贼。天嘉三年（562）后任湘州刺史的华皎，向朝廷进贡物产时，同样"征伐川洞，多致铜鼓、生口，并送于京师"。^① 由此可见，镇压蛮酋并向朝廷进献铜鼓、俘虏等战利品，已经成为梁陈之际开拓疆土的常态，也是地方势力向中央表致忠心的方式。

陈朝建立初期，对陈霸先威胁最大的仍是占据湘、郢二州的王琳。^②《陈书·欧阳頠传》载："王琳据有中流，頠自海道及东岭奉使不绝。"^③ 欧阳頠通过各种方式维护着岭南与建康朝廷的关系。陈文帝陈蒨即位后，对欧阳頠复加礼遇，"进号征南将军，改封阳山郡公，邑一千五百户，又给鼓吹一部"。许逸民即根据《广州刺史欧阳頠德政碑》载"践祚之初，进公位征南将军、广州刺史，又都督东衡州二十州诸军事"断定徐陵作此碑文在天嘉元年（560）之后。

欧阳頠因与陈霸先有旧，其自身及家族的势力在陈武帝、文帝二朝帮助建康稳固了岭南地区，《广州刺史欧阳頠德政碑》所载"赫赫宗陈，桓桓鼎臣"，即便有所夸大，也并非王鸣盛所言的前后矛盾。德政碑是具有"纪念碑性"的政治景观，其权威性源于朝廷。魏晋时期的碑禁政策一直延续到南朝，立碑的权力掌握在国家手中。^④《广州刺史欧阳頠德政碑》的树立，是中央与地方权力耦合的结果，其中的族源书写，也强化了欧阳氏的历史记忆。

天嘉四年（563），欧阳頠逝世，其子欧阳纥继任广州刺史，史称其"颇有干略"。太建元年（569），欧阳纥起兵反叛。为何在七年之间，控制岭南的欧阳氏就与建康朝廷关系走向破裂？一方面，由于陈宣帝废侄自立，权力

① 《陈书》卷20《华皎传》，第308页。
② 王仲荦：《侯景乱梁前后的南朝政治局势》，《文史哲》1955年第11期，第62—63页；常彧：《袁月玑墓志与梁陈之际史事钩沉》第二节"王琳与萧庄"，《文史》2008年第2辑，第71—76页；程涛：《吴简大姓与六朝湘州土著族群》第三节"梁末王琳军事集团中的湘州酋豪及其命运"，《史林》2019年第2期，第48—49页。
③ 《陈书》卷9《欧阳頠传》，第177页。
④ 刘涛：《魏晋南朝的禁碑与立碑》，《故宫博物院院刊》2001年第3期，第4—11页。徐冲进一步指出"碑禁"并非要彻底禁绝石碑，而是要让立碑的权力成为精英阶层可操纵的政治资源，参见徐冲《"碑禁"与曹魏西晋的石碑文化》，《文史》2022年第3辑，第61—84页。

并不稳固，对占据广州的欧阳纥有所猜忌。① 《陈书·欧阳纥传》曰：

> 光大中，上流藩镇并多怀贰，高宗以纥久在南服，颇疑之。太建元
> 年，下诏征纥为左卫将军。纥惧，未欲就征，其部下多劝之反，遂举兵
> 攻衡州刺史钱道戢。②

光大二年（568）十一月甲寅，陈顼以慈训太后的名义，下令废侄，自立为
帝。《慈训太后废帝令》中所谓废帝的同党名单，欧阳纥赫然在列："别敕欧
阳纥等攻逼衡州，岭表纷纭，殊淹弦望。"③ 但此外并无史料表明陈伯宗与欧
阳纥有密切往来。陈俊宇认为此事或许只是陈顼为废帝罗织的罪名之一，并
指出《陈书》对于矫诏事件与欧阳纥起兵时间的记载存在错误，陈顼应在光
大二年即征欧阳纥入朝，遭遇抵抗后才引为废帝之由。④ 陈顼即位后，沈恪
出任广州刺史，实际上直到太建二年（570）二月章昭达平定叛乱方得入州：

> 恪未至岭，前刺史欧阳纥举兵拒险，恪不得进，朝廷遣司空章昭达
> 督众军讨纥，纥平，乃得入州。⑤

而另一方面，欧阳纥似乎并未如其父一样有过主动向建康朝廷示好的行为。
值得注意的是，在太平二年（557）欧阳颀到达岭南之前，欧阳纥已经克定
始兴。《陈书·欧阳颀传》载：

> 未至岭南，颀子纥已克定始兴。及颀至岭南，皆慑伏，仍进广州，
> 尽有越地。⑥

---

① 张金龙：《治乱兴亡：军权与南朝政权演进》，商务印书馆，2016 年，第 673—682 页。
② 《陈书》卷 9《欧阳纥传》，第 178 页。
③ 《陈书》卷 9《废帝纪》，第 77—79 页。
④ 陈俊宇：《陈朝中期政局演变再探——以矫诏事件为中心》，《南京晓庄学院院报》2021 年第
  4 期，第 49—50 页。
⑤ 《陈书》卷 12《沈恪传》，第 216—217 页。
⑥ 《陈书》卷 9《欧阳颀传》，第 177 页。

这说明欧阳纥本人有着独立的军事力量。欧阳纥继任广州刺史，是陈朝初期依仗地方豪族所造成的权力世袭化的结果。[①] 陈文帝上台后便对于割据和反叛的地方势力进行武力镇压，地方权力的世袭化不再被中央所允许。[②] 吕春盛认为，至陈宣帝时代，土豪酋帅基本已经退出核心政权。[③] 可以说，太建元年（569）欧阳纥起兵作为陈宣帝北伐前最后一次叛乱，即是南朝地方割据的尾声。从这个角度，便能理解徐陵寄往平叛前线的《与章司空昭达书》：

> 所余残凶，惟有欧纥，南通交、爱，北据衡、疑，兄弟叔侄，盘阻川洞。百越之赆，不供王府；万里之民，不由国家。[④]

总之，凶徒与鼎臣，均源于中央权力的书写。出于实际统治的需要，陈朝逐渐不再满足于名义上的君臣关系。欧阳氏父子在徐陵不同时期的文章中，便不断转换着身份。从家族研究的视角来看，欧阳氏在南朝始终以地方豪族的形象出现，从未出任过中央官。通过《新表》记载的任职可以发现，其士族化在进入隋唐后才逐渐完成。

四　长沙欧阳氏的佛教渊源

欧阳僧宝，这是一个具有佛教色彩的名字。长沙欧阳氏至少在僧宝之父景达这一代已经受到佛教影响。据前引唐元和九年（814）柳宗元撰《南

---

① 六朝时期，地方豪族在岭南的官位具有世袭化的特征，参见鲁浩《六朝岭南家族统治新探——兼论家族治下的地方权力构造》，《古代文明》2019 年第 4 期，第 56—62 页。

② 章义和：《地域集团与南朝政治》第七章"梁陈之际统治阶层的变动及陈朝政权的支撑力问题"，第 201—207 页。欧阳頠在永定三年（559）献瑞表忠之后，都督州增加了衡州。但天嘉元年（560），陈文帝陈蒨分置东衡州以节制欧阳氏势力。天嘉四年趁欧阳纥继任时，又削夺了广州都督区的西衡州，建康朝廷至此完全控制了衡州这一南下的咽喉之地，参见鲁浩《衡州变动与梁陈之际欧阳頠家族的兴衰》，第 73 页。

③ 吕春盛：《陈朝的政治结构与族群问题》第四章"土豪酋帅与陈政权的关系"，第 137—149 页。

④ 徐陵撰，许逸民校笺《徐陵集校笺》卷 8，第 949—950 页。

岳大明寺律和尚碑》可知，定居在长沙的欧阳氏直到中晚唐仍维持着佛教
信仰。

欧阳僧宝任梁朝荔浦令、屯骑校尉。很有可能在他死后，欧阳頠为了归
葬和守孝，从始兴奔赴长沙。《陈书·欧阳頠传》曰：

> 父丧，毁瘠甚至。家产累积，悉让诸兄。州郡频辟，不应，乃庐于
> 麓山寺傍，专精习业，博通经史。①

《广州刺史欧阳頠德政碑》对其早年生活也有所记载：

> 屯骑府君，早弃荣禄。……遗赀巨万……并赈宗戚。南茨大麓，北
> 眺清湘。得性于橘洲之间，披书于杏坛之上。三冬文史，《五经》纵横。
> 频致嘉招，确乎难拔。②

麓山寺由竺法崇在 4 世纪初（307—328）建立。③ 在麓山寺旁结庐生活的多
年里，欧阳頠与当地寺院僧人应该存在不少往来。直到梁大通元年（527），
年满三十的欧阳頠才在兄长的要求下出仕。

欧阳頠与佛教再次有所关联，是在太平二年（557）出任广州刺史之
后。据《续高僧传》记载，著名的译经僧真谛曾多次想离开中国，天嘉三年
（562）九月，真谛从梁安郡④登船，但在十二月被大风吹还广州。真谛在此
前已经拥有极高的声望，萧衍、侯景、萧绎都曾供养过他。真谛后来跟随萧
勃度岭，⑤联系前文欧阳頠与萧勃的关系，欧阳頠很有可能在天嘉三年之前已
经知晓真谛甚至与他有所交往，此外或许也想利用真谛的影响力，所以才会

① 《陈书》卷 9《欧阳頠传》，第 175 页。
② 徐陵撰，许逸民校笺《徐陵集校笺》卷 9，第 1082 页。
③ 凌文超：《麓山寺建寺年代再考》，《中南大学学报》2006 年第 1 期，第 107—111 页。
④ 过去对于梁安郡的所在争论颇多，目前较为主流的观点认为在今天的泉州，相关研究的梳理
和最新结论参看杨维中《真谛三藏梁安郡的翻译活动考述》，《宗教学研究》2015 年第 3 期，
第 101—105 页。
⑤ 梁太清三年（549）七月甲寅，陈霸先迎萧勃为广州刺史，见《梁书》卷 4《简文帝纪》，第
119 页。

请真谛留在广州。① 欧阳颛请真谛在制旨寺翻译《广义法门经》《唯识论》等经，由沙门慧恺等人作为助手。欧阳颛死后，欧阳纥继任广州刺史，再次作为檀越（施主）资助真谛的传法活动，甚至去往真谛别居的海岛造访，足见其礼遇。②

欧阳氏父子对真谛的供养吸引了一大批僧人来到广州追随真谛，这些僧人来自不同的地方。法泰在杨都（建康）大寺，与他同行到广州的有慧恺、僧宗、智恺，智恺甚至带上了他的叔子曹毗。道尼则是九江人。智敫来自循州③平等寺，欧阳颛后来为他请宅安居，智敫为真谛的译经事业撰写了《翻译历》。④ 真谛一生所出经、论、记、传 64 部合 278 卷，⑤ 据姚潇鸫统计，在岭南所译便有 50 余部，这离不开欧阳氏父子的支持。⑥ 制旨寺无疑是陈朝初年岭南的译经中心。

欧阳氏父子先后为檀越，自有其家族长久信仰佛教的背景。更重要的是，欧阳颛在维护与建康朝廷的关系时，僧人发挥了不可忽视的作用。陈朝皇帝的佛教行事多效仿梁武帝，舍身后由大臣请还。⑦ 南朝后期大量士族由崇道转为崇佛，陈朝帝室需要通过佛教获得精神领袖的地位。⑧ 塚本善隆、牟发松讨论过陈霸先如何利用"佛牙"的重新现世来解释梁陈禅代的合法

---

① 侯景之乱后，真谛先后被各个地方势力供养，参见陈志远《干戈之际的真谛三藏》，原载《哲学门》第 35 辑，北京大学出版社，2017 年，收入氏著《六朝佛教史研究论集》，新北：博扬文化，2020 年，第 103—110 页。

② 道宣：《续高僧传》卷 1《译经篇初》，郭绍林点校，中华书局，2014 年，第 18—22 页。

③ 陈朝无循州，道宣以唐代建置称之。隋开皇十年（590）始置循州，大业三年（607）改为龙川郡，唐武德五年（622）复改为循州，参见李吉甫《元和郡县图志》，第 892 页。

④ 道宣：《续高僧传》卷 1《译经篇初》，第 23—26 页。

⑤ 苏小华对真谛译经的存佚状况有所整理，参见苏小华校注《续高僧传》，上海古籍出版社，2021 年，第 27—28 页，注 30。

⑥ 姚潇鸫：《六朝岭南译经群体考略》，收入楼劲、陈伟主编《秦汉魏晋南北朝史国际学术研讨会论文集》，第 263—274 页。吉川忠夫认为真谛译经的实际推动者是当时在欧阳颛麾下的陈郡袁敬父子，参见前引「嶺南の欧陽氏」『六朝隋唐文史哲論集 I 人・家・学術』，155-165 页。

⑦ 汤用彤：《汉魏两晋南北朝佛教史》，商务印书馆，2015 年，第 392 页。关于陈朝历代皇帝与佛教的关系，诹访义纯做了详细的历时性考察，参考氏著『中国南朝仏教史の研究』第十一章「陳帝室と仏教」京都：法藏館，1997、229-290 页。

⑧ 严耀中：《陈朝崇佛与般若三论的复兴》，《历史研究》1994 年第 4 期，第 166—170 页。

性。① 在陈朝初期利用祥瑞、佛教进行的诸多造势活动中，欧阳頠就曾上表
献瑞：

> （永定）三年（559）春正月……甲午，广州刺史欧阳頠表称白龙见
> 于州江南岸，长数十丈，大可八九围，历州城西道入天井岗。仙人见于
> 罗浮山寺小石楼，长三丈所，通身洁白，衣服楚丽。②

祥瑞与符命在汉唐之际十分流行，出现过《符瑞图》《祥瑞图》等作品，梁
陈时人顾野王即作有《符瑞图》。③ 欧阳頠肯定受此社会风气的影响并深谙
其道。敦煌文献 P.2683《瑞应图》绘有白龙，其下曰："王者精贤有德则白
龙现。"④ 仙人的祥瑞在南朝并不常见，但在此前的曹魏时期，"张掖开石"
呈现的诸多神异中已有仙人之象，《搜神记》对此解释为"魏、晋代兴之符
也"。⑤ 由此可以理解，白龙赞颂陈武帝的德政，仙人宣扬梁陈禅代的合法
性。欧阳頠在陈朝受命过程中如此积极的态度，与朝廷赐碑可视为双向的互
动与利益交换，欧阳頠还因此获得了都督衡州的权力。⑥

此外，罗浮山是六朝广州最为重要的宗教空间，白龙出现在此并非偶

---

① 塚本善隆「陳の革命と仏牙」原載『東方学報』第 19 冊（1950）、收入氏著『中国中世仏
　教史論攷』東京：大東出版社、1975、101-128 頁；牟发松：《陈朝建立之际的合法性诉求
　及其运作》，《中华文史论丛》2006 年第 3 辑，第 225—232 页。
② 《陈书》卷 2《高祖纪下》，第 43 页。
③ 胡晓明：《图说精灵瑞物——论〈瑞应图〉》，《社会科学战线》2014 年第 11 期，第 84—93 页。
④ 关于此图的源流，学界争议颇多，最新的研究参考游自勇《敦煌写本 P.2683〈瑞应图〉新
　探》，《敦煌吐鲁番研究》第 16 卷，2016 年，第 297—313 页；陈爽《"秘画珍图"：敦煌
　绘本长卷 P.2683〈瑞应图〉再探》，《中国国家博物馆馆刊》2021 年第 9 期，第 77—94 页。
　二者意见相左。
⑤ 干宝撰，李剑国辑校《搜神记辑校》卷 4《感应篇之一》，中华书局，2019 年，第 82 页。
⑥ 鲁浩敏锐地注意到太平二年（557）萧勃死后欧阳頠家族与陈霸先的政治博弈。陈霸先原
　本的计划是让欧阳頠出任衡州刺史，让王劢南下为广州刺史、都督广州等二十州。由于欧
　阳氏实际控制了衡、广二州，陈霸先只能授欧阳頠广州刺史、都督广州等十九州，又别令
　王劢出任衡州刺史，以节制欧阳頠。但因王琳控制湘、郢，王劢一直无法之任。永定三年
　（559）欧阳頠献瑞表忠之后，都督州增加了衡州。直到天嘉元年（560），陈文帝陈蒨分
　置东衡州，任命同为地方豪族的侯安都之弟侯晓氏出任刺史，才将王劢征还。这说明，陈
　朝初期尽管需要利用欧阳氏的影响力稳定岭南，但始终都对其有所提防和节制。参见鲁浩
　《衡州变动与梁陈之际欧阳頠家族的兴衰》，第 69—74 页。

然。欧阳頠麾下的南海太守章华，因躲避侯景之乱进入岭南，就曾寄居在罗浮山寺。鲁浩据此认为当时广州的部分仕宦就是罗浮山寺的供养者，罗浮山寺的僧人必然配合欧阳頠制作了这起祥瑞。广州的僧人不仅参与了欧阳頠的献瑞活动，还在欧阳頠获得德政碑的过程中起到了关键作用。[①]徐陵所作《广州刺史欧阳頠德政碑》记载了立碑的具体经过：

> 僧释慧羡等，来朝绛阙，备启丹诚。乞于大路康庄，式刊丰琰。庶樊卿宝鼎，复述台司之功。羊叟高碑，更纪征南之德。于是跪开黄素，爰登紫泥，鉴此诚祈，皆如所奏。[②]

释慧羡于历代高僧传中无载，不知何人。但他前往建康请求树立德政碑，背后必然有着欧阳頠的支持与授意，这是南朝僧人与地方政治力量结合的鲜活个案。

而历史总有一些意想不到的纠缠，欧阳纥起兵之后，徐陵之子徐俭曾持节至广州劝喻：

> 太建初，广州刺史欧阳纥举兵反，高宗令俭持节喻旨。纥初见俭，盛列仗卫，言辞不恭……惧俭沮其众，不许入城，置俭于孤园寺，遣人守卫，累旬不得还。纥尝出见俭，俭谓之曰："将军业已举事，俭须还报天子，俭之性命虽在将军，将军成败不在于俭，幸不见留。"纥于是乃遣俭从间道驰还。高宗乃命章昭达率众讨纥，仍以俭悉其形势，敕俭监昭达军。[③]

欧阳纥害怕徐俭挫败众意，将其关押在城外的孤园寺中，派人把守。孤园寺应该也是欧阳氏家族资助的寺院之一。同时期的其他地方豪族似乎并没有反

---

① 鲁浩：《六朝番禺城及其周边》第四节 "城东的信仰之路与罗浮山"，《城市史研究》第44辑，2021年，第32—35页。
② 徐陵撰，许逸民校笺《徐陵集校笺》卷9，第1084页。
③ 《陈书》卷26《徐俭传》，第379—380页。

映出这样强烈的家族信仰。① 长沙欧阳氏与佛教的密切关系，甚至可以帮助我们更好地观察欧阳询一生中的诸多片段。

太建二年（570）二月，欧阳纥兵败被擒，于当月癸未（二十九日）在建康被杀。《陈书·欧阳纥传》曰：“家口籍没，子询以年幼免。”其他史料表述有所不同，《旧唐书·欧阳询传》曰：“仅而获免。”《新唐书·欧阳询传》曰：“询当从坐，匿而免。”欧阳询究竟是因为年幼获免还是其中有所曲折？陈宣帝在三月景午（即甲午，十一日）曲赦广衡二州，在丁未（二十四日）大赦天下。朱关田认为欧阳询最初匿藏，在三月十一日获得曲赦之后才被江总收养。② 但当时年仅十四岁的欧阳询如何从这场家族灾难中侥幸匿藏？《广弘明集》保存的一首诗或许可以提供一丝线索，江总《庚寅年二月十二日游虎丘山精舍》：

> 纵棹怜回曲，寻山静见闻。每从芳杜性，须与俗人分。
> 贝塔涵流动，花台偏领芬。蒙笼出檐桂，散漫绕窗云。
> 情幽岂徇物，志远易惊群。何由狎鱼鸟，不愿屈玄缥。
> 《江令公集》云：庐山远法师未出家，善弩射，尝于鹤窟射得鹤雏。
> 后复伺鹤母，见将射之，鹤不动翔。观之，已死于窠中。疑其爱子致
> 死，破视心肠，皆寸绝。法师于是放弩发菩萨心。③

题中的庚寅年即太建二年，二月十二日，即欧阳纥被处决的十七天之前。吉川忠夫敏锐地注意到了这首诗的写作时间，认为诗后所引慧远法师的故事是隐喻，雏鹤与母鹤分别暗示着欧阳询与欧阳纥。他通过这段故事所表达的母

---

① 天嘉六年（565）七月末，江州刺史黄法氍作为檀越开设无遮大会，并支持僧人高空（月婆首那）在兴业寺翻译了《胜天王般若波罗蜜经》7 卷。此事并见于《历代三宝纪》（CBETA 2022. Q1, T49, No. 2034, p. 88b10-25）与《开元释教录》（CBETA 2022.Q1, T55, No. 2154, p. 547a1-24）。《房山云居寺石经》（CBETA 2022.Q1, B26, No. 146, pp. 27a02-28a8）保存了此经经序，以此可以校正刻本的大量错讹。黄法氍也是地方豪族出身，但经序仅表明他是作为地方长官支持了江州的佛教活动，无法知晓其背后是否有家族因素影响。

② 朱关田：《欧阳询年谱》，《中国画报》2010 年第 8 期，第 5 页。

③ 道宣：《广弘明集》卷 30 之上，《四部丛刊》本，商务印书馆，1929 年，第 27 页左栏。

鹤爱子之情推测欧阳家族将欧阳询藏匿在了虎丘山寺，[①] 曾受恩于欧阳颁的江总对此知情并有感写下了这首诗，最后将欧阳询收养。[②]

欧阳询十四岁到三十三岁的记载几乎空白。我们仅仅知道江总收养他后"教以书计"，即六艺中的书法与筹算。欧阳询的书法造诣应该离不开江总的培养。开皇九年（589）隋平陈，江总受诏入隋，欧阳询随江总去往长安。[③]《历代名画记》记载长安海觉寺有欧阳询题额。[④] 据《唐两京城坊考》，海觉寺在崇贤坊南门，"隋开皇四年（584），淮南公元伟舍宅为沙门法聪所立"。[⑤] 欧阳询题额的时间应在开皇九年到达长安之后。《集古录跋尾》有隋大业十三年（617）《庐山西林寺道场碑》，欧阳修疑其为欧阳询所作。[⑥] 欧阳询或许在大业十二年（616）陪同隋炀帝南下，此后曾到过庐山西林寺。

经过隋末混战，欧阳询于武德四年（621）入唐。贞观、永徽年间，欧阳询居住在长安城东南的通化坊，那里是江左士人的聚居地，时人称之吴儿坊。[⑦] 贞观五年（631）十一月十六日，释僧邕终于化度寺，是月二十二日，欧阳询为其书《化度寺故僧邕禅师舍利塔铭》，[⑧] 即后世著名的《化度寺碑》。

---

① 关于该寺的研究参看孙中旺《虎丘山寺始建年代考》，《江苏地方志》2015 年第 1 期，第 54—56 页。

② 吉川忠夫「読書箚記三題」京都大学中国哲学史研究会『中国思想史研究』第 23 号、2000、1—4 页。

③ 朱关田：《欧阳询年谱》，第 6 页。

④ 张彦远著，俞剑华注释《历代名画记》卷 3《记两京外州寺观壁画》，上海人民美术出版社，1964 年，第 68 页。

⑤ 徐松撰，张穆校补，方严点校《唐两京城坊考》卷 5，中华书局，1985 年，第 110 页。

⑥ 欧阳修：《欧阳修全集》卷 138《集古录跋尾》卷 5，第 2186—2187 页。朱关田《欧阳询年谱》已经指出，据赵明诚《金石录》卷 22《跋尾十二》，赵明诚以《西林道场碑》字不似其家藏《姚辨墓志》《元寿碑》，怀疑该碑并非欧阳询的作品。但唐代宗永泰二年（766），颜真卿被贬吉州，在庐山见到了此碑并题名，确言"欧阳公所撰"，参见董诰等编《全唐文》卷 339，第 3434 页。后世托名欧阳询的作品很多，其中《缘果道场舍利塔记》原本并无书撰者。如今流传的拓本有欧阳询题款，为后人伪造，详见高伯雨《欧阳询〈缘果道场舍利塔记〉》，收入氏著《听雨楼随笔》，辽宁教育出版社，1998 年，第 299—305 页。

⑦ 《唐两京城坊考》载"敦化坊"为"吴儿坊"，参见徐松撰，张穆校补，方严点校《唐两京城坊考》卷 3，第 90 页。辛德勇对此有考订，参见辛德勇《隋唐两京丛考》上篇"西京"34《都亭驿考辨——兼述今本〈长安志〉通化坊阙文》，三秦出版社，2006 年，第 87—93 页。今从辛说。

⑧ 道宣：《续高僧传》卷 19《习禅四》，第 714—715 页。

《武林梵志》记载，杭州余杭县慈圣寺旧名灵岳寺，在县东北四十里常熟乡。欧阳询曾停留于此，并为此寺写过《记略》，[①] 其云："杭州余杭县西北有镇曰曹桥镇，走北十里得精舍曰灵岳。后汉建武二年有周闽越王无诸十二代孙摇氏舍宅之所建也。"[②]

欧阳询的一生，与佛教有着极多的关联。无论制旨寺还是孤园寺，他在十四岁之前的生活里，想必曾多次流连其间。来自家族的影子，伴随他进入了隋唐帝国。尽管此后因为不合时宜的相貌，欧阳询在核心的政治圈子中遭受了诸多讥讽。[③] 但最初照耀过他少年眼眸的佛光，或许仅仅来自南朝广州一隅的某个寺院之中。

结　语

通过对中古时期欧阳氏诸多谱牒材料的分析，我们可以发现地方豪族如何利用各种手段参与到历史记忆的塑造与竞逐之中，其中明显的断裂与接续在今天仍然有迹可循，越来越多的研究也表明谱牒的再生产是中古时期的常态。直到南朝末期，因八王之乱而几乎消失在政治舞台上的渤海欧阳氏，由于长沙这一支的兴起才重新进入历史视野。在谱牒可疑情况下，缺乏确切的族属证据，目前只能将梁陈之际的长沙欧阳氏定义为持续华夏化的南方地域居民集团成员。

欧阳氏在梁陈易代之际的特殊政治形势中具有了割据性质，这与陈朝初年的其他地方豪族类似。但欧阳颁利用宗教与祥瑞向陈朝中央表致忠心，参与到陈朝的政治合法性建设中，是极为生动和独特的历史画面。长沙欧阳氏自从欧阳僧宝开始便明显受到佛教影响，欧阳颁早年也在麓山寺旁结庐生

---

① 据《咸淳临安志》，灵岳寺后遭废置，后唐天成元年（926）复置，北宋治平二年（1065）改为慈圣寺。参见潜说友纂《咸淳临安志》卷 83《寺观九》，浙江地方志编纂委员会编《宋元浙江方志集成》第 3 册，杭州出版社，2009 年，第 1346 页。明代吴之鲸《武林梵志》卷 6《外七县梵刹》径作"欧阳询《慈圣寺记略》"，有误（魏得良标点、顾志兴审订，收入赵一新总编《杭州佛教文献丛刊》，杭州出版社，2006 年，第 140 页）。

② "曹桥，在溪北，去县二十五里"，此溪即东苕溪。参见《咸淳临安志》卷 21《疆域六》，浙江地方志编纂委员会编《宋元浙江方志集成》第 2 册，第 588 页。

③ 朱关田：《欧阳询年谱》，第 10 页。

活。《续高僧传》的记载更是表明，陈朝初年欧阳氏盘踞岭南，需要真谛这样的宗教领袖增强号召力。释慧奰这样的僧人成为当时广州与建康之间的交流纽带，徐陵《广州刺史欧阳頠德政碑》的树立也正是欧阳氏与陈朝中央政治互信的结果。

　　陈朝立国需要借助地方豪族的势力，但地方割据对于一个追求稳固的中央政权来说是不被允许的，欧阳纥的失败正显示了地方豪族在皇权强大起来后的脆弱性。欧阳頠、欧阳纥父子在徐陵笔下复杂多变的历史形象借此也得以厘清。而佛教对于欧阳氏深刻的影响，并没有随着欧阳氏在岭南的败亡而覆灭，甚至贯穿了欧阳询的一生。陈寅恪曾赞叹"夫欧阳氏累世之文学艺术，实为神州文化之光辉"，[①] 如果我们相信吉川忠夫对欧阳询最初匿藏于虎丘寺的推测，得益于累世信仰的善缘，欧阳询的幸免，也是这道光辉的幸免。

---

　　① 尽管陈寅恪是借此重申北朝的胡汉之别在文化而不在种族，但这也没有避免欧阳询作为一个"状貌丑异""貌甚寝陋"的南人在唐代朝廷中的尴尬处境。陈寅恪：《魏书司马叡传江东民族条释证及推论》，原载《中央研究院历史语言研究所集刊》第 11 本第 1 分，此据氏著《金明馆丛稿初编》，第 119 页。

北宋佛国禅师惟白籍贯考

宗艳红 *

【摘　要】本文以北宋佛国惟白禅师的籍贯为研究对象，以后世史料关于其籍贯记载中存在的分歧，即先后成书距离不过十余年的元代的两部佛教史传《佛祖历代通载》（1341）"白，靖江人"以及《释氏稽古略》（1354）"惟白，生静江府，冉氏"中的分歧为着眼点，通过对"靖江"和"静江府"两个历史地名的具体所指及历史沿革进行分析和考证，指出惟白的籍贯所在，并对《释氏稽古略》试图修正《佛祖历代通载》说法的理由进行分析，最后以宋代无诤慧初禅师的籍贯在宋代史料中从"靖江"到"静江"的订正为辅证，确定惟白的籍贯为"静江"。

【关键词】佛国禅师惟白　籍贯　东京法云寺　靖江　静江

佛国禅师惟白（11世纪中期至12世纪初期）是北宋末期活跃于汴京的一代高僧，自徽宗即位以来备受皇家的重用，曾经任京城法云寺的第三代住持。然而，与其在当时的地位和声誉不成比例的是，后人为惟白所立的传记甚为简略。例如，云门宗的雷庵正受（1146—1208）于嘉泰四年（1204）编撰成书的《嘉泰普灯录》卷五中，收录了《东京法云佛国惟白禅师》。观其内容，除了谈及惟白的师承、撰集灯录、上堂说法的摘要以外，完全没有涉及惟白的出身和经历。元代以后的佛教史传虽然有所补充，但此时距惟白过世已经两百多年，信息来源不甚明确，因此有些观点或资料的分歧有待进一步的考证。在此，笔者将对惟白的籍贯进行考证，并通过该个案，指出使用后世成书史料之际，务必谨慎对待的一些问题。

---

　*　宗艳红，日本国际佛教学大学院大学博士。

一　史料记载及其分歧

提及惟白籍贯的著作当中，较早成书的是元代念常（1282—1341）的《佛祖历代通载》（1341）。该书卷十九中，长文引用了《建中靖国续灯录》的宋徽宗序，顺带提及了惟白的出身和师承：

> （东京法云佛国禅师惟）白，靖江人，嗣圆通秀公。[①]

十九年后，同时代的觉岸（1286—？）编撰完成了《释氏稽古略》（1354）。该书在卷 4 中，同样详细引用了《建中靖国续灯录》御撰序的内容，最后附带了几句对惟白出身的描述：

> 汴京法云禅寺佛国禅师，名惟白，生静江府，冉氏，嗣圆通秀禅师。[②]

此外，明清时代成书的佛教史书和佛寺志在提及惟白的出身时，同样仅有以下的寥寥数语：

> 明·居顶（？—1404）《续传灯录》（1368—1398）卷 12："东京法云惟白佛国禅师，靖江人。"[③]
>
> 清·闻性道、德介《天童寺志》（1632）卷 3："佛国惟白禅师：师，靖江人。"[④]
>
> 清·纪荫《宗统编年》（1689）卷 22："白，靖江人。"[⑤]
>
> 清·超永《五灯全书》（1693）卷 35："东京法云惟白佛国禅师，

---

① 念常：《佛祖历代通载》卷 19，《大正藏》第 49 册，第 678 页下。
② 觉岸：《释氏稽古略》卷 4，《大正藏》第 49 册，第 880 页下。
③ 居顶：《续传灯录》卷 12，《大正藏》第 51 册，第 536 页中。
④ 闻性道、德介合撰《天童寺志》卷 3，《中国佛寺史志汇刊》第 13 册，第 186 页上。
⑤ 纪荫：《宗统编年》卷 22，《卍新续藏》第 86 册，第 229 页上。

靖江人。"①

通过以上记载，可以获知有关惟白出身的两条信息。第一，根据《释氏稽古略》之记载，可知惟白出身冉氏。这是现存资料中，唯一有关惟白俗家姓氏的记载。虽然该记载的真实性及其信息来源，仍有待后续资料的发掘和进一步的考证，暂可接受惟白出身冉氏一族的说法。第二条信息，则有关惟白的籍贯。但是，这一点在史料之间存在歧义。一方面，受《佛祖历代通载》的影响，后世史料都记载惟白籍贯"靖江"。而另一方面，唯有《释氏稽古略》没有轻信《佛祖历代通载》的说法，而是明确指出了惟白的籍贯为"静江府"。那么，惟白的籍贯究竟是"靖江"，还是"静江府"呢？为何前后成书距离不过十几年的两部佛教史传，却在这一细节上产生了分歧呢？

下面，笔者将首先考证两个历史地名的具体所指，然后进行分析和考证，最后指出惟白的籍贯所在以及《释氏稽古略》试图修正《佛祖历代通载》说法的理由。

二 历史中的"靖江"及其沿革

根据《中国地名大辞典》的词条解释，历史上曾经有两个地方叫作"靖江"：

（1）在江苏无锡县北八十八里，大江北岸，汉海陵县地。唐海陵、吴陵二县地。宋泰兴县地。元属江阴县，明成化七年，始析置靖江县，属南京省常州府。清属江苏省常州府。民国三年六月，划属江苏常苏道。国民政府成立，废道，直属江苏省政府。②

（2）清置，属云南省昭通府，今改绥江。③

---

① 超永：《五灯全书》卷 35，《卍新续藏》第 82 册，第 19 页上。
② 刘君任：《中国地名大辞典》，台北：文海出版社，1967 年，第 1035 页。
③ 刘君任：《中国地名大辞典》，第 1035 页。

下面，笔者将根据地方志等史料的记载，简单介绍这两处"靖江"的所在及其历史沿革。

（一）靖江（云南省昭通市绥江县）

虽然很少有人知道，其实，在云南历史上，曾经存在过一个"靖江"，那就是现在的云南省昭通市的绥江县。该县在改名绥江以前，曾有一段时间叫作"靖江县"。关于这一点，《清史稿》（1927）中记载昭通府在明代称乌蒙府，后改隶四川。到了清代的雍正五年（1727）以后，又改隶云南，翌年（1728）设流官并置恩安县和永善县。光绪三十四年（1908），在永善县的副官村成立了"靖江县"。此县名仅仅沿用了五年左右，1914 年 1 月，因与江苏省苏常道辖下的靖江县重名，而改为绥江。① 既然云南历史上的靖江县，仅在清末到民国初年的几年间昙花一现的话，那么和本论文中的惟白应该没有什么关系，可以将其排除在外了。

（二）靖江（江苏省靖江市）

无论历史上还是现今，只要提起靖江，大多数人都很容易联想到江苏省泰州市县级靖江市。靖江自明代置县以来，曾先后多次编纂县志。据笔者统计，明清两代所修县志多达十二部② 以上，最早的一部是明代第四任知县王荣霄等，于正德九年（1514）编纂的《（正德）靖江县志》（已佚）。③ 在现存的八部县志当中，清光绪五年（1879）叶滋森等修纂的《（光绪）靖江县志》可谓翔实。该志的卷首，还收录了明万历二十年（1592）李维桢所作"马驮沙小志序"。所谓的马驮沙，就是现在的靖江的前身。那么，靖江为

---

① 《清史稿》卷 74《地理志二十一》"云南—昭通府"："昭通府：最要。明，乌蒙府。寻改隶四川。雍正五年，改隶云南。六年，设流官，置恩安、永善两县，降镇雄州为州，并属府。九年，改今名。光绪三十四年，析永善之副官村置靖江县，仍升镇雄为直隶州。"

② 统计数据参照叶滋森等修，褚翔等纂清光绪五年刊本《靖江县志》卷 1，《中国方志丛书》，台北：成文出版社，1983 年，第 17—18 页。

③ 陈光贻：《稀见地方志提要》卷 15："靖江明成化七年析江阴马驮沙地设县，有李维祯《马驮沙小志》，为靖江有志之始。"此说有误。其一，正德九年（1514）王荣霄等修，都穆纂定《靖江县志》为靖江县有志之始；其二，《马驮沙小志》为万历二十年（1592）靖江县邑人朱正初主修，王穉登纂修，李维祯仅为之作《马驮沙小志序》。

何早年叫作马驮沙呢？明人李维桢的解释如下：靖江县古称"马驮沙"。最初隶属江阴（今江苏江阴），明成化年间（1465—1488）始建县时，方正式命名为"靖江县"。之所以被称为"马驮沙"，是因为此地是经由长江冲刷、泥沙淤积形成的沙洲（江中岛），突出江面的陆地如同背上负着沙土，而且露出水面的陆地面积宽广、草丛丰茂。相传三国时代吴人曾于此牧马，因而将此地称为"马驮沙"。①

关于"马驮沙"之名称起源，《（光绪）靖江县志》卷 3 有详细的记载。据说，靖江县所辖的两个沙洲，是因海潮倒灌，于孤山山脚泥沙沉积形成的陆地。据《广陵志》记载，三国时吴国赤乌年间（238—250），曾有一匹白马驮土入江，形成了这座沙洲。明嘉靖三年（1524），靖江知县易干巡视县境，在西山焦山港坍塌的地方发现了一块断碑，上面的文字模糊断续，唯依稀可见"此沙是吴大帝（孙权）牧马之大沙，隔江的那一沙是牧马小沙"。可见，该沙洲形成已久，但白马驮土入江的说法恐怕不太可信。或因吴地方言将"大"念成"驮"、将"牧"念为"白"，于是将"牧马大沙"说成"白马驮沙"，因代代相传称此地为"马驮沙"，也称为马洲、骥江、骥沙、骥渚等名。最后，该地曾为吴大帝牧马之地的说法较为可信。虽说始于错传，但约定俗成，后来的省郡志仍称此地为"马驮沙"。②

关于马驮沙成陆后的历史沿革，《（光绪）靖江县志》卷 3 中可见如下记载：三国时期的吴赤乌年间，马驮沙始出现于扬子江（长江下游）的入海口。隋代开始马驮沙隶属海陵县，唐武德三年（620）海陵改称吴陵后，马驮沙又隶属吴陵县。南唐升元元年（937），吴陵升为州治改称泰州，马驮沙仍隶属泰州。宋代以后，马驮沙改称"阴沙"，隶属泰兴地区。《宋史》记

---

① 《靖江县志》卷 1，《中国方志丛书》，第 6 页。
② 《靖江县志》卷 3 "舆地志—沿革"记载："靖邑两沙，本以海潮逆江，依孤山之麓，渟聚成壤。《广陵志》谓'三国吴赤乌年间，有白马负土入江而成此洲'。明嘉靖三年，知县易干循行，至西沙焦山港，塌处得断碣，其文不续，中云：'此沙为吴大帝牧马大沙，隔江一洲，为牧马小洲'。则此土之来远矣，白马负土之说，恐未可信。或方言呼'大'为'驮'，讹'牧'为'白'，遂相传曰'马驮沙'，又有马洲、骥江、骥沙、骥渚等名。最后牧城之名较确第，沿讹既久，省郡志犹称马驮沙云。"《中国方志丛书》，第 58 页。

载，建炎四年（1130），抗金名将岳飞曾下令百姓转移至阴沙。据《靖江县志》卷2（第56页）的记载，靖江城西生祠镇建有祭祀岳飞的生祠，并有思岳桥，可见确有其事。明洪武初年（1368—1374），因马驮沙出产物资与江南地区相似，田亩赋税收入高于扬州，故改属江阴县，并设马驮沙巡检司治理当地，看来明初该地仍称为马驮沙。①

随着马驮沙的繁荣，到了百年之后的成化年间（1465—1487），当地的经济和战略地位引起了朝廷的重视。先是在成化三年（1467），巡抚高明以江盗猖獗、地方百姓生活不宁为由，上奏朝廷于马驮沙设县丞一员。时至成化七年（1471），应天巡抚滕昭（1421—1480）再次以"风波不时，居民往来舟楫阽危"（第31页）等为由，上奏朝廷将江阴县的马驮沙分置立县，隶属常州府。马驮沙地处金陵（今南京）下游，位于长江三角洲苏北平原地带，三面环江又临近入海口，地理位置特殊、战略意义重大，地方虽小，却实为江北沿海地区之门户，因此朝廷赐名"靖江"，扼江北之要冲，保证吴地的安宁太平。② 至此，马驮沙终于堂而皇之地被冠以"靖江县"的官方命名，翻开了当地历史的新篇章。

自成化七年（1471）靖江置县后，崇祯十一年（1638）曾将县内西北方季家市数百顷土地划入泰兴县。清朝建立后，沿袭明制，顺治二年（1645）于明旧地设立靖江县，并仍隶属常州府。道光十四年（1834），靖江县境内刘闻沙〔初名磨盘沙，在县境最西端，于嘉庆四年（1799）突起江心〕涨滩，向西与泰兴县连成洲，向东则陆续涨过县城，连接旧岸，后来继续涨滩，与如皋县南江口相连，仍属常州府。③ 唯咸丰十年（1860），盗匪猖獗，江南一带民不聊生。而靖江县则因地处偏远，未曾受到盗匪的侵扰，因此暂将靖江县改隶通州，直到同治三年（1864）江南诸郡平定后，方恢复原治仍

---

① 《靖江县志》卷3 "舆地志—沿革"，《中国方志丛书》，第57页。
② 《靖江县志》卷3 "舆地志—沿革"："成化七年，应天巡抚滕昭奏分江阴之马驮沙，置靖江县，隶常州府。先是成化三年巡抚高公明以江盗不靖，奏设县丞一员着其地，至是滕公昭，始奏立为县，隶常州府。以其地属金陵下流，又扼江海门户，捍卫全吴，朗然重镇，且以江海多口乃立，故名靖江，扼其冲也。"《中国方志丛书》，第57—58页。
③ 《靖江县志》卷3 "舆地志—疆界"，《中国方志丛书》，第65页。

隶常州。①

在上文当中，对中国历史上存在过的"靖江"或"靖江县"进行了考证。其中，绥江县号称为靖江县的年代自 1908 年到 1914 年为止，不可能成为中古时代的惟白的出生地。那么，1341 年成书的《佛祖历代通载》中所记载的"靖江"，会有可能就是江苏的靖江县吗？经过上文中不厌其烦的考证，结论是否定的。因为，江苏的靖江县，作为一个历史地名，无论如何是不可能出现在 14 世纪的元代史料当中的。

经上文考证可知，靖江县的所在地，古称"马驮沙"，当初只是长江入海口处的一块沙洲，粗具规模可以追溯到三国时代的吴赤乌年间（238—250）。相传，吴主孙权曾于此处牧马。三国乃至隋、唐、宋、元时代，长久以来，马驮沙都没有独立的行政管理，一直隶属于泰兴或江阴治下。史书中有时称其"马洲"，宋朝时也曾称为"阴沙"，最为长久和常见的叫法还是"马驮沙"。进入明代以后，洪武初年（1368—1374），当地曾设马驮沙巡检司，成化三年（1467）时，还设县丞一名负责管理，此时的地名还是早前的"马驮沙"。直至明宪宗（朱见深，1464—1487 年在位）成化七年（1471），因应天巡抚滕昭上奏，方将马驮沙从江阴治下析出，始建县并正式定名为"靖江县"。自此以后，靖江的地名，经清、民国，一直沿用乃至当今。

综上所述，三国至明成化七年（1471）之间，靖江县一直被称为"马驮沙"，期间虽也有阴沙、马洲、骥江、骥沙、骥渚等代称出现。但"靖江"之名出现，则可确定始于明成化七年（1471）。换句话说，"靖江"作为明代才定名的县名，绝对不可能出现在宋元时代的史料中。或者说，出现在宋元史料中的"靖江"，绝对不可能是指江苏的靖江县，极有可能是形音近似的其他地名的错传或笔误。而本文讨论的仅有一字之差的"靖江"与"静江"，恰恰是为了指出和提醒宋元史料所存在的历史地名的错传和笔误现象。

① 《靖江县志》卷 3 "舆地志—沿革"："国朝仍明制（《大清一统志》云：屺立大江之中，雄踞沧海之上，唇齿京口，镇钥金陵）。咸丰十年隶通州（时发匪骚扰江南诸郡，靖以僻在江北独获完善，大宪因奏明暂隶通州，至同治三年郡城克复，仍属常州）。同治二年科考，三年岁科并考，府院试均暂隶通州，至五年复旧制。"《中国方志丛书》，第 58 页。

三 历史中的"静江府"及其沿革

根据《中国地名大辞典》,"静江"的词条解释如下:

> 宋改桂州置,属广南西路,治临桂。元为静江路,属湖广省,治临桂。明改桂林府。今广西桂林县治。[①]

可知,历史上的静江,一直以来就是现在的广西壮族自治区桂林市一带。下面,笔者将根据史书、地方志等史料的记载,简单介绍"静江"的历史沿革。

关于"静江府",清代顾祖禹《读史方舆纪要》(1692)有载:"桂州,唐末为静江军治。宋仍曰桂州,亦曰静江军。绍兴三年(1133),升为'静江府',领临桂等县十一。"[②] 同样,《宋史·地理志》记载,静江府原本为桂州,初设为郡,后改为静江军节度。宋徽宗大观元年(1107),为大都督府,后又升为帅府。南宋绍兴三年(1133),因为高宗(赵构,1127—1162年在位)即位前曾担任静江节度使,升静江军为"静江府"。南宋宝祐六年(1258)改置为广西制置大使,景定三年(1262)废,又恢复为广西路经略安抚使。[③] 看来,直至唐代末年,桂林一带的行政区划为静江军,治桂州,直至南宋绍兴三年(1133)才升为"静江府"。

接着,《元史·地理志》记载,元代至元十三年(1276),在静江设立广西道宣抚司,至元十四年(1277)改设广南西路宣慰司,至元十五年(1278),设静江路总管府。元贞元年(1295)合并左右两江宣慰司都元帅府和广南西路宣慰司为广西两江道宣慰司都元帅府,以静江为治所,仍分司

---

① 刘君任:《中国地名大辞典》,第 1036 页。
② 顾祖禹:《读史方舆纪要》卷 7《历代州域形势图》,中华书局,2005 年。
③ 《宋史》卷 90《地理志六》"广南路—西路—静江府":"静江府,本桂州,始安郡,静江军节度。大观元年,为大都督府,又升为帅府。旧领广南西路兵马钤辖,兼本路经略、安抚使。绍兴三年,以高宗潜邸,升府。宝祐六年,改广西制置大使,后四年废,复为广西路经略安抚使。"中研院编《汉籍电子文献资料库》,元至正本配补明成化本,第 2239 页。

邕州。^①

此后，《明史·地理志》记载，元末至正二十四年（1364）二月，改宣慰使司为广西行中书省，为广西建省之始。明洪武元年（1368），改"静江路"为"静江府"。洪武二年（1369）三月设广西行中书省。洪武五年（1372）改"静江府"为"桂林府"，洪武六年（1373）置广西都卫指挥使司。洪武八年（1375）十月广西都卫指挥使司改为广西都指挥使司，洪武九年（1376）六月，广西行省改为广西承宣布政使司。^②

综上所述，唐末时桂州属于静江军治，宋代时仍称治所为"桂州"，也称该地区为"静江军"，南宋绍兴三年（1133），升桂州为"静江府"，府下辖临桂县等十一个县。而元朝时实行行中书省，在广西设置广西行中书省并置"静江路"，明太祖（朱元璋，1368—1398 年在位）洪武五年（1372），又改"静江府"为"桂林府"，从此正式确定了桂林的名称并沿用至今。因此，《释氏稽古略》中记载的"静江府"，应该就是指今广西壮族自治区桂林市一带，这一点可以确定无疑。

四　惟白籍贯之考证："靖江"抑或"静江府"

在前三节的论述当中，笔者已经回顾了靖江（江苏靖江与云南绥江）和静江府（广西桂林）的历史沿革。在此基础之上，让我们再来重新审视，惟白的籍贯究竟是"靖江"还是"静江府"。关于惟白的籍贯和师承，原始材料记载若存在出入，势必会在当代学者当中引发争议。近年，李思颖在《北

---

① 《元史》卷 63《地理志六》"湖广等处行中书省—静江路"："静江路，上，唐初为桂州，又改始安郡，又改建陵郡，又置桂管，又升静江军。宋仍为静江军。元至元十三年，立广西道宣抚司。十四年，改宣慰司。十五年，为静江路总管府。元贞元年，并左右两江宣慰司都元帅府为广西两江道宣慰司都元帅府，仍分司邕州。"中研院编《汉籍电子文献资料库》，洪武九十九卷本和南监本，第 1532 页。

② 《明史》卷 45《地理志六》"广西"："广西，禹贡荆州之城及荆、扬二州之徼外。元置广西两江道宣慰使司，治静江路。属湖广行中书省。至正末，改宣慰使司为广西等处行中书省。洪武二年三月因之。六年四月置广西都卫，与行中书省同治。八年十月改都卫为都指挥使司。九年六月改行中书省为承宣布政使司。"中研院编《汉籍电子文献资料库》，清武英殿本，第 1148 页。

宋惟白禅师籍贯师承考》[①]一文中，专门考证了惟白的籍贯。

（一）先行研究及其问题点

李思颖首先将记载了惟白籍贯的史料进行了整理，并指出分歧点在于《佛祖历代通载》等所持的"靖江"说和《释氏稽古略》所持的"静江府"说。其次，关于"靖江"和"静江"的地理位置，她指出"靖江"靠近江苏江阴县，而"静江"旧称"桂州"，位于广南西路；两者当中，"靖江"更为接近惟白住持的第一座寺庙"泗州龟山寺"。同时，她也注意到"桂州"于南宋绍兴三年（1133）升级为"静江府"，指出"'静江'一名自南宋绍兴三年始，此时惟白法师恐怕已经圆寂"。显然，她更为倾向于惟白出身江苏"靖江"的说法。

最后，作为间接性的佐证，她还对比了两种说法的来源。她认为，持"靖江"说的《佛祖历代通载》的成书年代，比持"静江府"说的《释氏稽古略》早出十余年。虽然《释氏稽古略》注明了其说法引自《嘉泰普灯录》，但正如同她所指出的那样，《嘉泰普灯录》中并没有惟白出身的明确记载；《释氏稽古略》中有关惟白的记载，无论从结构还是内容上都与《佛祖历代通载》极为相似。再结合陈垣《佛教史籍概论》的观点，她做出了以下的推断。即《释氏稽古略》记载的惟白籍贯，其实引自《佛祖历代通载》，只是引用时误将后者的"靖江"抄成了"静江"。总而言之，李思颖得出的结论是，惟白的籍贯，无论是《佛祖历代通载》的正确写法"靖江"，还是《释氏稽古略》错引的"静江"，都是指江苏的靖江，而不是广西的静江。

在惟白的相关研究极为欠缺的状况下，《北宋惟白禅师籍贯师承考》这一文章无疑迈出了重要的一步，该文着眼点敏锐，论证方法也算缜密，笔者从中获益匪浅。但是，不得不指出的是，这篇文章的论证存在几点问题。首先，李思颖过于注重惟白的生活空间和地缘，所以先入为主地倾向于相信惟白来自江淮一带。这一倾向，导致了她在方法上，没有细致推敲"靖江"和"静江府"两个地方的历史沿革。如同本文第二节的考证结果显示，江苏的

---

① 李思颖：《北宋惟白禅师籍贯师承考》，《法音》2018年第9期，第23—26页。

靖江，自三国乃至明初都称马驮沙，有时也采用"马洲"或"阴沙"等别称，但是"靖江"一名的出现，其实无法追溯到明代成化七年（1471）置县以前。也就是说，1341 年成书的《佛祖历代通载》中的"靖江"，或者是江苏马驮沙以外的"靖江"，或许根本就是笔误而已。

另一个问题是，她认为"静江"一名始自绍兴三年，此观点存在误解。如同我们在上一节中详细考证过的，作为地名的"静江"，其起源可以追溯到唐代。据史料记载，唐光化年间（898—901）就已置"静江军"节度使，治所在桂州。宋代时或曰"桂州"，或曰"静江军"。南宋绍兴三年（1133），只是将"桂州"或"静江军"的行政级别升格为"静江府"而已，并非"静江"地名之始。

（二）从"靖江"到"静江府"——《释氏稽古略》的修正

按照常理而言，通过展望僧人的早年生涯和活动范围，大致可以判断其来自的地区。但是，这种方法并不适用于惟白的研究，毕竟我们对他早年的生涯所知甚少。现有的资料显示，惟白曾于熙宁元年（1068）前往江西九江附近的黄龙山，追随惠南禅师参学（熙宁初至南师法席），直至第二年（1069）三月惠南圆寂为止。后来，正式成为禅师的惟白先后住持了泗州（今江苏淮安市洪泽区）龟山寺、江西庐山汤泉禅院、汴京法云寺，晚年退隐于明州（今浙江宁波）天童寺。根据上述记载来看，惟白生平大致的活动范围确实如同李思颖所言，大概分布于江淮一带。仅从这一点来看，似乎他来自江苏的可能性要比出生于桂林的概率高一些。但是，从文献学和历史学的角度而言，说北宋时代的惟白来自"靖江"（江苏），是完全不符合历史实情的。

为了明确问题的核心所在，我们再进一步点明惟白籍贯发生歧义的根源。如前所述，问题的根源，其实不外乎两部元代佛教史传之间的分歧。1341 年成书的《佛祖历代通载》记载"白，靖江人"，而 1354 年成书的《释氏稽古略》则认为"惟白，生静江府，冉氏"。如前所述，两者之间的差异在于后者在惟白的籍贯问题上，对前者提出了质疑并给予了修正。

首先，在《释氏稽古略》四卷当中，从未出现过"靖江"二字，而"静

江"一词共出现过六次。其中的四例，是关于"静江（军）节度使"。另
外两例写作"静江府"，都出现在卷4当中。第一次即有关惟白"生静江
府，冉氏"的记载，另一次则是关于开庆元年（1259），蒙古宪宗皇帝（蒙
哥，1251—1259年在位）率军南下斡腹围攻南宋的记载。其中记载，蒙古
大军兵分三路腹背夹击南宋，一路于九月先攻入蜀，然后顺流东下。另一路
大军迂回南下，先攻占大理国，然后穿越广西邕（今广西南宁）桂边境，逼
近"静江府"。另一路兵马，则渡长江围攻湖北鄂州。[①] 据此可知，活跃于
14世纪前半期元代的觉岸所认知的"静江府"，就是广西桂林的"静江府"。
换句话说，觉岸在《释氏稽古略》中记载惟白"生静江府，冉氏"，显示出
他认为惟白出生于广西桂林一带。

　　觉岸在《释氏稽古略》介绍了惟白的出身、师承（雪窦重显—法云法
秀—佛国惟白）后，小字注明了"普灯"二字以示其信息来源。[②] 关于这一
点，李思颖曾经指出："然检《嘉泰普灯录》关于惟白法师的全文记载发现
《普灯录》并未记载惟白法师籍贯。因此，《稽古略》自标引自《普灯录》显
然是经不起推敲的。"（第24页）需要指出的是，此处存在一个理解的误区。
觉岸注明"普灯"亦即南宋正受所撰《嘉泰普灯录》，的确是表明其此处记
载的资料来源为《嘉泰普灯录》。但是，此处觉岸并非说惟白的出身信息来
源于《嘉泰普灯录》，而是说惟白的三代师承关系参考的是《嘉泰普灯录》。
而笔者查阅该录时，也印证了该录确实揭示了三者之间的法嗣关系，并非觉
岸的无中生有。至于《释氏稽古略》中关于惟白出身的记载，诚如李思颖所
言，应系参考了《佛祖历代通载》的内容。而这一点毫无意外，当年《佛祖
历代通载》成书之际，觉岸曾应邀为之作序。可见，觉岸与念常不但交往密
切，而且为了给《佛祖历代通载》撰写序文，想必觉岸对该书的内容也相当
熟悉。而十九年后，觉岸在撰写《释氏稽古略》之际，参考和借鉴《佛祖历
代通载》，既是必然的，也是非常自然的。

---

① 　觉岸：《释氏稽古略》卷4："己未开庆元年……鞑靼国宪宗皇帝，九月亲帅大军入蜀，顺流
　　东下。斡腹一军自大理国南来，历邕桂之境，南至静江府，一军度江围鄂州。"《大正藏》
　　第49册，第901页下。

② 　觉岸：《释氏稽古略》卷4："汴京法云禅寺佛国禅师，名惟白，生静江府，冉氏。嗣圆通秀
　　禅师，秀嗣天衣怀，怀嗣雪窦显禅师（普灯）。"《大正藏》第49册，第880页下。

　　既然如此，为何在惟白籍贯的问题上，觉岸要如此郑重其事地将前辈著作中的"靖江"，特别地订正为"静江府"呢？从"靖江"改为"静江府"，这显然不可能是单纯的笔误。或者觉岸曾得到了前辈念常的善意提醒，或者自身对于"靖江"这一陌生的地名产生了疑虑，无论契机为何，总而言之，觉岸明确地认识到"靖江"一词实为笔误，经过考证之后，给予订正。他的考证结果，不但确认了惟白的籍贯实为"静江"（今广西桂林），并且获知他出身冉氏，因此，特意将惟白籍贯订正为"静江府冉氏"。

　　觉岸在静江之后，特别附加了行政区划的"府"，其实也是为了避免后人传抄之际，再将"静江"误认和错写为"靖江"。但是，就在此处，觉岸的细心多虑反而导致了一个时代误差。我们知道，在觉岸生活的元代，静江的行政级别应该是"静江路"。显然，考虑到惟白的生存年代是宋代，为了尽可能还原历史，觉岸按照自己理解中的宋代行政区划，特意地注明了"静江府"。但是经过上一节中关于历史沿革的考证可知，北宋时代的桂林一带为"静江军"，直到南宋绍兴三年（1133）方升级为"静江府"。因此，准确而言，惟白的籍贯应该写作"静江军"。

　　元代资料中的"静江府"，在某种意义上也加深了后世学者的误解。有学者看到北宋时期的惟白禅师出身"静江府"时，反而会产生疑虑，毕竟"静江府"的说法，要待到南宋绍兴三年（1133）以后才有。而时至明代成化七年（1471），江苏马驮沙置县以来，靖江想必以破竹之势迅速崛起，开始在全国范围内具备一定的知名度。明清以来，直至现今，天下人人皆知江苏"靖江"，而渐渐地淡忘了广西的桂林在历史上曾称"静江"。历史层层沉淀积累，地名几经沿革，觉岸遥望宋史固有隔阂，我辈远观元人谈宋，又何尝能体会其用心之良苦。"靖江"与"静江"看似仅有一字之差，若非详加考证，人云亦云，非仅枉费觉岸的一片苦心，更要再次与史实失之交臂。观觉岸《释氏稽古略》以后成书的明清代佛教史料，无一不重蹈《佛祖历代通载》之覆辙，再未有一人驻足质疑，元代江苏且有"马驮沙"，何曾有县号"靖江"。

　　事实上，将"静江"误写为"靖江"的事例，不仅发生在元代的佛教资料中，笔者注意到宋代文献当中也存在一例。这一例，不但同样发生在北宋禅僧的籍贯上，并且这位禅师又恰巧和惟白一样参学于黄龙山，那就是黄龙山堂道震禅师（1079—1162）的法嗣无诤慧初禅师。首先，让我们俯瞰一下宋、明、清佛教史料当中，有关慧初禅师籍贯的记载。

　　　　宋・正受（1146—1208）《嘉泰普灯录》（1204）卷13："常德府德山无诤慧初禅师，靖江府人也。"①

　　　　宋・普济《五灯会元》（1252）卷18："常德府德山无诤慧初禅师，静江府人也。"②

　　　　元末明初・居顶（？—1404）《续传灯录》（1368—1398）卷30："常德府德山无诤慧初禅师，静江府人也。"③

　　　　明・通容（1593—1661）《五灯严统》（1654）卷18："常德府德山无诤慧初禅师，静江府人也。"④

　　　　清・聂先《续指月录》（1680）卷1："常德德山无诤慧初禅师，静江人。"⑤

　　　　清・性统（1661—1717）《续灯正统》（1691）卷5："常德府德山无诤慧初禅师，常州靖江人。"⑥

　　　　清・超永《五灯全书》（1693）卷40："常德府德山无诤慧初禅师，静江人。"⑦

　　与惟白的情况有所不同的是，关于无诤慧初的籍贯，自宋代佛教史料开始即有记载。而与惟白的情况类似的是，同为宋代史传的两部著作之间已经出现了分歧。其中，成书年代较早的南宋《嘉泰普灯录》（1204）中，记载无诤慧初的籍贯是"靖江府人"，这显然是"静江府"的单纯笔误。五十年

---

① 正受：《嘉泰普灯录》卷13，《卍新续藏》第79册，第374页中。
② 普济：《五灯会元》卷18，《卍新续藏》第80册，第384页中。
③ 居顶：《续传灯录》卷30，《大正藏》第51册，第676页中。
④ 通容：《五灯严统》卷18，《卍新续藏》第81册，第199页中。
⑤ 聂先：《续指月录》卷1，《卍新续藏》第84册，第18页下。
⑥ 性统：《续灯正统》卷5，《卍新续藏》第84册，第430页下。
⑦ 超永：《五灯全书》卷40，《卍新续藏》第82册，第71页上。

后，南宋《五灯会元》（1252）成书之际，订正了前代灯录的失误，注明了禅师的籍贯实乃"静江府人也"。不知是"靖江府"作为历史地名从未出现因此笔误易于辨识，或是因为《五灯会元》的修正及时，后世文献似乎未发生严重的误导现象。除了清代的性统《续灯正统》画蛇添足地记载"常州靖江人"以外，其余的后世文献大多采纳"静江人"或"静江府人"的说法。

惟白的事例，使元代史料中对宋代地名有误认和错写的现象得到了注意，无诤慧初的事例，则显示这种现象不仅存在于元代以后的史料，南宋时代成书的禅籍也存在同样的问题。这一点需要引起关注。因此，在研究历史问题时，一定要站在对应的时代角度上看问题，这样才能更加贴近事实，更容易还原历史真相。当一个陌生的或者有歧义的历史事物，如历史地名或人物、事件等出现时，必须对其进行考证，锁定其出现的具体时代，并结合其时代背景进行分析。

结　语

通过上文的叙述，针对后世史料关于惟白籍贯记载中存在的分歧，即先后成书距离不过十余年的元代的两部佛教史传《佛祖历代通载》（1341）"白，靖江人"以及《释氏稽古略》（1354）"惟白，生静江府，冉氏"中的分歧为着眼点，本文首先对《中国地名大辞典》中记载的历史上的两个"靖江"〔即存在于清光绪三十四年（1908）至 1914 年 1 月，后改名为绥江县的云南省昭通市的靖江县和明成化七年（1471）以江阴之马驮沙所置的，现位于江苏省泰州市的靖江市〕和一个"静江"（即现位于广西壮族自治区桂林市一带）进行了详细的历史沿革的考证。结果显示，无论是曾经云南昭通的靖江县还是今江苏的靖江县，从置县的时间和"靖江"之名称出现的时间上看，都不可能是宋元史料中所记载的"靖江"，宋元史料中的"靖江"应该是形音近似的其他地名的错传或笔误，即"静江"的错传或笔误，也就是说，宋元史料中记载的"靖江"和"静江"，都是指位于今广西壮族自治区桂林市一带的"静江"。其次，在明确了"靖江"和"静江"的历史沿革的基础上，本文重新对惟白的籍贯"靖江"或"静江"进行审视，指出了先行研究中存在的问题，对觉岸《释氏稽古略》从"靖江"到"静江府"的修正进行了分析，并结合与惟白生存年代相近的无诤慧初禅师的籍贯，以南宋《嘉泰普灯录》（1204）"靖江府人"到南宋《五灯会元》（1252）"静江府人也"的订正为辅证，确定惟白的籍贯当为今广西桂林市一带的"静江"。至于《释氏稽古略》中记载其俗姓为"冉姓"，这是现存资料中，唯一有关惟白俗家姓氏的记载。虽然该记载的真实性及其信息来源，仍有待后续资料的发掘和进一步的考证，暂可接受惟白出身冉氏一族的说法。

从本文及先行研究对惟白籍贯的考证中，笔者认为在使用后代成书史料时，有以下三个问题务必要谨慎对待：一是处理史料时，一定要站在相应人物和事件的时代空间和立场上去分析和处理，不能想当然的以一个处在信息交流高度发达的现代人的立场上去分析和处理史料，以免分析错误。二是对史料中出现的陌生的或者相似的人名、地名等一定要注意，特别是音读相同或相似的人名或地名等往往容易记载错误，从而引起混淆，甚至后代史料中有人进行了纠正，但因为不是主流观点，往往没能引起后人的关注，从而使错误一直存续掩盖了真相，实在可惜。不仅史料，现代文献中也存在同样的问题，因此，在处理文献中陌生的或相似的人名、地名等时，一定要谨慎，必要时要进行考证，不能人云亦云。三是在分析史料时，一定要客观公正，避免先入为主、一叶障目，不放过任何一个可能性。以上问题，不仅仅存在于惟白籍贯的研究中，可以说是存在于宋、元史料研究中的普遍问题，具有一定的普遍意义，希望可以引起研究同时代的人物或者历史的学者的注意。

关于"华严八祖守真"身份再检讨[*]

平燕红　崔韩颖^{**}

【摘　要】东京开宝寺守真，作为五代宋初时期活跃于成都的密教僧人而为人所熟知，但近些年随着清代续法所撰《华严宗佛祖传》一文的现世，他的另一重身份，即华严八祖也为世人所知。但是，若从宋赞宁《宋高僧传》中收录的"守真传"来看，赞宁笔下的守真其实是一位学习经历和修行实践都非常复杂的人物，可以猜测在守真与赞宁的时代，守真的华严八祖身份还不为人所知。直到净源，他认可守真重视起信论，将守真纳入华严师资传承并赋予了他华严八祖的身份，且这一传承流传至今。

【关键词】守真　赞宁　《华严宗佛祖传》　师资传承

众所周知，宗密（780—841）之后由于会昌法难及五代战乱导致华严典籍失散不传，其时其地的华严宗传承法系与华严学说的传播情况一直不为世人所知，尤其是圭峰宗密和长水子璿（965—1038）之间的华严发展状况一直不明。明代宋濂（1310—1381）在《佛心慈济妙辨大师别峰同公塔铭》（以下简称《塔铭》）中粗略记载了这段历史，即"华严建宗始于帝心，大士帝心作法界观门及妄尽还源观以传云华。云华传贤首，贤首既终，而其徒慧苑等悉叛师说，后百有余年，僧统清凉国师遥遵遐轨，丕弘教绪。国师传圭峰，圭峰传奥。奥之后又复废，逸朗现父子相继而作，补葺粗完。现传璿，璿传源，二师阴搜阳阐其宗，于是乎中兴。源传冲，冲传观……"^①（本

---

* 本研究由"江苏省卓越博士后计划"资助，是第 73 批中国博士后科学基金面上项目"日本称名寺所藏稀见汉籍佛教文献的调查与研究"（2023M731618）、2023 年度江苏省社科基金青年项目"佛教中国化与中日文化交流研究"（23ZXC001）之阶段性研究成果。

** 平燕红，南京大学哲学系助理研究员；崔韩颖，南京农业大学马克思主义学院讲师。

① 宋濂:《佛心慈济妙辨大师别峰同公塔铭》，《嘉兴藏》第 21 册，第 609 页下。

文句读均按笔者理解重新加注）根据此说，可知宗密与子璿之间的传承应为"奥—朗—现"，其中"奥"、"朗"和"现"所指到底为何人一直成谜，直至张爱萍于 2012 年在上海图书馆发现清代续法所撰《华严宗佛祖传》一文，关于华严八祖的身份问题才得以被解决，即"书中记载第八世为昭信现法师，'名守真，字法灯，俗姓纪，万年人……谒朗法师学《起信论》，赐号昭信……朗又赐名圆现……'可见，'圆现'乃朗法师后来又赐给守真的法名。至此可以看出，宋濂文集所记之'现法师'，与《宗乘》所记之昭信守真法师，《宝通录》所记之圆显现法师、昭信法灯法师，《证义记》所记之守灯德现法师都是指同一人"。①

综上可知，华严宗第八祖"现"师就是赞宁（919—1001）撰《宋高僧传》中所收《宋东京开宝寺守真传》②的守真（894—971）。此外关于守真还有另一个关于他外貌的描述，即"洛京福先寺道丕……及晋迁都今东京，天福三年诏入梁苑，副录左街僧事，与传法阿阇梨昭信大师俱道貌童颜，号二菩萨"。③天福三年（938）的东京开封的昭信大师指的应该就是开宝寺守真，可知守真大师"道貌童颜"。但从赞宁《宋高僧传》中的内容来看，与守真处于同时代的赞宁并未提及任何关于他华严八祖身份的细节，甚至读者也很难从其传记中确认守真的宗派身份，因此有必要对守真华严宗八祖的身份进行更加深入详细的检讨。

一 赞宁笔下的"守真"

赞宁是宋代著名的佛教史学家，他奉敕撰述的《宋高僧传》为我们详细地记叙了历史上诸位著名的高僧大德，其中守真被其置于"第八诵读篇"，全文如下：

> 释守真，永兴万年人也，俗姓纪，汉诈帝信之鸿绪，乃祖乃父素履

---

① 张爱萍:《〈贤首宗乘〉的作者及其学术价值》,《世界宗教研究》2014 年第 2 期, 第 61 页。
② 赞宁:《宋高僧传》,《大正藏》第 50 册, 第 871 页中—871 页下。
③ 牧田諦亮「五代宗教史研究——中国近世仏教史研究」京都: 臨川書店、2015、77 頁。

贞吉，奕叶孝行充塞闾里，故乡人美其孝焉，遂目之曰纪丁兰也，真即其后矣。洎黄寇于纪，僖宗蒙尘，车驾避锋而西幸，咸镐失守而没贼，因而徙家居于蜀矣。及冠也，偶游圣寿寺，见修进律师，行出物表语越常度，乃解带卸冠，北面而事之。七支既备，先谒从朗师学起信论，次依性光师传法界观，后礼演秘阇梨授瑜伽教，并得心要咸尽指归。自明达诸法宣畅妙典，四十年间略无怠矣，而赐号曰昭信焉，讲起信及法界观共七十余遍，皆以灯传灯用器投器，嗣乎法者二十许人，开灌顶道场五遍，约度僧尼士庶三千余人，开水陆道场二十遍，常五更轮结文殊五髻教法，至夜二更轮西方无量寿教法，称阿弥陀尊号修念佛三昧期生净域。一日谓弟子缘遇曰，如来不云出息不保入息，吾之寿也，幸矣。汝之年也耋矣，今欲顺俗从世，预设二塔，其可得乎。缘遇稽首而对曰，广度长老舍院之右地，请建塔者有年矣，今大师属其意，长老致其美，因缘冥契安可而止。于是鸠工而营之，自十月琢磨至来一月彻缋，以开宝四年秋八月九日，命众念佛，佛声既久令止，奄然而归寂，俗寿七十八，僧腊五十三，其月二十一日焚葬于北永泰门外智度院侧，其获舍利光润，各将供养之。①

从这一记录来看守真是因为"讲起信及法界观七十余遍"而被赞宁编入"读诵篇"，但从内容上来看，此传记中其实并没有任何关于守真华严宗人的描述与记录。

详细说来守真是永兴万年（今陕西西安）人，俗姓纪，从小就随家人迁居蜀地，成年之后在蜀地圣寿寺遇见修进律师，为其风度所倾而解冠事之。关于此"圣寿寺"，向来众说纷纭，一说为重庆大足宝顶山大佛湾"圣寿寺"，为赵智凤（1159—1249）依柳本尊（855—929）教法，承袭金刚顶瑜伽部密教所建。关于此寺的建立时代一说始建于唐，②一说始建于淳熙五

---

① 赞宁：《宋高僧传》，《大正藏》第 50 册，第 871 页中—871 页下。
② "九、圣寿寺……2. 建筑始建时间。始创于唐。"高介华主编《中国历代名建筑志（上）》，湖北教育出版社，2015 年，第 261 页。

年（1178）；^①另一说即圣寿寺为四川成都的"龙渊寺"，此寺于东晋隆安三年（399）由益州刺史毛璩在岷蜀建立，是佛教正式传入成都的重要标志，^②慧持（337—412）^③、昙凭^④、荆南张^⑤等佛学高僧均曾住锡于此，初唐因避讳改名为"空慧寺"，武宗会昌五年（845）被毁，后宣宗大中元年（847）又由四川节度使李回重建，并另以"圣寿寺"为名，因其寺内有一石犀，所以明朝又改其名为"石犀寺"，但此寺毁于明末战火，清初另建一石牛寺。^⑥唐宋之时，此寺处于兴盛阶段，是讲习佛学的中心。^⑦笔者推测，守真应是在成都的"圣寿寺"（初名为"龙渊寺"）遇见修进律师并随之出家，之后他拜访"从朗法师"学习《起信论》，随"性光法师"学习《法界观》，后又礼拜密教"演秘阇梨"学习金刚瑜伽部密教，并且尽得各位老师心要、达诸法妙典。在随后的四十年间，他演讲起信论及法界观共七十余遍，开灌顶道场五遍，开水陆道场二十遍，常常在五更天结文殊五髻教法，在二更轮西方无量寿教法，称念阿弥陀尊号向往净土往生。从种种记录来看，守真是一个学习经历非常"杂"的人，他精于《起信论》和《法界观》这些带有华严印

---

① "该寺于南宋时的1178年始建，开山始祖为高僧赵智凤……"李玉青编《中华文明历史长卷：一尘一刹一楼台（寺庙卷）》，北京工业大学出版社，2013年，第251页。

② "东晋隆安三年（399）益州刺史毛璩在岷蜀建龙渊寺，是佛教正式传入成都的重要标志。"马兵主编《成都年鉴》第24卷，成都年鉴社，2010年，第2页。

③ "慧持（337—412）东晋名僧……隆安三年（399）入蜀，为川中僧俗徒众所推重。卒于成都龙渊寺。"邱树森编《中国历代人名辞典》，江西教育出版社，1989年，第235页。

④ "释昙凭，南安人。……后还蜀止龙渊寺，巴汉怀音者皆崇其声范。"戴莹莹：《早期蜀中佛教的传入路线、人物和学派》，舒大刚主编《巴蜀文献》第2辑，四川大学出版社，2015年，第251页。

⑤ "次成都府元和圣寿寺释南印，姓张氏……"赞宁：《宋高僧传》，《大正藏》第50册，第772页中。

⑥ "成都的佛学资料指出，成都城西有著名佛寺空慧寺（蒋蓝按：该寺晋时名龙渊寺，初唐名空慧寺，晚唐名圣寿寺，明代名石犀寺。明末，石犀寺毁于战火，清初在此设成都将军署，另建石牛寺）……"蒋蓝：《一个晚清提督的踪迹史》，云南人民出版社，2014年，第6—7页。"晋代直至明末，此地一直为佛寺。最初叫龙渊精舍，后名龙渊寺，唐初改名为空慧寺，唐宣宗大中元年（847）改名圣寿寺，直至明末寺毁。因寺内有石犀，又名石犀寺。石犀形状似牛，又俗称石牛寺。……唐宋时期是石犀寺的兴盛阶段。"许蓉生：《水与成都——成都城市水文化》，巴蜀书社，2006年，第171页。

⑦ "传里描述的龙渊寺，几乎成了一个佛学论坛。……慧韵通过讲经说法，还培养出了许多的'后进峰岫'，使龙渊寺成了一个讲习佛学的中心。"龙显昭：《巴蜀佛教发展及其动因试析》，《龙显昭学术论文集》，巴蜀书社，2015年，第390页。

记的著作，并身体力行地实践密教修行以及阿弥陀西方净土信仰，很难明确地看出赞宁有把他放在哪一个宗派框架内的意图。严耀中曾指出："自五代二宋起，密教和净土宗一样也成了寓宗，兼修二者的僧人更是多了起来。典型的如尊为密教第五代祖师的四川柳本尊也一心向往'誓与众生三会龙华'。又如《宋高僧传》卷二十五《宋东京开宝寺守真传》云其……看来守真算得上是佛学多面手了。"① 守真很有可能是兼学密教与净土的僧人，但他是否兼学华严，不得而知。

但问题在于，若守真真的是华严宗门人的话，他的净土信仰是否与华严宗一以贯之的真心思想有所矛盾？华严宗主张如来性起，即一切众生本自具足如来智慧，只要称性而起便能成佛，一切诸法只是佛法的体现，离佛之外更无一法，众生与佛，本来无异，赖永海指出："本来，众生与佛，是约迷妄与悟而言。这一点，华严宗人也反复强调：'特由迷悟不同，遂有众生与佛。'……法藏、澄观、宗密的这些论述，基本上把华严宗'众生本来是佛'的思想表达出来了。通过这些论疏，人们可以看出，所谓'众生本来是佛'的思想实是无尽缘起、圆融无碍的思想在生佛关系上的运用。"② 强调众生本来是佛的华严宗人，关注的是人们自身的"迷悟状态"，人一旦开悟便会断除烦恼、远离轮回，这种理论体系下的华严宗人势必会更注重人们自身的修行，依靠对心状态的开悟来成佛，在一定程度上可以说华严宗其实更注重"自力"。与之相反的阿弥陀净土信仰，信徒们通过念诵阿弥陀而获得阿弥陀的念力并得以通往西方净土世界，这在一定程度上指的是人们依靠阿弥陀的"他力"而成佛。这两者在"自力""他力"的问题上明显是存在矛盾性的，若守真真的把自己放在华严宗人的位置上，那么他自己首先就要回答这一问题，然后才能解决个人兼修华严与净土的信仰问题。

其实从生存年代来看，赞宁与守真两人的生存年代非常接近，甚至可以说就是同时代的人物，所以赞宁对守真的记载相较于清代续法的《华严宗佛祖传》中的记录具有更大的可信性。简而言之，从赞宁的描述来看，确实很难确定守真本人的宗派属性，因为赞宁笔下的守真更倾向于是一个"杂学

① 严耀中：《汉传佛教》，学林出版社，1999 年，第 122—123 页。
② 赖永海：《中国佛性论》，江苏人民出版社，2010 年，第 145—147 页。

家"和"杂修家",而非华严门人。

二 密教传承中的守真

虽然赞宁并没有在其传记中明确守真的宗派属性,但是他的这个传记大多被后人作为佐证五代宋初成都密教的情况的一例而提出,守真也被人作为密教僧人进行讨论。刘长久就曾指出:"从上述中,唐、五代、宋初曾在成都弘传密教的有:中唐时得惟尚、南印,唐末五代时得柳本尊、演密阇梨,五代宋初时曾短时期在成都圣寿寺学习密法,而主要在河南开封弘法的守真。"①"后礼演秘阇梨授瑜伽教……常五更轮结文殊五髻教法"的守真,常常被学者作为密教人士来探讨宋初成都的密教发展情况,且关于他在密教中的师承,大致有以下三种说法。

第一,吕建福指出守真可能承袭于惠果的弟子"剑南惟上"。关于"惟上",成尊在《真言付法纂要抄》中指出:"第七祖法讳惠果阿阇梨者,不空三藏之付法入室也。……新罗惠日,涉三韩而顶载。剑南,惟上。河北则义圆,钦风振锡,渴法负笈。"②自唐太宗贞观元年(627)起,全国被划分为十道,剑南道指的就是四川地区(治在成都),惠果的弟子之一就有在四川成都一带活动的惟上;根据海云在《金胎两界师资相承》中的记载,可知惟尚(上)作为惠果金刚界和胎藏界的付法弟子在成都府活动。③从惟上师从惠果(746—805)此点来看,可见其生存年代在中唐时期,他曾经在青龙寺从惠果受金刚、胎藏这两部大法,之后便在成都一带进行传法活动。吕建福老师认为:"惟尚一系,后来当在四川成都一带建坛弘传……据四川安岳、大足石窟及地方志史料记载,唐宣宗大中年间(847—860)及其前后,在成都及川西一带有密宗僧人活动,其中著名的就有柳本尊居直……宋代承其法的赵智凤又祖述金刚智、不空等,均说明刘居直之法来自密宗之金刚界法,

---

① 刘长久:《中国西南石窟艺术》,四川人民出版社,1998年,第123页。

② 成尊:《真言付法纂要抄》,《大正藏》第77册,第418页上—418页中。

③ 海云:《金胎两界师资相承》,《卍新纂续藏》第59册,第212页上—213页上。

其时代与惟尚相去不远，唯有承袭惟尚之法才有可能。海云称惟尚为成都府惟尚，亦证惟尚即在成都一带弘密。据《宋高僧传·守真传》（卷二十五）记载，守真曾于前蜀王建末年（约 918 年前后），在成都圣寿寺'礼演秘阇梨，授瑜伽教。并得心要，咸尽指归'。显然，此演秘阇梨所传的仍然是金刚界密法，很可能也是从惟尚那时相传下来的。"① 吕建福认为守真应就是承袭了惟尚的密法。但关于守真的老师演秘阇梨，并不见其生平记载，仅能推测其为唐末五代之时在成都一带弘传金刚瑜伽密教的高僧，但他是否承袭惟尚一脉，其实不得而知。而且关于那个时期在成都传法的密教僧人，如惟尚、演秘阇梨、守真、柳本尊等人之间的关系也尚不明确。

第二，温玉成指出守真一系应传于道贤（？—936）。《宋高僧传》中载有《后唐凤翔府道贤传》一文，据此文可知道贤当为后唐凤翔府（陕西凤翔县）高僧，曾诵持《孔雀王经》以为日计，晚年受瑜伽灌顶法，曾在梦中与佛同游多国，冥解五天梵音悉昙语言，后于两京传大教者，均为其法孙及曾玄是也。② 温玉成曾据此指出，"他的传承有道贤—演秘（四川）—守真—缘迁"，③ 但此处的师承关系并无任何材料支撑，想来先生仅是依据"今两京传大教者，皆法孙之曾玄矣"此句而提出放入上述观点，还需更加细致的论证。

第三，日本学者甲田宥吽认为守真一系应传自金刚智。他指出，永观元年（983）入宋的东大寺僧人奝然（938—1016）曾在洛阳遇见一位叫崇智的密教僧人，杲宝在《杂密见闻集》中详细记载了崇智的师承，即"问受法事，答云崇智只习金刚藏教灌顶，胎藏界未受。又问血脉，答云金刚智三藏授不空，不空授智慧轮三藏，后当今天寿寺径宝阇梨授演秘大师，演秘大师授法界观阿阇梨，法界观授崇智。云云今夜阇梨修施饿鬼法，头五悔及真言音韵，如日本东寺所传此甚敏也"。④ 甲田据此指出崇智的师承应为金刚

① 吕建福：《中国密教史》，中国社会科学出版社，1995 年，第 318 页。
② 赞宁：《宋高僧传》，《大正藏》第 50 册，第 870 页下—871 页上。
③ 温玉成：《大足宝顶石窟真相解读》，《2005 年重庆大足石刻国际学术研讨会论文集》，文物出版社，2007 年，第 116 页。
④ 杲宝：《杂密见闻集》，《入唐诸家传考第六法前大师奝然传考》，《大日本佛教全书》第 116 册，第 521 页。

智—不空—智慧轮—径宝—演秘—法界观—崇智，此外他还认为，此处的
"法界观"其实并不是真名，指代的应是讲解《法界观》（杜顺撰《华严法
界观门》一卷）数十遍的守真。笔者对此不置可否，因为这个法系传承本
身就问题重重，首先从时代上来看智慧轮（传说智慧轮于唐大中年间，即
847—860 年间行大曼拏罗法，已受灌顶为阿阇梨）不可能直接受法于不空
（705—774），径宝是否直接受法于智慧轮也不确定；其次此处的"演秘阿
阇梨"并不一定就是守真老师演秘阇梨；最后就是关于"法界观阿阇梨"是
否指代的就是守真此点，诚然守真确实重视《法界观》（他作了法界钞四卷、
科一卷，并且一生之中讲法界观七十余遍），但笔者查阅了大量资料都没有
发现守真与"法界观阿阇梨"此称号有关的记录，且同时代的赞宁在其传记
中也没有提及守真的这一称号，赞宁在传记中指出守真有嗣法者二十余人，
其中一人名缘遇，至于崇智是不是这二十余人之一，不得而知。

最后温玉成还指出，《宋高僧传》卷 25《蜀僧守真传》之后附上了于阗
沙弥弥加的一则故事，可能是因为守真首创了在孔雀明王变相中加入"天胜
修罗"的内容，[1] 但笔者认为此种观点或许过于牵强，还需谨慎考虑。

综上所述，对于守真此人的密教传承，我们唯一可以确认的就是演秘阇
梨—守真—缘遇这一师承线索，此系受金刚系瑜伽密教，但是否在成都活动
也存在疑问，因为守真虽然是在成都圣寿寺谒见修进律师并出家，但其后从
师从朗、性光、演秘阇梨的地点并不确定，而且他的主要活动地点当为东京
（开封）的开宝寺。但不可否认的是，依于《宋高僧传》中的守真传而将其
作为密教中人的现代学者大有人在，相较于他隐晦不明的"华严门人"，密
教僧人守真的这一身份更为世人所知。

三　华严系统内部的守真

直至清代的文献中才陆续有了守真华严宗人的记录，例如清代续法在

---

① 温玉成：《大足宝顶石窟真相解读》，《2005 年重庆大足石刻国际学术研讨会论文集》，第
125—126 页。

《华严宗佛祖传》中提出守真就是华严八祖，①《如来香》中也明确提出"又守真法师，讲起信论法界观，常于中夜，结无量寿如来往生秘密印，系念西方。此皆习华严宗而生西土者也，况帝心著五悔文赞叹净土劝人念佛，贤首释起信，清凉疏华严，圭峰钞行愿，而华严以六十愿王，导归极乐起信以真如三昧，令生赡养。故清凉指出弥陀，即遮那化身，极乐与婆婆同界，欲见则随意即见，欲生则决定往生。余谓贤首一宗，尽归净土"。② 此处不仅点明了守真华严宗门人的身份，更是提出了华严一脉从古至今都兼习华严净土二宗的观点。

其实在确定守真的八祖身份之前，我们势必要检讨一下华严内部各个传承系统中对八祖的详细介绍。关于华严的传承，可参考的文献有如下八种：

①明代宋濂（1310—1381）所撰《塔铭》

②清徐自洙（生殁不详）所撰《浙江天竺山灌顶伯亭大师塔志铭》（简称《塔志铭》）

③清仪润（生殁不详）证义《百丈清规证义记》中所收的《贤首教观一宗》一文

④清代兴宗祖旺和景林心露（生殁不详）所集《宝通贤首传灯录》

⑤日本凤潭（1657—1738）所撰《诸嗣宗脉纪》

⑥作者不详《华严血脉》

⑦清代续法（生殁不详）所撰《华严宗佛祖传》

⑧苏州永定寺了惪（1650—1717）所撰《贤首宗承》

①《塔铭》所载如下："……国师传圭峰，圭峰传奥，奥之后又复废。逸朗现父子相继而作，补葺粗完，现传璿，璿传源，二师阴搜阳阐其宗，于是乎中兴……"③ 其中的传承是澄观—圭峰—奥—朗—现—璿—源，六祖之后为"朗现父子"，此父子应是师傅与弟子的意思，故八祖应为"现"。

②《塔志铭》所载如下："……圭峰传彻微，彻微传海印，印传法灯，

---

① 续法：《华严宗佛祖传》第 4 卷，第 26 页。《华严宗佛祖传》现存于上海图书馆。

② 西吴唐时宜之父手辑《如来香》，《国家图书馆善本佛典》第 52 册，第 348 页中—349 页上。

③ 宋濂：《佛心慈济妙辨大师别峰同公塔铭》，《嘉兴藏》第 21 册，第 609 页下。

灯传长水，长水传伯长……"① 其传承世次为宗密—彻微—海印—法灯—长水—伯长，由此可知，华严八祖为"法灯"，此处的"法灯"与①《塔铭》中的"现"是何关系？

③《贤首教观一宗》所载如下："贤首一宗，盛宏华严……清凉传圭峰，宗密著华严行愿品钞为六祖。密传玄珪真奥彻微为七祖，微传海印月朗炳然为八祖，然传守灯德现为九祖，长水子璿遥承为十祖，净源寂海潜叟为十一祖。"② 其传承为澄观—宗密—玄珪真奥彻微—海印月朗炳然—守灯德现—长水子璿—净源，此记录中的师承与其他记载有少许差异，即《贤首教观一宗》中立西土龙树为华严初祖，所以中土宗密就为六祖，而"守灯德现"为九祖。

④《宝通贤首传灯录》所载如下："国师传圭峰密为三世，密传妙圆奥为四世，奥传开明朗为五世，朗传圆显现为六世，现传灵光洪敏，敏传长水子璿，璿传晋水净源……"③ 此传承起于贤首法藏，所以宗密为第三世，那么六世就是"圆显现"，且宗密之后的妙圆奥、开明朗、圆显现三人均不存传记，但下文紧接着指出"又朗法师之时，有昭信法灯大师，传贤首教，明白可信"。④ 据此可知，朗法师与昭信法灯大师是同时代的人物且二人都在其时传播华严学，那么《宝通贤首传灯录》中的第八世"圆显现"就不是昭信法灯大师。

⑤日本凤潭在《诸嗣宗脉纪》中记载了华严宗的传承脉络，其中宗密—传奥（石壁）—朗—现—承迁—净源⑤ 这一条师承谱系是非常清晰的，华严第八祖就是"现"，应该和《塔铭》的"现"指代的是同一人，至于为何现之后会是承迁，凤潭没有给出任何的解说和依据，着实令人存疑。

⑥《华严血脉》中所载师承为"宗密—奥师—朗师—现师—璿师"，⑥ 除了"现"这个名号，《华严血脉》没有提供除此之外的任何信息，但就从此

① 徐自洙：《浙江天竺山灌顶伯亭大师塔志铭》，《卍新纂续藏》第 88 册，第 396 页中。
② 仪润証义「百丈清规証义記」『卍新纂続蔵』第 63 册、498 页中。
③ 中条道昭「宝通賢首伝灯録」『華厳学研究』第 2 号、1988、295 页。
④ 中条道昭「宝通賢首伝灯録」『華厳学研究』第 2 号、307 页。
⑤ 吉田剛「中国華厳の祖統説」『華厳学論集』東京：大蔵出版株式会社、1997、500 页。
⑥ 柴崎照和「鎌倉期華厳宗の動向Ⅰ」『インド学仏教学研究』第 42 卷第 1 号、59-61 页。

名号来看，《华严血脉》中的"现"应该与①《塔铭》、④《宝通贤首传灯录》中的"现"为同一人。

⑧《贤首宗承》所载六、七、八三世分别为奥、朗、现三位法师，所依据的原始资料为宋濂所撰《塔铭》，同时与《宝通贤首传灯录》一致，也同样记载"又朗师之时有昭信法灯大师传贤首教，明白可信，今列其事于下"。① 但此文在"贤首正宗"这一部分除立"第八世现法师"之外，还另立"昭信守真法师"② 这一条目，如此看来，《贤首宗承》中的"现"也不是昭信守真。

华严第八祖的身份问题在⑦续法撰《华严宗佛祖传》中得到了解决，即"第八世，昭信现法师，名守真，字法灯，俗姓纪，万年人……赐号昭信……朗又赐号圆现……"据此可知，八祖名守真，字"法灯"，号"昭信"，后朗法师又赐号"圆现"。另外关于他的这些称号，杨维中指出："而《百丈清规证义记》卷 7 所列'守灯'，应该是守真（法号）和法灯（字）的缩略语……《宋高僧传》中记载，守真被朝廷'赐号曰昭信焉'，而以法号和'字'并称是宋代之后佛教史籍的惯例。"③ 至此可知，①《塔铭》的"现"、②《塔志铭》的"法灯"、③《贤首教观一宗》的"守灯德现"、④《宝通贤首传灯录》的"圆显现"、⑤《诸嗣宗脉纪》的"现"、⑥《华严血脉》的"现"、⑦《华严宗佛祖传》的"昭信现法师"、⑧《贤首宗承》的"现法师"都是同一人，即《宋高僧传》中的东京开宝寺守真。至于《贤首宗承》和《宝通贤首传灯录》为何要在现法师之外另立昭信守真这一条目，不得而知，应该是二文作者不知现法师与守真是同一人而造成了如此，但这也从侧面更进一步说明，现今宗派佛教诠释框架内的种种陷阱，我们必须非常谨慎地对待这些宗派内部的材料。

---

① 廖肇亨主编《明清华严传承史料两种——〈贤首宗乘〉与〈贤首传灯录〉》，台北：中研院中国文哲研究所，2017 年，第 159 页。
② 廖肇亨主编《明清华严传承史料两种——〈贤首宗乘〉与〈贤首传灯录〉》，第 103 页。
③ 杨维中：《唐末五代华严宗的赓续新考》，《宗教学研究》2014 年第 3 期，第 94 页。

四 关于守真身份的一些猜想

至此，我们虽然确定了东京开宝寺守真的华严八祖身份，但综合这些材料来看，关于守真的身份还是存在一些疑点，为何同时代的赞宁没有在其《宋高僧传》中明晰守真的华严宗人或华严八祖的身份？为何《贤首宗乘》和《宝通贤首传灯录》会不知现与昭信守灯不是同一人而另立两传？等等。这些问题都在提示我们，守真此人的宗派身份的建立其实很复杂，还需要从以下几个方面重新考虑，即立足于守真自身对自己的定位、同时代人对其的定位，以及具有不同身份的后代对其的定位这三个方面入手。

首先，守真自身对自己的定位其实非常关键。根据义天的记载，可知守真撰有法界钞四卷、科一卷、入法界品礼文一卷、梵网经直释二卷、科一卷，[①] 但遗憾的是这些著作现今均不存世，但可以肯定的是守真所撰《法界钞》四卷拥有一定的影响力，《圆宗文类》卷22中的《法界观助修记序》一文指出，为法界观门做钞解者殆盈四家，即西蜀周仁法师、开宝守真大师、淅水从朗法师、景德有朋大师四人。[②] 可以看出此文作者对这四人所撰章疏的看重，也从侧面反映出守真所撰《法界钞》四卷在其时具有一定的影响力，守真本人应是对华严法界观门具有非常浓厚的兴趣和体悟，另外从他一生演讲起信论与法界观七十余遍来看，他非常重视《起信论》和《法界观门》这一点也可见一斑。虽然守真本人虽非常强调《起信论》和《法界观门》，但他是否认可自己华严宗人的身份此点，其实并未可知。

其次，从《东京开宝寺守真传》来看，同时代的赞宁显然并不认为守真是华严宗人，更没有提及他的华严八祖身份。在赞宁的笔下，守真显然是一个"杂学家"和"杂修家"，从学经历丰富，从修进律师出家、跟随从朗法师学习《起信论》、随性光法师习《法界观》、后跟演秘阇梨授金刚瑜伽密教，并得心要咸尽旨归；他一身的实践修行也非常繁杂，四十年间讲起信法界观共七十余遍，开灌顶道场五遍，开水陆道场二十遍，常五更轮结文殊五

① 义天录《新编诸宗教藏总录》，《大正藏》第55册，第1166页中—1171页中。

② 义天编《圆宗文类》，《卍新纂续藏》第58册，第562页上。

髻教法，夜二更轮西方无量寿教法，称阿弥陀尊号修念佛三昧期往生净土，从这些看来，他更像一位密教僧人或净土宗人，但可以肯定的是，赞宁眼中的守真绝对不是华严八祖，或者换句话说在赞宁的时代，守真还没有成为华严八祖。

剩下的疑问就是谁赋予了守真"华严八祖"的身份，而这也要结合最后一点，即从后人对其的定位一起来看。其实在上述那些宗派记录中，从朗作为七祖、守真作为八祖，这两位祖师之间有师承关系，但从朗与宗密弟子、华严六祖"圆妙奥"之间并没有师承关系，既然各位祖师之间的师承关系并不明确，那么从朗、守真作为七祖、八祖的标准到底是什么？这是个值得思考的问题。笔者认为，守真的八祖身份应是被后人赋予的，而此人正是晋水净源（1011—1088）。魏道儒曾指出："子璿的另一部重要著作是《大乘起信论笔削记》二十卷。此书更便于和华严学相联系。唐代华严学说中，渗透了《起信论》的多种思想因素。到了宋代，关注华严教义的学僧中兼重此论者不发其人。稍早于子璿的东京开宝寺守真，一生'讲《起信》及《法界观》共七十余遍'（《宋高僧传》卷 25）。从子璿习《起信》的净源此后接受了这个传统，从重视《起信论》中提出了排定华严宗初祖的法系传承说。"[①]他认为，净源本人从重视《起信论》中提出了排定华严宗的法系传承说，那么一生讲起信法界观七十余遍、且撰有多部华严著作的守真，正是净源需要的人，这也是为何守真分别随从朗、性光二师学习起信和法界观，而八祖是专研起信的从朗而非传授守真法界观的性光。

此外我们从一些例子中也可以看出净源本人其实非常重视守真和他的著作以及思想，净源在《金师子章云间类解》中提到："然而斯文，禅丛讲席莫不崇尚，故其注解，现行于世者殆及四家。清源止观禅师注之于前，昭信法灯大士解之于后，近世有同号华藏者，四衢昭昱法师，五台承迁尊者皆有述焉。历观其辞，或文烦而义阙，或句长而教非，遂使修心讲说二途，方兴传习之志，反陷取舍之情。源不佞，每念雅诰尝疚于怀，既而探讨晋经二玄，推穷唐经两疏，文之烦者删之，义之阙者补之，句之长者剪之，教之非

---

① 魏道儒：《中国华严宗通史》，江苏古籍出版社，1998 年，第 224 页。

者正之，其间法语奥辞，与祖师章旨炳然符契者，各从义类以解之，于时绝笔于云间善住阁，故命题曰云间类解焉。"① 净源在清源止观、昭信法灯、四衢昭昱、五台承迁四人对《金师子章》的注、解、述的基础上，对其文烦者删之、阙者补之，重新撰成自己的《金师子章云间类解》一文；其次，他在还《华严还源观疏钞补解》中指出："唯贤首国师妄尽还源，兼而有之，故其国顿之机，权小之流悉，皆普被耳。源景佑中禀兹观门于昆山，慧聚法师之门（名讳清本），并疏两轴科文一册皆法灯大师之所撰也，然其间所释序文及诸观义，虽尽乎善而未尽乎美，于是举要治繁，选言发行，探清凉之疏旨，索演义之钞辞，补其偏善之功，成其具美之绩，故命题曰疏钞补解焉。"② 守真撰有《华严妄尽还源疏》二卷、科一卷，且此文在净源的时代仍得以流通，净源对其评价甚高认为其"虽尽乎善而未尽乎美"，意为守真的文章在文意教义上已接近完美但文笔不够优美，所以他在守真此文的基础之上补其偏善之功、成其具美之绩，终成自己《华严还源观疏钞补解》一文。再结合义天的记载来看，可知守真还撰有《金师子章解》、《华严还源观疏》二卷、科一卷，这些文章不仅流传于世，且为净源所看重，并被其改编、删减而成为净源自己的著作。可以认为净源重视守真的著作及其学问思想，认可其一生讲演起信论及法界观七十余遍的行为，他就像给予其师长水子璿（965—1038）华严宗第九祖的身份③一样，赋予了守真"华严宗第八祖"的身份。这个猜测虽然大胆，却不失有其可能性。

综上所述，东京开宝寺守真，学习起信、法界观及瑜伽密教，一生讲演起信论、法界观七十余遍，实践修行文殊五髻教法，称念阿弥陀尊号往生净土。由于其繁杂的求学经历与实践修行，不仅让后人认可他密教宗人的地位并以他作为五代宋初成都密教发展情况的一例来提出，更因其自身撰有多部华严著作，为后代的华严学者净源所认可并赋予其华严八祖的身份地位，守真同时代的赞宁其实并没有提及他的华严八祖身份，因为赞宁眼中的守真仍是一位"杂学家"和"杂修家"，至于他本人是否承认自己的华严宗人身份，

---

① 净源：《金师子章云间类解》，《大正藏》第 45 册，第 663 页上。

② 义天编《圆宗文类》，《卍新纂续藏》第 58 册，第 562 页上。

③ 吉田剛「長水子璿における宗密教学の受容と展開」『南都仏教』第 80 号、19 頁。

此点更是不得而知。笔者认为，净源从重视《起信论》中提出排定华严宗的法系传承，他看重守真一生讲演起信七十余遍，认可守真所撰的那些与法界观、金师子章、妄尽还源观有关的佛学论著，赋予了他华严八祖的地位，华严宗内部也应当是从净源开始才承认并认可了守真的这一八祖身份，随后这一传承流传至今。要指出的是，宋朝的华严学者承袭唐朝华严大师的思想和观念，其实并不完全依靠唐末、五代、宋初这段时间内的华严宗自身的发展与延续（此说并不意在否定这段时间内华严学者的努力，而是在现有文献的基础上，我们很难确认此阶段内华严学的发展状况），他们的再传承与再诠释其实很大程度上依靠义天从朝鲜半岛带回的华严佛教典籍，即便是净源，他本人所做的工作更多的也是收集和重新整理、出版华严学相关佛典，至于进一步的教义诠释更待南宋的华严宗师。但这一切并不是在否认唐末、五代、宋初时间段内的华严学者，他们其实也在无意识地推动华严学的发展，只是在现有匮乏的资料之下，我们不知其名、不知其文，希望将来有机会能让我们进一步发掘这段时间内的佛学发展状况，以及那些被湮没的佛学大师的璀璨人生。

福州版大藏经于世界各地之收藏现状

池丽梅[*]

【摘　要】北宋末至南宋初，福州接连刊印了东禅寺版和开元寺版两部大藏经，由此不仅开创了私版大藏经之先河，亦成为此后江南刻本大藏经之源头。福州版藏经传世文本颇丰，除日藏八套福州藏（东禅寺版和开元寺版的混合藏）以外，国内外各大图书馆亦存有几千册散藏零本。学者此前关于福州版存本有过统计，但过于简略，且近年来各地藏书情况亦有变化，故而本文参考收藏单位或研究团队出版的调查报告、善本目录、数据库以及其他相关研究，重新梳理了福州版大藏经及其零本在国内外寺院、文库、图书馆和博物馆等处的收藏现状，希望能为学者今后的福州藏研究提供资料便宜。

【关键词】福州藏　东禅寺版　开元寺版　收藏　现状

唐代中期以后，随着福建地域的开发，佛教深入民心。唐末统治福建的威武军节度使王潮（846—898）、五代闽国之主王审知（862—925，909—925年在位）都以护佛闻名。南唐保大二年（944）闽国灭亡，翌年福州并入吴越国，而吴越钱氏亦笃信佛教。至北宋，福州佛教步入鼎盛，时号"佛国"，寺院社会地位崇高，经济实力雄厚。在此背景下，向以印刷、造纸技术闻名的福州，于北宋末至南宋初期相继迎来了东禅寺版和开元寺版两部大藏经的诞生。此福州二藏不但开创了私版大藏经之先河，亦为江南刻本大藏经之源头。[①]

福州二藏中，首先出现的是白马山东禅等觉禅院开板雕造的大藏经，因

---

*　池丽梅，日本国际佛教学大学院大学教授。

①　关于福州版大藏经，参照大藏会编、小川貫弍执笔代表「大藏経-成立と変遷-」（京都：百華苑、1964、43—52页）；何梅执笔《北宋版〈崇宁〉和〈毗卢藏〉》（第161—222页）；沈乃文《宋雕"崇宁藏""毗卢藏"残卷考》，《中华文史论丛》2008年第3期，第65—136页；野沢佳美「印刷漢文大藏経の歴史-中国・高麗篇-」（東京：立正大学情報メディアセンター、2015、38—49页）；京都諸宗学校连合会编「新編大藏経——成立と変遷」（京都：法藏館、2020、106-114页）。关于福州版大藏经的研究，参照池丽梅《〈福州藏〉百年学术史综述》，《佛学研究》2021年第1期，第78—92页。

其藏首附有题为"敕赐福州东禅等觉禅寺天宁万寿大藏"的文书而俗称"崇宁藏"，本文称其为"东禅寺版大藏经"或简称"东禅寺版"。东禅寺版的雕造可分为初雕、补雕和续雕三期：初雕期自北宋元丰三年（1080）至政和二年（1112）三月，雕就大藏主体部分（天 1 函至勿 564 函）；[①] 补雕期自南宋绍兴二十七年（1157）至二十九年（1159），把《注大乘入楞伽经》、《楞伽经纂》和《菩萨名经》补入初雕期遗留的三号空函（时 534 函、阿 535 函、衡 536 函）；[②] 续雕期始于南宋乾道七年（1171）迄于淳熙三年（1176），雕造了《大慧禅师语录》《首楞严经义海》以及天台教典共 16 函（多 565 函—虢 580 函）。[③]

东禅寺版初雕告终之同年同月，福州开元寺亦着手开板雕造大藏经，因其卷首题记载"雕造毗卢大藏经印板一副计五百余函"而俗称"毗卢藏"，本文称其"开元寺版大藏经"或简称"开元寺版"。开元寺版的雕造亦分初雕、补雕和续雕三期：初雕期自北宋政和二年三月至南宋绍兴二十一年（1151）二月，雕就大藏主体部分（天 1 函至勿 564 函）；补雕期即南宋隆兴二年（1164），雕造了《传法正宗记》、《辅教编》和《大方广圆觉略疏注经》并补入初雕期遗留的空函（时 534 函、阿 535 函、衡 536 函）；[④] 续雕期年代以及增补典籍皆与东禅寺版相同。福州二藏的经板几经修补，直至元代仍用于印造和流通。

福州藏现存文本颇丰，但大多收藏于日本，且多为东禅寺版和开元寺版的混合藏。小野玄妙曾受日本外务省文化事业部资助和文部省委托，与其私设秘书朝日道雄，于 1935、1936 两年间普查了日本国内的宋元版大藏经。

---

① 关于东禅寺版的北宋初雕，参照池丽梅《福州东禅寺版大藏经初雕史问题考述——以开板年代为中心》，《世界宗教研究》2021 年第 5 期，第 43—51 页。

② 关于福州藏的南宋补雕，参照池丽梅《契嵩著作之入藏始末——兼论福州二藏之目录分歧》（《文史》，待刊）。

③ 关于福州藏的南宋续雕，参照池丽梅《〈首楞严经义海〉之雕造及入藏始末》，《华林国际佛学学刊》第 4 卷，2021 年第 2 期，第 40—63 页；《〈大慧禅师语录〉之入藏始末及其意义》（《中华文史论丛》，待刊）；《天台教典的海外回流及入藏始末》，《世界宗教文化》2022 年第 6 期，第 170—177 页。

④ 参照池丽梅《〈首楞严经义海〉之雕造及入藏始末》，《华林国际佛学学刊》第 4 卷，2021 年第 2 期，第 40—63 页；《〈大慧禅师语录〉之入藏始末及其意义》（《中华文史论丛》，待刊）；《天台教典的海外回流及入藏始末》，《世界宗教文化》2022 年第 6 期，第 170—177 页。

据其统计，日藏福州版大藏经包括：教王护国寺藏 6178 册，其中开元寺版
1119 册（含《大般若经》复本 580 册）、东禅寺版 5034 册、写本 25 册；知
恩院藏 6543 册，其中开元寺版 5603 册（含音义 507 册）、东禅寺版 893 册、
写本 47 册；高野山劝学院藏 3658 册，其中东禅寺版 3543 册、思溪版 115
册。① 另据梶浦晋统计，以东禅寺版为主体的宋版大藏有四：教王护国寺藏
本约 6087 册（另有东禅寺版《大般若经》639 册），醍醐寺藏本约 6096 册，
金刚峰寺藏本约 3750 册，本源寺藏本约 2229 册；以开元寺版为主体的亦有
四藏：知恩院藏本约 5969 册，宫内厅书陵部藏本约 6263 册，金泽文库藏本
约 3490 册，中尊寺藏本约 227 册。② 此外，中村菊之进、③ 沈乃文 ④ 亦统计
过福州版零本，除上述日藏本以外，亦论及国内外的散藏零本。

上述研究的统计数据过于简略，且十多年来各地藏书亦有变化。因此，
本文拟参考收藏单位或研究团队出版的调查报告、古籍目录、数据库以及相
关研究，重新梳理东禅寺版、开元寺版大藏经及其零本在国内外寺院、文
库、图书馆和博物馆等地的收藏现状。

一　东禅寺版的现存文本

（一）以东禅寺版为主体的福州藏

现存的福州藏皆为混合藏，其中以东禅寺版为主体的宋版大藏经有
四：金刚峰寺藏本（1179—1189 年间印造），⑤ 醍醐寺藏本（1189—1195

---

① 朝日道雄「宋元麗古版大藏経所藏概況」小野玄妙著作集刊行委員会編『小野玄妙仏教芸
術著作集（別冊）』東京：開明書院、1977、39 頁。

② 梶浦晋：《日本的汉文大藏经收藏及其特色——以刊本大藏经为中心》，《版本目录学研究》
第 2 辑，国家图书馆出版社，2008 年，第 438 页。

③ 中村菊之進「宋福州版大藏経考（一）」『密教文化』第 152 号、1985、20-40 頁。

④ 沈乃文：《宋雕"崇宁藏""毗卢藏"残卷考》，第 65—136 页。

⑤ 关于金刚峰寺藏宋版大藏经，参照水原堯榮「宋版一切経目録」『高野山見存藏経目録』（高
野山学志第二編、森江書店、1931、140-548 頁。『高野山見存藏経目録』後收于『水原堯
榮全集』第四卷、同朋舎、1981。本文参照後者）。据其所收題記録文，可知金刚峰寺藏
本中含有淳熙己亥（1179）的补刻題記，但未发现 1189 年前后"安抚贾侍郎"的施财題
記。野泽佳美（「金沢文庫藏宋（福州）版一切経について」神奈川県立金沢文庫編『神奈
川県立金沢文庫保管宋版一切経目録』横浜：神奈川県立金沢文庫、1998、86-101 頁）据
此推测该藏的印造年代当在 1179 年和 1189 年之间。

年间印造），[①] 本源寺藏本（1234 年以后印造）和教王护国寺（东寺）藏本（1234 年以后印造）。[②] 我们依次对各藏来历和现状等情况，进行简要介绍。

1. 金刚峰寺藏宋版大藏经

高野山是弘仁七年（816）嵯峨天皇赐予弘法大师空海（774—835）修禅之地，其山上之劝学院乃鸟羽上皇的三女八条院暲子内亲王（1137—1211）发愿，由行胜上人（1130—1217）于建久八年（1197）创建的道场。寿永三年（1184）冬，行胜上人在仁和寺道助法亲王的灌顶仪式上修法止雨，因此获赐一套宋版大藏经。该藏最初供奉于高野山麓的天野社头，12 世纪末尚存 5926 册，至元禄六年（1693）则唯余 3968 册，包括完本 3600 册和残本 368 册。据宝历六年（1756）妙瑞校《纪州天野山丹生社宋本大藏录》载，[③] 该藏原有 5863 册，后散佚 1903 册，留存完本 3590 册及残本 363 册，缺本以其他宋版补配。明治时代，受神佛分离政策影响，天野神社的宋版大藏经被移至山上劝学院宝库，[④] 现藏于高野山灵宝馆。

---

① 重源上人于建久六年（1195）自宋请来的醍醐寺藏宋版大藏经中含有"安抚贾侍郎" 1189 年的施财题记，野泽佳美「金沢文庫藏宋（福州）版一切経について」据此推测该藏的印造年代当在 1189 年和 1195 年之间。关于醍醐寺本概况，亦可参照重要文化财编纂委员会编『新指定重要文化財 8：書迹・典籍・古文書 II』（仏典・洋本・禅僧墨迹）、東京：毎日新聞社、1983、146 頁。

② 野泽佳美在「金沢文庫藏宋（福州）版一切経について」中推测本源寺和东寺藏东禅寺版的印造年代当在 1226 年以后。然牧野和夫在「我邦舶載東禅寺版の刷印時期についての一事実 - 東寺藏一切経本東禅寺版と本源寺藏一切経本東禅寺版の刷印時期 - 」（文部省科学研究費特定領域研究（A）東アジア出版文化の研究編『ナオ・デ・ラ・チーナ』第 6 号、2004、12 頁）和「宋刊一切経に関する一、二の問題：我邦舶載東禅寺版の『刊・印・修』の問題を軸に」（『実践国文学』第 73 号、2008、91 頁）中指出，本源寺和东寺收藏的东禅寺版《十诵律》卷 26 第 17 版第 1 面和第 2 面之间的夹缝处可见"甲午冬经司换"，此"甲午"年当即端平元年（1234），他据此推测本源寺和东寺藏东禅寺版的印造当在同年以后。

③ 妙瑞「紀州天野山丹生社宋本大藏録」『昭和法宝総目録』第 3 册、東京：大藏経刊行会、1934、713-725 頁。

④ 水原堯榮「宋藏と行勝上人」『高野山見存藏経目録』（水原堯榮全集第四卷）、京都：同朋舍、1981、55-57 頁。

据水原尧荣统计，高野山藏宋版大藏经①以劝学院藏本（3744 册）为主，加上三宝院（1 册）、金刚三昧院（59 册）、高室院（3 册）、持明院（2册）、宝龟院（7 册）、大乘院（2 册）、亲王院（1 册）、真别所（13 册）、龙光院（17 册）、宝寿院（3 册）与金刚峰寺（2 册）收藏的共 110 册，总数达 3854 册。②其中，劝学院藏本包括：东禅寺版 3240 册、东禅寺版复本2 部 3 册、开元寺版 1 册（三经同册）、思溪版 133 部 480 册，另有春日版《华严经》20 册。③1956 年 6 月 28 日，包括东禅寺版 3286 册、思溪版 443 册、春日版 20 册、补写本 1 册在内的"（金刚峰寺）宋版一切经 3750 册"被指定为日本的国家重要文化财。④

2. 醍醐寺藏宋版大藏经

坐落于京都市伏见区的醍醐寺是醍醐天皇（897—930 年在位）创建的真言宗古刹，寺内珍藏着一套宋版大藏经。该藏由俊乘坊重源上人（1121—1206）自宋引进并于建久六年（1195）安置在醍醐寺。⑤醍醐寺藏宋版大藏经曾有四次大规模调查，每次都制作了勘定目录。现存最古的目录是江户时代上醍醐密教院僧光心所编《上醍醐寺藏一切经目录》（二册），曾收入《昭和法宝总目录》，⑥影印版收于《醍醐寺藏宋版一切经目录》。⑦1937 年，该藏从上醍醐一切经藏移至灵宝馆宝库，佐和隆研等人核对后于翌年 12 月 24 日制作了《昭和再录宋版一切经目录》（一册）。1962 年，文化财保护委员会考察了醍醐寺藏宋版大藏经 604 函的前 320 函并制作了《上醍醐寺藏宋版一切经调查书》（三册）。1964 年 1 月 28 日，醍醐寺藏宋版一切经被

---

① 水原堯榮「宋版一切経目録」『高野山見存蔵経目録』（水原堯榮全集第四卷）、140-548 頁；「勧学院藏宋版一切経目録」、143-269 頁；「宋版刊記奥書目録」、240-538 頁；「各院藏宋版一切経目録」、539-548 頁。

② 水原堯榮「宋藏と行勝上人」、56 頁。

③ 水原堯榮「宋藏と行勝上人」、57-58 頁。

④ 「（金剛峰寺）宋版一切経」『新指定重要文化財 8：書迹・典籍・古文書 II』、154 頁。

⑤ 关于醍醐寺宋版大藏经的来历，参见重源《南无阿弥陀佛作善集》[建仁三年（1203）抄本，东京大学史料编纂所藏]，三宝院门迹义演准后编寺志《醍醐新要录》等。

⑥ 「上醍醐寺藏一切経目録」『昭和法宝総目録』第 1 册、東京：大蔵経刊行会、1929、853-880 頁。

⑦ 「上醍醐寺藏一切経目録」二册、総本山醍醐寺編『醍醐寺藏宋版一切経目録』（別册：影印篇）、東京：汲古書院、2015、279-441 頁。

指定为日本的国家重要文化财。① 最后，广岛大学小林芳规率领考察团对醍醐寺藏本展开了全面的调查和研究，并于 2015 年出版了《醍醐寺藏宋版一切经目录》。②

醍醐寺藏宋版大藏经自天 1 函至號 580 函，总数多达 6102 册，包括北宋的初雕诸经和南宋续雕的《大慧禅师语录》《首楞严义海》以及天台教典等。其中，除《大般若经》（天 1 函—奈 60 函，现存 653 册，内含音义册）是开元寺版以外，其余皆为东禅寺版。③2017 年 9 月 15 日，醍醐寺藏"宋版一切经（6102 册）"被指定为日本的国宝。④

3. 本源寺藏宋版大藏经

坐落于爱知县中岛郡祖父江町三丸渊的真宗大谷派本源寺内，收藏着京都三圣寺（废寺）旧藏的宋版大藏经。⑤ 据同朋学园佛教文化研究所的调查报告，本源寺藏本总数为 2229 册（内含音义册），包括：东禅寺版 1861 册、开元寺版 255 册、东禅寺版或开元寺版 7 册、思溪版 77 册、⑥ 疑为思溪版 3 册、元普宁寺版 1 册、日本覆刻东禅寺版 11 册、日本覆刻开元寺版 2 册、东禅寺版摹写本 1 册、开元寺版摹写本 1 册，还有 10 册版本种类不明。⑦

---

① 「(醍醐寺) 宋版一切経」『新指定重要文化財 8：書迹・典籍・古文書 II』、146 頁。

② 総本山醍醐寺編《醍醐寺藏宋版一切経目録》共六册，第一至第五册详细登录了各卷之文本信息，第六册收录了相关文献的影印和录文。关于醍醐寺藏本的内容及特色等，参照小林芳规「醍醐寺藏宋版一切経解題 (一)」(『醍醐寺藏宋版一切経目録』第一册、7-119 頁)、山本秀人「醍醐寺藏宋版一切経解題 (二) 音義」(同目録第一册、121-171 頁)。本文关于醍醐寺藏本的简介，主要参考了小林芳规的「醍醐寺藏宋版一切経解題 (一)」(尤其是第 114—119 頁)。

③ 小林芳规「醍醐寺藏宋版一切経解題 (一)」、総本山醍醐寺編『醍醐寺藏宋版一切経目録』第一册、7-119 頁。

④ 日本文部科学省文化庁『国指定文化財等データベース：国宝・重要文化財（美術品）』(https://kunishitei.bunka.go.jp/bsys/categorylist?register_id=201)。

⑤ 关于京都三圣寺（废寺）及该寺旧藏版大藏经，参照織田顯信「廃寺『三聖寺』研究覚書」『同朋学園仏教文化研究所紀要』創刊号、1979、270-288 頁；藤谷一海「佐々木海量伝」『同朋学園仏教文化研究所紀要』創刊号、289-308 頁。

⑥ 据《本源寺藏宋版一切経调查报告》，本源寺藏本中含思溪版 54 册和"北宋敕版模刻本二十三册"（第 105 頁），然其所谓"北宋敕版模刻单刊本"实乃思溪版《八十华严》，因此该寺所藏思溪版总数当作 77 册。

⑦ 关于本源寺藏本的统计，参照小岛惠昭等「本源寺藏宋版一切経调查报告」(『同朋学園仏教文化研究所紀要』創刊号、85-269 頁) 和『本源寺藏宋版一切経调查报告訂正追記』(同朋学園仏教文化研究所、1980、1-15 頁)。

另有众多残片，中村菊之进整理过其中 600 多片。[①] 除本源寺藏本以外，三圣寺旧藏本还散藏于日本国内外的文库和图书馆等处。[②]

4. 教王护国寺（东寺）藏宋版大藏经

位于京都市下京区的教王护国寺（下文简称"东寺"）是桓武天皇延历十五年（796）创建的古刹，弘仁十四年（823）由嵯峨天皇赐予弘法大师空海，成为真言宗寺院。寺内有很多珍贵藏书，包括后白河天皇的六女宣阳门院觐子内亲王（1181—1262）旧藏的"宋版一切经"；仁治三年（1242）行遍僧正（1181—1264）施入东寺御影堂的"宋版《大般若经》"；[③] 觐子内亲王施予东寺的"宋版律三大部"[④] 等。

东寺藏"宋版一切经"现有几种目录传世：其一即《昭和法宝总目录》所收《东寺经藏一切经目录》，[⑤] 另一即文化财保护委员会编《东寺一切经调查书》（1959—1962）。[⑥] 1961 年 6 月 23 日被指定为国家重要文化财的东寺"宋版一切经"[⑦] 总共 6087 册，包括东禅寺版 5506 册、开元寺版 556 册、春日版《大般涅槃经》7 册、南北朝补写本 18 册。[⑧] 此外，东寺藏"宋版《大般若经》"现存 642 册，包括开元寺版 600 册，东禅寺版 33 册，以及用于补

---

① 中村菊之進「宋版大藏経本源寺本（三聖寺舊藏拾遺）」『同朋学園仏教文化研究所紀要』第 10 号、1988、141－166 頁。

② 三圣寺旧藏本钤有"三圣寺"印，易于辨识。除本源寺藏本以外，日本国内的散藏零本见「三聖寺舊藏一切経諸家散在目録」（『同朋学園仏教文化研究所紀要』創刊号、261－266 頁）和「三聖寺舊藏一切経諸家散在目録（訂正追記）」（『本源寺藏宋版一切経調査報告訂正追記』、12－14 頁）。

③ 关于东寺藏宋版大藏经和宋版《大般若经》的来历，参照杲宝「東宝記」卷六、東寺創建一千二百年記念出版編纂委員会編『新東宝記-東寺の歴史と美術-』京都：便利堂、1995、608－609 頁。

④ 杲宝《东宝记》卷三《佛宝下・西院安置本尊圣教等追加目录》载："律宗三大部四合，一合《资持记》，一合《行事抄》，一合《戒疏》《行宗记》等，一合《羯磨疏》《济缘记》，右宣阳门院御施入之。"（『新東宝記出版記念：東寺と「東宝記」』東寺宝物館、1996、18 頁）。

⑤ 「東寺経藏一切経目録」『昭和法宝総目録』第 1 冊、791－823 頁。

⑥ 梶浦晋：《日本的汉文大藏经收藏及其特色——以刊本大藏经为中心》，第 455 页。

⑦ 关于东寺藏宋版大藏经，参照山本信吉「（教王護国寺）宋版一切経」『新指定重要文化財 8：書迹・典籍・古文書 II』、147 頁。

⑧ 山本信吉「宋版一切経」東寺創建一千二百年記念出版編纂委員会編『新東宝記-東寺の歴史と美術-』、399 頁。

配的江户写本等。① 至于"宋版律三大部"，② 仁治二年（1241）的《律宗三大部目录》原载 73 册，现存 52 册。③

（二）东禅寺版零本的现存状况

东禅寺版的散藏零本较为分散且有流动性，难于精确统计，本文仅据已出版的古籍目录、数据库和先行研究等资料，大致介绍其收藏现状。首先，东禅寺版零本④ 在中国国内收藏于多地，包括国家图书馆（13 部 14 册）、南京图书馆（2 部 2 册）、山西省博物院（11 部 14 册）、山东省博物馆（1 部 1 册）、辽宁省图书馆（6 部 13 册）、天津图书馆（1 部 1 册）、北京师范大学图书馆（1 部 1 册）、东北师范大学图书馆（1 部 1 册）、北京大学图书馆（12 部 11 册）、⑤ 长春市图书馆（1 部 4 册）、福建省图书馆（1 部 1 册）、⑥ 齐齐哈尔市图书馆（1 部 1 册）、⑦ 上海图书馆（3 部 3 册）、⑧ 太原市文物考古研究所（8 部 12 册）和太原崇善寺（7 部 15 册）、⑨ 台北"国家图书馆"

---

① 山本信吉「宋版大般若経」東寺創建一千二百年記念出版編纂委員会編『新東宝記-東寺の歴史と美術-』、401、404 頁。
② 关于东寺藏宋版律三大部，参照赤尾栄慶「東寺所藏宋版『律宗三大部併記文』」『学叢』第 18 号、1996、29—39 頁。
③ 山本信吉「宋版律三大部」東寺創建一千二百年記念出版編纂委員会編『新東宝記-東寺の歴史と美術-』、407、410 頁。
④ 据中国古籍善本书目编辑委员会编《中国古籍善本书目》（上海古籍出版社，1998 年，第 883 页）统计，国内现存 88 册东禅寺版。沈乃文《宋雕"崇宁藏""毗卢藏"残卷考》（第 68—69 页）指出此 88 册东禅寺版分藏于国家图书馆、北京大学图书馆、上海图书馆、天津图书馆、山西省博物院、太原市崇善寺、辽宁省图书馆、吉林大学图书馆、陕西省图书馆、山东师范大学图书馆、山东省博物馆、南京图书馆、泉州开元寺、湖南省图书馆十四处，但未说明各馆藏本的经题、部数和册数。本文尚未确认吉林大学图书馆、湖南省图书馆、陕西省图书馆、泉州开元寺的藏本种类及数量。
⑤ 沈乃文：《宋雕"崇宁藏""毗卢藏"残卷考》，第 69—70 页。
⑥ 自国家图书馆至福建省图书馆的馆藏东禅寺版零本情况，参照《国家珍贵古籍名录数据库》。
⑦ 李淑清：《北宋刻本〈崇宁藏〉的流传考略》，《齐齐哈尔师范高等专科学校学报》2010 年第 3 期，第 76—77 页。
⑧ 《全国古籍普查登记基本数据库》，http://202.96.31.78/xlsworkbench/publish。
⑨ 韩革：《太原新发现北宋刻本〈崇宁藏〉零本》，《中国文物报》2017 年 6 月 27 日第 5 版。

（3部3册）、^① 台北"国立故宫博物院"（3部4册）^② 等。

其次，东禅寺版零本散藏于日本如下诸处：宫内厅书陵部（1528册、音义130册）、^③ 金泽文库（978册）、^④ 知恩院（978册）、^⑤ 中尊寺（1部1册）、^⑥ 南禅寺（册数不详）、^⑦ 神户市妙法寺（3部3册）、^⑧ 醍醐寺三宝院（1部10册）、^⑨ 大谷大学图书馆（14部35册、音义1册）、^⑩ 天理大学附属天理图书馆（5部7册）、^⑪ 御茶水图书馆成簀堂文库（3部5册）、^⑫ 五岛美术馆大东急纪念文库（1部1册）、^⑬ 京都大学图书馆（3部3册、音

① "中央图书馆"善本书目（增订二版），台北："中央图书馆"，1986年，第680、688页；台北"国家图书馆"《古籍与特藏文献资源：古籍影像检索资料库》，http://rbook.ncl.edu.tw/NCLSearch/Search/Index/1。

② 台北"国立故宫博物院"图书馆《院藏图书文献类资料库·善本古籍》，https://rbk-doc.npm.edu.tw/npmtpc/npmtpall?ID=11&SECU=358885416&PAGE=rbmap/rbmeta/search&ACTION=SC%2Crbmeta%2A@@2014186935。

③ 宫内省図書寮「付録：大蔵経細目」『図書寮漢籍善本書目』東京：文求堂、松雲堂、1931；慶応義塾大学付属研究所斯道文庫『宫内庁書陵部収蔵漢籍集覧-書志書影・全文影像データベース-』、https://db2.sido.keio.ac.jp/kanseki/T_bib_search.php。

④ 「金沢文庫保管の宋版一切経の概要と特色」神奈川県立金沢文庫編『神奈川県立金沢文庫保管宋版一切経目録』、5頁。

⑤ 「（知恩院）宋版一切経」『新指定重要文化財8：書迹・典籍・古文書Ⅱ』、148頁。

⑥ 破石澄元、政次浩『中尊寺大長寿院所蔵宋版経調査概報』、72頁。

⑦ 「南禅寺経蔵一切経目録」『昭和法宝総目録』第1册、824—852頁。

⑧ 梶浦晋：《日本的汉文大藏经收藏及其特色——以刊本大藏经为中心》，第449—450页。

⑨ 严绍璗：《日藏汉籍善本书录》中册，中华书局，2007年，第1346页。

⑩ 严绍璗：《日藏汉籍善本书录》中册，第1346页；大谷大学図書館『大谷大学所蔵仏教関係善本稀覯書展観目録』京都：大谷大学図書館、1987；大谷大学図書館『神田鬯盦博士寄贈図書目録』京都：大谷大学図書館、1988；大谷大学『第77回大藏会展観目録』京都：大谷大学、1992；大谷大学『図書館所蔵仏教関係貴重書展観目録——文学部国際文化学科開設・短期大学文化学科開設一周年記念』京都：大谷大学、1993；大谷大学図書館資料特別整理委員会楠丘文庫整理班『大谷大学図書館蔵楠丘文庫目録』京都：大谷大学図書館、1997；大谷大学図書館『大谷大学図書館所蔵貴重書善本図録-仏書篇-』京都：大谷大学、1998。

⑪ 天理図書館善本叢書編集委員会『天理図書館稀書目録』（天理図書館叢書第十二輯）、76-78、82頁；天理図書館善本叢書編集委員会『天理図書館稀書目録——和漢書之部第二』（天理図書館叢書第十五輯）、72頁；阿部隆一「天理図書館蔵宋金元版本考」『ビブリア』第75号、1980、402頁。

⑫ 川瀬一馬「お茶の水図書館蔵新修成簀堂文庫善本書目」東京：石川文化事業財団お茶の水図書館、1992、955頁。

⑬ 川瀬一馬「大東急記念文庫貴重書解題（第2巻仏書之部）」東京：大東急記念文庫、1965、955頁。

义 1 册）、^① 庆应义塾大学图书馆（1 部 1 册）^②、东京都立大学中央图书馆（1
部 1 册）、^③ 早稻田大学图书馆（1 部 1 册）、^④ 杏雨书屋（1 部 2 册）、^⑤ 龙谷
大学图书馆（1 部 1 册）、^⑥ 岩濑文库（1 部 1 册）、^⑦ 大阪府立图书馆（1 部 2
册）、^⑧ 东北大学附属图书馆（1 部 1 册）、^⑨ 布施美术馆（1 部 1 册）、^⑩ 同朋
学园大学图书馆（1 部 1 册）、京都若林政吉（1 部 1 册）、名古屋祐誓寺（5
部 7 册）、冈崎市妙源寺（1 部 1 册）^⑪ 等。此外，石井积翠轩文库的旧藏目
录、^⑫ 大藏会的展观目录 ^⑬ 以及古书目录等，亦有著录东禅寺版零本。

最后，美国的国会图书馆（13 部 9 册、音义 1 册）、^⑭ 哈佛大学燕京图
书馆（8 部 5 册）、^⑮ 加州大学伯克利分校东亚图书馆（6 部 9 册）、^⑯ 普林斯

---

① 『日本所蔵中文古籍数据庫』、http://kanji.zinbun.kyoto-u.ac.jp/kanseki；『京都大学貴重資料デ
  ジタルアーカイブ』、https://rmda.kulib.kyoto-u.ac.jp/。
② 『日本所蔵中文古籍数据庫』。
③ 『日本所蔵中文古籍数据庫』。
④ 早稻田大学『古典籍総合データベース』、https://www.wul.waseda.ac.jp/kotenseki/。
⑤ 严绍璗：《日藏汉籍善本书录》中册，第 1373 页。
⑥ 竜谷大学図書館『竜谷大学図書館善本目録』京都：竜谷大学出版部、1936、97 頁；竜谷
  大学図書館『竜谷蔵：貴重資料画像データベース』、http://www.afc.ryukoku.ac.jp/kicho/top.
  html。
⑦ 西尾市岩瀬文庫『古典籍書志データベース』、https://trc-adeac.trc.co.jp/WJ11C0/WJJS02U/
  2321315100。
⑧ 大阪府立図書館『富岡文庫善本書影』京都：小林写真制版所出版部、1936；大阪府立図書
  館『恭仁山荘善本展覧目録』大阪府立図書館、1935、2-3 頁。
⑨ 東北大学付属図書館『和漢書別置本目録：未定稿』東北大学付属図書館、1936、6 頁。
⑩ 布施巻太郎没後 30 年記念企画展『(財) 布施美術館名品展』長浜：高月町観音里歴史民俗
  資料館、2000、25 頁。
⑪ 同朋学園大学図書館所蔵至妙源寺藏本，参照「三聖寺舊蔵一切経諸家散在目録」和「三聖
  寺舊蔵一切経諸家散在目録（訂正追記）」。
⑫ 川瀬一馬「石井積翠軒文庫善本書目」京都：臨川書店、1942、本文篇 207-212 頁、図録
  篇 394-396 頁。
⑬ 『大蔵会展観目録——自第一回至第五十回』京都：文華堂、1981。
⑭ 范邦瑾：《美国国会图书馆藏中文善本书续录》，上海古籍出版社，2011 年，第 251—254 页。
⑮ 沈津：《美国哈佛大学哈佛燕京图书馆中文善本书志（哈佛燕京图书馆书目丛刊第七种）》，
  上海辞书出版社，1999 年，第 478—479、482—483 页。
⑯ 加州大学伯克利分校东亚图书馆：《加州大学伯克利分校东亚图书馆中文古籍善本书志》下
  册，上海古籍出版社，2005 年，第 238、240、245 页。

顿大学葛思德东亚图书馆（1部1册）、[①] 斯坦福大学图书馆（1部1册）、[②] 印第安纳波利斯美术馆（1部1册）、[③] 麻省理工学院图书馆（1部1册），[④] 以及英国大英图书馆（1部1册）[⑤] 等地，亦有少量藏本。

　　上述东禅寺版经本可见旧藏书印，由此可判断其来历。[⑥] 首先，醍醐寺本、石井积翠轩文库旧藏本（3部5册）、御茶水图书馆成篑堂文库（1部1册）、印第安纳波利斯美术馆（1部1册）、麻省理工学院图书馆（1部1册）等藏本有"能仁禅寺大藏"木记，可知其原属杭州径山能仁禅寺大藏经。其次，中国国家图书馆（2部2册）、山西省博物院（4部4册）、上海图书馆（3部3册）、太原市文物考古研究所（4部4册）、太原崇善寺(5部5册)、台北"国家图书馆"（3部3册）藏本铃有"鼓山大藏"印（正方或长方形朱印），知其原属福州鼓山涌泉寺大藏经。[⑦]

　　最后，日本的本源寺、名古屋祐誓寺（5部7册）、冈崎市妙源寺（1部1册）、大谷大学图书馆(14部35册、音义1册)、御茶水图书馆成篑堂文库（1部1册）、京都大学图书馆（2部2册、音义1册）、五岛美术馆大东急纪念文库（1部1册）、庆应义塾大学图书馆（1部1册）、东北大学附属图书馆（1部1册）、早稻田大学图书馆（1部1册）、龙谷大学图书馆（1部1册）、同朋学园大学图书馆（1部1册）、京都若林政吉（1部1册）、岩濑文库（1部1册）、大阪府立图书馆（1部2册）、石井积翠轩文库旧藏（3部3册）、布施美术馆（1部1册）、古书目录（5部3册)，以及中国的

①　美国普林斯顿大学东亚图书馆：《普林斯顿大学图书馆藏中文善本书目》下册，国家图书馆出版社，2017年，第733—734页。

②　马月华：《美国斯坦福大学图书馆藏中文古籍善本书志》，广西师范大学出版社，2013年，第142—144页。

③　沈津：《美国所藏宋元刻佛经经眼录》，《文献》1989年第1期，第209页。

④　沈津：《中国珍稀古籍善本书录》，广西师范大学出版社，2006年，第320—321页。

⑤　川瀬一馬、岡崎久司编「大英图书馆所藏和漢書総目録」東京：講談社、1996、339页。

⑥　沈乃文曾讨论现存东禅寺版中的旧藏书印，除"三圣寺""鼓山大藏""能仁禅寺大藏"等近代以前的旧藏书印以外，他也注意到了寺田盛业（"字士弧号望南""读杜草堂"）、内藤湖南（"炳卿珍藏旧築古钞之记"）、傅云龙（"德清傅云龙印""德清傅云龙图籍访古印"）、Frank Hawley（"宝玲文库"）等近代藏书家的旧藏印。参照沈乃文《宋雕"崇宁藏""毗卢藏"残卷考》，第72—75、94—96页。

⑦　参照沈乃文《宋雕"崇宁藏""毗卢藏"残卷考》，第94—95页；韩革《太原新发现北宋刻本〈崇宁藏〉零本》。

国家图书馆（1 部 1 册）、北京大学图书馆（5 部 5 册）、台北"国立故宫博物院"（2 部 2 册），美国的国会图书馆（4 部 1 册）、哈佛大学燕京图书馆（8 部 5 册）、加州大学伯克利分校东亚图书馆（4 部 7 册）等藏本中可见"三圣寺"朱印，当为京都三圣寺旧藏本。

除上述东禅寺版大藏经及其零本以外，还有一种采用东禅寺版经板印造的《大般若经》需要特别说明。该经本因其卷尾附五行题记："明州奉化县忠义乡瑞云山／参政太师王公祠堂大藏经，永充四众看转，／庄严报地。绍兴壬午五月朔，男左朝请郎、福／建路安抚司参议官赐绯鱼袋王伯序题。劝／缘住持清凉禅院传法赐紫慧海大师清宪。"所以亦通称"王公祠堂本"。[①] 川濑一马曾提及石井积翠轩文库旧藏《大般若经》卷 38 有绍兴三十二年（壬午；1162）明州清凉禅院清宪永置藏经的卷末刊记。[②] 中村菊之进指出王公祠堂本的行款、字体、刻工名、印造印等特征皆与通常的东禅寺版一致，但掩面的用纸和装帧有所不同。[③] 梶浦晋认为王公祠堂本是绍兴三十二年，左朝请郎、福建路安抚司参议官王伯序，遵照清凉禅院慧海大师清宪建议，施予明州奉化县忠义乡瑞云山祠堂的大藏经。[④] 目前，关于王公祠堂本的印造年代尚有争议：学者通常将题记中的"绍兴壬午"即绍兴三十二年视为其印造时间，但牧野和夫指出王公祠堂本含"比丘法悟舍钱开板"的补刻题记，无东禅寺版常见的"广东运使寺正曾噩舍"或"安抚贾侍郎舍"等补刻题记，故而据此推测王公祠堂本当印造于绍兴三十二年以后、淳熙己亥（1179）以前。[⑤]

据梶浦晋统计，王公祠堂本现存 53 册，分布于日本国内外各大文库、

① 关于王公祠堂本，参照中村菊之進「宋明州王公祠本大藏経考」『文化』第 48 卷第 1／2 号、1984、99 頁；梶浦晋「日本現存の宋元版『大般若経』-剛中玄柔将来本と西大寺藏磧砂藏版を中心として-」『金沢文庫研究』第 297 号、1996、9-10 頁；沈乃文《宋雕"崇宁藏""毗卢藏"残卷考》，第 105—107 頁；梶浦晋《日本的汉文大藏经收藏及其特色——以刊本大藏经为中心》，第 450—451 頁。
② 川瀬一馬「石井積翠軒文庫善本書目」、本文篇 211 頁。
③ 中村菊之進「宋明州王公祠本大藏経考」、99 頁。
④ 梶浦晋「日本現存の宋元版『大般若経』-剛中玄柔将来本と西大寺藏磧砂藏版を中心として-」、10 頁。
⑤ 牧野和夫「宋刊一切経に関する一、二の問題：我邦舶載東禅寺版の『刊・印・修』の問題を軸に」、88 頁。

图书馆、博物馆等处。^①经笔者确认，此 53 册王公祠堂本现分藏如下：龙谷大学图书馆 2 册（卷 12、537）、关西大学图书馆 1 册（卷 167）、庆应大学图书馆斯道文库 3 册（卷 99、243、352）、京都国立博物馆 3 册（卷 35、135、169）、京都大学图书馆 4 册（卷 84、151、354、398）、立正大学图书馆 2 册（卷 81、517）、天理大学附属天理图书馆 1 册（卷 38）、药师寺 4 册（卷 23、237、405、464）、大慈寺 1 册（卷 489）、法隆寺 2 册（卷 228、308）、建仁寺两足院 1 册（卷 326）、龙门文库 1 册（卷 546）、东洋文库 5 册（卷 45、144、145、213、297）、个人藏 4 册（卷 18、104、213、297）、古书目录 1 册（卷 598）、中国国家图书馆 3 册（卷 22、246、539）、上海图书馆 1 册（卷 321）、泉州开元寺 1 册（卷 195）、台北中研院历史语言研究所傅斯年图书馆 1 册（卷 466）、美国国会图书馆 2 册（卷 300、545）、哈佛大学燕京图书馆 5 册（卷 322、351、383、436、547）、加州大学伯克利分校东亚图书馆 1 册（卷 245）、哥伦比亚大学东亚图书馆 1 册（卷 451）、德国巴伐利亚邦立图书馆 1 册（卷 407）、瑞典国立图书馆 1 册（卷次不明）、英国剑桥大学图书馆 1 册（卷 110）。此数据与梶浦晋的统计相比，已有三点变化：一、古书目录原载的卷 243 和卷 352 现已归属庆应大学图书馆斯道文库；^②二、个人（野泽佳美）旧藏卷 517 现藏于立正大学图书馆；^③三、个人（中村菊之进）旧藏卷 45、144、145、213、297 现已入藏东洋文库。^④此外，有学者指出，加州大学伯克利分校东亚图书馆藏卷 83 和美国国会图

---

① 关于王公祠堂本的现存本，中村菊之进「宋明州王公祠本大藏経考」（94 頁）介绍了 9 册，梶浦晋先于「日本現存の宋元版『大般若経』–剛中玄柔將來本と西大寺藏磧砂藏版を中心として–」（9–10 頁）介绍了 28 册，后于《日本的汉文大藏经收藏及其特色——以刊本大藏经为中心》（第 450—451 页）增至 53 册。关于美藏王公祠堂本，亦可参照沈津《美国所藏宋元刻佛经经眼录》，第 198—199 页；沈津《美国哈佛大学哈佛燕京图书馆中文善本书志》，第 476 页；沈津《中国珍稀古籍善本书录》，第 312、314 页；范邦瑾《美国国会图书馆藏中文善本书续录》，第 254—255 页；曹亦冰、卢伟主编《美国图书馆藏宋元版汉籍图录》（国外所藏汉籍善本丛刊），中华书局，2015 年，第 50—57 页；等等。
② 慶応義塾大学付属研究所斯道文庫『斯道文庫所蔵典籍解題目録データベース』、http://db.sido.keio.ac.jp/sido-tenseki/。
③ 野沢佳美「印刷漢文大蔵経の歴史–中国・高麗篇–」、2–5 頁。
④ 此五册王公祠堂本原为中村菊之进的个人藏书，现藏于东洋文库。参照東洋文庫『漢籍オンライン検索』、http://124.33.215.236/open/KansekiQueryInput10.html。

书馆藏卷 193，亦为王公祠堂本。①

二　开元寺版的现存文本

（一）以开元寺版为主体的福州藏

以开元寺版为主体的宋版大藏经有四：知恩院藏本（1179 年以后印造②）、宫内厅书陵部藏本（1251 年以后印造③）、金泽文库藏本（1253—1258 年间印造④）和中尊寺藏本（1144 年以前印造⑤）。我们依次对各藏来历及其现状等情况做一简要介绍。

1. 知恩院藏宋版大藏经

坐落于京都市东山区林下町的知恩院，是日本净土宗的总本山。元和五年（1619），德川家光施予该院一套福州版大藏经，宝历七年（1757）曾有修补和补写。明治八年（1875），鹈饲彻定为该藏编撰《知恩院一切经目录》，后收入《昭和法宝总目录》。⑥1963 年，知恩院亦曾制作《知恩院宋版一切经调书》（稿本）。⑦

据朝日道雄统计，知恩院藏宋版大藏经共 6543 册，包括：开元寺版

---

① 加州大学伯克利分校东亚图书馆编《加州大学伯克利分校东亚图书馆中文古籍善本书志》下册《子部·释家类》，上海古籍出版社，2005 年，第 236 页；范邦瑾：《美国国会图书馆藏中文善本书续录》，第 255 页。

② 牧野和夫在「宋刊一切経に関する一、二の問題：我邦舶載東禅寺版の『刊·印·修』の問題を軸に」（88 頁）中指出，知恩院藏本中有“淳熙己亥（1179）”的补刻题记，据此推测该藏的印造年代当在同年以后。

③ 中村一纪指出，宫内厅书陵部藏本中有淳祐十一年（1251）补刻题记，据此可知该藏之印造当在同年以后。参照中村一纪著，李穗元译《关于宫内厅书陵部所藏福州版大藏经中的混合与印章》，《藏外佛教文献》2008 年第 3 期，第 451—456 页。

④ 高桥秀荣（「北条実時が稱名寺に寄進した宋版一切経」『神奈川県立金沢文庫保管宋版一切経目録』、73-85 頁）指出金泽文库藏宋版大藏经于弘长元年（1261）传来日本。野泽佳美「金沢文庫藏宋（福州）版一切経について」（87 頁）推测该藏当印造于宝祐年间（1253—1258）。

⑤ 中村菊之进在「宋明州王公祠本大藏経考」（99 頁、注 22）中指出，中尊寺藏本中有绍兴十四年（1144）的喜舍题记，据此可知该藏之印造当在同年以前。

⑥ 鹈饲徹定「知恩院一切経目録」『昭和法宝総目録』、881-907 頁。

⑦ 梶浦晋：《日本的汉文大藏经收藏及其特色——以刊本大藏经为中心》，第 456 页。

5603 册（含音义 507 册）、东禅寺版 893 册、写本 47 册。[①] 1965 年 5 月 29 日，包括开元寺版 4940 册、东禅寺版 978 册、江户写本 51 册在内的知恩院藏"宋版一切经（5969 册）"被指定为日本的国家重要文化财。[②]

2. 宫内厅书陵部藏宋版大藏经

宫内厅书陵部（旧称宫内省图书寮）是日本的皇室图书馆，其中珍藏着庆政等人从南宋引进的一套宋版大藏经。该藏现有几种目录：一是大正新修大藏经刊行会编《宫内省图书寮一切经目录》，收于《昭和法宝总目录》；[③] 二是宫内省图书寮于 1930 年发行的线装本《图书寮汉籍善本书目》；[④] 三是宫内省图书寮于 1931 年发行的洋装改订版《图书寮汉籍善本书目》。[⑤] 后两种书目除于卷三载"大藏经"词条解说以外，另于《附录：大藏经细目》公开了宋版大藏经各卷的文本信息。

此外，宫内厅书陵部于 1960 年发行的《图书寮典籍解题·汉籍篇》虽然收录了"一切经"的词条解释，但未附详目。据其解说，宫内厅书陵部宋版大藏经是庆政上人（1189—1268）所创法华山寺之旧藏。庆政于建保五年（1217）入宋，其间曾资助福州开元寺雕藏，翌年（1218）归国时请回了一套开元寺版大藏经。此后，庆政亦委托南宋商船，将藏经续刻经本陆续运至日本。庆政引进的开元寺版大藏经最初收藏在法华山寺，后因元弘三年（1333）兵乱，于建武末年至历应初移置石清水八幡宫。明治二年（1869）十月九日，该藏归属宝青庵，后由内务省收购，明治十九年（1886）由内阁管理，明治二十四年（1891）三月入藏宫内省图书寮。[⑥]

关于宫内厅书陵部收藏的宋版大藏经的总数，几种目录的记载互有出入。例如，1930 年版《图书寮汉籍善本书目》先于《附录·大藏经细目》（第 1 页右）载："大藏经（六千二百五十五卷，附字音册五百三十五卷）

① 朝日道雄「京都知恩院蔵福州版大蔵経刊記列目」『密教研究』第 72 号、1940、70-98 頁。
② 「（知恩院）宋版一切経」『新指定重要文化財 8：書迹・典籍・古文書 II』、148 頁。
③ 大正新修大蔵経刊行会編「宮内省図書寮一切経目録」『昭和法宝総目録』第 1 冊、759-790 頁。
④ 宮内省図書寮「図書寮漢籍善本書目」（線装本）東京：宮内省図書寮、1930。
⑤ 宮内省図書寮「図書寮漢籍善本書目」（洋装改訂版）東京：文求堂、松雲堂、1931。
⑥ 宮内庁書陵部編「図書寮典籍解題・漢籍篇」東京：一誠堂書店、1960、174-178 頁。

六千二百九册。"另于"正误表"载："六千二百六十二卷，六千二百三十八册。"而 1931 年洋装版则载："大藏经（六千二百六十二卷，附字音册五百三十卷）六千二百三十八册。"（第 1 页右）另据《图书寮典籍解题·汉籍篇》，该藏总数为"六千二百六十二卷，字音册五百三十卷（含缺补写本）"，总册数则为"六千二百六十三册"（第 174 页）。最后，据斯道文库《宫内厅书陵部收藏汉籍集览：书志书影·全文影像数据库·解题》，该藏"千四百五十四部五千七百三十三卷，附字函释音五百三十二卷"，总册数达"六千二百六十四册"。① 据笔者统计，宫内厅书陵部藏宋版大藏经共 6265 册（经本 5734 册、音义 531 册），其中，开元寺版 4546 册（经本 4147 册、音义 399 册）；东禅寺版 1658 册（经本 1528 册、音义 130 册）；思溪版 30 册；抄补本 31 册（经本 29 册、音义 2 册）。

3. 金泽文库藏宋版大藏经

建治元年（1275）前后，北条实时（1224—1276）于武藏国久良岐郡六浦庄金泽（现横滨市金泽区）创建金泽文库。元弘三年（1333）镰仓幕府灭亡后，该文库由当地称名寺接管。1990 年，神奈川县立金泽文库作为中世历史博物馆正式开馆。据称名寺第二代住持剑阿笔录《一切经供养表白文》② 载，北条实时于弘长元年（1261）派遣西大寺睿尊的门下定舜上人（？—1244）入宋，请回两套宋版大藏经：其一归属西大寺，另一安置于称名寺。称名寺藏宋版大藏经，自元亨三年（1323）至历应年间（1338—1342）收藏在金堂东北角的经藏内，江户时代曾修补过其中 2700 册，现由金泽文库负责保管。③

金泽文库藏宋版大藏经主要有两种目录：其一是关靖编《宋版大藏经目录》，④ 反映了 20 世纪 30 年代的藏书实况；其二是金泽文库于 1997 年

---

① 『宫内厅書陵部收藏漢籍集覽-書志書影・全文影像データベース-』。
② 剣阿筆録『一切經供養表白』（鎌倉時代抄本）的书影、录文和日日语代语译，参见神奈川県立金沢文庫編『重要文化財指定記念特別展図録：唐物と宋版一切経』横浜：神奈川県立金沢文庫、1998、30 頁、59-60 頁。
③ 参照「金沢文庫保管の宋版一切経の概要と特色」收于 1997 年版『神奈川県立金沢文庫保管宋版一切経目録』、5-10 頁；高橋秀栄「概説・金沢北条氏と唐物-宋版一切経を中心に-」『重要文化財指定記念特別展録：唐物と宋版一切経』、37-39 頁。
④ 関靖「宋版大藏経目録」『金沢文庫古書目録及付録』東京：岩松堂、1939、89-144 頁。

发行的《神奈川县立金泽文库保管宋版一切经目录》；其三是金泽文库于 1998 年改版发行的《神奈川县立金泽文库保管宋版一切经目录》。据 1997 年的统计，金泽文库藏本总数 3486 册（含音义 229 册），包括开元寺版 2116 册，东禅寺版 978 册，思溪版 7 册，镰仓时代和刻本 217 册，补写本 168 册。[1]1997 年 6 月 30 日，金泽文库（称名寺）藏"宋版一切经（宋版三千百一册／和版二百十七册、写本百六十八册）"被指定为日本的国家重要文化财。[2]

此外，还有百余册称名寺旧藏宋版大藏经零本散见于静嘉堂文库、日本国立国会图书馆、天理图书馆、日本国立历史民俗博物馆、光丘文库、御茶水图书馆成篑堂文库、尊经阁文库、极乐寺、京都大学图书馆、严松堂书店、大东急纪念文库、京都国立博物馆、庆应义塾图书馆、东京大学图书馆、瑞泉寺、古书展目录、青裳堂书店、个人藏等处。[3] 称名寺宋版大藏经是宋代大藏经事业与日中文化交流的重要资料，其中的藏书印以及称名寺僧研习大藏的墨迹，亦是研究日本中世佛教文化的珍贵史料。[4]

4. 中尊寺藏宋版大藏经

天台宗东北大本山中尊寺位于岩手县西磐井郡平泉町，是比睿山延历寺慈觉大师圆仁于嘉祥三年（850）创建的古刹。12 世纪，中尊寺在奥州藤原清衡（1056—1128）、藤原基衡（1105—1157）、藤原秀衡（1122—1187）的护持下盛极一时，寺内藏有一套藤原秀衡自宋请来的宋版大藏经。1936 年，小野玄妙考察了中尊寺藏 220 余册宋版经本，包括东禅寺版、开元寺版（含音义册）、思溪版等。小野注意到有些经本钤有"明州城下吉祥院大藏经"朱印及墨书题记"舍入吉祥大藏内……绍兴十四年（1144）八月中秋日开题"，据此推测该藏乃南宋明州吉祥院旧藏本。[5]

---

① 『金沢文庫保管の宋版一切経の概要と特色』、5-10 頁。
② 『国指定文化財等データベース：国宝・重要文化財（美術品）』。
③ 「付記・庫外に流出している宋版一切経リスト」『神奈川県立金沢文庫保管宋版一切経目録』、530 頁。
④ 『金沢文庫保管の宋版一切経の概要と特色』、10 頁。
⑤ 二楞学人（小野玄妙）「塵室偶語 II——平泉中尊寺の一夜」『ピタカ』第 4-5 号、1936、29 頁。

中尊寺藏本现存几种目录，包括：中村菊之进编《中尊寺经藏宋版大藏经目录》（油印本，1954 年）、《中尊寺经藏宋版大藏经目录（订正版）》（油印本，1996 年），① 以及破石澄元、政次浩编《中尊寺大长寿院所藏宋版经调查概报》。② 据后者统计，中尊寺大长寿院"赞衡藏"所收宋版大藏经现存 226 册，包括：开元版 158 册（含音义 106 册），东禅寺版 1 册，思溪版 67 册。③

（二）开元寺版的现存零本

开元寺版的零本同样不易精确统计，本文仅据各收藏单位的善本目录、数据库和先行研究等资料，大致介绍其收藏现状。首先，中国国内的开元寺版零本 ④ 主要藏于旅顺博物馆（5 部 34 册、音义 1 册）、中国国家图书馆（9 部 29 册）、天津图书馆（1 部 7 册）、北京大学图书馆（4 部 4 册）、⑤ 山西省图书馆（2 部 2 册）、⑥ 首都图书馆（1 部 1 册）、北京凤仪书堂（1 部 1 册）、⑦ 北京师范大学图书馆（1 部 1 册）、⑧ 上海图书馆（2 部 11 册）、⑨ 泉州开元寺（20 部 58 册）、⑩ 台北"国家图书馆"（1 部 1 册）⑪ 等。

---

① 梶浦晋:《日本的汉文大藏经收藏及其特色——以刊本大藏经为中心》，第 456 页。
② 破石澄元、政次浩「中尊寺大長寿院所藏宋版経調査概報」、72-114 頁。
③ 破石澄元、政次浩「中尊寺大長寿院所藏宋版経調査概報」、72 頁。
④ 据《中国古籍善本书目》（第 883—884 页）统计，国内现存开元寺版 412 册，泉州开元寺藏 50 册。沈乃文《宋雕"崇宁藏""毗卢藏"残卷考》（第 110 页）指出，除了泉州开元寺藏 50 册，其余散藏于国家图书馆、首都图书馆、北京大学图书馆、上海图书馆、天津图书馆、山西省图书馆、旅顺博物馆，但其未说明各馆藏书的经名、部数和册数。
⑤ 沈乃文:《宋雕"崇宁藏""毗卢藏"残卷考》，第 110—111 页。
⑥ 胡振祯、李梅贞:《山西省文物管理工作委员会收集到六件宋藏》，《文物》1965 年第 5 期，第 59—60 页。
⑦ 自国家图书馆乃至北京凤仪书堂的馆藏开元寺版零本信息，参照《国家珍贵古籍名录数据库》。
⑧ 《全国古籍普查登记基本数据库》。
⑨ 《全国古籍普查登记基本数据库》；上海图书馆《上海图书馆古籍数据库》，https://gj.library.sh.cn/org/shl。
⑩ 何梅:《北宋版〈崇宁藏〉和〈毗卢藏〉》，第 221—222 页。
⑪ 台北"国家图书馆"《古籍与特藏文献资源：古籍影像检索资料库》，http://rbook.ncl.edu.tw/NCLSearch/Search/Index/1。

其次，日藏开元寺版零本散见于：金刚峰寺（3 部 1 册）、① 醍醐寺（1 部 653 册，含音义册）、② 本源寺（255 册）、③ 东寺（1156 册）、④ 南禅寺（册数不详）、东福寺（56 册）、⑤ 长谷寺（1 部 1 册）、⑥ 京都大学人文科学研究所（5 部 37 册）、⑦ 东北大学附属图书馆（1 部 2 册）、⑧ 御茶水图书馆成簣堂文库（10 部 28 册）、⑨ 五岛美术馆大东急纪念文库（3 部 4 册、音义 1 册）、⑩ 东京大学东洋文化研究所（1 部 1 册）、⑪ 大谷大学图书馆（5 部 8 册）、天理大学附属天理图书馆（1 部 5 册）、⑫ 大阪府立图书馆（1 部 1 册）、⑬ 龙谷大学图书馆（2 部 2 册）、⑭ 静嘉堂文库（1 部 2 册）、⑮ 尊经阁文库（1 部 9 册）、⑯ 立正大学图书馆（1 部 1 册）、⑰ 早稻田大学图书馆（2 部 2 册）、⑱ 国会图书

①　水原堯榮「宋蔵と行勝上人」、57-58 頁。
②　小林芳規「醍醐寺蔵宋版一切経解題（一）」総本山醍醐寺編『醍醐寺蔵宋版一切経目録』第一冊、13 頁。
③　小島惠昭等「本源寺蔵宋版一切経調査報告」『同朋学園仏教文化研究所紀要』創刊号、105 頁。
④　山本信吉「宋版一切経」、399 頁；山本信吉「宋版大般若経」、401 頁。
⑤　『国指定文化財等データベース：国宝・重要文化財（美術品）』。
⑥　「長谷寺所蔵宋版一切経の概要」元興寺文化財研究所編『豊山長谷寺拾遺第四輯之一：宋版一切経』奈良：総本山長谷寺文化財等保存調査委員会、2011、32 頁。
⑦　京都大学人文科学研究所図書室『松本文庫目録』京都大学人文科学研究所図書室油印、1952 頁。
⑧　東北大学付属図書館『和漢書別置本目録：未定稿』、6 頁。
⑨　川瀬一馬「お茶の水図書館蔵新修成簣堂文庫善本書目」、955-960 頁。
⑩　川瀬一馬「大東急記念文庫貴重書解題（第 2 巻仏書之部）」、193 頁。
⑪　東京大学東洋文化研究所『東京大学東洋文化研究所漢籍善本全文影像資料庫』；東京大学東洋文化研究所『東京大学東洋文化研究所漢籍分類目録（縮印版）』東京：汲古書院、1981、646 頁。
⑫　天理図書館善本叢書編集委員会『天理図書館善本叢書・漢籍之部第七巻：御制逍遙詠玄風慶会図』東京：八木書店、1981 頁。
⑬　大阪府立図書館『富岡文庫善本書影』、1936。
⑭　竜谷大学図書館『竜谷大学図書館善本目録』、97 頁；竜谷大学図書館『竜谷蔵：貴重資料画像データベース』。
⑮　静嘉堂文庫『静嘉堂文庫宋元版図録』東京：静嘉堂文庫、1992、図版篇 204-205 頁、解題篇 56-57 頁。
⑯　三宅少太郎「尊経閣文庫漢籍分類目録」東京：尊経閣文庫、1934、184 頁。
⑰　野沢佳美「印刷漢文大蔵経の歴史-中国・高麗篇-」、6-7 頁。
⑱　早稻田大学『古典籍総合データベース』。

馆（1 部 1 册）^① 等文库、图书馆和个人藏书（2 部 2 册）^② 等。此外，石井积翠轩文库的旧藏目录、大藏会的展观目录以及古书目录等，亦均有著录。

最后，美国哈佛大学燕京图书馆（3 部 4 册）、^③ 加州大学伯克利分校东亚图书馆（2 部 6 册）、^④ 普林斯顿大学葛思德东亚图书馆（1 部 3 册）、^⑤ 纽约公共图书馆（1 部 1 册）、^⑥ 耶鲁大学东亚图书馆（1 部 1 册），^⑦ 英国大英图书馆（1 部 1 册）^⑧ 等处，亦有少量藏本。

有些开元寺版零本钤有旧藏书印，可据此判断其来历。例如，北京大学图书馆（1 部 1 册），日本的御茶水图书馆成篑堂文库（3 部 4 册）、五岛美术馆大东急纪念文库（1 部 2 册、音义 1 册）、早稻田大学图书馆（1 部 1 册）以及个人藏本（2 部 2 册）钤"三圣寺"朱印，可知原为京都三圣寺旧藏本。此外，1932 年在泉州开元寺戒坛发现了钤有"水陆寺大藏经"木记的宋版大藏经，1967—1978 年，时任住持的妙莲法师对其进行了整理。据统计，这批经本自昆字函《大般若经》至灵字函《经律异相》，共有 16 函 20 部 58 册，其中完本 12 部 14 册，另有 1 册无千字文号的《释大方广佛华严经论论主李长者事迹》。^⑨ 此外，部分经本上钤"水陆寺大藏经"印，还有些经本可见印造题记："福建道泉州路在城护国水陆禅寺，谨募众缘印造毗卢法宝大藏经文（中略）时至大元年戊申岁（1308）月日题。"^⑩ 何梅指出元大德十年（1306）开元寺住持悟壁曾组织修补开元寺版经板，泉州发现的"水陆寺

---

① 国会図書館「清福図録（50）仏説大乗聖吉祥持世陀羅尼経」『参考書志研究』第 58 号、2003、封 2。
② 「三聖寺舊藏一切経諸家散在目録」、261－266 頁。
③ 沈津：《美国哈佛大学哈佛燕京图书馆中文善本书志（哈佛燕京图书馆书目丛刊第七种）》，第 475—477、484—485 页。
④ 加州大学伯克利分校东亚图书馆：《加州大学伯克利分校东亚图书馆中文古籍善本书志》下册，第 235、244 页。
⑤ 美国普林斯顿大学东亚图书馆：《普林斯顿大学图书馆藏中文善本书目》下册，第 732—733 页。
⑥ 沈津：《美国所藏宋元刻佛经经眼录》，第 197 页。
⑦ 曹亦冰、卢伟：《美国图书馆藏宋元版汉籍图录》，第 427—430 页。
⑧ 川瀬一馬、岡崎久司編「大英図書館所蔵和漢書総目録」、330 頁。
⑨ 何梅：《北宋版〈崇宁藏〉和〈毗卢藏〉》，第 221 页。
⑩ 谢水顺、李珽：《福建古代刻书》，福建人民出版社，1997 年，第 43 页。

大藏经"或用修补后的开元寺版经板印造。[①]但笔者对此推论尚存疑虑，因有资料显示东禅寺版大藏经亦称"法宝毗卢大藏"，故而关于"水陆寺大藏经"的版本判定，尚需慎重。

结　语

本文介绍了传世的福州版大藏经及其零本的收藏现状。福州版的现存文本可分两种情况：一是具备一定规模的福州藏；一是国内外寺院、博物馆、图书馆、文库或个人收藏的福州版零本。

首先，百册以上的福州藏约存 8 套，收藏于日本的 8 家单位，皆为东禅寺版和开元寺版的混合藏：（1）以东禅寺版为主的金刚峰寺本、醍醐寺本、本源寺本（京都三圣寺旧藏）和东寺本；（2）以开元寺版为主的知恩院本、宫内厅书陵部本、金泽文库（称名寺）本和中尊寺本。此 8 藏多为 12 世纪末至 13 世纪上半叶日人自宋请印的大藏经，唯有醍醐寺本和中尊寺本是杭州径山能仁禅寺和明州吉祥院的旧藏本。

其次，福州版的散藏零本亦以在日藏本居多，除上述混合藏中的补配本以外，日本国内的寺院、博物馆、文库、大学图书馆亦有藏本，多是三圣寺、称名寺（金泽文库）旧藏本，亦有少数醍醐寺旧藏本等。至于中国国内的福州版零本，则包括 19 世纪末以后的日本回流本，以及北京、上海、山西和台湾等地收藏的"鼓山大藏"本和福建泉州开元寺藏本。由于日藏本多已经重新装帧，而"鼓山大藏"本更接近宋版原貌，故而是福州藏研究的重要材料。

最后，美藏福州版多为 20 世纪以后自日本收购的零本，以三圣寺旧藏本居多，另有少数金泽文库和醍醐寺旧藏本等。除了福州藏及其零本以外，中、日、英、美及欧洲还散藏着 53 册王公祠堂本《大般若经》。王公祠堂本在严格意义上虽非大藏经，然其以东禅寺版经板印造，因此亦属福州藏的研究范围。

---

① 何梅:《北宋版〈崇宁〉和〈毗卢藏〉》，第 221 页。

现存的福州藏及其零本是研究福州版大藏经的基本材料，本文整合福州藏的现存文本信息，希望能为学者今后的福州藏研究提供资料便宜。为此，笔者也提请学者注意：近年来福州藏及其零本的文本信息或数据影像已在陆续公开，其中最值得关注者有二：一是《宫内厅书陵部收藏汉籍集览——书志书影、全文影像资料库》公开了宫内厅书陵部藏本的数码影像；二是《醍醐寺藏宋版一切经目录》公开了醍醐寺藏本的全藏文本信息。宫内厅书陵部藏书的主体是开元寺版，醍醐寺藏本则是东禅寺版，如今二藏分别以数码影像和文本信息的方式面世。这对福州藏乃至宋版大藏经整体的研究，都将起到有力推动作用。

12 世纪于阗与中亚之间的文化交流[*]
——和田博物馆藏错银鍮石器研究

罗　帅[**]

【摘　要】和田博物馆收藏的喀喇汗王朝时期铜器中，有一组特征鲜明的鍮石（黄铜）器。它们用黄铜片锤揲或铸制成形，再用模锻压花技术或錾刻技术在器表造出花纹，然后嵌以白银或红铜丝。装饰题材以艺术化的铭文和世俗化的人物、动物形象为主。器物种类均为执壶、托盘、墨水壶等日常生活用具，但艺术水准较高，兼具实用器和艺术品的双重身份。通过器物类型学分析可知，这批器物产自呼罗珊地区的也里城一带，生产年代在 12 世纪中后期。它们从中亚传输到于阗，表明自隋唐帝国衰落之后直至蒙古大一统前夕，丝绸之路上的物质文化交流并未中断，商品仍能有效地沿欧亚交通网络进行长途传播。

【关键词】于阗　也里（赫拉特）　鍮石　喀喇汗王朝　丝绸之路

10 世纪下半叶，喀喇汗王朝统治者皈依了伊斯兰教，随后同佛国于阗展开了旷日持久的宗教战争。最终，喀喇汗军队在 11 世纪初攻灭于阗，塔里木盆地南道的宗教文化面貌自此大为改观。随着伊斯兰教教义的传播，穆斯林的生活习俗、日常用具、工艺美术等也一同东传。由于文献和实物材料的缺乏，过去我们对塔里木盆地南道早期伊斯兰化各方面的状况知之甚少。幸运的是，近些年和田博物馆陆续入藏了一批该地区所出的喀喇汗王朝时期铜器，为我们打开了一扇审视当地早期伊斯兰物质文化的窗口。2017 年，北京大学考古文博学院林梅村教授与和田博物馆合作整理馆藏文物，他向笔者惠示了这批铜器的清晰照片，并鼓励笔者进行研究。照片中的铜器除少数几

＊　　本文得到中央高校基本科研业务费专项资金资助。
＊＊　罗帅，浙江大学历史学院"百人计划"研究员。

件未曾发表外，大部分已由和田文管所李吟屏先生撰文刊布。① 李吟屏注意到了某些铜器具有中亚风格，但仍推测它们可能为和田本地所产。不过，笔者发现，其中有一组器物具有浓郁的地域和时代特征。它们用黄铜（鍮石）制作，器表錾刻花纹，并错（笔者按，一种镶嵌装饰技术）以银或红铜丝，装饰题材以艺术化的铭文和世俗化的人物、动物形象为主，可称为错银/红铜鍮石器（为行文方便，本文一律省称为错银鍮石器）。这是古代波斯呼罗珊（Khorāsān）地区的典型产品，制作中心为也里城（今阿富汗赫拉特），而且，这些器类只生产于 12 世纪中期至 13 世纪初期。这一时期，和田为附庸于西辽的东喀喇汗王朝所统治。以下，笔者拟在李吟屏先生的基础上，对这组铜器反映的伊斯兰物质文化，以及此时期于阗与葱岭以西的文化交流等问题略做探讨。

一 和田地区出土的错银鍮石器

1991 年，李吟屏在《考古与文物》上发文公布了一批窖藏铜器，它们是 1989 年和田市拉斯奎镇阿特曲村火电厂施工时意外发现的。这批铜器共计 16 件，出土时以大套小，层层叠压，显然是有意识埋藏的。1995 年，李吟屏在同一期刊再次发文，介绍了和田文管所征集到的两件铜器，据称，其一出自玉龙喀什河下游洛浦县言牙乡某地，另一出自策勒县北沙漠中。根据李吟屏的描述，这 18 件铜器从材质上可分为红铜器和鍮石器。其中，红铜器有 4 件（林梅村先生所示照片也有一件），均为素面或装饰简单弦纹，为执壶、杵、盒、鼎等实用器。普通鍮石器有 6 件为铛、釜、豆等炊具，装饰风格与红铜器类似。剩下的 8 件为错银鍮石器，计有：矩形盘 2 件，圆盘 1 件，圆筒形墨水壶 2 件，器盖 3 件。此外，林梅村先生提供的照片中，有一件未曾刊布过的凸棱大壶亦属此类。因此，目前所知和田地区出土的错银鍮石器共有 9 件，下面对它们做简要介绍。

---

① 李吟屏：《新疆和田市发现的喀喇汗朝窖藏铜器》，《考古与文物》1991 年第 5 期，第 47—53 页；《黑汗王朝时期的两件铜器》，《考古与文物》1995 年第 5 期，第 95—96 页。

1. 凸棱大壶（1件）

器身上宽下窄，横截面呈倒梯形，喇叭状圈底，折肩细颈，原装壶嘴可能因长期使用而脱落，后接装红铜质戈形扁嘴。器身锻打出多道竖凸棱，凸棱上装饰枝蔓纹和库法体（Kufic）阿拉伯文铭文，各凸棱靠近器肩处装饰圆章纹或水滴纹。器肩装饰一圈圆章纹和库法体铭文（图 1-1）。

2. 墨水壶（2件）

器身呈圆筒形，有三个环状系，宽平口沿，圆洞状开口。阿特曲窖藏品（李吟屏称之为铜盆）镶嵌红铜，带平顶盖，器盖外沿有三系，与器身三系形成子母扣，但这些系扣均已脱落，装饰图案有花鸟、翼兽、忍冬纹和库法体铭文，壶体局部锈蚀严重，略有残破，通高 8.8 厘米，直径 10.5 厘米，壁厚 0.2 厘米。吉牙乡征集品镶嵌红铜和白银，缺盖，装饰题材有人像、花蕾、石榴枝、忍冬纹和纳斯赫体（Naskh）阿拉伯文铭文，通高 6 厘米，外口径 7 厘米，底径 8 厘米，壁厚 0.2 厘米（图 1-2）。

3. 器盖（3件）

其中两件为墨水壶盖，为平顶盖上铆接蒜头钮，盖身錾刻花瓣、花鸟、花蕾、忍冬纹、水滴纹、圆章纹及阿拉伯文铭文，但镶嵌的银和红铜片已脱落。其一完整，通高 5 厘米，最大直径 8 厘米，壁厚 2 厘米；另一仅剩蒜头钮，通高 4.5 厘米，最大直径 5.2 厘米，壁厚 2 厘米。还有一件为宝珠钮拱形盖，盖身通体錾刻并嵌饰花瓣、藤蔓、忍冬纹、枝叶纹、曲波纹，通高 8.3 厘米，底径 16 厘米，最大直径 16.6 厘米，壁厚 0.2 厘米（图 1-3）。

4. 矩形盘（2件）

平面总体呈矩形，宽平沿，横截面呈"凹"字形。平面内框下陷约 1 厘米后截去四角，呈长方形套接八边形，内壁斜直，平底。平面外框在口沿处垂直下折成底座。器身用黄铜片模压成形后錾刻花纹，花纹嵌以银片。装饰题材有枝蔓、莲花、忍冬以及库法体铭文。局部锈蚀破损，个别银片剥落。一件高 3.4 厘米，长 32.7 厘米，宽 22.2 厘米（图 1-4）。另一件高 4.5 厘米，长 31 厘米，宽 20 厘米。

5. 圆形盘（1件）

自民间收购，据说出自策勒县北沙漠中。圆形，宽平沿，直腹略外斜，

形成束颈部，平底。盘底中心有圆章形纹饰，为带翼狮身人面像（斯芬克斯 /
Sphinx），其他纹样还包括忍冬、花蕾和纳斯赫体铭文。通高 3.5、外口径 18
厘米，底径 16.3 厘米，壁厚 0.1 厘米（图 1–5）。

图 1 和田博物馆藏错银鍮石器

二 呼罗珊的也里式错银鍮石器

黄铜即铜锌合金，我国古代文献称为鍮石。黄铜冶炼技术最早起源于
公元前 10 世纪的小亚细亚，在前伊斯兰时代已经流传到欧亚大陆各地。
不过，自萨珊时代以来，伊朗高原一直是鍮石最著名的产地。早期汉文文
献视鍮石为舶来品，《魏书》和《隋书》将其列为波斯国物产。[①] 吐鲁番哈
拉和卓 90 号墓所出残纸文书《高昌□归等买鍮石等物残帐》（75TKM90：
29/1），记载了商人购买的鍮石、毯、钵（波）斯锦等物品。[②] 同墓伴出
有柔然永康十七年（480）纪年文书，这件残帐的年代大约相仿。其中提
到的波斯锦等三种物品，均见于《魏书》等所列波斯国物产名单。因此，

① 《魏书》卷 102《西域传》"波斯国"条，中华书局，2017 年，第 2462 页；《隋书》卷 83《西
  域传》"波斯国"条，中华书局，2019 年，第 2087 页。按，《魏书·西域传》早佚，今本乃
  后人据《北史·西域传》辑佚所得。《北史》《隋书》《魏书》所载波斯物产略同，但并不能
  因此断定这些内容为《隋书》独有。北魏与波斯交往频繁，有关波斯物产的记载，多数应
  首见于《魏书》，后为《隋书》承袭。
② 唐长孺主编《吐鲁番出土文书》（壹），文物出版社，1992 年，第 125 页。

有学者认为它们是由粟特商人转贸到高昌的波斯产品。① 宋代崔昉《外丹本草》云："真鍮石生波斯。"② 所谓真鍮，三国张揖《埤苍》解释道："鍮石似金而非金。西戎蕃国药炼铜所成。有二种鍮石，善恶不等。恶者校白，名为灰折；善者校黄，名为金折，亦名真鍮。"③ 从崔昉的记载可见，直到与喀喇汗王朝同时期的宋代，波斯在汉人心目中仍然是上等鍮石的产地。

也里即今阿富汗西北部的赫拉特，古代属于波斯的呼罗珊，在阿拉伯帝国时期为呼罗珊四镇之一。其地位于帕罗帕米苏斯（Paropamisus）山脉南麓哈里（Harī）河河谷中部，在东部高地和西部低地的分界处。它是丝绸之路上的枢纽之一，交通地位十分重要：向北可抵木鹿（Merv），向东可抵巴尔赫（Balkh），经此二地进而可达中亚阿姆河南北；向东可抵喀布尔，东南可抵坎大哈（Kandahār），经此二地进而可达印度；向西北可抵内沙布尔（Nīshābūr），西南可抵扎兰季（Zaranj），经此二地进而可达伊朗高原。我国古代文献记载此地较晚，其名最早见于蒙元时期，《圣武亲征录》和《元史》作也里，④《元朝秘史》作亦鲁、阿鲁。⑤ 帖木儿王朝（Timurid dynasty）第四位算端（苏丹）沙哈鲁（Shah Rukh）定都于此，并与明朝频繁通使。因此，明代文献对此城多有描述，往往将其写作哈烈、黑鲁、黑楼等。⑥

---

① 林梅村:《鍮石入华考》，原载《考古与文物》1999 年第 2 期，修改后收入作者《古道西风——考古新发现所见中西文化交流》，三联书店，2000 年，第 219 页。

② 李时珍著，王庆国主校《本草纲目（金陵本）新校注》卷 9《石部》"炉甘石"条注引，中国中医药出版社，2013 年，第 322 页。

③ 慧琳著，徐时仪校注《一切经音义三种校本合刊》卷 60 注引，上海古籍出版社，2008 年，第 1981 页，本文引用时对原文个别字词和标点做了校订。

④ 王国维校注《圣武亲征录校注》，收入《王国维全集》第 11 卷，浙江教育出版社，2009 年，第 515 页；《元史》卷 1《太祖纪》，中华书局，1976 年，第 22 页。

⑤ 乌兰校勘《元朝秘史（校勘本）》续集卷 1，第 258、261 节，第 359、363 页。

⑥ 有关汉文文献中该地名字的各种写法，参见冯承钧编《西域地名（增订本）》，中华书局，1982 年，第 32 页；陈诚著，周连宽校注《西域番国志》，中华书局，2000 年，第 74—77 页；林梅村《蒙古山水地图》，文物出版社，2011 年，第 168—170 页。

11—13 世纪，中亚政局波谲云诡，也里城的归属也数易其手。[①]998
年，哥疾宁王朝（Ghaznavids）占领此地。1040 年，其统治权为塞尔柱王朝
（Seljūqs）夺走，塞尔柱人的控制持续了一个世纪。1148 年，塞尔柱的附庸、
古尔山区的古尔人崛起，建立了古尔王朝（Ghūrids），他们攻占的首座呼
罗珊城市便是也里。[②] 随后十余年，古尔人与塞尔柱人交替占据此城。直到
1175 年，古尔人获得彻底胜利，此后一段时间对该城拥有较稳固的统治。12
世纪 90 年代至 13 世纪初，古尔在也里的对手变为花剌子模（Khwārezm-Shāh
dynasty），双方对该城展开反复争夺，但多数时候其控制权仍为古尔人所有。
1206 年，古尔算端施哈卜丁（Shahāb-ud-din）死后，王朝开始瓦解，花剌
子模终于占领此城。1221 年，拖雷率领蒙古军队进攻也里，该城百姓慑于
军威而投降。拖雷处死一万二千名花剌子模守军，同时赦免了城中平民。同
年，也里城民风闻花剌子模算端札兰丁（Jalāl al-Dīn）在八鲁湾（Parwan）
大败蒙古军队，因此反叛并杀死拖雷留下的镇将。拖雷迅速命宴只吉带回军
围攻也里城。该城在坚守六个月后于 1222 年沦陷，随即遭到蒙古人屠城报
复，除少数工匠被俘往蒙古外，幸存者仅百人（一说十余人）。[③] 此后，该
城长期处于荒芜状态。1236 年，因窝阔台汗喜好也里工匠制作的服装，特
批准该城工匠返回故土，重建作坊，也里城才得以逐渐恢复。[④] 实际上，经

---

① 参见 Mouyin ed-Din el-Esfizāri, "Extraits de la chronique persane d'Herat", tr. et annotés par M. B. de
　　Meynard, *Journal Asiatique*, Décembre 1860, p. 520；V. V. Barthold, An Historical Geography of
　　Iran, tr. by S. Soucek, ed. with an introduction by C. E. Bosworth, Princeton: Princeton University
　　Press, 1984, p. 53；R. N. Frye, "Harāt", in: The Encyclopædia of Islam, Vol. 3, new editon, ed.
　　by B. Lewis et al., Leiden: Brill, 1986, p. 177；M. Szuppe, "Herat, iii: History, Medieval Period",
　　Encyclopædia Iranica 12/2, 2003, pp. 206–211；斯特兰奇《大食东部历史地理研究——从阿拉
　　伯帝国兴起到帖木儿朝时期的美索不达米亚、波斯和中亚诸地》，韩中义译注，社会科学文
　　献出版社，2018 年，第 583—598 页。
② V. V. Barthold, *An Historical Geography of Iran*, p. 51.
③ Minhāj Sirāj Jawzjānī, *Tabaḳāt-i-Nāṣiri: A General History of the Muḥammadan Dynasties of Asia,
　　including Hindūstān, From A. H. 194 (810 A. D.) to A. H. 658 (1260 A. D.) and the Irruption of
　　the Infidel Mughals into Islām*, Vol. 2, tr. & annot. by H. G. Raverty, London: Gilbert & Rivington,
　　1881, p. 1051 note；巴托尔德：《蒙古入侵时期的突厥斯坦》，张锡彤、张广达译，上海古籍
　　出版社，2011 年，第 68 页；M. Szuppe, "Herat, iii: History, Medieval Period", p. 211。
④ Minhāj Sirāj Jawzjānī, *Tabaḳāt-i-Nāṣiri*, Vol. 2, tr. & annot. by H. G. Raverty, pp. 1127–1128 note；
　　V. V. Barthold, *An Historical Geography of Iran*, p. 53.

成吉思汗西征，中亚、波斯很多地方遭到蒙古人的严重摧残，其中尤以呼罗珊诸城受到的破坏最大，[①] 许多其他呼罗珊城市同也里城的遭遇一样，被屠城，迁走工匠。对此，拉施特（Rashīd al-Dīn，1247–1318）在《史集》中不无义愤地诉说道：

> 从人类出现时起，没有一个君王能够征服过像成吉思汗及其宗族所征服的那么多的地区，没有一个人杀死过像他们所杀死的那么多人。……在各地区被征服的时候，人口众多的大城市和辽阔地区（的居民）遭到了大屠杀，活下来的人很少，巴里黑、沙不儿罕、塔里寒、马鲁、撒剌哈夕、也里、突厥斯坦、列夷、哈马丹、忽木、亦思法杭、蔑剌合、阿儿迭必勒、别儿答、吉阳札、报达、毛夕里、亦儿必勒以及这些城市所辖大部分地区所发生的情况就是如此。某些地区，由于是边区或经常有军队经过，居民完全被杀死或四散逃走了，土地被废弃了。[②]

呼罗珊也里一带的错银鍮石器正是在上述历史背景下产生的。10—12世纪上半叶，中亚的金属加工行业进入一个新的发展阶段。金属艺术品主要是各种鎏金银器，艺术风格体现出一种趋同性，按不同派别区分的地方艺术特征逐渐消失，单一的伊斯兰风格图案成为器物表面的主要装饰题材。[③] 日用器具方面，用青铜或鍮石制作的器类丰富多样，包括各种香炉、灯架、杵臼、大锅、浴桶、瓶、壶等，[④] 器表素面或饰以简单的弦纹或雕镂图案。在这一时期，呼罗珊也里等地也存在金属加工业，但并不具备明显的地方特

---

① 亲历过成吉思汗入侵的古尔历史学家术兹贾尼（生于 1193 年），在其著作《纳昔儿史话》（成书于 1260 年）中详细描述了蒙古人对呼罗珊诸城的蹂躏，参见 Minhāj Sirāj Jawzjānī, *Tabaḳāt-i-Nāṣiri*, Vol. 2, pp. 1026–1055。

② 拉施特主编《史集》第三卷，余大均、周建奇译，商务印书馆，1986 年，第 532—533 页。

③ A. A. Hakimov, "Arts and Crafts, Part One: Arts and Crafts in Transoxania an Khurasan", in: *History of Civilizations of Central Asia, Vol. IV: The Age of Achievement. A. D. 750 to the End of the Fifteenth Century, Part Two: The Achievements*, ed. by C. E. Bosworth & M. S. Asimov, Paris: UNESCO Publishing, 2000, p. 425. 汉译本见博斯沃思、阿西莫夫主编《中亚文明史》第 4 卷（下），刘迎胜译，中国对外翻译出版公司，2009 年，第 367 页。

④ J. W. Allan, "Berenj 'brass', ii. In the Islamic Period", *Encyclopaedia Iranica* 4/2, ed. by E. Yarshater, Costa Mesa: Mazda Publishers, 1989, pp. 145–147.

色，生产的物品与中亚其他地区别无二致。[①]

到 12 世纪中期，也里一带突然出现了一种特色鲜明的鍮石器流派，笔者称为也里式错银鍮石器流派，其生产一直持续到 13 世纪 20 年代蒙古人屠城为止。在其停产半个世纪之后，波斯地理学家可疾维尼（Zakariyāʾ al-Qazwīnī，1208–1283）依然称赞也里曾以生产错银鍮石器而闻名。[②] 这种错银鍮石器虽然都是日常生活用具，但艺术水准相较 10—12 世纪上半叶的鍮石器大为提升，兼具实用器和艺术品的双重身份。在器型器类方面，其器型比较固定，主要生产凸棱大壶、提壶、圆盘、矩形托盘、圆角矩形笔盒、圆筒形墨水壶等几种特定器类。而这几种器类，大多可以在和田博物馆藏品中见到。装饰技术方面，首先将黄铜片锤揲或铸制成形，再用模锻压花技术（repoussé）或錾刻技术（engrave）造出花纹，最后将银或红铜丝捶打后镶嵌（inlay）在花纹上。装饰图案方面，使用了大量人物和动物形象来体现狩猎、马球、乐舞、登基典礼等场景；抽象的神话动物亦经常出现，包括有翼的斯芬克斯和山羊、狮身鹫首兽（Griffin）、人首鸟身兽（Siren）等；天文和星占内容如黄道十二宫图也是一大题材。这些图像以单独的旋涡花饰出现，或表现为环绕器身一周、不连续的圆章形装饰图案。这些题材充满活力，与10—12 世纪上半叶的呆板单调风格迥然有别，像是早期的萨珊或粟特风格的复兴。此外，器身也常常饰以风格化的铭文，它们难以辨认，可视为一种"书法装饰"（graphic ornament），其内容大多为工匠姓名，对物主的祝愿语，以及有关爱情、离别、快乐、幸福主题的短诗。

需要指出的是，也里式错银鍮石器并非凭空出现。以圆筒形墨水壶为例，内沙布尔曾出土过两件年代为 11 世纪中前期的错银鍮石器，器表装饰

---

① 不过，这一时期，也里的铜器已是著名的外销商品。11 世纪初，萨阿利比（961—1039）写道，也里远销到各地的产品有各种纺织品和"精致的铜器"，见 Abū Manṣūr al-Thaʿālibī, *The Laṭāʾif al-Maʿārif of Thaʿālibī. The Book of Curious and Entertaining Information*, tr. with introduction and notes by C. E. Bosworth, Edinburgh: Edinburgh University Press, 1968, pp. 134–135.

② Zakarīyā Ibn Muḥammad Qazwīnī, *Kitāb Āthār al-bilād*, ed. by F. Wüstenfeld, Göttingen: Dieterich, 1848, pp. 232–233.

高浮雕图案，未镶嵌银或红铜，[1] 可见，这种器型的墨水壶早在哥疾宁王朝鼎盛时期即已出现。意大利考古队在哥疾宁王朝宫殿遗址中亦曾发现两件类似器型的墨水壶，年代为 11 世纪晚期至 12 世纪早期，它们本身素面，但在器表镶嵌有几块雕镂图案的银牌。[2] 这种镶嵌整块银片的做法与也里式错银丝的技术迥然有别，但很难说二者之间毫无瓜葛。虽然也里式错银鍮石器的某些因素具有更早的渊源，但它在技术、器型、装饰风格等方面形成了自己的综合特色。

呼罗珊生产的这种也里式错银鍮石器数量很大。不单阿富汗和伊朗当地的博物馆，几乎每家欧美大型历史艺术博物馆都收藏有几件，而且这类器物也经常现身各大拍卖行。然而，它们大多是征集和收购的，以至于我们很难对它们的年代和出土地点做出精确判断。所幸少量器物带有纪年和工匠姓名题款，为我们从总体上了解这类器物的产地和生产年代提供了依据。在众多收藏品中，带有工匠姓名题款的寥寥无几，而它们大多与也里有关。

（1）艾尔米塔什博物馆（Hermitage Museum）收藏的一件提壶，即著名的"波布林斯基水壶"（Bobrinsky Kettle，馆藏编号：IR–2268），带有 1163 年纪年（笔者按，原铭文为希吉拉历纪年，本文均已换算为公历纪年），工匠题款为"（锻工）Muḥammed ibn ʿAbd al-Wāhid"与"（饰匠）Masʿūd ibn Aḥmad al-Haravī"。[3] 后者也见于英国伦敦苏富比（Sotheby's）2016 年春季拍卖会上的一件错银鍮石墨水壶（lot. 106，Arts of the Islamic World, 20 April 2016）。[4]

（2）格鲁吉亚国家博物馆（State Museum of Georgia，Tiflis）收藏的一件凸棱大壶（馆藏编号：MC 135），带有 1182 年纪年，工匠题款为

---

[1] J. W. Allan, *Nishapur: Metalwork of the Early Islamic Period*, New York: Metropolitan Museum of Art, 1982, pp. 44–45, 87, nos. 104–105.

[2] V. Laviola, "Three Islamic Inkwells from Ghazni Excavation", *Vicino Oriente* 21, 2017, pp. 111–126.

[3] L. A. Mayer, *Islamic Metalworkers and Their Works*, Geneva: Albert Kundig, 1959, pp. 61–62; R. Kana' an, "The *de Jure* 'Artist' of the Bobrinski Bucket: Production and Patronage of Metalwork in pre-Mongol Khurasan and Transoxiana", *Islamic Law and Society* 16/2, 2009, pp. 175–201.

[4] Arts of the Islamic World, lot. 106, 20 April 2016, Sotheby's, London, 2018–7–12, http://www.sothebys.com/en/auctions/ecatalogue/2016/arts-islamic-world-l16220/lot.106.html.

Maḥmūd b. Muḥammad al-Haravī。①

（3）艾尔米塔什博物馆收藏的一件 12 世纪晚期（约 1180—1185）提壶，工匠题款为 Muḥammad b. Naṣir b. Muḥammad al-Haravī。②

（4）耶路撒冷梅耶伊斯兰艺术博物馆（L. A. Mayer Memorial Museum of Islamic Art, Jerusalem）收藏的一件 12 世纪晚期提壶（馆藏编号：M20-68），工匠题款为 Shāʿid al-Haravī。③

（5）巴尔的摩沃尔特斯艺术博物馆（Walters Art Museum, Baltimore）收藏的一件 13 世纪早期圆筒形墨水壶（馆藏编号：54.514），其饰匠为 Muḥammad b. Abū Sahl al-Haravī。④

（6）饰匠 Shāzī 的三件作品，其中两件发现于赫拉特，分别为笔架和鸟形瓶；⑤ 另一件为华盛顿弗利尔美术馆（Freer Gallery of Art, Washington D.C.）收藏的笔盒（馆藏编号：36.7），购自布哈拉（Bukhara）。⑥ 鸟形瓶的工匠题款为 Shāzī al-Haravī，另两件仅记作 Shāzī。笔盒铭文还含有 1210 年纪年以及拥有者姓名穆扎法尔（Majd al-Mulk al-Muzaffar）。这位穆扎法尔是花拉子模的末任呼罗珊总督，驻守马鲁（Merv），死于 1221 年蒙古人对该城的屠戮。

以上 6 组共 9 件错银鍮石器的工匠姓名，均带有族名（nisba）"al-Haravī"，意即"来自也里"，表明这些工匠的籍贯为也里。他们有可能在也里城制作这些器物，亦有可能迁居别的城市，在当地作坊中运用也里的技术从事生产。不论如何，这类题款都暗示了错银鍮石器的生产中心是也里城。

---

① E. Atil, W. T. Chase & P. Jett, *Islamic Metalwork in the Freer Gallery of Art*, Washington D. C.: Freer Gallery of Art, 1985, p. 17.

② A. A. Ivanov, "A Second 'Herat Bucket' and Its Congeners", *Muqarnas* 21, 2004, pp. 171–172.

③ E. Baer, *Metalwork in Medieval Islamic Art*, Albany: State University of New York Press, 1983, p. 131.

④ A. S. Melikian-Chirvani, "State Inkwells in Islamic Iran", *The Journal of the Walters Art Gallery* 44, 1986, pp. 74–76.

⑤ A. S. Melikian-Chirvani, "Les Bronzes du Khorassan, VII: Šāzī de Herat, ornemaniste", *Studia Iranica* 8/2, 1979, pp. 223–243.

⑥ E. Atil, W. T. Chase & P. Jett, *Islamic Metalwork in the Freer Gallery of Art*, pp. 102–110.

关于也里式错银鍮石器的年代，各博物馆、拍卖行的图录与介绍文字大多将相关器物断为 12 世纪晚期至 13 世纪初（或者更具体，1180—1205 年之间）。这个年代范围是古尔王朝稳定统治呼罗珊的时间。据穆思陶菲（Hamdollāh Mostowfī Qazvīnī，1281-1349）记载，古尔王朝统治期间是也里最辉煌的时期，那时此地有 12000 家商铺，6000 座澡堂，359 所学校以及 444000 户居民。[①] 几件精致的也里式错银鍮石器带有 1182、1206 年等纪年题款，[②] 正属于这一时期。因此，可以说最出色、最成熟的一批错银鍮石器个体应当是在此时期生产的。然而，也有很多产品应当属于更早时期。实际上，每种器类似乎都有形制上的变化，由于缺乏足够多的考古发掘品，我们难以做出可靠划分。不过，几件带有较早纪年题款的个体可为也里式错银鍮石器的出现年代提供参考。其中，最早的一件当属艾尔米塔什博物馆所藏的1148 年笔盒。[③] 该馆还收藏有另一件早期作品，即上文提及的 1163 年的"波布林斯基水壶"。值得注意的是，这件水壶的工匠题款分列锻匠与饰匠，说明当时这个行业存在劳动分工，并且已经相当成熟。因此，笔者认为最早的一批也里式错银鍮石器出现于 12 世纪中期。

关于错银鍮石器在也里突然出现的原因，最早的纪年题款给了我们启示。1148 年正是古尔王朝兴起的时间，在此前后，塞尔柱王朝迅速衰落，对也里的控制减弱。古尔人深居山区，曾长期被穆斯林视为异教徒，直到 11 世纪前后方才逐渐皈依，[④] 到他们崛起和占领也里时，他们信奉伊斯兰教的时间不长；而且，他们对伊斯兰教的信仰不算虔诚，许多人只是使用穆斯

---

① Ḥamd-Allāh Mustawfī of Qazwīn, *The Geographical Part of the Nuzhat-al-Qulūb*, tr. by G. Le Strange, Leiden: Brill, 1919, p. 151.

② R. Kana'an, "The *de Jure* 'Artist' of the Bobrinski Bucket: Production and Patronage of Metalwork in pre-Mongol Khurasan and Transoxiana", pp. 185–186.

③ L. T. Giuzalian, "The Bronze Qalamdan (Pen-Case) 542/1148 from the Hermitage Collection (1936–1965)", *Ars Orientalis* 7, 1968, pp. 95–119.

④ *Hudūd al-'Ālam. 'The Regions of the World'. A Persian Geography, 372 A. H. /982 A. D.*, tr. & explained by V. Minorsky, ed. by C. E. Bosworth, Cambridge: Cambridge University Press, 1970, 2nd edition, pp. 343–344.

林的姓名，实际却过着异教徒的生活。[①] 也许正是这样的原因，错银鍮石器的装饰题材才一反之前的正统伊斯兰艺术风格，变得比较活泼多样，甚至出现了很多萨珊和粟特传统的复古元素。在这种历史转变时期，苏菲主义（Sufism）也趁机渗入也里的市民生活中，从而导致装饰铭文中出现了一些秘传的诗歌。[②] 相较于伊斯兰世界之前的鍮石器，这类嵌饰艺术品的工艺水平有大幅提高，其压花、錾刻、镶嵌等装饰技术常见于金银器工艺，而鍮石是一种相对廉价的材质，基于这种反差，有学者认为早期的错银鍮石器工匠可能本来是银匠，他们迫于经济压力不得不转而从事低廉的鍮石器制作。[③] 这种看法颇有见地。12 世纪 40 年代之前，也里安享了一个世纪的太平，到这时，塞尔柱王朝迅速衰落，加之古尔人与塞尔柱人的交相争夺，导致也里城大贵族阶层的经济实力减弱，金银器的需求量变少。此外，联想到穆思陶菲提到的夸张的商铺数目，可知商人等中层资本者在此时悄然勃兴。他们是错银鍮石器的主要消费人群，其兴起带动了错银鍮石器市场的繁荣。[④] 因此，原来的一些金银匠改行生产这种紧俏商品，将新的技术和装饰题材注入其中，并推陈出新。

三 也里式错银鍮石器的出土与收藏情况

和田博物馆所藏的也里式错银鍮石器，每种都能在欧美各大博物馆和拍卖行的藏品中找到大量类似例子。笔者所知的就有上百件，以下是各单位的具体收藏情况：

---

① K. A. Nizami, "The Ghurids", in *History of Civilizations of Central Asia, Vol. IV: The Age of Achievement. A. D. 750 to the End of the Fifteenth Century, Part One: The Historical, Social and Economic Setting*, ed. by M. S. Asimov & C. E. Bosworth, Paris: UNESCO Publishing, 1998, p. 178. 汉译见博斯沃思、阿西莫夫主编《中亚文明史》第 4 卷（上），华涛译，中国对外翻译出版公司，2008 年，第 133 页。

② O. Grabar, "The Visual Arts, 1050–1350", in: *The Cambridge History of Iran, Vol. 5: The Saljuq and Mongol Periods*, ed. by J. A. Boyle, Cambridge: Cambridge University Press, 1968, pp. 647–648.

③ J. W. Allan, "Silver: The Key to Bronze in Early Islamic Iran", *Kunst des Orients* 11/1–2, 1976–77, pp. 5–21.

④ 根据穆斯林文献记载，鍮石次于金银，但高于铜铁。因此，鍮石器不是王室的奢侈品，但亦非普通大众广泛使用的生活器具，它们对应的消费群体是中产者。

1. 凸棱大壶（faceted or fluted ewer，共 16 件）

英国国家博物馆（British Museum），2 件：收藏编号 1848,0805.1、1848,0805.2。大都会艺术博物馆（Metropolitan Museum of Art），1 件：44.15。卢浮宫（Louvre），1 件：OA5548。艾尔米塔什博物馆，1 件：ИР-1468。英国维多利亚与阿尔伯特博物馆（Victoria and Albert Museum），1 件：592-1898。美国克利夫兰艺术博物馆（Cleveland Museum of Art），1 件：1945.27。格鲁吉亚国家博物馆，1 件：MC 135。埃及伊斯兰艺术博物馆（Museum of Islamic Art），1 件。[1] 哈里里收藏品（Khalili Collection），1 件：MTW 1549。[2] 苏富比拍卖行，1 件：lot. 17, Arts of the Islamic World, 9 Oct. 2013。巴拉卡特美术馆（Barakat Gallery），5 件：AMD.56、AD.201、FF.125、FF.126、LO.642。

2. 墨水壶（circular inkwell，共 39 件）

大都会博物馆，2 件：44.131、48.138。卢浮宫，3 件：OA3372、OA3354、AA65。艾尔米塔什博物馆，1 件：ИР-1533。维多利亚与阿尔伯特博物馆，2 件：1435-1902、86-1969。美国费城艺术博物馆（Philadelphia Museum of Art），1 件：1930-1-45。哈佛大学赛克勒博物馆，1 件：1958.134。洛杉矶县立艺术博物馆（Los Angeles County Museum of Art），1 件：M.2006.138.2。巴尔的摩沃特斯艺术博物馆，1 件：54.514。加拿大多伦多阿迦汗博物馆（Aga Khan Museum），1 件：AKM604。皇家安大略博物馆（Royal Ontario Museum），1 件：K 722A。依瑞兹以色列博物馆（Eretz Israel Museum），1 件：MHM1.93。卡塔尔伊斯兰艺术博物馆（Museum of Islamic Art, Qatar），1 件：MW.469.2007。哈里里收藏品，2 件：MTW 1466、MTW 1474。[3] 苏富比拍卖行，4 件：lot. 89, Arts of the Islamic World, 5 April 2006；lot. 90, Arts of the Islamic World 89, 18 April 2007；lot. 186, Arts of the Islamic World, 22 April 2015；lot. 106, Arts of the Islamic World, 20 April 2016。德国纳高拍卖

---

① 2018-7-21, http://egyptianmuseums.net/assets/images/db_images/db_Museum_of_Islamic_Art_101.jpg.

② J. M. Rogers, *The Arts of Islam. Masterpieces from the Khalili Collection*, London: Thames & Hudson, 2010, p. 98, cat. 106.

③ J. M. Rogers, *The Arts of Islam. Masterpieces from the Khalili Collection*, p. 103, cat. 114, 115.

行（Nagel Auctions），1件：Auction 54T, lot. 514。丹麦哥本哈根大卫收藏品（David Collection, Copenhagen），1件：32/1970。赛义德收集品（Nuhad Es-Said Collection），1件。[①] 巴拉卡特美术馆，14件：AD.216、AMD.219、JB.335、JB.1329、LO.689、LO.691、LO.850、LO.877、LO.1085、RP.123、RP.124、RP.171、RP.172、RP.173。

3. 圆盘（round tray，共26件）

英国国家博物馆，1件：1956, 0726.12。卢浮宫，4件：AD41893、AA63、AA62、OA3369。洛杉矶县立艺术博物馆，1件：AC1997.253.38。大卫收藏品，1件：43/1998。巴拉卡特美术馆，19件：AD.294、AD.297、AMD.180、FZ.407、JB.1243、JB.1276、JB.1290、JB.1339、JB.1340、JB.1341、JB.1350、JB.1351、JB.1353、JB.1354、JB.1355、JB.1357、LO.862、LR.002、SP. 586。

4. 矩形盘（rectangular tray，共20件）

卢浮宫，3件：MAO499、MAO498、AA61。德国纳高拍卖行，2件：Auction 40T, lot. 326；Auction 680, lot. 430。佳士得拍卖行（Christie's），1件：lot. 191, Indian & Islamic Works of Art and Textiles, London, South Kensington, 8 Oct. 2010。哈里里收藏品，1件：MTW 1363（图2-2）。[②] 巴拉卡特美术馆，13件：AD.298、AM.0375、AMD.278、AMD.279、JB.1007、JB.1008、JB.1009、JB.1168、JB.1169、JB.1320、JB.1321、JB.1324、JB.1325。

图2　中亚出土的错银鍮石器

（1为喀布尔博物馆藏品；2为哈里里收藏品；3出自讹答剌遗址；4为撒马尔罕博物馆藏品）

---

① J. W. Allan, *Islamic Metalwork: The Nuhad Es-Said Collection*, London: Sotheby Publications, 1982, pp. 36–39; A. S. Melikian-Chirvani, "State Inkwells in Islamic Iran", pp. 76–77.

② J. M. Rogers, *The Arts of Islam. Masterpieces from the Khalili Collection*, p. 99, cat. 108.

这些收藏品基本都没有明确的出土地点。除少数带有纪年与工匠铭文的外，其余的制作时间与地点均只能依据技术和艺术风格作大致推测。不过，它们的庞大数目表明，这类器物在半个多世纪的时间里产量不小，应当是当时的畅销品。此外，一些有关中亚伊斯兰金工艺术的研究著作和图录，揭示了一批出土地点相对明确的同类器物，它们来自中亚、伊朗高原等地的窖藏、遗址或某些地方性博物馆。

（1）赫拉特国立博物馆（National Museum Herat）收藏有 4 件圆盘、1 件矩形盘。①

（2）喀布尔博物馆收藏有 1 件凸棱大壶（馆藏编号 58.2.16）（图 2-1）、②1 件矩形盘。③

（3）塔吉克斯坦西南部、阿姆河北岸沙赫里图斯（Shakhritus）遗址出土 1 件墨水壶。④

（4）塔吉克斯坦西南部、瓦赫什河畔佐利萨德（Zoli Zard）窖藏出土 1 件墨水壶。⑤

（5）塔吉克斯坦西北部、邻近费尔干纳盆地的卡莱巴兰（Kalaibaland）窖藏出土 3 件矩形盘，⑥现藏于当地的乌拉特佩历史博物馆（Historic Regional Study Museum of Uratepa）。

（6）塔吉克斯坦西部、靠近撒马尔罕的片吉肯特（Penjikent）出土 1 件

---

① U. Franke (ed.), *National Museum Herat: Areia Antiqua Through Time*, Berlin: Deutsches Archäologisches Institut Berlin, Eurasien-Abteilung, 2008, pp. 43–45, nos. 80, 81, 83, 84, 85.

② B. Rowland, *Afghanistan: Objects from the Kabul Museum*, with photographs by F. M. Rice, London: Allen Lane the Penguin Press, 1971, p. 90, pls. 177, 178.

③ N. Byashimova & A. Ataeva, "Turkmenistan", in: *The Artistic Culture of Central Asia and Azerbaijan in the 9th–15th Centuries, Volume III: Toreutics*, ed. by Sh. Pidayev, Samarkand & Tashkent: IICAS, 2012, p. 194.

④ Yu. Yakubov, "Tajikistan", in: *The Artistic Culture of Central Asia and Azerbaijan in the 9th–15th Centuries, Volume III: Toreutics*, pp. 95, 160–161.

⑤ Yu. Yakubov, "Tajikistan", in: *The Artistic Culture of Central Asia and Azerbaijan in the 9th–15th Centuries, Volume III: Toreutics*, pp. 159–160, 162.

⑥ Yu. Yakubov, "Tajikistan", in: *The Artistic Culture of Central Asia and Azerbaijan in the 9th–15th Centuries, Volume III: Toreutics*, pp. 94, 123–126, 162; A. A. Gritsina, S. D. Mamadjanova & R. S. Mukimov, *Archeology, History and Architecture of Medieval Ustrushana*, Samarkand: IICAS, 2014, pp. 196, 200, figs. 65, 71.

矩形盘，现藏于艾尔米塔什博物馆。①

（7）1962 年，乌兹别克斯坦东南部、阿姆河北岸铁尔梅兹出土 1 件墨水壶，现藏于铁尔梅兹考古博物馆（Termez Archaeological Museum）。②

（8）1959 年，乌兹别克斯坦东北部、费尔干纳盆地纳曼干（Namangan）出土 1 件墨水壶。③

（9）乌兹别克斯坦国家历史博物馆（State Museum of the History of Uzbekistan, Tashkent）收藏有 1 件墨水壶。④

（10）乌兹别克斯坦撒马尔罕博物馆（Samakand Museum）收藏有 1 件圆盘（图 2-4）。⑤

（11）哈萨克斯坦南部讹答剌遗址（Otrartobe，著名的成吉思汗西征花剌子模导火索事件即发生于此地）出土 1 件墨水壶（图 2-3）。⑥

（12）土库曼斯坦东部达失里牙朗（Dashlyalang）窖藏出土 1 件墨水壶、1 件矩形盘，现藏于当地一所学校的博物馆。⑦

（13）伊朗中部伊斯法罕（Isfahan）境内出土 1 件凸棱大壶。⑧

（14）阿塞拜疆纳希切万自治共和国（Nakhchyvan）境内出土 1 件凸棱

---

① Yu. Yakubov, "Tajikistan", in: *The Artistic Culture of Central Asia and Azerbaijan in the 9th–15th Centuries, Volume III: Toreutics*, pp. 123, 126; A. A. Gritsina, S. D. Mamadjanova & R. S. Mukimov, *Archeology, History and Architecture of Medieval Ustrushana*, p. 197, fig. 68; A. A. Hakimov, "Arts and Crafts, Part One: Arts and Crafts in Transoxania an Khurasan", in: *History of Civilizations of Central Asia, Vol. IV: The Age of Achievement. A. D. 750 to the End of the Fifteenth Century, Part Two: The Achievements*, p. 427, fig. 16.

② Dj. Ilyasov & A. Khakimov, "Uzbekistan", in: *The Artistic Culture of Central Asia and Azerbaijan in the 9th–15th Centuries, Volume III: Toreutics*, pp. 228, 249–250, 264.

③ A. Khakimov, "Toreutics as a Phenomenon of Artistic Culture", in: *The Artistic Culture of Central Asia and Azerbaijan in the 9th–15th Centuries, Volume III: Toreutics*, p. 23.

④ Dj. Ilyasov & A. Khakimov, "Uzbekistan", in: *The Artistic Culture of Central Asia and Azerbaijan in the 9th–15th Centuries, Volume III: Toreutics*, pp. 229, 249, 265.

⑤ Dj. Ilyasov & A. Khakimov, "Uzbekistan", in: *The Artistic Culture of Central Asia and Azerbaijan in the 9th–15th Centuries, Volume III: Toreutics*, pp. 225, 262. 作者称之为香炉。

⑥ K. Baypakov, "Kazakhstan", in: *The Artistic Culture of Central Asia and Azerbaijan in the 9th–15th Centuries, Volume III: Toreutics*, pp. 47, 52, 76.

⑦ N. Byashimova & A. Ataeva, "Turkmenistan", in: *The Artistic Culture of Central Asia and Azerbaijan in the 9th–15th Centuries, Volume III: Toreutics*, pp. 170, 194.

⑧ T. Dostiyev, "Azerbaijan", in: *The Artistic Culture of Central Asia and Azerbaijan in the 9th–15th Centuries, Volume III: Toreutics*, p. 269.

大壶。①

（15）里海西北、伏尔加河流域出土 1 件墨水壶，现藏于艾尔米塔什博物馆。②

以上 15 个地点共计 23 件相关器物，它们的分布地点非常广泛，西至里海以西的纳希切万和伏尔加河流域，东及费尔干纳盆地和阿姆河中游地区。这表明，上述几种器类除了满足也里本地市场需求外，还作为外销商品大量供应国际长途贸易。特别需要指出的是，以上诸地点中，中亚五国境内的铁尔梅兹、沙赫里图斯、佐利萨德、片吉肯特、卡莱巴兰、纳曼干、讹答剌等地，距离和田并不遥远，它们均位于古代和田越过葱岭同西方进行交往的要道上。这些地点出土的同类器物，指示了也里式错银錀石器从原产地呼罗珊流入于阗的可能途径。

四　也里式错银錀石器如何输入于阗

一些线索表明，和田博物馆所藏的也里式错银錀石器可能属于呼罗珊地区的早期作品。和田的墨水壶在器型与装饰题材方面，与上文论及的也里饰匠伊本·阿合马（Mas'ūd ibn Ahmad al-Haravī）制作的苏富比墨水壶相当接近，而他的另一件作品"波布林斯基水壶"带有 1163 年的纪年题款，这可作为和田墨水壶的参考制作年代。和田的凸棱大壶与喀布尔博物馆的藏品最为接近，但后者无明确的出土地点和纪年。图录将其时代归为 12 世纪晚期，③ 即古尔王朝稳定统治也里等呼罗珊城市的时期。然而，相较于大都会艺术博物馆（图 3–1）、格鲁吉亚国家博物馆（带有 1182 年题款，图 3–2）等收藏的华丽的同类个体，这两件在用料和装饰方面要逊色得多，它们不大可能是古尔治下的繁荣期产品，而可能属于初期阶段或最后阶段的作品。也里式错银錀石器的时代下限比较特殊。在塞尔柱、古尔、花剌子模之间的拉

① T. Dostiyev, "Azerbaijan", in: *The Artistic Culture of Central Asia and Azerbaijan in the 9th–15th Centuries, Volume III: Toreutics*, pp. 269, 273.

② K. Baypakov, "Kazakhstan", in: *The Artistic Culture of Central Asia and Azerbaijan in the 9th–15th Centuries, Volume III: Toreutics*, p. 52.

③ B. Rowland, *Afghanistan: Objects from the Kabul Museum*, p. 90.

锯战中，呼罗珊错银鍮石器受到政治变动的影响比较小，因为这些政权出于征税等方面的考虑，不会肆意破坏当地的经济生产。蒙古人则不然，他们残暴的屠城政策，使当地的手工业突遇灭顶之灾。因此，也里式错银鍮石器事实上没有自然发展的最后阶段。① 那么，和田的凸棱大壶应该属于这种器类的早期生产阶段，即 12 世纪中期（1150 年前后）的产物。艾尔米塔什博物馆收藏的一件错乌银（niello）矩形银盘为此提供了旁证（图 3–3）。这件银盘的铭文表明其拥有者为花拉子模沙亦思马因［Kwārezm Shāh (Ismaʻil) Abū Ibrahim，1034–1041 年在位］。② 也里式错银鍮石矩形盘的形制无疑源自这种早期银器。而更让笔者感兴趣的是，这件银盘口沿的四角分别刻有一个水滴形徽章图案，水滴内部为一只飞鸟。这种特色鲜明的水滴形图案亦见于和田凸棱大壶的肩部（图 3–4），但不见于其他年代偏晚的错银鍮石器。这暗示了和田的凸棱大壶处于也里式错银鍮石器工艺的较早阶段。在此阶段，错银鍮石器上的某些装饰母题借鉴于早期银器。

有关 12 世纪中期于阗与葱岭以西诸国交往的史料异常匮乏。但文献显示，在更早时期，这种交往在多个层面上持续存在。11 世纪初，喀喇汗王朝与哥疾宁王朝在中亚屡次交战。1006 年，喀喇汗军队越过阿姆河入侵呼罗珊的巴里黑（Balkh）、你沙不儿（Nīshābūr）、徒思（Tūs）等地。正在远征印度的哥疾宁算端马哈茂德（Maḥmūd）回师北上，在阿姆河畔击败了喀喇汗将领贾法尔·的斤（Jaʻfar-tegīn）所率的六千人军队。加尔迪齐（Abū Saʻīd ʻAbd al-Ḥayy Gardīzī，生活于 11 世纪中期）记载了其中一次战斗的细节，马哈茂德的士卒"用于阗腔调唱出突厥歌曲"，突厥人闻声大惊，纷纷跃身入河，溺毙甚多。③ 这一幕犹如汉军四面楚歌围困项羽之重现，它暗示了这支喀喇汗军队来自于阗。翌年，喀喇汗王朝再次以重兵进犯巴里黑，于阗统治

---

① 错银、铜的鍮石器在后世（如 14 世纪）亦产于其他地区，但出产的器类、器型和装饰风格与也里式迥然不同。

② B. I. Marshak, *Silberschätze des Orients: Metallkunst des 3. –13. Jahrhunderts und ihre Kontinuität*, Leipzig: E. A. Seemann, 1986, ss. 109–110, ill. 140; Dj. Ilyasov & A. Khakimov, "Uzbekistan", in: *The Artistic Culture of Central Asia and Azerbaijan in the 9th–15th Centuries, Volume III: Toreutics*, pp. 220–222.

③ 巴托尔德:《蒙古入侵时期的突厥斯坦》，第 315 页。

图 3　和田错银鍮石器与中亚的类似器物

（1 为大都会艺术博物馆收藏品；2 为格鲁吉亚国家博物馆藏品；3 为艾尔米塔什
博物馆所藏错乌银矩形银盘；4 为和田凸棱大壶局部的水滴形图案）

者卡迪尔汗·优素福（Qadir-Khān Yūsuf）亦派兵参与了这次军事行动。1008
年，马哈茂德在巴里黑附近的沙尔希延（Sharkhiyān）桥附近击溃喀喇汗军
队，从而结束了喀喇汗对呼罗珊的侵扰。此后，喀喇汗王朝与哥疾宁王朝
关系缓和，双方频繁遣使交聘，赠礼联姻。1040 年，塞尔柱王朝在登丹坎
（Dandānqān）之战中击败哥疾宁王朝，取代后者对呼罗珊进行统治。翌年，
喀喇汗王朝分裂为东西两部，于阗为东喀喇汗王朝所有。东喀喇汗与塞尔
柱之间的关系难以明了，但可以肯定的是，前者进入 12 世纪后逐渐走向衰
落。1134 年，耶律大石进占八剌沙衮（Balāsāghūn），将东喀喇汗王朝降为
西辽的附庸。1141 年，西辽在卡特万（Qaṭwān）之战中击败了塞尔柱王朝，
此后又降服了西喀喇汗王朝、花剌子模等势力，遂成为中亚霸主。12 世纪
下半叶，花剌子模等藩臣每年须向西辽输纳岁币；同一时期，西辽多次对
中亚用兵，其兵锋曾深入呼罗珊的巴里黑、俺都淮（Andkhūy）、撒剌哈昔
（Sarakhs）、徒思等地。[①] 在这种政治局面下，于阗可以通过多种方式与葱岭

---

① 巴托尔德：《蒙古入侵时期的突厥斯坦》，第 312—420 页；C. E. Bosworth, "The Political and
　Dynastic History of the Iranian World (A. D. 1000–1217)", in: *The Cambridge History of Iran, Vol. 5: The
　Saljuq and Mongol Periods*, pp. 1–202；M. Biran, *The Empire of the Qara Khitai in Eurasian History:
　Between China and the Islamic World*, Cambridge: Cambridge University Press, 2005, pp. 41–74。

以西诸国进行交往，要么出兵参与西辽在中亚的军事行动，要么在同一宗主国治下与中亚展开商贸往来。也里式错银鍮石器就是在这样的背景下进入于阗的。它们可能是在12世纪中后期某个时间流入于阗的同一批物品，也可能是在一段时间内，因双方的持续交往而陆续输入。

和田博物馆的也里式错银鍮石器，特别是凸棱大壶和阿特曲窖藏所出土的矩形盘，都有明显的损坏和修补痕迹，表明它们曾被长期使用。关于它们被埋藏的时间和原因，笔者推测可能与13世纪10年代西辽僭主屈出律（1211—1218年在位）在喀什噶尔、于阗等地采取的宗教高压政策有关。屈出律在篡夺西辽政权之后，强迫于阗等地的穆斯林改宗佛教或基督教。① 阿特曲窖藏铜器具有浓郁的伊斯兰教色彩，它们的拥有者可能为了躲避迫害而将其匆匆掩埋。于阗地区因屈出律的倒行逆施而出现的这类窖藏不在少数，很多在古代就已被掘出。1266年，察合台汗八剌洗劫于阗，其军队在城中找到了多处宝藏。②15世纪晚期，蒙古朵豁剌惕部（Dughlāt）异密米儿咱·阿巴·癿乞儿（Mīrzā Abū Bakr，卒于1514年）建立割据政权，在鸭儿看、于阗、哈实哈儿等地疯狂挖掘古物财宝，稍晚的米儿咱·海答儿（Mīrzā Muḥammad Ḥaidar，1499–1551）在《拉失德史》专辟一章，记载了他的这一行径。其中写道，阿巴·癿乞儿曾在于阗城堡内发现了一处宝藏，里面有27口大瓮，每口瓮中都放着一个铜长颈执壶，壶中装满金砂，壶与瓮之间的空隙则装满银锭。找到这处宝藏后，阿巴·癿乞儿派人在于阗等地更加仔细地挖掘，又发现了若干其他宝藏。米儿咱·海答儿得到了其中的一个执壶，并声称每一个执壶里面都有一张突厥语字条，上面写着："这项财宝准备用来为哈马儿可敦（the Khātun called Khamār）之子举行割礼。" ③ 我们无

① 志费尼：《世界征服者史》，何高济译，内蒙古人民出版社，1980年，第71—85页；拉施特主编《史集》第一卷第二分册，商务印书馆，1983年，第247—254页；M. Biran, *The Empire of the Qara Khitai in Eurasian History: Between China and the Islamic World*, pp. 80–83, 194–196。

② 刘迎胜：《察合台汗国史研究》，上海古籍出版社，2011年，第173—175页。

③ Mīrzā Muḥammad Ḥaidar, *The Tarikh-i-Rashidi. A History of the Moghuls of Central Asia*, Part II, tr. by E. D. Ross, ed. & annot. by N. Elias, London: Sampson Low, 1895, pp. 255–257. 汉译本参见新疆社会科学院民族研究所译，王治来校注《中亚蒙兀儿史——拉失德史》第二编，新疆人民出版社，1983年，第147—150页。

法判断这些执壶是否属于也里式错银鍮石器，但哈马儿可敦之名称暗示了宝藏的主人应当是一位喀喇汗贵族。

Khamār（或 Khumār）不是一个常见名字，笔者检索到三位名叫 Khamār 的突厥贵族。第一位生活于 9 世纪，即雅忽比（Ya'qūb）所载识匿国王胡马尔别乞（Khumār-beg）。第二位是"来自草原方面的花剌子模人"将领胡马尔－塔什·谢拉比（Khumār-Tāsh Sharābī），曾于 1017 年率军与哥疾宁算端马哈茂德交战。还有一位名叫胡马尔的斤（Khumār-tegin），是花剌子模沙摩诃末（'Alā' ad-Dīn Muḥammad）之母忒里塞可敦（Terken Khātun）的族人，当 1220 年蒙古人围攻玉龙杰赤（Gurgānj）时，他负责该城的防务。忒里塞可敦出身于花剌子模以北的中亚草原突厥部落，有说她来自咽蔑部伯岳吾氏，亦有说她是康里人或钦察人，其父或先人可能受西辽封号，族人曾是契丹治下之部族。可见，胡马尔的斤当与西辽有着密切关系。[①]哈马儿可敦与胡马尔的斤之间是否有关联？她是否出身于咽蔑贵族，后来嫁给于阗的喀喇汗统治者而被封为可敦？囿于材料，目前无法做出判断。

最后需要指出，阿特曲窖藏中的红铜器，可能反映了中亚铜器技术向于阗传播的情况。于阗古代产铜，很早时期就能制造铜器。《梁书·于阗传》记载其"国人善铸铜器"。[②]李吟屏亦称，有几件窖藏红铜器与现今和田民间使用的器类比较接近，二者可能存在承袭关系。[③]这些都暗示了阿特曲红铜器为本地制造的可能性。然而，这批红铜器（以及素面鍮石器）中的器类，即杆、鼎、执壶、八瓣盒等，在中亚西部和伊朗各地也很常见，它们的器型跟和田的也相当接近（图 4），年代与也里式错银鍮石器相仿或稍早。例如八瓣盒（李吟屏文未提供图片），这种颇具特色的八瓣形器皿亦见

① Aḥmad Ya'qūbī, *Kitāb al-Boldān*, ed. by M. J. de Goeje, Leiden: Brill, 1892, p. 292；Maḥmūd Kāšγarī, *Compendium of the Turkic Dialects (Dīwān Luγāt al-Turk)*, Vol. I, tr. by R. Dankoff & J. Kelly, Cambridge: Harvard University Press, 1982, pp. 289, 332；志费尼：《世界征服者史》，第 556、559 页；巴托尔德：《蒙古入侵时期的突厥斯坦》，第 278—279、433—434 页；刘迎胜：《西北民族史与察合台汗国史研究》，中国国际广播出版社，2012 年，第 42—48 页；M. Biran, *The Empire of the Qara Khitai in Eurasian History: Between China and the Islamic World*, pp. 80–83, 194–196。
② 《梁书》卷 54《西北诸戎传》"于阗国"条，中华书局，2020 年，第 898 页。
③ 李吟屏：《新疆和田市发现的喀喇汗朝窖藏铜器》，第 53 页。

于赫拉特国立博物馆所藏铜器，其中一件为八瓣形器座（馆藏编号：HNM
02.11.86c），年代为 11—12 世纪；另一件为八瓣形壶（HNM 03.01.86，图
4-9），年代为 10—11 世纪。① 再如带流执壶，阿特曲窖藏出土的带流执壶
为梨形腹，细颈，球形口，鸭舌形斜流，大曲柄，喇叭状圈底（图 4-7），
这种器型显然从早期的粟特银壶发展而来。② 同样器型的铜执壶亦见于中亚
多地，如塔吉克斯坦片吉肯特的卡赫卡赫 3 号（Kahkah Ⅲ）遗址、③ 乌兹别
克斯坦费尔干纳盆地的阿赫西克特（Akhsiket）遗址（图 4-8）、④ 吉尔吉斯
斯坦楚河州的坎不隆（Ken-Bulun）遗址。⑤ 这些遗址所出执壶均带有工匠题
款 "阿合马之作品"（Amali Aḥmad），应当来自同一金工作坊。这三处遗址
毗邻塔里木盆地，均位于东喀喇汗王朝和西辽境内，它们同于阗之间有着密
切而便捷的交往。因此，笔者认为，阿特曲红铜器中至少有一部分应当是从
中亚西部输入的。李吟屏提到的当今和田民间的类似器物，暗示了于阗本地
工匠通过传入的伊斯兰铜器逐渐习得了这类铜器的器型与技术，并不断仿制
和传承，使其融入当地的日常生活中。

①　U. Franke & M. Müller-Wiener (ed.), *Herat Through Time: The Collections of the Herat Museum
and Archive*, Berlin: Museum für Islamische Kunst, 2016, p. 123, Cat. Nos. M51, M52.

②　类似器型的粟特银壶可参 E. Atil, W. T. Chase & P. Jett, *Islamic Metalwork in the Freer Gallery
of Art*, pp. 62–63；A. A. Hakimov, "Arts and Crafts, Part One: Arts and Crafts in Transoxania an
Khurasan", in: *History of Civilizations of Central Asia, Vol. IV: The Age of Achievement. A. D. 750
to the End of the Fifteenth Century, Part Two: The Achievements*, pp. 422, 424。

③　Yu. Yakubov, "Tajikistan", in: *The Artistic Culture of Central Asia and Azerbaijan in the 9th–15th
Centuries, Volume III: Toreutics*, pp. 128, 147.

④　Dj. Ilyasov & A. Khakimov, "Uzbekistan", in: *The Artistic Culture of Central Asia and Azerbaijan
in the 9th–15th Centuries, Volume III: Toreutics*, pp. 182, 223, 243, 257.

⑤　A. Kamishev, "Kyrgyzstan", in: *The Artistic Culture of Central Asia and Azerbaijan in the 9th–15th
Centuries, Volume III: Toreutics*, pp. 109, 122.

图 4　和田红铜器与中亚的同类器物

（1—2：杵和臼；3—4：鼎；5—6：执壶；7—8：带流执壶；9：八瓣形壶。1、3、5、7 为和田博物馆藏品；2 为洛杉矶县立艺术博物馆藏品；[①] 4、9 为赫拉特国立博物馆藏品；[②] 6 出自木鹿；[③] 8 出自阿赫西克特遗址）

结　语

通过比较和分析，笔者认为和田博物馆所藏的错银鍮石器产自 12 世纪中后期以也里城为中心的呼罗珊，它们是目前所知此类器物地理分布最东的一批，也是中国境内发现的唯一一批。它们大约在 12 世纪下半叶流入于阗，大部分在 13 世纪初屈出律施行宗教迫害政策时被埋藏遗弃。这批文物具有重要的历史价值。其一，它们指示了在唐代丝绸之路衰落之后至蒙古大一统前夕，商品仍能有效地沿欧亚交通网络进行长途传播。其二，以往我们知道西辽强盛时期，在政治上对葱岭以东的东喀喇汗王朝和以西的西喀喇汗王朝、花剌子模等势力有着深远的影响，这组和田铜器则提示了这一时期葱岭两侧民间经济上的往来。其三，这组错银鍮石器，以及普通鍮石器、红铜器，都是从葱岭以西传来的穆斯林日用器具，它们表明古代伊斯兰文化的东渐不仅意味着教义的流布，也表现为物质文化各个层面的传输与接受。

---

① 馆藏编号：M. 73. 5. 264a-b，2018–7–21，https://collections. lacma. org/node/239619。

② U. Franke & M. Müller-Wiener (ed.), *Herat Through Time: The Collections of the Herat Museum and Archive*, p. 120, Cat. No. M30 (Inv. No. HNM 03.11.86)；另一件同时期的鼎见同书：p. 119, Cat. No. M26 (HNM 01.25.86)。

③ N. Byashimova & A. Ataeva, "Turkmenistan", in: *The Artistic Culture of Central Asia and Azerbaijan in the 9th–15th Centuries, Volume III: Toreutics*, pp. 133, 206, Ill. VIII. 类似的铜执壶见：U. Franke (ed.) *National Museum Herat: Areia Antiqua Through Time*, p. 45, No. 86；B. Rowland, *Afghanistan: Objects from the Kabul Museum*, p. 90, pl. 183 (Inv. No.58.2.18)。

唐朝崩溃后的东亚世界与佛教

——以僧人越境为视角

聂　靖[*]

【摘　要】世界性的隋唐国家崩溃，其遗产乃是五代至宋超越一元国家的世界性格局。在这一时期，有关僧人为间的记载频频出现在史料中，这些记载虚实相间，其中确有僧人为间、积极参与政治者，亦有伪装成僧，以为掩护者，相关的行为与传言引发了社会上对外来僧人的猜忌与恐慌。为了防止僧人为间，朝廷试图通过度牒、公凭等文书行政手段限制僧人出家与活动。僧人为间的事实与想象皆以僧人越境活动为背景，是唐代政治、文化的世界性与宋以后"转向内在"短暂不同步的产物，也是汉传佛教社会地位逐步下降的体现。

【关键词】行脚僧　边境　度牒制度　公凭　五台山

唐朝的灭亡重塑了东亚世界的国际格局，从五代十国到辽宋西夏，新旧边界生成、推移或消解，人们对国家与边界的认识也随之变化。[①] 政权分立之时，跨越边境的僧人成为各地文化、知识传播的媒介，是研究当时社会边

---

[*] 聂靖，武汉大学历史学院暨中国三至九世纪研究所博士研究生。

[①] 近代以来关于唐宋之际东亚格局的看法，影响最大的是内藤湖南的"唐宋变革论"，其历史分期法是建立在汉文化与周边民族互动关系的视角上的，宫崎市定就唐宋之际的东亚政治形势做了进一步补充，见宫崎市定《东洋的近世》，黄约瑟译，刘俊文主编《日本学者研究中国史论著选译》，中华书局，1992年，第152—242页。在此基础上，Morris Rossabi（罗茂锐）ed., *China among Equals: the Middle Kingdom and Its Neighbors, 10th–14th Centuries* (Berkeley, Los Angles and London: University of California Press, 1983) 无疑是集成之作，包括《剑桥中国史》在内的主流著作都继承了这一看法。较新的研究，参见谭凯（Nicolas Tackett）《肇造区夏——宋代中国与东亚国际秩序的建立》第二、三章，殷守甫译，社会科学文献出版社，2020年，第81—154页。

界意识极好的切入点。①相关记载中，僧人或伪装的僧人跨越边境刺探情报、实施计略（离间、收买、破坏等）的事迹颇值得注意，它们以当时复杂的政治局势为背景，更在相当程度上改变了历史进程。前人已从政治、军事、佛教等视角进行研究，取得了丰硕的成果，②但也存在以下不足。一是将僧人为间当作孤立事件而非一类现象，跨越边境的普通僧人往往被怀疑为间者细作，法令中亦明确规定了相应的限制与惩罚，表明僧人为间的事实及想象具有广泛的社会影响。二是视角单一，除了产生计略层面的作用外，僧人为间对僧团本身产生何种影响、国家和民众对僧团的态度会发生何种变化等问题鲜被论及。三是未能进行历时性的分析，作为现象的僧人为间必然经历萌芽、发展、衰落之过程，需要联系唐宋以前的历史进行长时段考察。

本文所讨论的僧人为间现象分为以下三种情形。③第一种，僧人参与政治、充当间谍，此类记载主要见诸正史与文人笔记，佛教文献保留较少，唯留学僧是个例外，不论其主观意愿如何，所记行纪在客观上都可视为调查情报。第二种，间谍借助僧人身份作为掩护，虽然他们并非严格意义上的修行者，但是社会上关于僧团度僧制度败坏、管理松散的批评仍将其包括在内，视作整个教团的一部分。第三种，普通僧人因为越境等原因被怀疑为间谍，

---

① 参侯旭东《十六国北朝时期僧人游方及其作用述略》，《佳木斯师专学报》1997年第4期，第28—34页；刘跃进《六朝僧侣：文化交流的特殊使者》，《中国社会科学》2004年第5期，第179—191页。

② 六朝时期僧人移动与间谍情报的关系，藤善真澄进行了开创性的研究，藤善真澄「六朝仏教教団の一側面——間諜・門僧家師・講経斎会」、川勝義雄・礪波護編『中国貴族制社会の研究』京都：京都大学人文科学研究所、1987、475–506。国内的相关讨论通常归属在间谍研究的领域，《中国古代间谍史》对中古时期间谍活动的发展特点、制度性内容进行了分析，参黄富成《中国古代间谍史》，中国人民公安大学出版社，1989年，第327—346页。隋唐时期研究较少，有陈义《隋唐间谍初探》，硕士学位论文，天津师范大学，2012年。由于辽宋夏金的复杂形势，宋以后间谍史料更多，相关研究也更深入，代表性研究有陶晋生《宋辽关系史研究》第四章"雄州与宋辽关系"，中华书局，2008年，第41—56页；陶玉坤《宋辽和盟状态下的新对抗——关于宋辽间谍战略的分析》，《黑龙江民族丛刊》1998年第1期，第70—75页；武文君《宋辽刺事人地域、身份探析》，《赤峰学院学报》2015年第11期，第9—12页。此外，有关五代辽宋时期边界与越境的探讨，可参史怀梅（Naomi Standen）《忠贞不贰？——辽代的越境之举》，曹流译，江苏人民出版社，2015年，第21—53页。

③ 相关记载或出自史籍，或出自宗教文献、文人笔记，史料价值不尽相同。本文研究的是既存在于现实又存在于想象的社会现象，故将一并讨论。

反映出朝廷、百姓等来自教外之人的观感与想象。三类情况基于同一历史基础，即僧人的越境行为。下文将勾勒僧人为间现象的历史轮廓与发展历程，呈现包括政治、宗教、社会等尽可能丰富的视角与细节，并在此基础上讨论它对于唐宋时代社会转型期的意义。

一　南宋以前的僧人为间现象

作为世界性宗教，佛教的传播本是通过僧人越境完成的。在汉地佛教初兴的魏晋时期，可供间谍利用的条件早已具备，然而直到唐宋之际，谍与僧的结合才变得突出，其间佛教发展规模与东亚政治格局皆经历了重大变化。下文将梳理南宋以前有关僧人为间的记录，勾勒该现象的演变趋势及其发生变化的社会背景。

（一）魏晋南北朝

史籍中僧人跨越边境被视作间谍的情形，最早可追溯至北魏名僧昙鸾，① 他为了寻访陶弘景求教仙术，于梁大通年间（527—529）渡江南下，被当地官员"疑为细作"。在审查中，昙鸾甚至并未否认，事情传到梁武帝处，才由皇帝定性为"斯非觇国者"。经过一番神迹的展示，昙鸾获得了活动特许，并在寻访结束后"辞还魏境"。②

昙鸾南下的时间值得注意，大通二年时，北魏内乱，尔朱荣在河阴屠杀北魏宗室，梁武帝封来降的元颢为魏王，命飙勇将军陈庆之率兵护送元颢北归，北伐军一度占领洛阳。③ 如果僧传记载时间属实，那么昙鸾极有可能是在南北交战的局势下南渡，进而被视为间谍的。南下僧人中的可疑分子不止

---

① 《法苑珠林》中曾记载刘宋时期沙门慧和的事迹，他在"义嘉之难"中为刘胡部下间谍，被捕后诵念《观世音经》而免于刀斧，最终出家。这是由谍而僧的例子，但谍与僧的身份并无直接关联，与本文所讨论的问题无涉。道世：《法苑珠林》卷 27，中华书局，2003 年，第 842 页。

② 道宣：《续高僧传》卷 6《魏西河石壁谷玄中寺释昙鸾传》，郭绍林点校，中华书局，2014 年，第 188—189 页。

③ 《梁书》卷 32《陈庆之传》，中华书局，1973 年，第 461 页。

昙鸾一人，不久后的中大通元年（529），陈庆之兵败南归，正是"落须发为沙门，间行至豫州，豫州人程道雍等潜送出汝阴"，亦以僧人身份为掩护。当时"嵩高山水洪溢，军人死散"，大量企图南逃的散兵游勇混迹于平民之中，僧人模样可以使其区别于低辨识度的寻常百姓。[①]

然而，若非战争等特殊时期，僧人身份未必更利于越境活动。推动北周武帝灭佛运动的卫元嵩便是一例，当他还是蜀郡的僧人时，想去长安但是没有过所，于是换上俗服试图蒙混过关，被质问时谎称"我是长安于长公家人，欲逃往蜀耳"。[②]长期的征伐与混乱导致国家对基层人口控制力减弱，大量流民越境移动，间谍活动或无须借助僧人身份展开。

魏晋南北朝时期，僧人越境是南北信息交流的重要渠道。以庐山慧远为例，鸠摩罗什初到长安，慧远便得知消息并遣书通好，昙摩流支抵达长安时，慧远亦致书祈请译经。[③]慧远弟子昙邕作为南北信使往来庐山与长安之间，"凡为使命，十有余年"。昙邕是关中人，"少仕伪秦至卫将军，形长八尺，雄武过人"，符坚为晋所败后，还长安从道安出家，后南投庐山。[④]罗什、流支等人背后都有权势者支持，昙邕在长安也与后秦权贵有所接触。后秦主姚兴对慧远"致书殷勤，信饷连接，赠以龟兹国细缕杂变像，以申款心，又令姚嵩献其珠像"，[⑤]更请慧远为罗什新译《大智度论》作序，其间往来信使应即昙邕。数年后，佛陀跋陀罗受排挤南下庐山，慧远"遣弟子昙邕，致书姚主及关中众僧，解其摈事"。[⑥]

从后世的眼光看，昙邕这样身形魁梧、熟悉道路、具有敌国仕宦经历的僧人着实值得怀疑，但史料中却没有类似记载。对昙邕越境行为的宽容态度与慧远的崇高声望有关，后者与卢循的交往事迹颇可说明时人对高僧通敌嫌疑的看法：

---

① 《梁书》卷32《陈庆之传》，第463页。

② 道宣：《续高僧传》卷27《益州野安寺卫元嵩传》，第1045页。

③ 慧皎撰，汤用彤校注《高僧传》卷6《晋庐山释慧远》，中华书局，1992年，第216页。同书卷2《晋长安昙摩流支》，第62页。

④ 慧皎撰，汤用彤校注《高僧传》卷6《晋庐山释昙邕》，第236—237页。

⑤ 慧皎撰，汤用彤校注《高僧传》卷6《晋庐山释慧远》，第218页。

⑥ 慧皎撰，汤用彤校注《高僧传》卷2《晋京师道场寺佛陀跋陀罗》，第72页。

卢循初下据江州城，入山诣远。远少与循父瑕同为书生，及见循欢然道旧，因朝夕音问。僧有谏远者曰："循为国寇，与之交厚，得不疑乎！"远曰："我佛法中情无取舍，岂不为识者所察？此不足惧。"及宋武追讨卢循，设帐桑尾，左右曰："远公素王庐山，与循交厚。"宋武曰："远公世表之人，必无彼此。"乃遣使赍书致敬，并遗钱米，于是远近方服其明见。①

《晋书》曾记慧远见卢循，点评其"君虽体涉风素，而志存不轨"，② 佐证二人相熟。僧传所记虽是为了突出慧远修为，但亦可信刘裕因慧远名望而不追究他与卢循往来的事实。

昙鸾之外，魏晋南北朝时期的相关史料中几乎没有出现越境僧人成为或被怀疑为间谍的记载。如果说充当间谍的事迹因其性质特殊而不被记录，被怀疑的事例则完全符合僧传先抑后扬的叙事策略（如昙鸾），或至少可作为一种单纯背景陈述（如唐宋以后的文献），只能推断此时的南北格局虽然在某些场合产生了僧与谍相互转化的条件，但并未在社会层面形成僧与谍关联性的认知。

（二）唐前期

随着分裂的终结，国力强盛又有着开放精神的隋唐国家难觅僧人为间的记载，笔者仅见的一例是高宗时新罗求法僧义湘、元晓来华时被疑为间谍。③《三国遗事》中明确记载源自《元晓行状》的材料称，"（义湘）年二十九依京师皇福寺落发，未几西图观化，遂与元晓道出辽东。边戍逻之为谍者，因闭者累旬，仅免而还"。④ 同书又根据义湘回国后所建浮石寺中

---

① 慧皎撰，汤用彤校注《高僧传》卷 6《晋庐山释慧远》，第 216 页。
② 《晋书》卷 100《卢循传》，中华书局，1974 年，第 2634 页。
③ 二人入唐事记载错乱处颇多，参何劲松《元晓生平小考》，《韩国学论文集》1998 年第 7 辑，第 213—222 页；敖英《新罗高僧元晓生平考》，《延边大学学报》2013 年第 4 期，第 39—45 页。
④ 一然：《三国遗事》卷 4，高楠顺次郎等编《大正新修大藏经》（以下简称《大正藏》）第 49 册，台北：佛陀教育基金会出版部，1990 年，第 1006 页下。

的碑刻，记述"永徽元年庚戌，与元晓同伴欲西入，至高丽有难而回。至龙朔元年辛酉入唐，就学于智俨。总章元年，俨迁化。咸亨二年，湘来还新罗"。①

义湘往还唐罗的三个时间点值得注意，即永徽元年（650）、龙朔元年（661）、咸亨二年（671）。永徽年间正是唐与朝鲜半岛形势最为复杂的时刻，无怪乎义湘与元晓第一次入唐的尝试被当作间谍；龙朔元年，唐与新罗发动征服高句丽的战役，义湘作为新罗学者，通过正好西还的唐使之船来唐，并无阻碍；② 至于归国，乃因高句丽灭亡后，唐罗矛盾激化，冲突再起。《三国遗事》中记载颇为惊险，"既而本国丞相金钦纯（一作仁问）、良图等往囚于唐。高宗将大举东征，钦纯等密遣湘诱而先之"。③ 义湘的身份随着两国关系的亲疏而不断改变，如若不及早回国，其身份又可能从僧而谍，受到怀疑与囚禁。

赴异国求法的僧人无论主观上是否有间谍意愿，有关异域风物的情报都会成为他们海外参学的副产品。玄奘《大唐西域记》的撰写背景颇能说明问题。玄奘归国后，唐太宗对玄奘所见西域风土的兴趣远甚于佛法：

> （帝）因广问彼事。自雪岭已西，印度之境，玉烛和气，物产风俗，八王故迹，四佛遗踪，并博望之所不传，班、马无得而载。法师既亲游其地，观规疆邑，耳闻目览，记忆无遗，随问酬对，皆有条理。帝大悦。……帝又谓法师曰："佛国邈远，灵迹法教，前史不能委详，师既亲睹，宜修一传，以示未闻。"帝又察法师堪公辅之寄，因劝罢道，助秉俗务。④

---

① 一然：《三国遗事》卷3，《大正藏》第49册，第994页下。
② 一然：《三国遗事》卷4，《大正藏》第49册，第1006页下。《宋高僧传》作"商船"，同时系于总章二年（669），然此时智俨已逝，时间必误。赞宁：《宋高僧传》卷4《唐新罗国义湘传》，范祥雍点校，中华书局，1987年，第67页。
③ 一然：《三国遗事》卷4，《大正藏》第49册，第1006页下。
④ 慧立、彦悰：《大慈恩寺三藏法师传》卷6，孙毓棠、谢方点校，中华书局，2000年，第129页。

在这种背景下，异国僧人与间谍之间的转换往往只需一个契机，甚至一个念头。由于唐末以降史籍中有关僧人为间的记载骤增，难以落实为谍者的求法僧群体本文将不再专门讨论。

（三）唐末五代

9 世纪下半叶，南诏北侵，一度围困成都，唐僖宗派遣名将高骈赴成都加强防御。期间，高骈委任僧人景仙出使南诏，一方面"仍许妻以公主"，另一方面"声言欲巡边"，软硬兼施，促成两方和谈。[①] 从谈判完成后唐朝方面拒绝兑现承诺的结果来看，这次谈判是高骈修筑工事时的缓兵之计。《北梦琐言》的作者称景仙为高骈的"门僧"，[②] 点明了两人密切的私人关系。景仙成为使者人选的原因颇为特殊，据《新唐书》记载，此前本有几次使者谈判，却因为南诏领袖不肯行跪拜礼不欢而散，高骈"以其俗尚浮屠法，故遣浮屠景仙摄使往"，果然"酋龙与其下迎谒且拜，乃定盟而还"。[③] 景仙的事迹表明，作为整体的东亚佛教世界乃是僧人为间现象存在的基础，中原王朝与周边地区共同认可佛法超越国界的性质并加以利用，佛教的这种国际性将在宋以后的案例中表现得更为突出。

高骈在四川只任职了三年多，就因为王仙芝、黄巢的战事开赴江南战场。此后，唐朝分崩离析，僧人为间的事例开始出现在各军阀势力当中。唐天祐（904—907）中，太原僧人惠照往镇州寻找梦中佛塔，成德节度使王镕"衙将任友义虑是邻道谍人，或致不测，恳要诘而逐之"。[④] 中山僧人贞辩前往太原学法，"时中山王氏与后唐李氏封境相接，虞其觇间者，并州城内不容外僧。辩由此驱出，遂于野外古冢间宿"，他在李克用田猎时被发现，受到后者的敬重与供养，直至后唐讨平王处直后才重回定州。[⑤] 在军阀秦宗权控制下的蔡州，有一位行者被秦宗权"差为细作，令入黄州探事。行者至

---

① 《资治通鉴》卷 252，"乾符三年九月"条，中华书局，1956 年，第 8185—8186 页。

② 李昉：《太平广记》卷 190《将帅二》引《北梦琐言》，中华书局，1961 年，第 1422 页。

③ 《新唐书》卷 222 中《南诏下》，中华书局，1975 年，第 6290 页。

④ 李昉：《太平广记》卷 101《释证三》引《北梦琐言》，第 683 页。

⑤ 赞宁撰，范祥雍点校《宋高僧传》卷 7《后唐定州开元寺贞辩传》，第 132 页。

黄州，未逾旬，为人告败"，最终他因为念诵《金刚经》的福报逃过死刑。①
在南方，吉州的道诠禅师前往长沙求学时，正值南楚新亡，湖南内乱，军阀
王逵"疑师江表谍者，乃令捕执，将沉于江"，见道诠神色怡然无怖，释放
了他并加以礼重。②

僧人为间也出现在南唐灭亡的叙事中。一名被称作"小长老"的年轻僧
人试图通过佛教麻痹唐后主李煜，使其不再用心国事，又大造塔像，消耗国
库。这场"阴谋论"有两个版本，一种是宋咸《笑谈录》与郑毅夫《江氏书
目记》的说法，"小长老"本名江正，唐臣樊若水与江氏家族暗通宋朝，作
为内应，两家入宋后由此发达；另一种是马令《南唐书》采信的版本，即
"小长老"本就是宋太祖因为李煜佞佛"阴选少年有经业口辩者往化之"。③
陆游《南唐书》虽未明言选派之事，也指出"小长老"是"北僧"，"自言
募化而至，多持珍宝怪物，赂贵要为奥助"。更戏剧化的场景出现在宋军
南征时，"小长老"曾在牛头山造寺千余间，"及王师渡江，即其寺为营"，
"又有北僧立石塔于采石矶……及王师下池州，系浮桥于石塔，然后知其为
间也"。④

从贞辩、蔡州行者、道诠到"小长老"，唐末五代僧人为间现象的发生
背景既非义湘、元晓那样的外邦与中原王朝之间，亦不同于昙鸾时的南北对
峙，而呈现在碎片化的版图与州境之间，僧人为间作为一种现象以及由此产
生的认知随着国家的分裂得到深化。当北宋完成局部统一，计略层面的僧人
为间从应用于地方转向施行于国家之间，成为常见的政治手段。

（四）辽宋西夏

澶渊之盟促成了宋辽两国的百年和平，秘密战线却未全然休战。宋辽之
间互派遣间谍的事迹史书中记载颇多，伪装成僧人的情况并不鲜见。澶渊之
盟后不久，镇守雄州的李允则派遣州民张文质假装僧人进入辽境刺探情报，

---

① 李昉：《太平广记》卷108《报应七》引《报应记》，第736—737页。
② 道原：《景德传灯录》卷24，冯国栋点校，中州古籍出版社，2019年，第701—702页。
③ 王明清：《挥麈录·后录》卷5，王松清点校，上海古籍出版社，2012年，第86页。
④ 陆游：《南唐书》卷18，李建国校点，傅璇琮等主编《五代史书汇编》第9册，杭州出版社，
2004年，第5605页。

后者甚至在辽朝做了官，回宋后"诏补文质三班奉职、潭州监当"。^① 数十年后，作为宋辽边境的交通要道、榷场和情报中心，雄州获得了"契丹遣蔚、应、武、朔等州人来五台山出家，以探刺边事"^②的重要情报。

西北方面，宋夏战争期间，名将种世衡离间西夏大将野利刚浪棱（旺荣）、野利遇乞兄弟，故意用寒暄书信与寻常赠物使元昊起疑，计划的执行人是后来改名王嵩的僧人王光信。^③史书记光信"骁勇善骑射，习知蕃部山川道路。世衡出兵，常使为向导。数荡族帐，奏为三班借职，改名嵩"。^④大约与光信同时，知渭州王沿、总管葛怀敏亦遣僧法淳前往西夏。^⑤

光信事迹近乎传奇，在宋人笔记中即有体现。司马光《涑水记闻》载：

> 初，洛苑副使种世衡在青涧城，欲遣僧王嵩入赵元昊境为间，召与之饮，谓曰："虏若得汝，考掠求实，汝不胜痛，当以实告邪？"嵩曰："誓死不言。"世衡曰："先试之。"乃缚嵩于庭，而掠之数百，嵩不屈，世衡曰："汝真可也！"……世衡使嵩为民服，赍书诣旺荣，且遗之枣及画龟。旺荣锁嵩囚地牢中，且半岁所。^⑥

魏泰《东轩笔录》则云：

> 有悟空寺僧光信者，落魄耽酒，边人谓之"土和尚"，多往来蕃部中。世衡尝厚给酒肉，善遇之，一日语信曰："我有书答野利相公，若

---

① 李焘：《续资治通鉴长编》（以下简称《长编》）卷 105，"天圣五年九月乙巳"条，中华书局，2004 年，第 2447 页。

② 李焘：《长编》卷 177，"至和元年九月丁亥"条，第 4283 页。

③ 此事《长编》以为世衡遣王嵩起到离间作用，《宋史》则认定直接导致了刚浪棱等被杀。异说的原因是后人争功，枢密使庞籍、自称受王沿派遣入夏的间谍张遂持前一观点，世衡子古、王嵩子元规以及世衡的前上司范仲淹持后一种观点，《长编》已辨之甚详，见李焘《长编》卷 155 "庆历五年四月壬子"条以及卷 168 "皇佑二年四月丁丑"条，第 3773、4039 页。

④ 《宋史》卷 335《种世衡传》，中华书局，1977 年，第 10743—10744 页。

⑤ 此行的目的，《长编》称法淳"持书及金宝以遗遇乞"，《宋史》则说是持书去找刚浪棱，要求释放被扣留的王光信。李焘：《长编》卷 138，"庆历二年十二月"条，第 3330 页；《宋史》卷 485《夏国上》，第 13998 页。

⑥ 司马光：《涑水记闻》卷 9，邓广铭、张希清点校，中华书局，1989 年，第 175 页。

为我贵之。"以书授信。临发，复召饮之酒而谓曰："界外苦寒，吾为若纳一袄，可衣之以行，回日当复以归我。"信始及山界，即为逻兵所擒，及得贵书以见元昊。①

王光信究竟是为元昊还是刚浪棱所获，上引两书说法互异，《续资治通鉴长编》与《宋史》亦各执一词，无法断定。值得注意的是司马光与魏泰关于光信形象的两处"互文"。一处是光信饮酒，《记闻》点明种、王相会的场景是饮酒，《笔录》称光信喝酒吃肉，被边人称作"土和尚"。另一处是光信身着俗衣，这也是犯戒行为，《记闻》称"民服"，强调了其与光信僧人身份的冲突，《笔录》则记为种世衡借给光信自己的抗寒外衣，似乎是有意对"为民服"的说法进行解释。无论如何，司马光与魏泰都有意无意地塑造了一位不守戒律的僧人形象。同为参与间谍活动的僧人，法淳的人生轨迹与光信迥然不同，他因"率其徒与西贼战，能护守御书院及保蓄汉老幼孳畜数万计"赐紫，号"志护大师"，继续佛教事业；②光信被释之后，还俗入仕做了内藏库副使，结婚生子，子元规在神宗朝因其父功绩被授予三班奉职。③

西南方向，神宗熙宁八年（1075），交趾陷钦、廉、邕三州，"执僧道百余人，夺其公凭而杀之，令间牒诈为僧道以侦事"。④这则事例说明"公凭"乃是间谍—僧人身份转化的关键，两者的关联将是下一节讨论的主题。

总结南北朝至北宋的僧人为间现象，可以发现唐中后期以前相关事例并不多，唐末五代陡增，辽宋西夏时期延续。从政治层面看，昙鸾、义湘的例子都发生在政治敏感期，僧人为间现象广泛出现是以唐王朝的崩溃为背景的，北宋虽然实现局部统一，却仍与辽、西夏等国处在多元对立的格局中，僧人为间现象日趋常态化。

然而，如此尚无法解释为何同为分裂时代的魏晋南北朝并未成为僧人为间兴起的第一个契机。我们可以从佛教与社会两个角度进行分析。从佛教层

---

① 魏泰：《东轩笔录》卷8，李裕民点校，中华书局，1983年，第94—95页。
② 李焘：《长编》卷138，"庆历二年十二月乙巳"条，第3328页。
③ 李焘：《长编》卷228，"熙宁四年十一月癸未"条，第5541页。
④ 李焘：《长编》卷277，"熙宁九年八月壬子"条，第6780页。

面看，魏晋南北朝到唐宋之际，僧人的社会地位大幅下降，僧人们不再像慧远那样与姚兴、卢循、刘裕等实权人物保持对等姿态，转而依附权贵，丧失独立地位，民众对宗教权威产生怀疑，王光信那样饮酒犯戒的僧人更为怀疑者提供了口实。① 从社会层面看，如卫元嵩事例中所见，流民四散的时代僧人身份并非必要外衣。北魏延兴二年（472），孝文帝曾颁布诏书：

> 比丘不在寺舍，游涉村落，交通奸猾，经历年岁。令民间五五相保，不得容止。无籍之僧，精加隐括，有者送付州镇，其在畿郡，送付本曹。若为三宝巡民教化者，在外赍州镇维那文移，在台者赍都维那等印牒，然后听行。违者加罪。②

朝廷限制僧人移动的理由是"交通奸猾"，并未与间谍联系在一起，限制的目的更像是为了搜括流亡人口。随着隋唐国家的统一强盛，基层人口牢牢地控制在国家手中，对于想要越境的人而言，僧人身份才进一步成为实用的掩护。

二 法令制度对僧人越境的限制

为了应对僧人为间的现象，国家制定了预防与惩治措施。在前文提到的例子中，宋仁宗收到辽人将会来五台山出家刺探情报的消息，"诏代州五台山诸寺收童行者，非有人保任，毋得系籍"；③ 宋神宗从交趾手中光复钦、廉等州后，因为有间谍伪装成僧人的报告，"诏见在广南路僧道权停判凭出外"。④ 这两种处理方式颇具代表性，"毋得系籍"是限制成为僧人，为"治本"；"权停判凭"是限制僧人越境，看似"治标"，实际上是针对要害，因

---

① 现存的史料给我们提供了恰与事实相反的数据，昙鸾、义湘等人的嫌疑事件发生时间靠前，时代越后，越都是坐实为间谍的事例。史料分布确实如此，但如果站在历史现场，其实是仅有怀疑记录的时代人们对僧人的怀疑程度小，全是实例的时代对他们的怀疑程度大。
② 《魏书》卷 114《释老志》，中华书局，1997 年，第 3038 页。
③ 李焘：《长编》卷 177，"至和元年九月丁亥"条，第 4283 页。
④ 李焘：《长编》卷 277，"熙宁九年八月壬子"条，第 6780 页。

为移动性才是僧人为间的核心。联系前引孝文帝的诏书，同是限制僧人"游涉村落"，其核心手段亦即后来北宋的"籍"与"凭"（诏书中的文移、印牒，唐代的过所、公验），时空不同，却遵从相同的治理逻辑。两种手段本质上都是通过制度化的文书形式——"牒"来实现的。

（一）限制为僧：度牒制及其崩溃

在僧人为间现象兴起的五代时期，后周世宗条流僧尼的敕令里特别提及"细作"不得出家。[①] 这种防备在后来的宋辽边境更为明显。景德元年（1004）闰九月，澶渊之盟订立前，宋真宗曾诏河北州军监：

> 今后有北界过来僧人，先取问往止乡县有无亲的骨肉，及召本州公人二人保明结罪文状后，仰长吏已下当面试验经业。如稍精通，仰具奏闻，当议给与祠部，依旧为僧；其不通经业者，即令还俗，分付本家。如无亲的骨肉者，押来赴阙。[②]

可知此时有北界僧人趁着战事南下，朝廷令他们找人担保，并面试经业来决定是否承认其僧人身份，考试不通过的便令还俗。如此处理自然是担心有间谍趁乱混入僧人之中。

这条诏书的收效大概不很理想，一年后真宗又诏令河北缘边诸州军寨说：

> 今后应是先落北界来归僧人，取问如不愿出家者，其随身公凭并僧衣逐处纳下，文字缴连纳省，僧衣本处收附。愿为僧者，并许披挂，将带归乡。仍令本属州军呈乞试验经业，兼令州军勘会。如经半年后不到者，更不得试验为僧，其随身文字、僧衣，即并纳官。内有试经业不精通，如志愿为僧者，召公人二人结罪保明以闻。余依景德元年闰九月诏

---

① 王溥：《五代会要》卷 12，上海古籍出版社，2006 年，第 201 页。
② 徐松辑《宋会要辑稿》道释一，刘琳等校点，上海古籍出版社，2014 年，第 9982 页。

命指挥。①

新颁诏书明显是对上一年诏令的补充说明，首先，明确了先前没有规定的公凭（此处为广义，主要指度牒）与僧衣的处理办法，对不愿出家者予以没收，其目的应该是杜绝奸人利用。其次，诏令以剥夺考核资格为处罚，明确了北僧返回本州的时限，避免间谍在途中偏离路线刺探情报。最后，放宽了对试经不过者的处理，他们仍可通过担保成为僧人。

对比前后两则诏令可以发现，宋廷在接收南迁北僧时对其中暗藏间谍的警惕心增强了，原因可推测为发现了持有僧籍但不再出家、四处游行不归本州等现象，故不得不进一步规范对北僧群体的安置。② 同时，或许受到了因介入教团管理而引发的社会压力，宋廷放宽了部分审查环节作为安抚，反映出国家在试图管控佛教时存在的矛盾。天禧三年（1019）十月，河北缘边安抚使刘承宗上奏称，"时边民有私度为僧，隐于村院，妄称自北界走来，给祠部牒者"，请求严格执行对北僧的担保与试经，③ 可知相关的管理日渐松弛。在此之前，真宗还曾诏令河北缘边寺院，"不得留契丹界人为行者"，④从结果看，并没有被长期执行。

看似"根治"的度牒制度何以没能取得显著效果，唐宋时期的度牒制度发生了何种变化？度牒作为僧尼的身份证明，最初的目的是将僧尼纳入国家管理，南北朝时办理度牒只需要缴纳少量费用，很多时候甚至是免费的。唐宋时代度牒的经济意义逐步凸显，出现了卖度、鬻牒的现象，转变的诱因是安史之乱引发的财政危机。唐前期，虽然也有卖度活动，但主要是通过

---

① 徐松辑《宋会要辑稿》道释一，第 9982 页。
② 《庆元条法事类》记"诸归明及陷蕃投归僧、道，送州城内寺观，不得判凭行游"，"诸蕃僧、回纥入川峡者，杖八十（曾经遣出界而复人者，准此），已过关者，从私度法"。可知对相关情形的限制后来不断加强。谢深甫《庆元条法事类》卷 51《道释门二》，戴建国点校，杨一凡、田涛主编《中国珍稀法律典籍续编》第 1 册，黑龙江人民出版社，2002 年，第 712、724 页。
③ 徐松辑《宋会要辑稿》道释一，第 9985 页。
④ 李焘：《长编》卷 81，"大中祥符六年七月乙未"条，第 1839 页。

贿赂权势从而"钱入私家"，^①并非国家主导。安史之乱爆发后，"杨国忠设计，称不可耗正库之物，乃使御史崔众于河东纳钱度僧尼道士，旬日间得钱百万"。^②肃宗立于灵武，"郑叔清与宰相裴冕建议，以天下用度不充，诸道得召人纳钱，给空名告身，授官勋邑号；度道士僧尼不可胜计；纳钱百千，赐明经出身；商贾助军者，给复。及两京平，又于关辅诸州，纳钱度道士僧尼万人"。^③彼时，名僧神会亦筑坛度僧，"所获财帛顿支军费。代宗、郭子仪收复两京，会之济用颇有力焉"。^④

国家层面的卖度，在唐代只是安史战乱时的临时政策，并非常制。研究者多认为这一现象乃属特例，与宋代以后鬻卖空名度牒有所区别，并将后者视为佛教世俗化的产物。^⑤如果从地方视角看，事实恐怕并非如此。唐敬宗、文宗时期，江西观察使殷侑、江西观察使沈传师、郑州刺史李颖都曾因为在辖境内开坛度僧受到朝廷的停俸处罚。^⑥更具细节的例子是徐泗濠观察使王智兴，他"冒禁陈请，盖缘久不兴置，由是天下沙门奔走如不及。智兴邀其厚利，由是致富"。^⑦时任浙西观察使的李德裕上奏批评，指出这场度僧不是出于宗教信仰而是为了牟利，并给出了详细的调查报告：

> 臣今于蒜山渡点其过者，一日一百余人，勘问唯十四人是旧日沙弥，余是苏、常百姓，亦无本州文凭，寻已勒还本贯。访闻泗州置坛次第，凡僧徒到者，人纳二缗，给牒即回，别无法事。若不特行禁止，比

---

① 唐人对卖度的批评，见《新唐书》卷122《魏元忠传》，第4346页。《资治通鉴》中曾列举了唐中宗时期参与卖度活动的贵族名单，包括"安乐、长宁公主及皇后妹郕国夫人、上官婕妤、婕妤母沛国夫人郑氏、尚宫柴氏、贺娄氏，女巫第五英儿、陇西夫人赵氏"等，《资治通鉴》卷209，"景龙二年七月"条，第6624页。

② 《旧唐书》卷48《食货上》，中华书局，1975年，第2087页。

③ 《新唐书》卷51《食货一》，第1347页。

④ 赞宁：《宋高僧传》卷8《唐洛京菏泽寺神会传》，第180页。

⑤ 竺沙雅章『中国仏教社会史研究』京都：同朋舍，1982、22页。刘浦江：《宋代宗教的世俗化与平民化》，《中国史研究》2003年第2期，第122页。

⑥ 《册府元龟》卷699《牧守部二十九》，凤凰出版社，2006年，第8078页。其中，殷、沈二人事又见《旧唐书》卷17上《敬宗本纪》《文宗本纪上》，第519、533页。

⑦ 《旧唐书》卷17上《敬宗本纪》，第513页。

到诞节，计江、淮已南，失却六十万丁壮。①

从李德裕的描述中可以看出，王智兴所为与宋代出于经济目的的鬻牒活动并无二致，推测殷侑等人的度僧也属类似情形。敬、文两朝，卖度鬻牒事见诸史籍者便有四例，未见者想必更多，殷侑、沈传师同在江西观察使任上，两人违禁度僧的事件前后仅隔四年，亦必有官场上某种氛围与惯例作为背景。

北宋时期，鬻牒成为国家财政常制。最早的记载出现在治平四年（1067），朝廷"给陕西转运司度僧牒，令籴谷振霜旱州县"，②非官方途径的鬻牒应该更早。名臣富弼任右正言纠察在京刑狱时，发现"时有用伪牒为僧者，事觉，乃堂吏为之"，执政吕夷简示意富弼不要追究堂吏，并指着自己的座位说："公即居此，无为近名。"富弼依然不肯，导致两人关系恶化。③从吕夷简的反应中，可知他对朝中暗售度牒的现象采取默许态度，堂吏所为或得权贵者授意；甚至可能非为私利，而为填补国库，由此或可理解吕夷简那句意味深长的话。

神宗朝后，鬻牒成为制度化的财政手段，空白度牒用于社会救济、军费支出、修建工程、扶持农商等诸方面。④其中，特别值得关注的是度牒充当军费，熙宁七年，朝廷曾"降度僧牒三百，与定州安抚司充训练义勇、保甲及募刺事人之费"，⑤度牒既可用来招募间谍，自然也可以用来帮助伪装僧人身份。由此出现了一种自相矛盾的局面，国家一方面利用度牒伪装间谍，又出于经济考虑扩大度牒出售；另一方面则因为僧人为间的嫌疑必须限制度牒，削减僧团人数。从神宗朝鬻牒的制度化可知，矛盾权衡的结果最终是以

---

① 《旧唐书》卷 174《李德裕传》，第 4514 页。

② 《宋史》卷 14《神宗本纪一》，第 267 页。

③ 苏轼：《富郑公神道碑》，《苏轼文集》卷 18，孔凡礼点校，中华书局，1986 年，第 530 页。该事又见《长编》，增加了"杖杀中书守当官周卞于都市，坐于内降度僧敕内伪益童行三十四人也"等信息，富、吕对话的史源应来自《富郑公神道碑》。李焘：《长编》卷 133，"庆历元年九月戊午"条，第 3174 页。《宋史·富弼传》省略了二人对白，作"弼白执政，请以吏付狱，吕夷简不悦"，暗示吕即是利益相关者，有误导嫌疑，《宋史》卷 313《富弼传》，第 10250 页。

④ 参见曹旅宁《试论宋代的度牒制度》，《青海师范大学学报》1990 年第 1 期，第 52—61 页。

⑤ 李焘：《长编》卷 256，"熙宁七年九月甲寅"条，第 6258 页。

经济利益为先，于是限制僧人为间的重担更落在了对僧人越境的控制上。

（二）限制越境：过所、公凭与禁区

唐中后期至北宋，由于禅宗的发展，僧人行脚游方、寻师参学，移动特征空前加强。[①] 越境游行需要向所在地申请公凭、过所，记录人名、保证人、去往何处、旅行时限等。[②] 这些限制不仅应用于边境，也施行于州境之间。正如前引宋真宗以及宋神宗相关诏令所显示的，朝廷相信本国境内的间谍会借助僧人身份行窜各地，图谋不轨。

除了常规的过所、公凭，唐代还存在一种特别通行许可——墨敕。[③] 备受武则天信重的僧人洪昉曾获赐墨敕曰"昉所行之处，修造功德，无得遏止"，[④] 包含了任意游历的许可。义净《大唐西域求法高僧传》记载禅师常慜"诣阙上书请于诸州教化，抄写般若"并"蒙授墨敕，南游江表"，后来他试图经海路求法印度，恐怕已超出了墨敕的许可范围。[⑤] 其他事例还有释灵坦"兼赍墨敕"，出关行化；[⑥] 释大光受赐墨诏，"因许天下名寺意往者住持"；[⑦] 释有缘"五腊后，身披布褐，手执墨敕，海内游行"。[⑧]

---

① 关于禅僧游方行脚的研究，参见黄夏年《隋唐时代的僧人与游学行脚》，《五台山研究》2004 年第 3 期，第 7—10 页；蒋义斌《中国僧侣游方传统的建立及其改变》，《中国文哲研究通讯》2006 年第 4 期，第 197—208 页；王大伟《行脚与参学：中国古代禅僧的受教育模式》，《五台山研究》2020 年第 4 期，第 30—35 页。

② 代表性研究如仁井田陞『唐宋法律文書の研究』第三編第六章「過所及び公驗」東京：東京大学出版会、1983、843-856 頁；礪波護「唐代の過所と公驗」礪波護編『中国中世の文物』京都：京都大学人文科学研究所、1993、661-720 頁；程喜霖《唐代过所研究》，中华书局，2000 年。这些研究的基础史料主要源自敦煌、吐鲁番文书以及圆仁、成寻等日本留学僧的记录，前者是边境关卡，后者是外国僧人，主要反映了防范最严地区与人群的情况，存在一定的片面性。

③ 有关墨敕的研究，见游自勇《墨诏、墨敕与唐五代的政务运行》，《历史研究》2005 年第 5 期，第 36—42 页。该文讨论了唐五代政务运行中非经常规程序、由皇帝、禁中直接下达诏令的行为，本文讨论的则是此类诏令中有关准许僧人游方的部分。

④ 李昉：《太平广记》卷 95《异僧九》引《纪闻》，第 635 页。

⑤ 义净著，王邦维校注《大唐西域求法高僧传校注》卷上《并州常慜禅师及弟子》，中华书局，1988 年，第 51—52 页。

⑥ 赞宁：《宋高僧传》卷 10《唐扬州华林寺灵坦传四》，第 225 页。

⑦ 赞宁：《宋高僧传》卷 24《唐湖州法华寺大光传》，第 623 页。

⑧ 赞宁：《宋高僧传》卷 12《唐缙云连云院有缘传》，第 285 页。

类似的特别通行证甚至不只是皇帝的特权。家族奉佛，安史之乱后两度拜相的王缙曾经"给中书符牒，令台山僧数十人分行郡县，聚徒讲说，以求货利"，[1] 这些"符牒"明显有着与"墨敕"类似的功能。法藏敦煌文书中有一件 10 世纪沙州归义军节度使曹元忠授权的特别通行证，上书"其僧保贤到处，州镇县管不许把勒，容许过去者。己未年八月廿六日。（瓜沙等州观察使新印）"[2] 对比敦煌、吐鲁番所见过所实物，虽文字简单，字里行间却显示出政治权威。此类特别通行证与其说是对过所制度的补充，毋宁说是一种破坏。

不过这种破坏不宜过高估计，僧人获得高等级授权带有荣誉性质，文献中少量的墨敕特权以及大量的云游事迹说明其制度实行并不严格。唐武宗的灭佛运动随着皇帝离世而中断，继位的宣宗在恢复佛教寺院与度僧的诏令中说，"其僧中有志行坚精，愿寻师访道，但有本州公验，即任远近游行。所在关防，切宜觉察，不致真伪相杂，藏庇奸人"。[3] 虽然诏书补充说明需要关防加紧核查，然而"但有本州公验，即任远近游行"的口吻却显示出通关过程的简化，可反推唐中后期存在着大量没有本州公验而远游寻师的情况，管理颇为松弛。

宋代以后对于僧人越境的限制明显更严，宋真宗"诏诸州毋得给公凭与僧往缘边游礼"，[4] 首先增强了对国境地带的管理。南宋时《庆元条法事类》中相关法律条文规定，僧道行游"无公凭者，杖一百，还俗"；若"本师或主首保明不实，致请公凭，因缘游罪者杖八十"；"诸僧、道于缘边、次边游索者，杖一百，许人告"，告发者赏钱五十贯。根据绍兴十三年（1143）三月十九日敕，此时僧道游行的禁区为"淮南、京西路邻接外界州军"，可知禁止游行的区域不断扩大，管制日趋严厉。同书还有一段混入的

---

① 《旧唐书》卷 118《王缙传》，第 3418 页。

② 敦煌文书 P.3975，黄永武主编《敦煌宝藏》第 132 册，台北：新文丰出版公司，1986 年，第 427 页。此件黄永武定名为《僧保贤护照》，根据图版，改"贤"为"兴"。

③ 王溥：《唐会要》卷 48《议释教下》，上海古籍出版社，1991 年，第 988 页。《资治通鉴》中节略作"其欲远寻师者，须有本州公验"，口吻更为强硬，却给人以此前的远游僧人无须本州公验的印象，《资治通鉴》卷 249，"大中六年十二月"条，第 8052 页。

④ 李焘：《长编》卷 47，"咸平三年四月乙亥"条，第 1015 页。

北宋中后期的法令，游方僧人"指定所诣，即不得往川峡、三路缘边（谓非本处受业者），除程限九十日到（千里外限半年）"，禁区只是西北方的宋夏边境。①

更能体现朝廷防范僧人为间的法令是有关限制僧人进入军营的：

> 诸僧、道辄入军营者，杖一百（诸军在营自请斋醮之类者，听），即因请召而经宿者，罪亦如之，仍还俗；请人并押营将校、节级、守门人，各杖八十。②

这则法令透露出三条信息，一是僧人可以合法进入军营，这给了欲施间谍者可乘之机；二是特别强调不准留宿，以免为间者长时间停留，在夜色掩护下、戒备相对薄弱时实施计略；三是对违反法令的僧人直接剥夺宗教身份，处罚严厉，且军内负责人承担连带责任，处分力度与前引公凭申请的担保人相同，反映出国家在僧团管理中一贯的连坐逻辑。

种种法令规定约束了僧人的活动。北宋时期《禅苑清规》曾记载僧人"挂搭"时公凭申请的繁复程式，③又在"请尊宿"条中详细记载了奉请州外高僧来寺讲经的方法：

> 专使一人，先经彼州县下关牒，然后入院安下。如彼州县不肯发遣，即请回牒，先令专使一人执回牒报本处州县，不得便回。如有文字再请，即依前告彼州县发遣。如无再请文字，方可归院。如彼州县允从，即就院如法礼请。④

其中关于对方州县批发公凭以及本州回复的内容条理清楚，可见公凭的执行

---

① 谢深甫：《庆元条法事类》卷51《道释门二》，杨一凡、田涛主编《中国珍稀法律典籍续编》第1册，第710—712页。
② 谢深甫：《庆元条法事类》卷51《道释门二》，杨一凡、田涛主编《中国珍稀法律典籍续编》第1册，第725页。
③ 宗赜：《禅苑清规》卷1，苏军点校，中州古籍出版社，2001年，第5—8页。
④ 宗赜：《禅苑清规》卷7，第90页。

已经相当成熟和制度化了。这种日益严苛的管理是以朝廷对度牒管制的彻底失败为背景的。

然而，度牒所体现的矛盾依然会存在于通关文牒中，因其本质相同，都体现了国家对宗教活动的制度化管理。国家越是希望通过"牒"来限制"谍"，"谍"就越容易通过"牒"来自证身份，交趾间谍杀僧取牒的做法正说明了这一点。

三 圣地与边界问题——以五台山为例

为间是政治行为，僧人是宗教身份，在僧人为间现象中，政治与宗教的最大矛盾在于"边界"——政治是有国界的，而宗教信仰往往是跨国界的。从政治的角度说，在辽宋夏多元政治格局的背景下，北宋的国界意识得到空前发展，投入了巨大的人力物力进行边界勘定。从佛教的角度说，以往的历史叙述强调这一时期佛教的"中国化"，而诸多越境行为显示出中国化的佛教依旧具有某些国际色彩，这种色彩虽处于消退中，但尚未完全丧失。以下将以边境圣地五台山为例对上述两种趋势及其矛盾稍做说明。①

五台山地处农牧与国境的双重边界，作为文殊菩萨道场，在宗教地理学上具有不可替代性，是当时为数不多地处华北的游方地。五台山的边界问题在唐王朝崩溃前便有先声，武宗灭佛时，五台僧多亡奔幽州，李德裕致书卢龙节度使张仲武曰："五台僧为将必不如幽州将，为卒必不如幽州卒，何为虚取容纳之名，染于人口！"致使张仲武下令居庸关严查游僧入境，违者斩首。② 进入五代，五台僧人的越境行为愈加突出，如僧光嗣"越重湖，登闽岭"，向南方的闽国王氏、吴越钱氏寻求布施，并通过沧州海路运送至

---

① 关于五台山在东亚佛教转型中的地位，见陈金华《东亚佛教中的"边地情结"：论圣地及祖谱的建构》，《佛学研究》2012 年刊，第 22—41 页；关于五台山与北宋时期的形势，见林韵柔《边地圣境——北宋时期五台山佛教的发展》，《兴大历史学报》2012 年第 1 期，第 31—68 页。林氏站在宋王朝的立场上将五台山视作"边地"，事实上，若将视角转向包含农牧地区的中国全境，乃至东亚，五台山无疑处在"中心"。

② 《资治通鉴》卷 248，"会昌五年八月壬午"条，第 8019 页。

五台。①

五台僧人越境的方向随着政治边界的移动而变化，甚至未必总是向南。北汉依附于契丹时，五台山处于契丹的势力范围，僧睿谏"办装之北地缘化。北朝宁王与夫人，先梦见师化缘修造，及师达境，一见如旧。既符先梦，大施金币"。② 燕王刘守光之子继颙削发五台山，"五台当契丹界上，继颙常得其马以献，号'添都马'，岁率数百匹。又于柏谷置银冶，募民凿山取矿，烹银以输，刘氏仰以足用，即其冶建宝兴军"。③ 待宋平北汉，太宗"即下有司，蠲放台山寺院租税。厥后四朝，亦罔不先志之承"，④ 实际上承认了五台山的特殊地位。

随着北宋收复燕云计划的失败，五台山地处边境的不稳定性显现出来。朝圣人群的复杂性使五台山成为一个具有佛教背景的国际谍报中心，前引契丹遣边境州民至五台山出家刺事即为一例。不仅契丹，宋真宗景德四年，党项李德明曾奏请赴五台寺修设，追荐其母，宋廷以沿路"多涉军垒不便"，提议由宋方差人转运布施。⑤ 数年后，德明子元昊"遣人供佛五台山，乞令使臣引护，并给馆券"，宋廷虽然明知是"欲窥河东道路"的说辞，但最终还是答应了。⑥ 五台山的敏感性还可从对外国信众巡礼事务的管理中看出。熙宁五年，日僧成寻来宋巡礼名胜，沿途多有州县兵士护送，行至五台山附近的繁峙县、宝兴军等地，随行兵士配置由二十人提升至三十五人，官方理由是"依有虎怖，盗贼恐怖，使臣申加十五人也"，⑦ 除了防备外界侵扰，也不排除对内防备成寻一行从事谍报活动的因素。

宋廷从宗教、军事两方面对五台山进行整顿，如以韩复知五台山寺务司，当时"五台供施倾天下，恶少年多窜僧籍中，上下囊橐为奸，号为不可

---

① 赞宁：《宋高僧传》卷28《晋五台山真容院光嗣传》，第698页。
② 延一：《广清凉传》卷下《宋僧所睹灵异》，《大正藏》第51册，第1123页下。
③ 《新五代史》卷70《东汉世家第十》，中华书局，1974年，第868页。
④ 张商英：《续清凉传》卷上，《大正藏》第51册，第1129页中。
⑤ 李焘：《长编》卷67，"景德四年十月庚申"条，第1502页。
⑥ 李焘：《长编》卷121，"宝元元年正月癸卯"条，第2849页。
⑦ 成寻：《参天台五台山记》，白化文、李鼎霞校点，花山文艺出版社，2008年，第153页。

措手"，韩复"摘其魁宿置于法，按簿书皆得名扬"。① 朝廷还曾批准曾布"起遣弓箭手四十二人，请以五台山寺地处之"的上书，"令僧每人给二顷，童行一顷，余悉以招弓箭手"，② 这一措施引发五台山僧的不满，控诉此举导致"僧徒分散，寺宇隳摧"。③ 即便如此，边境问题依然难以彻底解决。徽宗崇宁五年（1106），河东沿边安抚司奏，"瓶形、宝兴军寨与真定府北寨相连，北人多于此越轶，劫掠人户。又从来禁伐五台山一带林木，以遏胡马之冲。比来颇多盗伐，于边防所系不轻"，宋廷不得不做出"置人于阻险间，使察捕奸人"的决定。④

两国交界、农牧交错、跨境信仰，类似的案例还有今属山西宁武的天池地区。自仁宗康定年间（1040—1041）始，至神宗熙宁十年划定边界、割地归辽，宋辽双方就其归属争议长达三十余年。⑤ 争议的核心内容有二，一是辽方宣称"自应州南境至天池，皆我耕牧之地"，⑥ 二是天池有祠庙，或称天池神堂，受辽境百姓信奉，"北界岁遣使一祀"。⑦ 两大争议点正是关于农牧之有形边界与信仰之无形边界。天池神堂所祀者名为高政，"土豪也，有威名于北方，蕃汉目之为高天王"，⑧ 该信仰在宋辽两国军民中都有极大影响。在此案例中，信仰因素直接导致了两国百姓、官员的越境行为，更影响了国界划定。只不过，辽人不可能像争夺天池那样争夺五台山，他们只能在本国境内重新命名了一座。⑨

① 黄庭坚：《朝奉郎通判泾州韩君墓志铭》，《豫章黄先生文集》卷 22，《四部丛刊初编》第 163 册，上海书店，1989 年，第 244 页。
② 李焘：《长编》卷 502，"元符元年九月庚申"条，第 11960 页。
③ 张商英：《续清凉传》卷下，《大正藏》第 51 册，第 1131 页中。
④ 徐松辑《宋会要辑稿》兵二九，第 9238 页。
⑤ 天池地区信仰景观的形成可追溯至魏晋南北朝，与游牧民族内迁息息相关，参见魏斌《传说与历史——并肆地区的北魏皇帝遗迹》，《文史》2021 年第 2 辑，第 79—102、202 页。辽宋两国天池交涉的研究参毛利英介《1074—1076 年契丹（辽）宋间地界交涉的原因——以契丹方面为中心》，陶玉坤译，《蒙古学信息》2004 年第 4 期，第 25—39 页；陶玉坤《辽宋天池之争》，《内蒙古大学学报》2005 年第 1 期，第 7—11 页。
⑥ 《辽史》卷 86《耶律颓的传》，中华书局，1974 年，第 1328 页。
⑦ 李焘：《长编》卷 87，"大中祥符九年五月甲辰"条，第 1988 页。
⑧ 李焘：《长编》卷 371，"元祐元年三月戊辰"条，第 8988 页。
⑨ 萧村：《辽朝别有一五台山》，《文物》1984 年第 9 期，第 90—91 页。

余 论

僧人为间现象同时涉及政治、佛教两个层面。景仙、法淳等人以僧人身份参与政治，但此种行为并不是唐宋佛教史的主流；张文质等间谍利用僧人身份，也只是商贾、艺人、乞丐等诸多伪装的一种，不可视为政治利用宗教，因为朝廷利用的并不是佛教的理论、仪式与组织形式。那么，僧人为间现象的历史意义究竟为何？

在笔者看来，僧人为间现象的出现乃唐宋之际政治、佛教两种不同发展轨迹相互作用时的特殊产物。从政治的角度说，世界性（cosmopolitan）的隋唐国家崩溃，其遗产乃是五代至宋超越一元国家的世界性格局，起自地方性政权的北宋继承了唐末五代的地方经验，在面对文明程度比历史上其他时刻都要高得多的游牧强邻时，最终未能在国家层面回归世界性，反而转向内在（turning inward），强调华夷与边界。反观佛教方面，虽然不断地中国化，但它依旧是五代十国各地方政权、辽、宋、夏、金、高丽、日本等东亚国家共通的世界性宗教，僧人可以凭借宗教身份获得越境活动的诸多方便，五台山也得以成为佛教中心——虽然它最终被宋廷边缘化，契丹、高丽、日本也各自在其本土建立自己的五台山，但那是后话——至少在唐宋之际，汉传佛教依然有跨国号召力。汉地佛教并不是没有"转向内在"，只是它和政治上的转向有一段不算短的延迟，僧人为间现象恰是这种时间差的体现。

当延迟消失，僧人为间现象便会淡出历史舞台。元明清时期相关记载并不突出，究其原因，一是政治上原本五代宋辽时的外部边界成了内部边界，国境线被推到更远，二是汉地的僧人几乎全部活动于内地，不再频频站在国境线前。随着藏传佛教北传，汉传佛教势力区域缩小，甚至五台山也要依靠藏传佛教的引入才得以继续维持宗教圣地的号召力，单凭汉传佛教的势力是难以做到的。

此外，唐宋时期的佛教还有另一发展趋势，那就是佛教的社会地位整体下降。僧人社会地位下降是导致魏晋南北朝罕见僧人为间的记录而唐末五代却大量出现的原因。同时，度牒、过所等文书制度也对佛教威望造成了不小打击，种种制约的手段及其背后的连坐逻辑都包含了对佛教的怀疑，手段是政治上的，产生的后果则是社会性的，因为这势必会影响民众心中的僧人形象。随着汉传佛教转向内在的最终完成，对僧人为间的想象与猜忌将在对内地云游僧人为强盗、罪犯、骗子、淫僧等诸多模糊的怀疑中被消解。这样的怀疑乃至恐惧一直持续到帝制中国晚期，[①] 甚至在今天的日常生活中仍有残留。

---

① 对云游僧人的怀疑间接导致了清乾隆时期的妖术恐慌，孔飞力的《叫魂》中专设一节讨论"对于僧道的怀疑"。孔飞力（Philip A. Kuhn）:《叫魂：1768 年中国妖术大恐慌》，陈兼、刘昶译，生活·读书·新知三联书店，2012 年，第 140—156 页。

宋商的西方远航之路

陈烨轩 *

【摘 要】本文结合传统文献以及沉船等考古资料，研究中国海商经大陆和岛屿航线航行到阿拉伯海的历史。宋商也像阿拉伯商人一样，以建立贸易移民社区作为拓宽贸易网络的重要手段，这使得他们和当地社会建立紧密联系，其中的佼佼者甚至发展成为当地的上层人物。同时也会发现他们和阿拉伯商人相互竞争的记录。而宋商的西航，尽管在传统史籍中不显，但对海上丝绸之路的发展产生了重要影响，甚至葡萄牙航海家·伽马远航印度时，也曾见到中国海商的活动。在全球史的维度下，宋商的西航和阿拉伯商人的东来一道推动了欧亚文明交流的进程。

【关键词】宋商　海上丝绸之路　南海　印度洋

导　论

　　宋朝是中国人参与海上丝绸之路发展的重要时期。按照宋代《萍州可谈》的记载，中国商人在 11 世纪已经到达印度西海岸，乃至阿拉伯半岛。[①]中国商人能够航行到西印度洋，必然是经过长时间的艰难探索，建立起较为固定的航行路线以及商业据点，否则必定无法完成如此困难重重的旅行。

　　刘迎胜先生依据《诸蕃志》《大德南海志》《岛夷志略》等文献，结合实地考察指出，宋代以后中国商人前往东南亚和北印度洋，存在"大陆航线"和"岛屿航线"。[②]其中，"大陆航线"为：

　＊　陈烨轩，北京大学历史学系博雅博士后。
　①　朱彧：《萍州可谈》卷 2，李伟国点校，中华书局，2007 年，第 135 页。
　②　刘迎胜：《"东洋"与"西洋"由来》，南京郑和研究会编《走向海洋的中国人——郑和下西洋 590 周年国际学术研讨会论文集》，海潮出版社，1996 年，第 120—135 页。后收入刘迎胜《从西太平洋到北印度洋——古代中国与亚非海域》，南京大学出版社，2017 年，第405—419 页。

从福建、广东大体沿着东亚大陆海岸线南下，以大陆沿海的地形为标志物导航，过印支半岛，进入暹罗湾，继续向西，所经海外诸地皆称为"西洋"。[①]

"岛屿航线"为：

> 从大陆出发向东航行，先横渡今台湾海峡（对福建海舶而言）至流求（即琉球，今台湾），或先横渡南海北部（对广东海舶而言），至吕宋诸岛；然后再沿今菲律宾列岛南下，以西太平洋岛弧南部诸岛为导航的标志物，所经诸地皆称为"东洋"。[②]

刘先生的结论，建立在对海交史文献扎实研究的基础上，总体上是正确的，虽然在两条航线的前半部分，似乎仍可争鸣，下文详述。随着水下考古的深入，以及港口历史研究的进展，我们可以更为清晰地了解宋商在东南亚和北印度洋的商贸活动。而刘先生对这两条航线的叙述，为我们提供了重要的线索。以下先从宋商下东、西洋的始发港讲起。

一 宋商的始发港

（一）泉州港

1. 泉州开港

福建商人在中国海洋贸易史上表现最为突出，泉州也是中国商人出国的重要港口之一。泉州士大夫谢履（1017—1094）《泉南诗》写道："泉州人稠山谷瘠，虽欲就耕无地辟。州南有海浩无穷，每岁造舟通异域。"[③] 描述了北宋中叶，泉州当地商人每年造舟去往海外贸易的现象。

---

① 刘迎胜：《从西太平洋到北印度洋——古代中国与亚非海域》，第 418 页。
② 刘迎胜：《从西太平洋到北印度洋——古代中国与亚非海域》，第 418—419 页。
③ 王象之编著《舆地纪胜》卷 130《福建路·泉州》，赵一生点校，浙江古籍出版社，2013 年，第 2960 页。

不过，泉州作为宋商西行的始发港，在宋神宗时代曾遇到波折，在知泉州陈偁和当地人士的争取下，促成元祐二年（1087）泉州市舶司的成立。土肥祐子对泉州市舶司成立前后的历史进行了考证，并认为新、旧势力的斗争是影响泉州市舶司成立的重要因素。[①] 按，关于泉州市舶司成立始末的史料，见《永乐大典》"陈偁"条引陈瓘《陈了斋集·先君行述》：

> 泉人贾海外，春去夏返，皆乘风便。熙宁中始变市舶法，往复必使东诣广，不者没其货。至是命转运判官王子京拘拦市舶，子京为尽利之说，以请拘其货，止其舟，以俟报。公以货不可失时，而舟行当乘风便，方听其贸易，而籍名数以待。子京欲止，不可，于是纵迹连蔓起数狱，移牒谯公沮国法，取民誉，朝廷所疾，且将并案。会公得旨再任，诏辞温渥，子京意沮，而搜捕益急。民骇惧，虽药物，燔弃不敢留。公乃疏其事，请曰："自泉之海外，率一岁一往。复令迁诣广，必两驻冬，阅三年而后还。又道有焦石浅沙之险，费重力薄，舟之南日少，而广之课岁亏，重以拘拦之弊，民益不堪，置市舶于泉，可以息弊止烦。"未报，而子京倚法籍没以巨万计。上即位，子京始惧，而遽以所籍者还民。[②]

陈瓘是陈偁之子，这是陈瓘为其父所写的行述。根据这篇行述可知，在王安石变法之前，泉州商人本来可以根据季风，一年内往返泉州和东南亚诸国。但熙宁之后，要求到海外的泉州商人必须往广州取得公凭，这使得往返周期增至三年，并增加了海船触礁、搁浅的危险。而转运判官王子京也借此没收所有违法海船的货物，对泉州的海外贸易造成恶劣影响。直到元祐更化后，"哲宗元祐二年十月六日，诏泉州增置市舶"。[③] 泉州设置市舶司后，泉州的海外贸易进入正常发展轨道。《云麓漫钞》记载了南宋中叶泉州与海外诸国贸易的情况：

---

① 　土肥祐子『宋代南海貿易史の研究』東京：汲古書院、2017、251－280頁。

② 　《永乐大典》卷3141，中华书局，1986年，第1836页。

③ 　徐松辑《宋会要辑稿》职官四四，刘琳等点校，上海古籍出版社，2014年，第4207页。

福建市舶司常到诸国舶船。大食、嘉令、麻辣、新条、甘秠、三佛齐国则有真珠、象牙、犀角、脑子、乳香、沉香、煎香、珊瑚、琉璃、玛瑙、玳瑁、龟筒、栀子、香蔷薇、水龙涎等。真腊（亦名真里富）、三泊、缘洋、登流眉、西棚、罗斛、蒲甘国则有金颜香等。渤泥国则有脑版。阇婆国多药物。占城、目丽、木力干、宾达侬、胡麻、巴洞、新洲国则有夹煎。佛啰安、朋丰、达啰啼、达磨国则有木香。波斯兰、麻逸、三屿、蒲里唤、白蒲迩国则有吉贝布、贝纱。高丽国则有人参、银、铜、水银、绫布等。大抵诸国产香略同。以上舶船候南风则回，惟高丽北风方回。凡乳香有拣香、瓶香，分三等。袋香，分三等。榻香、黑榻、水湿黑榻、缠末。如上诸国多不见史传，惟市舶司有之。①

以上引文记录了海外诸国来船的情况，但事实上，海外诸国的来船中，就有宋商自己的船舶，如《文献通考》云："主舶大商毛旭者，建溪人，数往来本国，因假其向导来朝贡。"这是福建商人毛旭引导阇婆使节于宋淳化三年（992）来朝贡的情况。②亦可以说明早在宋代初年，福建商人已经在东南亚建立了贸易移民社区。

《梦粱录》云："若欲船泛外国买卖，则是泉州便可出洋。"③说明了泉州港作为宋商出国始发港的地位。泉州港由"三湾十二港"组成，庄为玑进行了长期的文献考证和实地踏查，整理其情况如表 1 所示。

表 1 泉州"三湾十二港"

湾	支港	简介
泉州湾	洛阳港	《岛夷志略》："昔泉之吴宅，发舶稍众，百有余人到彼贸易。"
	后渚港	北港，庄为玑多次调查，1973 年发现宋船
	法石港	《真西山文集》："法石寨去城一十五里，水面广阔。"至今仍多有阿拉伯人后裔
	蚶江港	宋时称"十二都"，1111 年修石湖塔

---

① 赵彦卫：《云麓漫钞》卷 5，傅根清点校，中华书局，1996 年，第 88—89 页。
② 马端临：《文献通考》卷 332《四裔考》，中华书局，2011 年，第 9150 页。陈高华、吴泰：《宋元时期的海外贸易》，天津人民出版社，1981 年，第 33 页。
③ 吴自牧：《梦粱录》卷 12《江海船舰》，黄纯艳整理，大象出版社，2017 年，第 330 页。

续表

湾	支港	简介
深沪湾	祥芝港	兴起于北宋，明代海防
	永宁港	永宁寨。绍兴，僧介殊建塔（姑嫂塔）
	深沪港	明朝兴起
	福全港	明朝兴起
围头湾	安海港	南港，宋建安平桥。南宋建土城
	金井港	宋绍兴间重修石窟寺
	围头港	《真西山文集》："围头去州一百二十余里，正瞰大海，南北船往来必舶之地。旁有支港，可达石井，其势甚要。"《闽书》："宋嘉定十一年，置宝盖寨。"
	石井港	明朝兴起

资料来源：庄为玑《古刺桐港》，第1—3页。

2. 沉船的发现

泉州港作为舶商始发港的重要性，也体现在水下考古中。

1973年，在后渚港发现宋末沉船，即前文所述的"泉州湾宋船"。除了泉州港附近海域外，20世纪80年代末，连江定海湾发现宋元时期沉船"白礁一号"和"白礁二号"，其中"白礁一号"出水黑釉盏和青白瓷碗等"陶瓷器2678件（片）"，"白礁二号"也采集到青花碗"等标本31件（片）"，它们当来自福建北部和中部的窑口，销往日本。[①]

2008年，考古工作者在莆田南日岛海域发现北土龟礁一号宋代沉船遗址，发现"青釉碗、盘和铜钱"等，判断年代为"南宋早期"。[②]

2009年，中国国家博物馆水下考古中心等单位的考古工作者在平潭分流尾屿发现五代时期沉船，"出水器物应为浙江越窑产品"，目的地当为爪哇。[③] 同年，考古工作者在平潭大练岛北部西南屿再次发现宋代沉船遗址，

[①] 赵嘉斌、刘淼：《福建连江定海湾沉船陶瓷》，吴春明主编《海洋遗产与考古》，科学出版社，2012年，第89—99页。

[②] 福建沿海水下考古调查队：《福建沿海水下考古调查》，《文物》2014年第2期，第38—40页。

[③] 羊泽林：《福建平潭分流尾屿五代沉船的港口、航线与性质》，吴春明主编《海洋遗产与考古》，第112—119页。

采集的遗物"均为龙泉窑系青釉瓷器"，并在平潭小练岛东礁村发现宋至清朝的水下文物点。①

2010 年，在龙海和漳浦交界海域发现半洋礁宋代沉船遗址，遗物由占主体的黑釉碗和少量的青白瓷等瓷器组成，亦有木器和金属器。② 这些沉船遗址显示出福建沿海在宋代频繁的海外贸易活动。

（二）广州港

1. 福建商人与广州港

尽管对于福建商人而言，从广州出海存在时间成本高、航行风险高等缺点，但广州依旧是华商到东南亚的另一个重要的港口。元代熊冀古《广州舶船》载："广州舶船出虎头门，始入大洋。东洋差近，周岁即回。西洋差远，两岁一回。"③ 明代严从简《殊域周咨录》亦回顾道："自广州舶船往诸番，出虎头门，如入大洋，分东西三路。东洋差近，周岁可回；西洋差远，两岁一回；宋于中路置巡海水师营垒。"④ 北宋中叶，富裕的舶商在广州有较高的社会地位。《东都事略》云：

> 苏缄字宜父，泉州晋江人也。举进士，为南海簿、广州领市舶司。每海商至，选官阅实资货，其商首皆州里右姓，至则陵轹官府，以客礼见主者。缄以选往，有大商樊氏入见，遽升阶就榻，缄捕系杖之。樊氏诉于州，州将召缄，责以专决罚。缄曰："主簿虽卑，邑官也。舶商虽富，部民也。部民有罪而邑官杖之，安得为专？"州将慰而遣之。⑤

桑原骘藏指出，这里的樊氏应当为中国商人，此事发生于宋仁宗时

---

① 福建沿海水下考古调查队：《福建沿海水下考古调查》，《文物》2014 年第 2 期，第 29—32 页。
② 福建沿海水下考古调查队：《福建沿海水下考古调查》，《文物》2014 年第 2 期，第 36—38 页。
③ 熊冀古：《冀越集记》卷 2，清乾隆四十七年（1782）吴翌凤抄本，叶 31。爱如生基本古籍库，http://dh.ersjk.com/spring/front/read。
④ 严从简：《殊域周咨录》卷 8《南蛮》，余思黎点校，中华书局，1993 年，第 305 页。
⑤ 王称：《东都事略》卷 101《忠义传》，孙言诚、崔国光点校，齐鲁书社，2000，第 952 页。

期。[①] 蔡鸿生认为，"部民无条件地从属于邑官，表现出宋代封建专制的强势，决定此时此地不可能形成独立的海商集团"。[②]《东都事略》秉持儒家的价值观，将苏缄写入《忠义传》，此事是体现苏缄刚正人格的事例之一。引文中州将本欲责罚苏缄，暗示舶商已经在广州构建起"保护伞"，这是他们能欺负低级官员的原因，所以舶商群体被刻画成反面形象，但其实也从侧面反映出舶商群体在北宋中期的广州已享有较高的社会地位，尽管依旧依附于官僚阶层。

广州也是福建商人重要的迁入地。刘克庄《城南》诗云："瀕江多海物，比屋尽闽人。四野方多垒，三间欲卜邻。"[③] 据程章灿《刘克庄年谱》，刘克庄于嘉熙三年（1239）十月除广东提举，冬天到任，次年八月升广东转运使，直到淳祐元年（1241）八月离粤，在广东约居官两年，《城南》诗当作于嘉熙四年。[④] 苏基朗结合绍定五年（1232）真德秀所云，"富商大贾积困诛求之惨，破荡者多而发船者少，漏泄于恩、广、潮、惠州者多而回州者少"，[⑤] 认为 13 世纪在广州聚居了许多来自泉州的商人，而这与泉州海外贸易的衰退有关。[⑥]

2. 广东的福建移民

不过，广东沿海在宋代一直是闽南人的迁移地，与泉州海外贸易的衰退并无反比例关系。宋人郑厚《凤水驿记》写道："潮居广府之极东，与闽岭比壤，凡游官于广者，闽士居十八九。"[⑦] 这些迁入潮汕地区的移民，依据谢重光的研究，绝大多数应当为普通百姓，他们和世居居民相互交流、融合，形成所谓的"潮汕福佬民系"。[⑧] 语言学调查和研究表明，粤东、雷州半岛

① 桑原骘藏『蒲寿庚の事蹟』東京：平凡社、1989、95 頁。
② 蔡鸿生：《广州海事录——从市舶时代到洋舶时代》，商务印书馆，2018 年，第 90 页。
③ 辛更儒笺校《刘克庄集笺校》卷 12《诗·城南》，中华书局，2011 年，第 727 页。
④ 程章灿：《刘克庄年谱》，贵州人民出版社，1993 年，第 171—188 页。
⑤ 真德秀：《西山先生真文忠公文集》卷 15《申尚书省乞拨降度牒添助宗子请给》，商务印书馆，1937 年，叶 13 左。
⑥ 苏基朗：《刺桐梦华录——近世前期闽南的市场经济（946—1368）》，李润强译，浙江大学出版社，2012 年，第 97 页。
⑦ 马蓉等点校《永乐大典方志辑佚·三阳志》，中华书局，2004 年，第 2730 页。
⑧ 谢重光：《宋代潮汕地区的福佬化》，《地方文化研究》2015 年第 1 期，第 50—51 页。

和海南岛的方言可视为闽南话的分支，这是海路移民的结果。① 广东省茂名市电白区树仔镇登楼村天后宫为宋宣和四年（1122）修建，可证闽商在粤西的活动。②

从历史文献看，闽南人南迁的重要原因为粮食不足。宋代，闽南地区本地的粮食供应仰仗广南的粮船"南船"，如绍定六年（1233），刘克庄表彰知兴化军曾用虎创立平粜仓之功时，记录了当地人的赞美之词：

> 异时富家南船，迭操谷价低昂之柄，以制吾侪之命。今公为民积谷五千斛，富家之仁者劝，鄙者愧，南船亦不得而擅龙断之利矣，非可贺也？③

13 世纪中叶，莆田的粮食市场，为富家所持有的广南粮船所垄断，他们可以操纵当地粮食市场的价格，直到曾用虎创立了可以调节粮价的平粜仓。这一方面显示出莆田当地较为发达的商品经济，另一方面则透露出当地粮食供应不足。这里的"富家"，即操纵莆田粮食市场的大商人，他们能持续地从广南运来粮食，必然已经建立起商业据点以及稳定的生产、交易和运输链。所以，这些富家集团中派往广南的手下，应当是闽南人南迁的重要力量。

泉州也是如此。尽管据苏基朗研究，"从 10 世纪中叶至 11 世纪 70 年代，闽南的农产品产量逐渐增长"，这可归因于占城稻的引入和"耕作方法的改进"，④ 但从唐代至清代，泉州一直被认为是缺粮地区。费梅儿、林仁川将泉州粮食匮乏的原因归结为："历年的自然灾害"，"战争的动乱"，"省内粮食运销不畅"。⑤

同时，从长时段的历史来看，这种为引进粮食而产生的移民及其贸易

---

① 中国社会科学院语言研究所等编《中国语言地图集（汉语方言卷）》，商务印书馆，2012 年，图 B1-15、16。
② 广东省文物局编《广东文化遗产：海上丝绸之路史迹》，中山大学出版社，2016 年，第 191 页。
③ 辛更儒笺校《刘克庄集笺校》卷 88，第 3759 页。
④ 苏基朗：《刺桐梦华录——近世前期闽南的市场经济（946—1368）》，第 24—26 页。
⑤ 费梅儿、林仁川：《泉州农业经济史》，厦门大学出版社，1998，第 111—114 页。

网络，将闽南和广东沿海更为紧密地联系在一起，也推进了闽商海外贸易的发展。

3. 广东沿海的宋船

广东沿海发现的宋船，最著名者为第五章所述，在台山上、下川岛海域发现的"南海Ⅰ号"。而在今汕头市及其附近海域，也发现了宋代沉船。据陈占山介绍，"20世纪30年代以来，澄海县境内韩江东、西两溪之间、南峙山、冠山前后的凤岭古港遗址多处出土宋代海船桅杆、大锚、船板、船缆，同时有大量宋代瓷器和成批的唐宋铜钱出土"。[1] 2015年，考古工作者在南澳岛云澳镇三点金海域发现"南澳二号"沉船遗址，"采集到宋元时期瓷器30多件，其中完整器3件"，沉船当在"南宋末年至元代初年"。[2]

"南海Ⅰ号"和"南澳二号"，应当都是从闽南海域出发的沉船，这从其瓷器多为福建窑口生产可以看出。

综上可知，以福建商人为代表的宋商，在福建、岭南沿海形成自身的贸易网络和移民社区，并以泉州和广州作为远洋航行的主要始发港。这得到文献、语言学调查和沉船、陶瓷考古等多种证据的支持。

二　西洋路（大陆航线）

（一）中国南海

无论是从广州港还是泉州港出发，舶商都会经过海南岛及其周边的岛屿。其海域被称为"七洲洋"。《梦粱录》载：

> 若欲船泛外国买卖，则是泉州便可出洋。迤逦过七洲洋，舟中测水约有七十余丈。若经昆仑、沙漠、蛇龙、乌猪等洋，神物多于此中行雨，上略起朵云，便见龙现全身，目光如电，爪角宛然，独不见尾耳。顷刻大雨如注，风浪掀天，可畏尤甚。但海洋近山礁，则水浅撞礁，必坏船，全凭南针，或有少差，即葬鱼腹。自古舟人云："去怕七洲，回

① 陈占山：《海滨"邹鲁"的崛起：宋元潮州研究》，中国社会科学出版社，2015年，第84页。
② 广东省文物局编《广东文化遗产：海上丝绸之路史迹》，第243页。

怕昆仑。"亦深五十余丈。①

谭其骧先生结合元明文献考证后指出，此七洲洋"是今海南岛文昌县东七洲列岛附近的海面"。②韩振华先生指出，此七洲洋为"广州七洲洋"，此外还有"广东外七洲洋，后来又称'琼州七洲洋'，因它属于海南岛琼州管有，故名。琼州七洲洋有千里石塘（今南沙群岛）、万里长沙（今西沙、中沙群岛），并以万里长沙的东北部作为与中国北洋交接的界限，以千里石塘的南部作为与中国南洋所止的界限"。③"广东外七洲洋"当是在元代后扩大了的地理概念。

1. 海南岛

宋商从泉州、广州出发，进入七洲洋后，首个重要的中转站为海南岛。按《诸蕃志》的记载，宋时海南岛隶属广南西路，包括琼州、昌化军、吉阳军、万安军四州／军十一县，这四州／军均出现海洋贸易的记录。④普塔克（Roderich Ptak）指出，宋元时期的海南无疑是中国与东南亚贸易中重要的一站，但朝廷在一段时间里"将海南排除在国际商品流通之外"，同时海南靠近越南的海岸，受到朝廷对交趾、占城政策变化的影响，因地处中国边境，"它必须服务于大陆，而没有反过来"，"它的内部问题频繁，特别是当地的黎民"，这使得海南岛没能成为主要的贸易中心，尽管它也从海洋贸易中收益颇丰。⑤

不过在北宋中叶，朝廷显然已经认识到海南岛在海洋贸易中的价值。《续资治通鉴长编》记载，琼管安抚使朱初平等在元丰三年十二月上奏疏，希望能规范海南的海洋贸易，发展米粮运输，设置香药和买场，对舶商实行按照货物数量收税的制度。⑥神宗为此下诏：

① 吴自牧：《梦粱录》卷 12《江海船舰》，第 330—331 页。
② 谭其骧：《七洲洋考》，韩振华编《南海诸岛史地考证论集》，中华书局，1981 年，第 2 页。
③ 韩振华：《七洲洋考》，韩振华编《南海诸岛史地考证论集》，第 55 页。
④ 赵汝适撰，杨博文校释《诸蕃志校释》卷下《志物》，中华书局，2000 年，第 216—222 页。
⑤ Roderich Ptak, "Hainan and Its International Trade: Ports, Merchants, Commodities (Song to mid-Ming)", in Geoff Wade and James K. Chin (eds.), *China and Southeast Asia: Historical Interactions*, London: Routledge, 2019, p. 35.
⑥《续资治通鉴长编》卷 310"神宗元丰三年"，中华书局，2004 年，第 7520—7522 页。

琼州、万安、昌化、朱崖军令依威、茂、黎、雅州罢免役法，依旧差役。其琼管州军，皆有常平，若推行如法，自无人户倍称出息之弊。据初平等所奏，措置海南事不少，并不及常平等事，令具析以闻，余皆从之。①

可见朱初平等的建议被神宗采纳。《诸蕃志》记载了泉州舶商和当地居民的贸易情况：

省民以盐、铁、鱼、米转博，与商贾贸易。泉舶以酒、米、面粉、纱绢、漆器、瓷器等为货，岁杪或正月发舟，五六月间回舶。若载鲜槟榔换先，则四月至。②

物货，海南土产，诸番皆有之，顾有优劣耳。笺、沉等香，味清且长，琼出诸番之右，虽占城、真腊亦居其次。黄蜡则迥不及三佛齐，较之三屿，抑又劣焉。其余物货多与诸番同，惟槟榔、吉贝独盛，泉商兴贩，大率仰此。③

海南岛生产的笺、沉等香药，宋朝社会认为比中南半岛生产的要更好，而槟榔和吉贝布（棉布），则大受泉州商人的青睐。这显示了泉州与海南岛密切的商贸往来。

2.西沙群岛

离开海南岛后，舶商可能会因天气变化等经过西沙群岛附近海域。1974年3月至5月，广东省博物馆等"在西沙群岛所属永乐群岛的珊瑚岛、甘泉岛、金银岛、晋卿岛、琛航岛、广金岛、全富岛，宣德群岛的永兴岛、赵述岛、北岛、和五岛（东岛）等地进行了广泛的调查，并在甘泉岛和金银岛二地作了考古试掘"，"在甘泉岛发现了一处唐宋遗址"，"出土了一批唐宋瓷器以及铁锅残片"。其中瓷器共37件，有11件青釉瓷，据推测"时代应在

① 《续资治通鉴长编》卷310"神宗元丰三年"，第7522页。
② 赵汝适撰，杨博文校释《诸蕃志校释》卷下《志物》，第217页。
③ 赵汝适撰，杨博文校释《诸蕃志校释》卷下《志物》，第221页。

唐至五代期间"；26 件宋代青白釉瓷器，据推测有些应当是"广州西村黄帝岗窑场的产品"。根据瓷器的品相和出土环境，考古队认为该遗址是"一处唐宋时代的居住遗址"。①

20 世纪 90 年代至今，国家文物局在西沙群岛进行多次考古发掘，并发现数艘宋代沉船。②孟原召认为，"根据 20 世纪 70 年代的考古调查资料，发现有少量南朝至唐代陶瓷遗物，但其数量甚少，多属唐代晚期，再结合 2009—2014 年西沙群岛水下考古调查最新成果，可知目前确认的数量较为丰富的水下文化遗存当为五代时期。这应与晚唐至五代、宋元时期的海上贸易航线变化有关"。③换而言之，这条航线是在 10 世纪后形成的。孟原召依据出土瓷器，对西沙群岛已发现的宋代沉船遗迹进行了更为细致的断代，其中北宋中晚期者为北礁五号、北礁四号、银屿八号；南宋早期为华光礁 I 号、银屿七号，南宋沉船遗留的瓷器产自福建地区，可知是从福建沿海出发的货船。④北礁五号出水的瓷器，"与潮州窑、南安窑等产品较为接近"，⑤这艘沉船也可能是从潮州出海。赵嘉诚指出，赵述岛二号也是两宋之际的沉船，遗物有青白瓷碗等。⑥

3. 海商带回来的情报

宋代海商通过在南海的航行带回丰富的地理信息，大大拓展了士大夫对今南海海域的认识。如《岭外代答》载：

> 海南四郡之西南，其大海曰交趾洋。中有三合流，波头喷涌而分

① 广东省博物馆编《西沙文物：中国南海诸岛之一西沙群岛文物调查》，文物出版社，1975 年，第 1—5 页。
② 中国国家博物馆等编著《西沙水下考古（1998—1999）》。赵嘉诚：《2009—2010 年西沙群岛水下考古调查主要收获》，吴春明主编《海洋遗产与考古》，第 171—184 页。
③ 孟原召：《华光礁一号沉船与宋代南海贸易》，《博物院》2018 年第 2 期，第 11—26 页。
④ 孟原召：《华光礁一号沉船与宋代南海贸易》，《博物院》2018 年第 2 期，第 22 页。
⑤ 赵嘉诚：《2009—2010 年西沙群岛水下考古调查主要收获》，吴春明主编《海洋遗产与考古》，第 173 页。
⑥ 赵嘉诚：《2009—2010 年西沙群岛水下考古调查主要收获》，吴春明主编《海洋遗产与考古》，第 174 页。

流为三：其一南流，通道于诸蕃国之海也。其一北流，广东、福建、江浙之海也。其一东流，入于无际，所谓东大洋海也。南舶往来，必冲三流之中，得风一息，可济。苟入险无风，舟不可出，必瓦解于三流之中。传闻东大洋海，有长砂石塘数万里，尾闾所泄，沦入九幽。昔尝有舶舟，为大西风所引，至于东大海，尾闾之声，震汹无地。俄得大东风以免。①

《诸蕃志》载：

> 徐闻有递角场，与琼对峙，相去约三百六十余里，顺风半日可济，中流号三合溜，涉此无风涛，则舟人举手相贺。至吉阳，乃海之极，亡复陆涂。外有洲曰乌里、曰苏密、曰吉浪，南对占城，西望真腊，东则千里长沙、万里石床，渺茫无际，天水一色，舟舶来往，惟以指南针为则，昼夜守视唯谨，毫厘之差，生死系焉。②

刘迎胜先生因此指出，"有关'东洋'与'西洋'的概念，起初必与中国海舶下番时所选择的航线有关。凡沿上述南海东缘航线所经诸岛诸国，均为东洋；而沿其西缘者则为西洋"。③结合《岭外代答》所云交趾洋"南流""东流"记述，以及《诸蕃志》所云南海航行的危险程度，刘先生所云"东洋"与"西洋"概念的产生原因，是成立的。

宋商带回的情报，也经过马可·波罗的叙述，传到了中世纪的欧洲。《马可·波罗寰宇记》云：

> 现在你可能知道，自刺桐城启程，向西方和西南方航行1500哩时，就会穿过一片名曰"海南"（Cheynam）的大海湾。此海湾的长度足够

---

① 周去非撰，杨武泉校注《岭外代答校注》卷1《地理门》，中华书局，1999年，第36页。
② 赵汝适撰，杨博文校释《诸蕃志校释》卷下《志物》，第216页。
③ 刘迎胜：《中国古代图籍中的亚洲海域》，刘迎胜主编《元史及民族与边疆研究集刊》第39辑，上海古籍出版社，2020年，第25页。

两个月的旅程，航行时沿着其北境。它和蛮子地区的东南部相接，而另一边则与阿木（Amu）、秃落蛮（Toloman）[Z] 以及 [R] 其他业已陈述的许多地区相连。此海湾内的岛屿不胜其数，并且几乎都有人在此 [Z] 安然地 [R] 居住。那些地方发现有大量的砂金，这是在入海处 [Z] 的河口 [R] 淘得的，也有大量的铜或者黄铜以及其他的物品出产。他们拿着各岛的特产进行内部交易。他们也和大陆的那些地区交易，他们出售金、黄铜以及其他物产，从对方那里买来他们需要的物品。此海湾如此广大，在此居住的民众又如此众多，仿佛它自己就是 [Z] 另一个 [R] 世界 [Z]。①

马可·波罗提到在"海南"湾当地居民与内地商人进行交易的情况，与《诸蕃志》的记载可以互证。其中提到了砂金，今天地质工作者也在海南岛发现了丰富的金矿资源。②

（二）中南半岛

1. 占城（占婆）

舶商离开海南岛后，将到达中南半岛、今越南南部的占城（占婆）。这里是曼陀罗式的政权，信仰印度教，因重要的地理位置，成为舶商南航的必经之地。《安南志略》载："占城国，立国于海滨。中国商舟泛海往来外藩者，皆聚于此，以积新水，为南方第一码头。"③《马可·波罗寰宇记》也记载道："从刺桐出发，航行穿过此海湾的直径，也就是航行一千五百哩，[Z] 将抵达一个名曰占婆（Ciamba）的国家，这是一片非常富裕、幅员 [Z] 辽阔的土地。"④ 显示出占城在海上丝绸之路上的重要性。

其实，早在北宋中叶，泉州商人已经频繁往返于两地。《涑水记闻》载：

---

① *Marco Polo: The Description of the World*, Vol.1, p. 328。此据陈烨轩初译，北京大学马可·波罗读书班会校稿。

② 见王春宏等《海南省金矿成矿规律及找矿方向》，《黄金地质》2002 年第 1 期，第 11—16 页。

③ 《安南志略》卷 1《边境服役》，中华书局，2000 年，第 43 页。

④ Marco Polo: *The Description of the World*, Vol.1, p. 366。此据陈烨轩初译，北京大学马可·波罗读书班会校稿。

　　庆历三年（1043）正月，广南东路转运司奏："前此温台州巡检军士鄂邻杀巡检使，寇掠数十州境，亡入占城。泉州商人邵保以私财募人之占城，取邻等七人而归，枭首广州市。乞旌赏。"诏补殿侍，监南剑州酒税。初，内臣温台巡检张怀信性苛虐，号张列挈。康定元年（1040），邻等不胜怨忿，杀之。至是始获焉。①

此事也见于《续资治通鉴长编》，可补充细节：

　　〔庆历二年七月〕己巳，以泉州民邵保为下班殿侍、三班差使、监南剑州昌顺县酒税。保本海商，尝至占城国，见军贼鄂邻，归而言之。及朝廷命使臣赍诏赴占城，保与俱往，获邻等还，故录之。②

　　综上，则康定元年浙东的军士鄂邻杀害长官张怀信，成为一方强盗，最后逃到占城。泉州海人邵保在占城见过他，回来后报告官府，并用自己的财产招募人手，和官差到占城将鄂邻及其同伙捕归。

　　而到南宋初年，占城已经出现了"土生唐人"，即在占城出生长大的华裔。这见于乾道三年（1167）阿拉伯商人乌师点（أوستن，Ūstin）诉讼占城抢夺其财物的案子。《宋会要》云：

　　〔乾道三年〕十一月二十八日，市舶司言："纲首陈应祥等船回，分载正、副使杨卜萨达麻等并随行人，计一十二人，赍到蕃首邹亚娜表章蕃字一本、唐字一本，及唐字货物数一本，差人译写，委官临对无增减外。又据大食国乌师点等诉：'本国得财主佛记、霞啰池各备宝贝、乳香、象牙等驾船赴大宋进奉，至占城国外洋暂驻候风，其占城蕃首差土生唐人及蕃人招引佛记、霞啰池等船入国，及拘管乌师点等船众，尽夺乳香、象牙等作己物进贡。'"③

---

① 司马光：《涑水记闻》卷12，邓广铭、张希清点校，中华书局，1989年，第241页。
② 《续资治通鉴长编》卷137"仁宗庆历二年"，第3287页。
③ 郭声波点校《宋会要辑稿·蕃夷道释》蕃夷七，四川大学出版社，2010年，第590页。

土肥祐子对乌师点诉讼案进行考证，并对乌师点为何也能到达中国产生疑问。[①] 乌师点之所以能入华，是因为阿拉伯商人已经在占城建立起贸易移民社区。而这起案件，也反映出华商和阿拉伯商人在占城存在竞争关系。

华商能够在占城立足发展，也与他们和统治者保持了良好关系有关。《岭外代答》云：

> 乾道癸巳（1173），闽人有以西班到选，得官吉阳军都监者，泛海之官，飘至占城，见其国与真腊乘象以战，无大胜负，乃说王以骑战之利，教之弓弩骑射。占城王大悦，具舟送至吉阳，厚赍。随以买马，得数十匹，以战则克。次年复来，人徒甚盛。吉阳军因却以无马，乃转之琼管，琼管不受，遂怒而归，后不复至也。[②]

《宋会要》的记载略同，但系年为乾道七年，并不记"次年复来"之事。[③] 从此事可以看出，华商已经参与到中南半岛的国际政治之中，并促进了海南岛与中南半岛之间的马匹交易，虽然未能持续下去。

《夷坚志》也记载，泉州人王元懋因为精通汉语和东南亚多国语言，在占城得到国王（摩诃罗阇）重用，并主管了占城的国际贸易。[④] 这虽然出自小说家言，但结合以上邵保、土生唐人、闽客等的例子来看，正因为泉州人广泛到占城贸易，以及国际贸易所需要的多语言环境，才诞生了王元懋这样的故事形象。

舶商离开占城后，会经昆仑山，到达马来半岛和印度尼西亚群岛。这与阿拉伯商人的航线相似。但文献记载显示，中国的舶商在交趾、真腊也有大量的活动，形成贸易社群。

2. 交趾

交趾位于今天越南北部，即唐安南都护府故地，国号为"大越"，所以

---

① 土肥祐子『宋代南海贸易史の研究』、453—481 页。
② 周去非撰，杨武泉校注《岭外代答校注》卷 2《外国门》，第 77 页。
③ 郭声波点校《宋会要辑稿·蕃夷道释》蕃夷四，第 242 页。
④ 洪迈：《夷坚志》三志己卷 6《王元懋巨恶》，李昌宪整理，大象出版社，2019 年，第 150 页。参见斯波义信《宋代商业史研究》，庄景辉译，浙江大学出版社，2021 年，第 442—443 页。

在英文学界经常被写为"Dai Viet"，而在宋代的史料中也写作"安南"，本文采用"交趾"古称。交趾腹地红河三角洲并不在宋商西航的主干道上，但其本身在南海贸易中具有重要地位。关于宋与交趾之间的外交史，邓昌友撰写了专题博士论文。[①] 近年，李塔娜等学者提倡从海洋史的角度看待中世的越南史，这对理解宋越关系有诸多启发。[②] 桃木至朗指出了红河三角洲平原在南海贸易中的重要性：

> 失去了北属期"中华帝国南海贸易终点"的地位，李朝时期的大越（安南）出产金、象等当地产品，承担起连接华南、云南与南方诸国、南海与老挝、湄公河中流流域的中转职能，在一定程度上维持了"交趾洋"贸易圈的地位，这对王权的存立也应有重要意义。[③]

交趾王畿所在的红河三角洲，是福建人迁入的主要地区。张秀民依据中越史料考证，认为交趾"前黎、李、陈、胡、莫、旧阮六朝及执政郑氏均为华人血统"。[④] 邓昌友指出，宋人移民越南，主要有商业、政治两类。前者多以前往占城居多，但也有往交趾者；后者包含了逃避罪责、战乱以及被掳掠等原因，此外也有文化移民的例子。[⑤]

关于李朝创始人李公蕴为福建人后代的记载，见《涑水记闻》：神宗熙宁年间，岭南落第书生徐百祥写告密信给交趾皇帝李乾德，说中国将进兵灭交趾，同时说道："大王先世本闽人，闻今交趾公卿贵人多闽人也。"即李朝皇帝的祖先是福建人，现在交趾的公卿贵人也多是福建人的后代。[⑥] 司马光从郭逵处得知此事，郭逵是 1075 年宋越战争的宋军指挥官，可知是其亲

---

①　邓昌友：《宋朝与越南关系研究》，博士学位论文，暨南大学，2004 年。

②　见 Tana Li, "A View from the Sea: Perspectives on the Northern and Central Vietnamese Coast", *Journal of Southeast Asian Studies*, Vol. 37, No. 1 (2006), pp. 83–102。

③　桃木至朗『中世大越国家の成立と変容』大阪：大阪大学出版会、2011、366 頁。

④　张秀民：《安南王朝多华裔创建考》，《中越关系史论文集》，台北：文史哲出版社，1992 年，第 20 页。

⑤　邓昌友：《宋朝与越南关系研究》，第 126—130 页。

⑥　司马光：《涑水记闻》卷 13，第 248 页。

身经历。①

陈朝创始人陈日煚也是福建人的后代，在中国则为野史所记。《齐东野语》云：

> 安南国王陈日煚者，本福州长乐邑人，姓名为谢升卿。少有大志，不屑为举子业。间为歌诗，有云："池鱼便作鹍鹏化，燕雀安知鸿鹄心。"类多不羁语。好与博徒豪侠游，屡窃其家所有，以资妄用，遂失爱于父。其叔乃特异之，每加回护。会兄家有姻集，罗列器皿颇盛，至夜，悉席卷而去，往依族人之仕于湘者。至半途，呼渡，舟子所须未满，殴之，中其要害。舟遽离岸，谢立津头以俟。闻人言，舟子殂，因变姓名逃去。至衡，为人所捕。适主者亦闽人，遂阴纵之。至永州，久而无聊，授受生徒自给。永守林岊，亦同里，颇善里人。居无何，有邕州永平寨巡检过永，一见奇之，遂挟以南。寨居邕、宜间，与交趾邻近。境有弃地数百里，每博易，则其国贵人皆出为市。国相乃王之婿，有女亦从而来，见谢美少年，悦之，因请以归。令试举人，谢居首选，因纳为婿。其王无子，以国事授相。相又昏老，遂以属婿，以此得国焉。自后，屡遣人至闽访其家，家以为事不可料，不与之通，竟以岁久难以访问返命焉。其事得之陈合惟善金枢云。②

陈日煚在《大越史记全书》中作"陈煚"。③ 据上述史料，陈日煚原名谢升卿，起先是想到湖南投奔出仕的族人，因犯命案，逃奔广西永州，在衡州被抓获，主事是福建人，所以私自放走他。于是他逃到永州，因为知永州林岊也是福建人，所以善待他。后来永平寨巡检过永以他为奇才，所以带着他一道投奔交趾，而后陈日煚发迹，乃至成为交趾的君主。周密是从陈合那里听得此事。陈合也是福州长邑人，淳祐四年（1244）进士，④ 此事当是长

① 《宋史》卷 290《郭逵传》，第 9725 页。
② 周密：《齐东野语》卷 19，张茂鹏点校，中华书局，1983，第 353 页。
③ 孙晓主编《大越史记全书》卷 5《陈纪·太宗》，西南师范大学出版社、人民出版社，2015 年，第 253 页。
④ 杨倩描主编《宋代人物辞典》（上），河北大学出版社，2015 年，第 61 页。

邑乡间的传说。

张秀民据陈孚《交州稿》指出，陈日煚"为闽人陈京之曾孙，而非谢升卿"，并认为陈孚的记载"与越史记载相近，较为可信"。[①] 这是准确的。陈日煚在 1225 年成为陈朝皇帝时，只有 9 岁。李陈禅让，是由其叔陈守度操作而成的。[②]

但张先生还没有解决陈氏家族背景及其身份的问题，而这涉及福建沿海居民的南迁及其发展，即早期华人华侨史的问题，因此有探讨的必要。《大越史记全书》叙述陈煚先祖世系云：

> 帝之先世闽人（原注：或曰桂林人。）有名京者，来居天长即墨乡。生翕，翕生李，李生承，世以渔为业。帝乃承之次子也，母黎氏。以李建嘉八年（1217）戊寅六月十六日诞生，隆准龙颜，似汉高祖。时大八岁，为李朝祗应局祗候正，有从叔陈守度为殿前指挥使，帝因得入侍宫中，昭皇见而悦之。乙酉（1225）冬十二月十二日戊寅受昭皇禅，即皇帝位，改元建中。[③]

由此可见，陈日煚一族当是从福建沿海辗转迁到红河三角洲沿岸的移民，居住在天长府即墨乡，也就是今南定省美禄县。日煚的先祖从事渔业致富，其祖父陈李得到众人支持，成为地方上的武装豪强。《大越史记全书》还记载道，1209 年范秉彝部将郭卜叛乱，李高宗和太子李旵（即李惠宗）等出逃。李旵逃到海边，娶了陈李的女儿，由此得到陈氏一族的支持，高宗得以反正。虽然陈李战死，但他的家族借此契机在随后的惠宗朝发展成最重要的外戚家族，并最终取代李朝。[④]

陈氏一族，以渔业致富。事实上，鱼、米、布交易，正是南宋时期宋越互市的重要内容。《岭外代答》云：

---

① 张秀民：《安南王朝多华裔创建考》，《中越关系史论文集》，第 14—15 页。
② 据《大越史记全书》，乙酉年（1225）陈煚入宫成为李朝末代女皇李昭皇的夫君，只有 8 岁，次年昭皇禅位于他。见孙晓主编《大越史记全书》卷 4《李纪·昭皇》，第 249—251 页。
③ 孙晓主编《大越史记全书》卷 5《陈纪·太宗》，第 253 页。
④ 孙晓主编《大越史记全书》卷 4《李纪·高宗、惠宗》，第 243—251 页。

> 凡交趾生生之具，悉仰于钦，舟楫往来不绝也。博易场在城外江东驿。其以鱼蚌来易斗米尺布者，谓之交趾蜑。①

周去非称呼这样的水产品贸易者为"交趾蜑"，意即"交趾的疍民"，说明这些人当是中国东南沿海乃至东南亚广泛分布的"海洋船民"。《宋会要》亦云：

> 〔大中祥符〕二年五月二十七日，广南转运使上言："钦州蛮人劫海口蜑户禾米，如洪寨主殿直李文著以轻兵泛小舟袭逐，中流矢死。"诏安南捕贼。明年，执狄獠十三人以献。②

陈氏一族，当是"海洋船民"的有力者，从中国东南沿海迁移到红河三角洲后逐渐成长为当地的豪强。这一类人，与丁部领、十二使君等促成越南自立的溪洞豪族，在地理分布、历史渊源、组织形式上均有很大不同，可视为因海洋贸易而兴起的新贵族。从《大越史记全书》后面的记载亦可知，高宗在 1210 年去世，而后经陈嗣庆、守度兄弟的经营，陈氏一族也成为最重要的外戚，惠宗"政事不决，委任陈庆嗣天下，大权渐移焉"。③ 日煚被守度选中，成为末代女皇昭皇之夫君，并于 1225 年成为陈朝开国之君，是为陈太宗。

由此可见，《齐东野语》的记载是福州长乐区的传闻，而非信史，然其诞生，正源于福建与红河三角洲之间有长期的海上往来。如《宋会要》云：

> 〔淳熙〕六年五月九日，承信郎、监贺州太平（严）〔岩〕银锡场葛极言："经略司差委前去钦州，移文安南国差官前来界首，说谕取还风飘舶客吴汝弼等一百二十三人，今已半年以上。"④

---

① 周去非撰，杨武泉校注《岭外代答校注》卷 5《财计门》，第 196 页。
② 郭声波点校《宋会要辑稿·蕃夷道释》蕃夷四，第 164 页。
③ 孙晓主编《大越史记全书》卷 4《李纪·惠宗》，第 247 页。
④ 郭声波点校《宋会要辑稿·蕃夷道释》蕃夷四，第 198 页。

《桂海虞衡志》云：

> 又有秀才、僧道、伎术及配隶，亡命逃奔之者甚多。不能鼓铸泉
> 货，纯用中国小铜钱，皆商旅泄而出者。①

这些是宋、越边境大量人员流动的见证。正是在这样的背景下，来自中国的海洋船民做大做强，其中的佼佼者甚至跻身贵族的行列。

3. 真腊

真腊即今天的柬埔寨，又被称为"吴哥"（Ankor）。10—12 世纪的真腊，是强盛的印度教、佛教王朝，并建设了世界文化遗产吴哥窟。按照《真腊风土记》，中国舶商抵达真腊前，需先在占城转港，"自占城顺风可半月到真蒲，乃其境也。又自真蒲行坤申针，过昆仑洋，入港。港凡数十，惟第四港可入，其余悉以沙浅故不通巨舟"。② 真蒲的具体位置尚有争议，大致在今越南巴地头顿省（Tĩnh Bà Ria-Vũng Tàu）湄公河的河口。然后由湄公河转船北上抵达首都吴哥通。

比周达观的时代稍早，华商在吴哥通受到当地人礼遇，"往年土人最朴，见唐人颇加敬畏，呼之为佛，见则伏地顶礼"。③ 华商与当地人通婚的情况也很普遍，"国人交易皆妇人能之，所以唐人到彼，必先纳一妇人者，兼亦利其能买卖故也"。④ 在巴戎寺浮雕中，就刻画了中国居民在家中的生活场景，其中可见伞、盛酒器等物。⑤ 交易的唐货也有品级之分：

> 其地想不出金银，以唐人金银为第一，五色轻缣帛次之；其次如真
> 州之锡镴、温州之漆盘、泉处之青瓷器，及水银、银朱、纸札、硫黄、
> 焰硝、檀香、草芎、白芷、麝香、麻布、黄草布、雨伞、铁锅、铜盘、

---

① 范成大：《桂海虞衡志》佚文《志蛮》，方健整理，大象出版社，2019 年，第 127 页。
② 周达观撰，夏鼐校注《真腊风土记校注》，中华书局，2000 年，第 15 页。
③ 周达观撰，夏鼐校注《真腊风土记校注》，第 147 页。
④ 周达观撰，夏鼐校注《真腊风土记校注》，第 146 页。
⑤ 查尔斯·海厄姆：《东南亚大陆早期文化：从最初的人类到吴哥王朝》，云南省文物考古研究所译，文物出版社，2017 年，第 381 页。

水珠、桐油、篦箕、木梳、针。其粗重则如明州之席。甚欲得者则菽麦也，然不可将去耳。①

金制品与彩绢在真腊的贵族和高级僧侣阶层中很受欢迎。在柬埔寨碑铭中可以看到这方面的记载，本书依据赛代斯的法译本翻译。松浦史明也辑录了赛代斯译本中和中国相关的记载。②柬埔寨马德望（Battamban）地区出土的纪年为 1008 年的 K. 989 号 Pràsàt Ben 石碑第 27—28 偈云：

（27）sadāpadānapratinandyamānān narendravaryyād anivāryyavīryyāt avāpa yo dharmmayçovatansām aiçvaryyajātām vividhām vibhūtim //

（28）vicitracīnānçukahemadolān nāgānanām srotohimūrttim kalaçañ ca haimam pratigrahañ cānyad api praçastam //③

（第 27—28 偈）无比英勇的众王之王，总是感谢他的勇武之举，为他带来了各种佳物，包括达摩（Dharma）及其权威的荣耀花环、一项用中国彩绢（装饰）的那伽（nāga）头金轿、一盏金杯、一个蛇口黄金水壶，还有一只豪华的痰盂。④

12 世纪的 K. 485 号石碑第 81、90 偈也记载道：

LXXXI（5）sā dundabhim hemakrtan dhvajañ ca suvarnarūpyai racitāgryadandam

（6）cīnāmçukaih kalpitacitravastram prādād varam pūrvatathāgatāya⑤

第 81 偈：在东方的 Tath ā gata⑥，她赠送了一面金鼓，一面带有美

---

① 周达观撰，夏鼐校注《真腊风土记校注》，第 148 页。
② 松浦史明「真臘とアンコールのあいだ—古代カンボジアと中国の相互認識に関する一考察—」『上智アジア』第 28 号、2020、130—132 頁。
③ *Inscriptions du Cambodge*, Vol. 7, Paris: École Française D'Extrême-Orient, 1964, p. 174.
④ *Inscriptions du Cambodge*, Vol. 7, p. 181.
⑤ *Inscriptions du Cambodge*, Vol. 2, p. 171.
⑥ 赛代斯注：根据 Práh Khân 碑和其他同时代碑铭，这里可能位于斑黛喀蒂寺。

丽的金银手柄的旗帜，其中色彩鲜艳的织物是用中国丝绸制成的。①

　　XC（23）dideça madhyādrisure sabhūsān tatsamçrutān sā vijayaprayāne

（23）bhartur nivrttau mahadudbhavāya dhvajān çatañ cīnapatair vicitrān②

　　第 90 偈：为了她的丈夫在去世后能有一个好的诞生，和她的饰物一起，她向 Madhyādri 神献上 100 面用中国丝绸织成的色彩鲜艳的旗帜，以兑现她在佛逝（Vijaya）远征时的承诺。③

其中提到的黄金轿子、旗帜及其金银手柄，属于贵族出行的仪仗，周达观称之为"金轿杠""金伞柄"：

　　其出入仪从各有等级。用金轿杠、四金伞柄者为上；金轿杠、二金伞柄者次之；金轿杠、一金伞柄者又次之；止用一金伞柄者，又其次之也。其下者止用一银伞柄者而已，亦有用银轿杠者。金伞柄以上官，皆呼为巴丁，或呼暗丁。银伞柄者，呼为厮辣的。伞皆用中国红绢为之，其裙直拖地。油伞皆以绿绢为之，裙却短。④

　　可见中国的贵重货物已经成为真腊宫廷、上流社会不可或缺的礼仪用具。关于出土陶瓷，按照黄慧怡的梳理和统计，截至 2010 年，"吴哥地区出土福建宋元陶瓷的遗址包括吴哥城的皇宫、皇家浴池、巴戎寺、十二审判塔、班蒂喀黛寺、吴哥窟、西都寺、周萨神庙、圣剑寺、Trapeang Thlok-Prasat Trapeang Ropou、Tumnup Barang 和水道，共 12 处，所有地点都位于 9—13 世纪吴哥城或吴哥窟遗迹中"。⑤ 这说明相对日常的中国陶瓷，也为真腊上层社会使用，并多为福建窑口所产，印证了以福建商人为代表的宋商在真腊社会的重要性。

---

① *Inscriptions du Cambodge*, Vol. 2, p. 178.
② *Inscriptions du Cambodge*, Vol. 2, p. 171.
③ *Inscriptions du Cambodge*, Vol. 2, p. 180.
④ 周达观撰，夏鼐校注《真腊风土记校注》，第 92 页。
⑤ 黄慧怡：《简介柬埔寨吴哥地区出土的福建宋元陶瓷》，苏文菁、栗建安主编《考古学视野中的闽商》，中华书局，2010 年，第 130—131 页。

舶商对中南半岛土特产的需求，也影响了当地的政治地理。肯尼斯·霍尔指出，"比如大象和它们的长牙有高度需求，从 414 年到 1050 年，它们共计 14 次被当作朝贡品献给中国的朝廷。这些大象来自阿摩罗波胝（Amaravati，会安）、古笪（Kauthara，芽庄）和宾童龙（Panduranga，藩朗）等上游高地"；高地口承文本也证明了"占城尝试通过协商，而不是武力，派占城军队为他们提供保护，给予他们成为占城贸易伙伴的特权，来将高地居民整合进他们的政治经济之中"。[①] 这说明海洋贸易的发展，不仅能影响海上丝绸之路沿岸地区，甚至与沿海社会存在经济联系的内陆高地也会被卷入由此构成的跨区域国际贸易之中。从长时段的历史而言，这是全球化网络形成的滥觞。

而从中南半岛南下，宋商将到达三佛齐支配下的马来半岛南部、苏门答腊岛东部，这里将与东洋路汇合。所以，我们先探讨东洋路的情况。

三 东洋路（岛屿航线）

（一）前半段路线的争议

刘迎胜先生认为，东洋路前半段为"从大陆出发向东航行，先横渡今台湾海峡（对福建海舶而言）至流求（即琉球，今台湾），或先横渡南海北部（对广东海舶而言），至吕宋诸岛"。[②] 不过从史料来看，这段路线仍值得商榷。

1. 广东海舶与东洋路

广东海舶横渡南海北部到吕宋诸岛，在宋代似乎是非常规情况，如前引《岭外代答》云："传闻东大洋海，有长砂石塘数万里，尾闾所泄，沦入九幽。昔尝有舶舟，为大西风所引，至于东大海，尾闾之声，震汹无地。俄得大东风以免。"[③] 广东海舶南下，当以西洋路为主，故东洋路主要为福建海舶

---

① Kenneth R. Hall, *A History of Early Southeast Asia: Maritime Trade and Societal Development, 100–1500*, pp. 86–87.

② 刘迎胜：《从西太平洋到北印度洋——古代中国与亚非海域》，第 418 页。

③ 周去非撰，杨武泉校注《岭外代答校注》卷 1《地理门》，第 36 页。

南下之路。

2. 是否登陆台湾岛？

宋商从福建沿海走东洋路，是否会登陆台湾岛，这也值得思考。澎湖列岛是泉州商人的中转港，泉州人在这里建立聚居地。《诸蕃志》云："泉有海岛曰彭湖，隶晋江县。"[①]《岛夷志略》也记载道："自泉州顺风二昼夜可至。有草无木，土瘠不宜禾稻。泉人结茅为屋居之……地隶泉州晋江县。至元间立巡检司。"[②]

至于流求，在南宋时期，福建商人还未与之建立稳定的商贸联系。《诸蕃志》云："流求国当泉州之东，舟行约五六日程……无他奇货，尤好剽掠，故商贾不通。土人间以所产黄蜡、土金、鳌尾、豹脯，往售于三屿。"[③]关于这里的"流求"，有学者认为位于今天台湾岛北部，亦可能在冲绳群岛。[④]到了元代，才有关于舶商和当地居民之间贸易的记载。《岛夷志略》云：

> 其峙山极高峻，自彭湖望之甚近……地产沙金、黄豆、黍子、硫黄、黄蜡、鹿、豹、麂皮。贸易之货，用土珠、玛瑙、金珠、粗碗、处州磁器之属。海外诸国盖由此始。[⑤]

根据"彭湖望之甚近"，可知此"流求"当为台湾岛。尽管如此，流求仍见于宋代的行记，如日本入宋僧成寻《参天台五台山记》云：熙宁五年七月"六日癸未，天晴"，"丑时，坐绳床睡间，梦谒日本左府，被仰云'行琉球国由闻之，而今在大唐为悦'云云"。[⑥]不过，因为中古的史料中，"流求"（流球）的指向范围实际上是在冲绳群岛和台湾岛之间，所以这里的"琉球国"并不能确认为台湾岛北部，而冲绳群岛在宋代已经是通向日本的"南岛

---

① 赵汝适撰，杨博文校释《诸蕃志校释》卷上《志国》，第149页。
② 汪大渊著，苏继庼校释《岛夷志略校释》彭湖条，第13页。
③ 赵汝适撰，杨博文校释《诸蕃志校释》卷上《志国》，第147页。
④ 赵汝适撰，杨博文校释《诸蕃志校释》卷上《志国》，第147—148页。
⑤ 汪大渊著，苏继庼校释《岛夷志略校释》琉球条，第16—17页。
⑥ 成寻撰，王丽萍校点《新校参天台五台山记》卷2，上海古籍出版社，2009年，第133页。

路"的一站，^① 故不是《诸蕃志》《岛夷志略》所指的台湾岛，这体现了中日地理认知的差异。

而在台湾岛南部，则有使舶商恐惧的毗舍耶族群。据《诸蕃志》："毗舍耶语言不通，商贩不及，袒裸盱睢，殆畜类也。泉有海岛曰彭湖，隶晋江县，与其国密迩，烟火相望，时至寇掠，其来不测，多罹生啖之害，居民苦之。"^②《文献通考》：琉球"旁有毗舍耶国"。^③《岛夷志略》云："毗舍耶僻居海东之一隅，山平旷，田地少，不多种植。气候倍热。俗尚虏掠。"^④ 毗舍耶虽然不通商贩，但南宋有关于该国海盗骚扰泉州沿海，以至于当局专门修筑防御工事的记录。上一章已经引述了楼钥的记录。^⑤ 真德秀《申枢密院措置沿海事宜状》也记载道：

> 永宁寨地名水澳。去法石七十里，初乾道间毗舍耶国入寇，杀害居民，遂置寨于北。其地阚临大海，直望东洋，一日一夜可至彭湖。彭湖之人遇夜不敢举烟，以为流求国望见必来作过。^⑥

《诸蕃志》则将劫掠的时间定为乾道七年之后的淳熙年间（1174—1189），并指出毗舍耶人十分喜欢铁器，甚至不惜为此赴死，并多次劫掠：

> 淳熙间，国之酋豪常率数百辈猝至泉之水澳、围头等村，恣行凶暴，戕人无数，淫其妇女，已而杀之。喜铁器及匙箸。人闭户则免，但刓其门圈而去。掷以匙箸则俯拾之，可缓数步。官军擒捕，见铁骑则竞刓其甲，骈首就戮，而不知悔，临敌用标枪，系绳十余丈为操纵，盖爱其铁不忍弃也。不驾舟楫，惟以竹筏从事，可折叠如屏风，急则群舁之

---

① 中島楽章・伊藤幸司編『寧波と博多』東京：汲古書院、2013、序論 6—7 頁。

② 赵汝适撰，杨博文校释《诸蕃志校释》卷上《志国·毗舍耶》，第 149 页。

③ 马端临：《文献通考》卷 327《四裔考》，第 9003 页。

④ 汪大渊著，苏继颀校释《岛夷志略校释》毗舍耶条，第 193 页。

⑤ 楼钥：《攻媿集》卷 88《敷文阁学士宣奉大夫致仕赠特进汪公行状》，中华书局，1985 年，第 1199 页。

⑥ 真德秀：《西山先生真文忠公文集》卷 8，叶 17。

泅水而遁。①

到 14 世纪，毗舍耶依然是令舶商畏惧的存在，并有绑架渔民的传统。《岛夷志略》云："时常裹干粮，棹小舟，过外番。伏荒山穷谷无人之境，遇捕鱼采薪者，辄生擒以归，鬻于他国。每人易金二两重。盖彼国之人递相仿效，习以为业。故东洋闻毗舍耶之名，皆畏避之也。"②

综上可知，毗舍耶就在澎湖列岛附近。按照杨英《从征实录》的记载，郑成功的船队为收复台湾，于南明永历十五年（1661）二月二十三日中午，从金门附近的料罗澳，顺风到澎湖列岛，翌日全部抵达。三十日三更从澎湖列岛出发，翌日黎明就到"台湾外沙线"，晚上即全部抵达禾寮港（今台南市内）。③ 除去其中在澎湖候风的时间，实际用时不到两天。真德秀云毗舍耶"一日一夜可至彭湖"，也与郑成功从澎湖登陆台南的时间相近。

夏德、柔克义认为毗舍耶人是"菲律宾群岛的米沙鄢族人（Visaya）"，洛弗尔认为是移居台湾西南海岸的米沙鄢族人，杨博文则认为"目前尚无定论"，米沙鄢族"分布在今米沙鄢岛中部及棉兰老岛等地，则与晋江县不能'密迩'"。④ 其实，清中叶赵翼已依据上引《文献通考》的记载指出，毗舍耶位于台湾。⑤ 毗舍耶当在今天台湾南部。尽管杨先生反对将米沙鄢族等同于毗舍耶，但"毗舍耶"当为 Visaya 对音，而杨先生也指出，"此民族常往来海上，从事劫掠，到处飘泊，行踪不定"，⑥ 既然迁徙不定，自然有移居台湾岛南部的可能，这正是海洋船民的基本特征。《诸蕃志》又云，"淳熙间，国之酋豪常率数百辈猝至泉之水澳、围头等村"。⑦ 这也与米沙鄢族"从事劫掠"的特征相符。

---

① 赵汝适撰，杨博文校释《诸蕃志校释》卷上《志国》，第 149 页。
② 汪大渊著，苏继庼校释《岛夷志略校释》毗舍耶条，第 193 页。
③ 福建师大历史系郑成功史料编辑组编《郑成功史料选编》，福建教育出版社，1982 年，第 242—243 页。
④ 参见赵汝适撰，杨博文校释《诸蕃志校释》卷上《志国》，第 149—150 页。
⑤ 参见魏源编《皇朝经世文编》卷 84《兵政》，岳麓书社，2004 年，第 570 页。又见昭梿《啸亭杂录》卷 6《台湾之役》，何英芳点校，中华书局，1980 年，第 153 页。
⑥ 赵汝适撰，杨博文校释《诸蕃志校释》卷上《志国》，第 150 页。
⑦ 赵汝适撰，杨博文校释《诸蕃志校释》卷上《志国》，第 149 页。

由此可见，在宋代，台湾岛南部的世居族群仍然是舶商所畏惧的，到明代这里才真正成为闽南人的迁居地。所以东洋路应该是从泉州到澎湖后，进入中国南沙群岛附近海域和菲律宾群岛。

（二）中国南沙群岛、菲律宾群岛

在菲律宾群岛，存在麻里鲁（今马尼拉）、苏禄（今棉兰老岛）、麻逸（今民都洛岛）、三屿（一作"三岛"）等政权，[①] 这些国名在宋代后才为史书所记录。这应当是岛屿航线开辟后，华商与他们存在商贸关系，并将相关信息带回国内的结果。《岛夷志略》云：

> 〔麻里鲁〕地产玳瑁、黄蜡、降香、竹布、木绵花。贸易之货，用牙锭、青布、磁器盘、处州磁、水坛、大瓮、铁鼎之属。
>
> 〔苏禄〕贸易之货，用赤金、花银、八都剌布、青珠、处器、铁条之属。
>
> 〔麻逸〕地产木绵、黄蜡、玳瑁、槟榔、花布。贸易之货用鼎、铁块、五采红布、红绢、牙锭之属。蛮贾议价领去博易土货，然后准价舶商。守信事终如始，不负约也。
>
> 〔三岛〕地产黄腊、木绵、花布。贸易之货用铜珠、青白花碗、小花印布、铁块之属。[②]

肯尼斯·霍尔指出，在 11 世纪、12 世纪，中国人已经在今天菲律宾的拉古纳（Laguna）、民都洛（Mindoro）和宿务（Cebu）等地建立了防御性的贸易据点。[③] 中国南沙群岛与菲律宾群岛的考古发现，也证明了华商在当地的活动。

菲律宾的考古工作开始于 19 世纪末。1881 年，法国考古学家阿尔弗

---

① 地理位置依据苏继顾等考证，见汪大渊著，苏继顾校释《岛夷志略校释》。
② 汪大渊著，苏继顾校释《岛夷志略校释》麻里鲁条，第 89 页；苏禄条，第 178 页；麻逸条，第 33—34 页；三岛条，第 23 页。
③ Kenneth R. Hall, *A History of Early Southeast Asia: Maritime Trade and Societal Development, 100–1500*, p. 319.

雷德·马歇（Alfred Marche）就在菲律宾群岛的考古踏查中发现了中国陶瓷，德国化学家亚历山大·沙登堡（Alexander Schadenberg）也于 1881—1882 年在萨马尔（Samal）岛的墓穴中发现了中国陶瓷。[①] 20 世纪 30 年代开始了对中国陶瓷的定年工作。[②] 1993 年，菲律宾国家博物馆的考古队在卡米金（Camiguin）岛上发现 12 世纪的中国贸易陶瓷；[③] 1994 年，此考古队又在巴丹（Batan）岛的萨比杜·伊藏（Savidug Ijang）遗址发现 12 世纪宋代的青瓷以及玻璃珠。[④] 这符合《岛夷志略》所述舶商用"处州瓷器""处器"与当地居民交易的记载，并可以证明，在 12 世纪，中国商人的贸易网络已经涵盖了这些区域。巴丹岛毗邻中国的台湾岛，而台湾岛南部的毗舍耶族群以海盗行为著称，故舶商从澎湖列岛出发时，可能会绕开台湾岛南部，而直接经巴士海峡进入两岛所在的巴丹群岛。在这种情况下，水罗盘、更路簿等航海工具十分重要，因为稍有不慎，就可能进入危险重重的暗礁海域。关于 9—13 世纪菲律宾陶瓷考古情况，朱克宇有最新的综述，亦可资参考。[⑤]

菲律宾国家博物馆于 1967 年开始开展沉船考古；[⑥] 根据尤西比奥·迪桑（Eusebio Z. Dizon）的综述，到 2003 年，在"菲律宾西边的海域"共发现 18 艘沉船，包括在中国南沙群岛进行非法打捞时，在榆亚暗沙发现的一艘时间为 11—12 世纪的沉船，命名为"调查礁"号（Investigator Shoal）。据报告，此船已经进行了"考古调查和部分发掘"，其中发现"东南亚和中国瓷器、

① Karl L. Hutterer, "Philippine Archaeology: Status and Prospects", *Journal of Southeast Asian Studies*, Vol. 18, No. 2 (1987), p. 236.

② J. M. Addis, "The Dating of Chinese Porcelain Found in the Philippines: A Historical Retrospect", *Philippine Studies*, Vol. 16, No. 2 (1968), pp. 371–380.

③ Lee Anthony M. Neri et al., "Archaeological Survey of the Island of Camiguin, Northern Mindanao", *Philippine Quarterly of Culture and Society*, Vol. 38, No. 3 (2010), p. 236.

④ Eusebio Z. Dizon and Rey A. Santiago, "Archaeological Explorations in Batanes Province", *Philippine Studies*, Vol. 44, No. 4 (1996), p. 491.

⑤ 朱克宇：《早期文化演进中的外来因素——以考古发现为中心》，上海中国航海博物馆主办《国家航海》第 28 辑，上海古籍出版社，2022 年，第 148—160 页。

⑥ Mary Jane Calderon, "Underwater Archaeology in the Philippines", *Philippine Quarterly of Culture and Society*, Vol. 17, No. 4 (1989), p. 322.

玻璃珠、黄铜戒指、铁凝结物、木制残件和花岗岩锚"。① 铁凝结物当是中国东南港口常见的铁制走私品。此船可能是在澎湖列岛出发后，因遭遇风暴等误入暗礁丛生的海域，最后触礁沉没。吴春明也收集和整理了截至 2003 年菲律宾发现沉船的情况，其中，吕宋岛在博利瑙（Bolinao）港二号沉船遗址发现宋元沉船的锚碇石，在吕宋岛西南的圣安东尼奥（San Antonio）港附近海面发现一艘宋元沉船，遗物主要为"福建仿龙泉窑青瓷器"。② 这些是宋商在中国南沙群岛、菲律宾群岛及其附近海域活动的重要证据。

（三）加里曼丹岛

离开中国南沙群岛和菲律宾群岛的麻里鲁、苏禄、麻逸等国后，中国舶商将进入加里曼丹岛西部沿海。这里由宋代被称为"渤泥"的国家统治，即隋唐时期的"婆利"。③ 渤泥与宋朝存在"朝贡"关系。④《诸蕃志》记载了他们与海商的贸易品：

> 番商兴贩，用货金、货银、假锦、建阳锦、五色绢、五色茸、琉璃珠、琉璃瓶子、白锡、乌铅、网坠、牙臂环、胭脂、漆椀楪、青瓷器等博易……既泊舟登岸，皆未及博易之事，商贾日以中国饮食献其王，故舟往佛泥，必挟善庖者一二辈与俱。⑤

郑永常认为宋元时期"大多数蕃商主要是外裔中国籍海商"，并认为《诸蕃志》所述的"番商"和"唐人"是不同的。⑥ 但如果结合下文提及"中

---

① 18 艘沉船的信息见 Eusebio Z. Dizon, "Underwater and Maritime Archaeology in the Philippines", *Philippine Quarterly of Culture and Society*, Vol. 31, No. 1/2 (2003), pp. 6–8, 引文见第 6 页。报告使用了榆亚暗沙的旧称"调查礁"（Investigator Shoal）。

② 吴春明：《环中国海沉船——古代帆船、船技与船货》，江西高校出版社，2003 年，第 29—30 页。

③《隋书》卷 82《婆利传》，第 1838 页。《旧唐书》卷 197《婆利传》，第 5270—5271 页。

④《宋史》卷 119《礼志》，第 2813 页。

⑤ 赵汝适撰，杨博文校释《诸蕃志校释》卷上《渤泥国》，第 136 页。

⑥ 郑永常：《从蕃客到唐人：中国远洋外商（618—1433）身份之转化》，汤熙勇主编《中国海洋发展史论文集》第 10 辑，台北：中研院人文社会科学研究中心，2008 年，第 143—204 页。引文见第 146、163 页。

国饮食",可知这些"番商"实际应是从福建过去的华商,因为阿拉伯波斯商人在广州、泉州必然保留了他们的信仰和生活习惯。实际上,《诸蕃志》多次使用"番商兴贩"一句,如叙述真腊的贸易:"番商兴贩,用金银、瓷器、假锦、凉伞、皮鼓、酒、糖、醯醢之属博易。"① 如果看《真腊风土记》的话,就会发现这里的"番商"其实就是华商。近代福建、广东移居东南亚的华侨,也会被称为"番客",和这里的"番商"当是同义。

按照《诸蕃志》,华商在渤泥受到了国王和贵族们的礼遇,"番舶抵岸三日,其王与眷属率大人王之左右,号曰大人。到船问劳,船人用锦借跳板迎肃,款以酒醴,用金银器皿褥席凉伞等分献有差"。② 安东尼·瑞德(Anthony Reid)将 1450—1680 年界定为东南亚的贸易时代,认为"海上交往一直把东南亚各民族紧密地联系在一起",而这一时期"东南亚海上城市之间的联系比此前或此后的任何时期都重要"。③ 而从渤泥王族款待来往商贩的举动看,对商业的珍视,以及由此带来的海洋贸易发展,是更长期发展的结果。

但渤泥附近也多海洋船民剽掠,构成了对舶商的严重威胁。如《诸蕃志》云:

> 沙华公国,其人多出大海劫夺,得人缚而卖之阇婆。又东南有野岛,蛮贼居之,号麻啰奴。商船飘至其国,群起擒人,以巨竹夹烧而食之。其贼首钻齿,皆以黄金装饰。取人脑盖为饮食器。其岛愈深,其贼愈甚。④

这说明了海洋船民对于海洋贸易发展的两面性:一方面,他们会参与或

---

① 赵汝适撰,杨博文校释《诸蕃志校释》卷上《真腊国》,第 19 页。据郑永常统计《诸蕃志》出现"番商"共 16 处,见郑永常《从蕃客到唐人:中国远洋外商(618—1433)身分之转化》,汤熙勇主编《中国海洋发展史论文集》第 10 辑,第 163 页。
② 赵汝适撰,杨博文校释《诸蕃志校释》卷上《渤泥国》,第 136 页。
③ 安东尼·瑞德:《东南亚的贸易时代:1450—1680 年》第 1 卷,吴小安、孙来臣译,商务印书馆,2010 年,第 11—12 页。
④ 赵汝适撰,杨博文校释《诸蕃志校释》卷上《海上杂国》,第 128—129 页。

者协助海路运输，成为货物安全抵达港口的关键；另一方面，频繁的海盗行为（尽管有传闻的因素），也成为海洋贸易发展的障碍。

离开渤泥后，舶商将进入爪哇岛，或者苏门答腊的巨港，东南航线和西南航线在爪哇、巨港等地汇合到一起。《诸蕃志》云："渤泥在泉之东南，去阇婆四十五日程，去三佛齐四十日程，去占城与麻逸各三十日程。"渤泥到这些地区的路程都能得到清楚的统计，这是舶商实际航行的记录。

（四）苏门答腊、爪哇岛

苏门答腊、爪哇岛的三佛齐和阇婆，也是华商重要的贸易活动地，如前文提到的福建商人毛旭，曾导引阇婆入贡。① 三佛齐即唐朝所记的"室利佛逝"，阇婆即"诃陵"。这两国都是海岛东南亚最强大的国家，第二章已经探讨。《萍洲可谈》云，华商到大食前，需要先在三佛齐修船。②《马可·波罗寰宇记》也记载道：

> 这座岛屿聚满 [FB] 极多的财富。他们在这座岛上 [Z] 有胡椒、肉豆蔻、甘松、高莎草、澄茄、丁香，还有简言之 [L] 所有其他种 [FB] 可以在世上找到的上佳的、[L] 昂贵的香料。有极为 [FB] 大量的船舶和商人来到 [FB] 这座岛屿，他们到那里做生意，并且 [FB] 在那里购买许多商品，得到了非常 [FB] 可观的利润和非常 [FB] 可观的收获。这座岛屿上宝藏多得令世人无法相信，也 [Z] 无法描述。我再告诉你，由于航行的路途漫长且凶险，大可汗从未让它从属于他的统治 [Z]。剌桐和蛮子的商人以前从这座岛屿带走了极为大量的宝藏，现在依然如此。③

这说明了三佛齐和阇婆作为海上丝绸之路十字路口的重要地位。阿拉伯和中国商人均在这里建立了贸易社群。20 世纪 70 年代，考古学家也在苏门

---

① 马端临：《文献通考》卷 332《四裔考》，第 9150 页。
② 朱彧：《萍洲可谈》卷 2，第 135 页。
③ *Marco Polo: The Description of the World*, Vol.1, p. 368。陈烨轩初译，北京大学马可·波罗读书班会校稿。

答腊岛东北沿海的中国城（Kota Cina）发现了中国陶瓷和铜钱，年代为12
—14世纪。约翰·米锡克（John Miksic）认为，"在东南亚其他的定居点从
未发现如此众多的优质陶瓷"，[①] 这里就是中国商人在海岛东南亚较早建立的
贸易活动地。近年来，考古学家再次在这里发现华南陶罐、龙泉窑以及福建
诸窑口的瓷器等，赵冰对这些考古资料进行了系统研究。[②]

四　在印度洋的情况

从苏门答腊岛转港后，宋商将进入印度洋。从现存文献看，故临国是
宋商重要的贸易中转站。故临即奎隆（Quilon），位于印度西海岸，《岭外
代答》云：

> 故临国与大食国相迩，广舶四十日到蓝里住冬，次年再发舶，约一
> 月始达……中国舶商欲往大食，必自故临易小舟而往，虽以一月南风至
> 之，然往返经二年矣。[③]

杰弗里·甘恩指出，到13世纪，中国人已经旅居到印度的科罗曼德尔
（Coromandel）沿海。[④] 而按照林梅村先生所述，2003年在印度西海岸发现
了一艘11世纪沉船，即"泰加勒沉船"（Thaikkal Shipwreck），此船为"平
底船，带有密封防水舱，并大量使用铁钉"。[⑤] 因此这很可能是一艘来自中
国的货船，是北宋时期中国商人已经到达印度西海岸的重要证据。

《马可·波罗寰宇记》中，也讲到了中国商人在印度西海岸的马里八儿
王国的活动：

[①] John Miksic, "Classical Archaeology in Sumatra", *Indonesia*, No. 30 (1980), p. 63.

[②] Bing Zhao, "Étude préliminaire des tessons de céramique de style chinois trouvés à Kota Cina", *Archipel*, Vol. 91 (2016), pp. 27–54.

[③] 周去非撰，杨武泉校注《岭外代答校注》卷2《外国门》，第90—91页。

[④] Geoffrey C. Gunn, *History without Borders: The Making of an Asian World Region, 1000–1800*, Hong Kong: Hong Kong University Press, 2011, p. 112.

[⑤] 林梅村:《观沧海——大航海时代诸文明的冲突与交流》，上海古籍出版社，2018年，第5页。

你可能知道，**东方 [FB] 和蛮子来的 [R]** 商人会在船上带来许多铜，**并且 [Z]** 他们用这些铜来压舱。他们也带来织金锦、**[Z]** 绸缎、森德尔绸（sendal）、黄金、**和 [Z]** 银、丁香、甘松以及与此类似的其他**马里八儿所 [R]** 没有的香料；他们拿着这些东西和这个国家的**这些 [Z]** 商品做交换。你可能知道，来到**这里 [Z]** 的船舶是从许多地区启程的，也就是来自蛮子大区，商人们把它们带往许多方向。那些去往**西方 [FA]** 的，被商人装上他们的船带**[FA]** 往亚丁（Aden），再带往亚历山大（Alexandre）；**这不及去往东方商船的 1/10，那是一项壮举，正如我已经告诉你的 [FB]**。①

马里八儿即印度西部的马拉巴尔（Malabar）海岸。这里记述了宋商带来的商品，第一章已经叙述。而其中亦谈到，中国帆船也可以从这片海域出发前往阿拉伯半岛以及东非地区，说明《岭外代答》"必自故临易小舟"的记载过于绝对。

比南海 I 号年代稍晚的泉州湾宋船，很可能是一艘从北印度洋返航的船舶。杨斌研究泉州湾宋船的海贝、香料等遗物后认为，"泉州湾宋代海船发掘出的货贝和环纹货贝，产自马尔代夫群岛，来自印度洋；龙涎香和乳香只产于印度洋；降香根据科学分析非常可能就是印度原产；胡椒既盛产于爪哇，也盛产于印度西海岸；船体附着物的绝大多数栖息于印度洋一带。因此，这艘海船从印度洋返航的可能性非常高"。② 这可以佐证马可·波罗关于中国船出现在马拉巴尔海岸的记载。

《岛夷志略》也记载道：

> 居八丹之平原，木石围绕，有土砖瓷塔，高数丈。汉字书云："咸淳三年（1267）八月毕工。"传闻中国之人其年戍彼，为书于石以刻之，

① *Marco Polo: The Description of the World*, Vol.1, pp. 418–419. 此据陈烨轩初译，北京大学马可·波罗读书班会校稿。
② 杨斌：《当自印度洋返航——泉州湾宋代海船航线新考》，《海交史研究》2021 年第 1 期，第 30 页。

至今不磨灭焉。土瘠田少，气候半热，秋冬微冷。俗好善。民间多事桑香圣佛，以金银器皿事之。①

关于"居八丹"，藤田丰八认为是印度半岛东海岸的讷加帕塔姆（Negapatam）附近，并以 19 世纪中叶的实地调查报告为证，因而这是准确的。② 这说明宋商在印度东、西沿海地域均有活动。林梅村先生注意到此塔，并找到了 19 世纪所制的图版，这座塔在 1867 年被毁。③ 杨斌对此塔有新研究，并认为此塔是"各国商人和八丹本地居民一起合作建成"，④ 显示出在居八丹活动的各国商人间较为和谐的关系。

19 世纪末，裕尔在研究《马可·波罗寰宇记》中关于马里八儿王国的记载时，讲到达·伽马（Vasco da Gama）远航印度西海岸时，曾寓目中国商人在古里（明代对于奎隆的称呼）的活动：

卡斯帕·科雷亚（Caspar Correa）关于达·伽马航行的叙述中，也有一段奇异的记录，是关于四个世纪以前"来自马六甲、中国以及琉球（Lequeos）等地"的庞大商人船队到达马拉巴尔的传统；许多船上团队的人在此国定居，并留有后代。一百年后，已经找不到这些遗存了，但他们豪华的偶像庙宇依然可以寓目。⑤

事实上，里斯本的吉罗拉莫·塞尔尼吉（Girolamo Sernigi，1453 年生）曾写信给佛罗伦萨（Florence）的一位绅士，在报告达·伽马的第一次印度洋远航时，也提到了中国人在印度西海岸古里的活动。这批信件保存在佛

---

① 汪大渊著，苏继庼校释《岛夷志略校释》，第 285 页。

② 汪大渊撰，藤田丰八校注《岛夷志略校注》，上虞罗氏排印《雪堂丛刻》本，1915，叶 81AB、叶 85B，此据《丛书集成续编》第 244 册，台北：新文丰出版公司，1989 年，第 517、519 页。

③ 林梅村：《观沧海——大航海时代诸文明的冲突与交流》，第 8、10 页。

④ 杨斌：《当自印度洋返航——泉州湾宋代海船航线新考》，《海交史研究》2021 年第 1 期，第 29 页。

⑤ *The Book of Ser Marco Polo: The Venetian, Concerning the Kingdoms and Marvels of the East*, Vol. 2, trans. & ed. by Henry Yule, p. 391.

罗伦萨的里卡迪亚那图书馆（Biblioteca Riccardiana），厄恩斯特·莱温斯坦（Ernst Ravenstein）在 1898 年将其翻译成英文，现转译如下：

> 现在离白基督徒（White Christians）的船舶抵达古里（Chalicut）城，已经过去约 80 年了，他们的头发长得跟日耳曼人一样，只在嘴巴周围留着胡须：在君士坦丁堡，绅士和朝臣就是这样梳理的。他们登陆时身穿铠甲，戴着头盔、面具，佩上矛类的某种武器〔剑〕。他们的船舶装载着火炮，比我们所使用的那些要更短。每两年，他们带着 20 艘或 25 艘船回来。他们不能说出他们属于哪一民族，以及他们给这座城市带来了什么货物，这里保存着极好的亚麻衣物和黄铜器皿。他们装载了香料。他们的船舶有四根桅杆，就像西班牙船一样。如果他们是日耳曼人，我想我们应该已经注意到他们，他们可能是俄罗斯人，如果他们在那里有港口的话。当船长回来时，我们或可获知他们属于哪一民族。因为他从摩尔国王处得到了那位讲意大利语的水手，[1] 并径直带回，或许可以跟他好好谈谈。[2]

莱温斯坦指出，"这些'陌生人'无疑是中国人。马可·波罗已经提到他们的四桅帆船。在他的时代，中国船已经造访印度的西海岸"；"1401 年，62 艘中国船远征锡兰，1417 年一位使节前往'木骨都束'（Magadoxo）"，"1431 年中国艐或现于吉达（Jedda）"。[3] 这是正确的。塞尔尼吉信中提到的"约 80 年"前（15 世纪 20 年代）"白基督徒"的到访，应当指郑和一行。据《瀛涯胜览》古里国条：永乐五年（1407），也就是郑和第一次下西洋期间，"朝廷命正使太监郑和等赍诏敕赐其国王诰命银印"。[4] 而后其每次下西洋，均

---

[1] 莱温斯坦注："这里的'水手'指加斯帕尔·达·伽马（Gaspar da Gama）。"

[2] *A Journal of the First Voyage of Vasco Da Gama, 1497–1499,* trans. and ed. by Ernst G. Ravenstein, Cambridge University Press, 1898, reprinted in 2010, p.131.

[3] *A Journal of the First Voyage of Vasco Da Gama, 1497–1499,* pp.131–132.

[4] 马欢著，万明校注《瀛涯胜览校注》"古里国"条，海洋出版社，2005 年，第 63 页。

到达古里。[①] 这契合每两年回来一次的记载。

综上可知，郑和船队到达古里，正是中国商人远航印度西海岸传统的延续。而这一传统的终结，当是在明代中叶。如果再结合 12 世纪初期《萍洲可谈》所云中国商人前往大食国的记录的话，从 12 世纪一直到 15 世纪中期，中国商人延续了 300 多年远航印度洋的传统，应当是没有疑问的。

而在《诸蕃志》中，也留下了中国商人在印度洋航行的记载：

〔晏陀蛮国（安达曼群岛）〕旧传曾有商舶坏船，人扶竹木，随流漂至此山。知有圣水，潜以竹筒盛满，乘木筏随浪漂漾至南毗国。以水献南毗国王，试之果验。南毗王遂兴兵谋奄有其山。船未至间，遭恶风漂回。船人漂至山，尽为山蛮所食。盖此山有金床异人，密有神护，不令人近也。[②]

〔昆仑层期国（疑为东非或马达加斯加[③]）〕西有海岛，多野人。身如黑漆，虬发，诱以食而擒之，转卖与大食国为奴，获价甚厚，托以管钥，谓其无亲属之恋也。[④]

以上记录未说明是"蕃舶"，而直接说是"商舶""舶舟"，说明这些信息也可能是本土商人带回来的。而以上关于中国商人在印度洋活动的记录，则是此猜测的一证。

结　语

本文结合沉船等考古资料，研究中国海商经大陆和岛屿航线，航行到阿拉伯海的历史。本章纠正了关于宋代大陆航线途经菲律宾群岛、岛屿航线登陆台湾岛等观点，将宋代大陆航线认定为：广州 / 泉州—海南岛—占城—三

[①] 参见翁乾麟《郑和、古里与古里马氏浅探》，杨怀中主编《郑和与文明对话》，宁夏人民出版社，2006 年，第 62—63 页。

[②] 赵汝适撰，杨博文校释《诸蕃志校释》卷上，第 125 页。

[③] 陈佳荣等：《古代南海地名汇释》，中华书局，1986 年，第 510 页。

[④] 赵汝适撰，杨博文校释《诸蕃志校释》卷上，第 127 页。

佛齐—安达曼群岛—印度马拉巴尔海岸—阿拉伯半岛。宋代岛屿航线：泉州—澎湖列岛—菲律宾群岛—加里曼丹群岛—爪哇岛 / 苏门答腊岛—安达曼群岛—印度马拉巴尔海岸—阿拉伯半岛。

宋商也像阿拉伯商人一样，以建立贸易社群作为拓宽贸易网络的重要手段，这使得他们和当地社会建立起紧密联系，其中的佼佼者甚至发展为当地的上层人物。同时也会发现他们和阿拉伯商人相互竞争的记录。而宋商的西航，尽管在传统史籍中不显，但对海上丝绸之路的发展产生了重要影响，甚至葡萄牙航海家达·伽马远航印度时，也曾见到中国海商的活动，显示出宋商远航在世界历史中的重要性。

（本文收入陈烨轩《东来西往：8—13 世纪初期海上丝绸之路贸易史研究》，社会科学文献出版社，2023 年）

"太平"仪礼：日本室町幕府的建政仪式与合法性构建 [*]

康　昊 [**]

【摘　要】日本的室町幕府是在建武政权倒台后，由足利氏在战乱中建立的政权。室町幕府建政后，执政者足利尊氏、直义举行政治仪式，其中包括向一般市民开放的公开仪式，通过对仪式时间、空间、人员、器物等的政治操作，重塑政治记忆，抹杀"反叛"历史，展现其对后醍醐天皇、镰仓幕府政治遗产的继承、攫取、建构和展示室町幕府的政治合法性，塑造自身作为和平重塑者、战争终结者、"太平"缔造者的形象，以获取社会对新政权的认同。

【关键词】政治仪式　政治记忆　室町幕府　战争

引言　南北朝动乱与室町幕府建政

日本的室町幕府（1336—1573）是在后醍醐天皇的建武政权（1333—1336）倒台后，由足利氏在战乱中建立的政权。室町幕府首任将军足利尊氏与其弟直义执政期间，遍及日本列岛的南北朝战乱（1336—1392）尚未结束，全国局势仍处在激烈动荡之中。因而室町幕府建政以后，幕府执政者足利尊氏、直义急于举行政治仪式，通过对仪式时间、空间、人员、器物等的政治操作，重塑政治记忆，攫取和建构幕府的政治合法性，获取社会对新政权的认同。本文将这样的政治仪式称作室町幕府的建政仪式。

关于室町幕府建政仪式，学界已经有了一定的研究。谷口雄太指出 14 世纪末的室町幕府通过完善武家仪式仪礼及重复的仪式实践，塑造足利氏作

---

*　本文为上海市哲学社会科学规划项目"东亚海域'宋钱经济圈'研究：10—14 世纪"（2022ELS004）的阶段性成果。

**　康昊，上海师范大学人文学院世界史系特聘副教授。

为"武家之王"即武家政权正统统治者的形象。① 拙文则发现室町幕府在 14
世纪 50—60 年代仿效元朝实行的水陆法会具有"战争终结仪式"或从战争
到和平过渡仪式的性质。② 本文着重讨论的天龙寺仪式，即围绕室町幕府初
期的最大营造工程展开的一系列仪式。山田彻指出 1345 年天龙寺落成仪式
的意义是"显示幕府体制成立"，强调了该仪式的政治意涵，③ 但今枝爱真、
原田正俊、森茂晓等人的大部分研究集中于宗教史领域，关注仪式"镇魂仪
式"或"死者追悼"的特征，探讨以安国寺、利生塔为首的室町幕府镇魂政
策，对仪式本身的政治意义则关注较少，也缺乏对仪式内容、参与者等的具
体分析。④ 高桥康夫则从城市空间角度讨论了天龙寺的作用，认为天龙寺是
与院政期御愿寺相匹敌的"足利氏的氏寺"⑤。当前研究对室町幕府建政仪式
的考察尚有极大探讨空间，仍需对建政仪式与室町幕府政治合法性的关系做
进一步的讨论。

政治合法性的构建是室町幕府建政的重要课题。政治仪式对建立政治
组织、构建政治合法性具有重要作用。⑥ 政治仪式是通过种种设置和行动进
行政治权力的生产和再生产，并且将构建合法性作为终极目标，成为争夺合
法性的方式和技术。⑦ 本文试图从政治仪式入手，利用军记物语《太平记》、
公家日记《园太历》及武家、寺社文书等史料具体分析室町幕府营建天龙寺
过程中的一系列仪式特别是天龙寺落成仪式，由此考察室町幕府初期构建政
治合法性并获取民众及公武社会对新政权认同的过程及手段。

---

① 谷口雄太『中世足利氏の血統と権威』東京：吉川弘文館、2019、258-288 頁。
② 康昊『中世の禅宗と日元交流』東京：吉川弘文館、2021、87 頁。
③ 山田徹『南北朝内乱と京都』東京：吉川弘文館、2021、113 頁。
④ 今枝爱真『中世禅宗史の研究』東京：東京大学出版会、1978、77 頁；原田正俊『日本中
世の禅宗と社会』東京：吉川弘文館、1998、354 頁；森茂晓「后醍醐天皇：その怨霊と镇
魂、文学への影響」『九州史学』第 156 号、2000、55-68 頁。
⑤ 高橋康夫『海の「京都」：日本琉球都市史研究』京都：京都大学学術出版会、2015、53、
85 頁。
⑥ 大卫·科泽：《仪式、政治与权力》，王海洲译，江苏人民出版社，2015 年，第 19 页。
⑦ 王海洲：《政治仪式》，江苏人民出版社，2016 年，第 58、65 页。

一　新秩序建立：1345 年的天龙寺落成仪式

　　1345 年的天龙寺落成仪式是室町幕府首任将军足利尊氏执政期间最大规模的政治仪式，同时期重要史料《太平记》《园太历》等都罕见地对该仪式进行了连篇累牍的记载，其重要历史意义历来受到学者们的重视。仪式的意义取决于表演的性质和仪式的背景，[①]1345 年天龙寺落成仪式当时，南朝势力随着后醍醐天皇的死去而显著衰退，室町幕府及北朝政权的畿内统治秩序初步稳定。因此，室町幕府意识到可以在此时利用为后醍醐天皇举行七回忌祭祀和天龙寺落成的机会，在天龙寺举办一个盛大的新秩序建立仪式，通过大规模的仪式使民众认同统治者的权力，[②]向公众传递权力生产与转移的信息。本节接下来分别从政治仪式的各主要组成元素来对天龙寺落成仪式开展具体的分析。

　　时间：1345 年天龙寺落成仪式，首先是室町幕府创建的"足利氏的氏寺"天龙寺建筑群的落成仪式，但同时也是祭祀后醍醐天皇的仪式。仪式时间为 1345 年八月二十九日，虽然并非直接选在后醍醐的忌日（八月十六日）举行，但该仪式实际上是当月中旬已举行的后醍醐天皇七回忌的延伸活动，是后醍醐天皇忌日仪式的一部分。室町幕府选择在这一时间举行盛大的政治仪式，显然是希望从被纪念人物——后醍醐天皇身上获得相应的政治象征意义，仪式的宗教意义和政治象征意义即通过仪式时间的选择被召唤出来。

　　人员：山田彻对天龙寺落成仪式的参与人员，特别是仪式中的供奉人员做了考察，指出供奉人员（演员）的选择刻意效仿镰仓幕府时期的先例，以东国御家人为中心，表现出室町幕府延续镰仓幕府秩序的意识。[③]关于仪式演员与观众的相互关系仍欠缺相应的考察。实际上，1345 年八月的天龙寺落成仪式与南北朝期间的其他政治仪式的最大区别，就在于其参与人员的广

---

① 埃里克·霍布斯鲍姆、特伦斯·兰杰编《传统的发明》，顾杭、庞冠群译，译林出版社，2020 年，第 135 页。

② 大卫·科泽：《仪式、政治与权力》，第 29 页。

③ 山田徹「室町領主社会の形成と武家勢力」『ヒストリア』第 223 号、2010、117-147 頁。

泛程度存在较大差异。八月二十九日当天举行的落成仪式不仅包括了一个仅向受邀者（数百名禅僧、武家、敕使、院使、受邀公卿、殿上人、诸大夫）开放的私密性宗教仪式，还包括了另一个向京都市民普遍开放的阅兵仪式。《园太历》《太平记》记录了当时的阅兵仪式（武家行列）：

> 今日天龙寺供养也。武将两人（足利尊氏、足利直义）行向，天下之壮观云云。仍为见物巳刻遣出毛车，春宫大夫同车也。事事迟迟懈怠，及酉刻出门云云。申刻侍所称山名伊豆前司（时氏）折乌帽子，着铠前行，称小舍人者或着腹卷持兵杖（不及弓箭）先行，呵斥路头，其势二三百骑歀。其后先阵随兵十二骑（交名在歀）。次大纳言（足利尊氏）车……次武卫（足利直义）车……次武藏守师直以下布衣半靴辈十骑歀，次后阵随兵十骑歀，次直垂辈数百骑。①

> 首先第一队列是当时就任侍所的山名伊豆守时氏，穿戴甲胄有五百余骑策马而行。第二队列是先阵随兵，人员为武田伊豆前司信武……大家都头戴乌帽子、着盔甲，骑着壮硕且挂着厚总（马饰挂具）的马，不慌不忙地在小路上行进。第三队列是佩太刀的五十人，身穿直垂，腰佩金制太刀，成两列步行前进。第四队列是正二位行权大纳言源尊氏卿的车驾，小八叶的车驾，帘子高高卷起，（尊氏）身着衣冠，正襟危坐。第五队列是后阵的佩太刀者五十人，服装、带剑与前相同。第六队列是参议从三位兼左兵卫督源朝臣直义，身着衣冠，乘坐后车。第七队列是身着布衣的官员，南远江守宗继、高播磨守师冬二人为带剑役……一共排列了八个人，各自按照次序成列。第八队列是高武藏守师直、上杉弹正少弼朝贞……两骑为一组并排前行。第九队列是后阵随兵……着戎衣、甲胄与前相同。第十队列是外样大名五百骑，皆穿着直垂跟随。第十一队列是各大名的属下三千余骑，都戴着弓箭武器。行列前后有十四町这么长，人群比肩连袂。策马执鞭的顺序、事情的状况，前代未闻，值得一看。②

---

① 洞院公賢『園太暦』卷 1、東京：続群書類従完成会、1970、338 頁。
② 兵藤裕己校注『太平記』第 4 卷、東京：岩波書店、2015、151 頁。

仪式上，公卿洞院公贤并不在受邀之列，而是与其子私自乘车到现场"见物"。可见武家行列是可以向非受邀者开放的。洞院公贤称当天的仪式为"天下之壮观"，《太平记》则记录说"前代未闻"，足以见得声势浩大的阅兵仪式给观看者造成了极大的视觉冲击。据《园太历》和《太平记》的描述，我们可以看到当日仪式参加者的人员构成。

首先是以将军足利尊氏、其弟足利直义为首的仪式表演者——武家行列。当天，足利兄弟以下幕府重臣率武士着甲胄参加，着腹卷（铠甲）带兵器者 500 骑、随兵数十骑、不带甲胄者 500 骑，另有诸大名郎从 3000 骑随行，仪式的表演者达数千人。其中部分带剑者、随兵名单见于《天龙寺供养要僧等人数注文》《天龙寺供养带剑众交名》《天龙寺供养随兵等交名》等史料。① 在仪式中，将军足利尊氏处在武家行列正中央的位置，在华丽的车驾中正襟危坐，显示出尊氏本人的核心地位。

其次是观众——即包括当时私自前往现场观看的洞院公贤在内，上至贵族，下至普通京都市民的一般观看者。中世时期，京都盛行"见物"的风俗，宗教仪礼、军事胜利者的入城仪式乃至被处刑者的"游街示众"都可以成为一般市民观看的对象，被斩首者首级的"大路渡"也可以引起市民的围观。由于在天龙寺内部举行的供养法会主体部分只对受邀公家贵族和武家、僧侣等开放，与一般市民无缘；而武家行列则向全体京都市民开放，成为仪式中唯一公开的、可视化的庆典部分。洞院公贤记述申时（15—17 时）行列前端通过，观看到"秉烛"方回。② 根据《太平记》的描述，整个武家行列长度达 14 町（1 町为 109 米），即 1526 米，观看者和表演者达到了比肩接踵、张袂成荫的地步。

普通京都市民作为观众参与到阅兵仪式之中，扩大了室町幕府政治仪式参与的广度。亨廷顿认为，政治参与的水平可分为广度和强度两种维度，其中广度指从事某种政治参与活动的人的比例。③ 身份广度越广，政治仪式的

---

① 「天竜寺供養要僧等人数注文」「天竜寺供養帯剣衆交名」「天竜寺供養随兵等交名」鹿王院文書研究会編『鹿王院文書の研究』京都：思文閣、2000 年、第 32—37 頁。

② 洞院公賢『園太暦』巻 1、第 338 頁。

③ 塞缪尔·亨廷顿、琼·纳尔逊：《难以抉择：发展中国家的政治参与》，汪晓寿、吴志华、项继权译，华夏出版社，1989 年，第 12—13 页。

影响范围也就越大。室町幕府将阅兵仪式向公众开放，使得包括广大京都市民在内的非受邀者也能进入政治仪式中，影响范围大为扩大；同时，这一公开仪式无法限定观众的身份，上至公家贵族、武士，下至市民、僧侣、农民都具备参与仪式的条件，实际参与的观众身份类型多种多样，最大限度地扩大了政治仪式参与的身份广度。通过公开可视化仪式的举行，室町幕府向京都贵族和市民宣示武力，宣示室町幕府终结南北朝战争、缔造和平、建立新秩序的能力，将室町幕府建政的合法性信息传递给京都市民社会，强化市民社会对新政权的认同。

　　天皇家的代表——光严上皇虽因传统宗教势力的反对未能如期参加八月二十九日的天龙寺落成仪式，但仍派遣院使、敕使代表上皇和天皇参加，光严上皇本人也在次日以"结缘"的形式到场。① 而且，当日上皇赐予供养法会主持者梦窗疏石紫地金襕袈裟一件，维持仪式作为国家法会的体面。② 因而，上皇本人在仪式中也扮演了重要的角色，使天龙寺仪礼不仅停留在武家仪式的层面，更通过派遣公卿和敕使，将足利将军家创建的天龙寺，及其建政工程，确定为国家事业。③ 室町幕府由持明院统北朝赋予的合法性得以通过公武共建的政治仪式彰显出来。

　　天龙寺落成后，另一种与天皇家密切相关的政治仪式反复在天龙寺上演——这就是天皇和上皇的天龙寺行幸或参拜仪式。自康永三年（1344）光严上皇考察天龙寺营造工程现场之后，他又于贞和元年（1345）、二年、三年、五年、观应元年（1350）多次入寺，几乎每年一次。贞和二年（1346）二月十七日，光严上皇与足利尊氏入天龙寺参访并前往寺内的后醍醐庙多宝院参拜。④ 光严上皇与室町幕府共建天龙寺、与足利兄弟共同参访天龙寺，并特别参拜天龙寺后醍醐庙具有特殊的政治意义，即昭示对后醍醐的祭祀活动在光严上皇与足利尊氏、足利直义"君臣和合"之下共同推进——既宣示足利尊氏与北朝"公武一体"，又表现北朝、室町幕府均需继承南朝（后醍

---

① 洞院公賢『園太暦』卷 1、334 頁、346 頁。
② 康昊『中世の禅宗と日元交流』、117 頁。
③ 洞院公賢『園太暦』卷 1、276 頁、344 頁。
④ 疎石「天竜寺臨幸私記」塙保己一編『群書類従』第 3 輯、東京：続群書類従完成会、1928、712 頁。

醐）法统的政治目的。可以说，在这一系列政治仪式当中，光严上皇是一个极为特殊且不可或缺的角色。

空间：室町幕府为其建政仪式精心挑选了举办的空间。阅兵仪式直接以京都的街道、街区作为仪式空间，史料虽未记载武家行列的具体行进路线，但可以推测，当时的行进路线应为从鹰司东洞院的足利尊氏宅邸或三条坊门的足利直义宅邸到洛西的天龙寺①——这需要从洛中行进到嵯峨，即横穿整个京都。如此选择空间的直接目的是扩大阅兵仪式的参与，提升仪式的影响力，同时也具有宣示室町幕府作为首都京都实际支配者的政治意义。

此外，作为仪式核心空间的天龙寺，也是由室町幕府精心挑选并重新改建的地理空间。空间是合法性的重要政治资源，经精心挑选的地理空间在政治仪式中具有特殊的政治含义，承担着权力象征和供应合法性资源的两大任务。②天龙寺原址是后醍醐天皇及大觉寺统的嵯峨离宫，足利尊氏以为后醍醐追荐为目的，于历应二年（1339）十月五日将其改建为寺院。③天龙寺这一代表前政权的地理空间，为足利尊氏提供了一项政治合法性资源。即室町幕府的合法性不仅仅来源于在其扶持之下上位的持明院统北朝，同时还有被其打倒的大觉寺统南朝。在天龙寺举行的盛大政治仪式就具有了承续后醍醐建武政权合法性资源的意味。

再者，天龙寺当中存在一个极为重要的空间——后醍醐庙多宝院，这是专门祭祀后醍醐天皇的场所，光严上皇在行幸天龙寺过程中曾与足利尊氏共同参拜该庙。光严上皇在仪式中传递出来的信息，与其说反映了本人的意志，倒不如说反映了足利尊氏的政治理念。佐藤进一指出，在与后醍醐对峙期间（1336），足利尊氏企图以后醍醐之子成良亲王为皇太子，尊后醍醐为上皇，恢复到镰仓末期"两统迭立"的状态。④家永遵嗣也认为，足利尊氏在建武政权垮台以后仍寻求以后醍醐承认幕府的方式结束战乱，实现尊氏、

---

① 細川武稔『京都の寺社と室町幕府』東京：吉川弘文館、2010、10 頁。

② 王海洲：《政治仪式》，第 119、121 页。

③ 「光厳上皇院宣案」原田正俊編『天竜寺文書の研究』京都：思文閣、2011、19 頁。

④ 佐藤進一『日本中世史論集』東京：吉川弘文館、1972、115 頁；同氏『南北朝の動乱』東京：中央公論新社、1974、141 頁。

后醍醐、光严三者的媾和。① 即足利尊氏以南北朝合一、南朝恢复正统（同为正统）、恢复"两统迭立"为条件谋求实现南北和平。天龙寺营建及落成仪式即为足利尊氏这一政治理念的体现。

器物：天龙寺落成仪式的核心部分，即天龙寺大藏经转读法会当中使用的一套舶来的大藏经。光严上皇愿文记述这套大藏经五千余卷是由"外朝"（宋元或高丽）赠给"中国"（日本）的。② 关于这套大藏经从何而来，我们在有关天龙寺造营料唐船（入元贸易船）的史料当中找到了相关材料。当时，由于天龙寺的营建工程极度缺乏资金，幕府遂派遣贸易船入元，以贸易之利筹措资金。1342 年秋，在幕府的授意下，天龙寺船从博多出港，1343 年获准贸易。③ 根据当时搭乘此船赴中国留学的禅僧愚中周及的行状，该船除贸易外，还兼具求取大藏经的目的。④ 此事遭到村井章介的质疑，⑤ 但与前述光严上皇的愿文结合起来看，即便我们无法知道天龙寺船求取大藏经是否取得成功，但上皇或幕府具有求取宋元大藏经的动机，并在法会上以"外朝"大藏经，即宋元版大藏经为转经材料，这反映出光严上皇或幕府对政治仪式使用器物的格外重视——需要以域外——特别是作为禅宗文化圈中心地区的中国的器物来增强自身政治仪式的权威性。

天龙寺求大藏经之际正处元代后期。元代统治者对大藏经的编修和刊刻历来十分重视。仅杭州、平江等地，就曾刊刻了《普宁藏》、河西字大藏经、藏文经典和《碛砂藏》。崔红芬指出，杭州的大藏经刊印与备受忽必烈、桑哥信赖的杨琏真伽的支持有关。⑥ 日本向元朝的请经屡见不鲜，此前有元德二年（1330）搭乘镰仓大佛造营料唐船的常在光院请经僧、元亨四年（1324）安达实显向法华寺寄进《碛砂藏》、嘉历元年（1326）太平妙准使

① 家永遵嗣「光厳上皇の皇位継承戦略と室町幕府」桃崎有一郎・山田邦和編『室町幕府の首府構想と京都：室町・北山・東山』京都：文理閣、2016、104 頁。

② 中原師守『師守記』巻 3、東京：続群書類従完成会、1965、170 頁。

③ 榎本渉『東アジア海域と日中交流』東京：吉川弘文館、2007、106 頁。

④ 周及「大通禅師語録」『大正新修大蔵経』第 81 巻、94 頁。

⑤ 村井章介「寺社造営料唐船を読み直す」歴史学研究会編『港町と海域世界』東京：青木書店、2005、113 頁。

⑥ 崔红芬:《元杭州路刊刻河西字〈大藏经〉探析》,《西部蒙古论坛》2014 年第 2 期，第 20 页。

者请福州版一切经寄付净妙寺等诸多事例。① 请经使的派遣并非偶然，幕府或上皇依靠元朝请来的大藏经，为在天龙寺举办的政治仪式增加国际性的权威保障和神圣色彩。

以上，本节从时间、人员、空间和器物四个角度入手，探讨了室町幕府通过举行建政仪式向公众传递合法性来源信息的过程和特征。室町幕府试图在政治仪式中显示其合法性资源，向以京都市民社会为首的广大民众宣示室町幕府终结南北朝战争、缔造和平、建立"太平"新秩序的能力，强化社会对新政权的认同。此外，室町幕府还通过宋元版大藏经的使用，为政治仪式附加神圣权威性。接下来，我们将从政治仪式与政治记忆塑造、获取过程关系的角度，进一步考察室町幕府建政仪式的内容。

二 对"源平战争"和后醍醐政治记忆的塑造

政治仪式与政治记忆的形成和塑造关系十分密切。仪式性的重复在空间和时间上保证了群体的聚合性，集体成员通过参加仪式获取记忆。② 政治仪式既是政治记忆的表现方式，也是塑造集体成员的政治记忆的手段。在室町幕府的一系列政治仪式中，对"源平战争"（治承·寿永之乱，1180—1185）后的镰仓幕府初代将军源赖朝和后醍醐天皇的政治记忆进行唤起与重现，是其采用的常见手段。

霍布斯鲍姆认为，被发明的传统试图通过重复来灌输一定的价值和行为规范，而且必然暗含与过去的连续性，这种连续性大多是人为的，它们参照旧形势来回应新形势。③ 在营造天龙寺的过程中，室町幕府举行了一系列仪式，并且有意识地在这些仪式中重现 12 世纪末期"源平战争"后将军源赖朝与后白河法皇共建东大寺的场景，唤起人们对"东大寺佳例"的政治记忆。

---

① 大塚纪弘『日宋貿易と仏教文化』東京：吉川弘文館、2017、90 頁。
② 扬·阿斯曼：《文化记忆：早期高级文化中的文字、回忆和政治身份》，金寿福、黄晓晨译，北京大学出版社，2015 年，第 52 页。
③ 埃里克·霍布斯鲍姆、特伦斯·兰杰编《传统的发明》，第 2 页。

之所以需要被室町幕府唤起的时刻是镰仓时代的"东大寺佳例"，不仅是因为室町幕府初期有意识地延续镰仓幕府的秩序，[①] 更因为 12 世纪末东大寺一系列供养仪式的历史背景与南北朝内乱期间室町幕府建政仪式背景极为相似，二者都是宣示"终战"或划分战后政治关系版图的仪式。"源平战争"是日本历史上第一次全国性战争。在这场战争中，由奈良时代圣武天皇创建的南都东大寺及东大寺大佛在平氏军的"南都烧讨"中焚毁。战后，后白河法皇、镰仓幕府、公家政权携手推动东大寺的重建，并于建久六年（1195）举办东大寺落成供养仪式——这是由乱到治、由战争到和平的象征仪式。[②]正因如此，天龙寺的创建过程中有意识地"相寻东大寺佳例"，[③] 其中最为突出的是 1341 年七月十三日举行的天龙寺地镇法会——即奠基仪式。

根据《天龙寺造营记》的记载，奠基仪式当日，首先由梦窗疏石担土，而后足利兄弟与幕府重臣高师直、高师泰等依次担土。[④] 这意味着足利兄弟及幕府核心领导层身体力行地参与到天龙寺的营建工程中。但足利尊氏、足利直义此举并非独创，统治者在奠基仪式上亲身担土，可以追溯到 12 世纪末后白河法皇的事例：

> 建久元年六月二日有御幸，为被舍佛后山也。即太上法皇与重源上人荷案运土，上人与法皇论其前后，而法皇立后，上人立前，三个度运弃山土给毕。[⑤]

"源平战争"后的建久元年（1190），在东大寺重建工程中，为拆除大佛背后的假山，后白河法皇与东大寺复建工程的总负责人重源亲自担土三次。东大寺的重建是战乱后由公家政权和镰仓幕府共同推动的核心工程，在工程期间还举行了多次供养仪式，这些仪式成为象征由乱到治、天下重归安

① 山田徹「室町領主社会の形成と武家勢力」『ヒストリア』第 223 号、2010、117-147 頁。
② 久野修義『日本中世の寺院と社会』東京：塙書房、1999、381 頁。
③ 妙葩「天竜寺造営記」鹿王院文書研究会編『鹿王院文書の研究』京都：思文閣、2000、16 頁。
④ 妙葩「天竜寺造営記」鹿王院文書研究会編『鹿王院文書の研究』、19 頁。
⑤ 「東大寺続要録」『大日本史料』第 4 編 3 巻、238 頁。

定的"东大寺佳例"。因而1190年后白河的事例成为足利兄弟模仿、重现的对象。足利兄弟此举后来又在室町幕府第三代将军足利义满创建相国寺时被重新提及。足利义满在创建相国寺时效仿足利尊氏在天龙寺奠基仪式上的先例"躬亲搬土"。[①] 此时，足利尊氏、直义在天龙寺奠基仪式上的举动成为足利义满唤起、重现的政治记忆对象。而在尊氏、直义参与的天龙寺奠基仪式上，二人的举动本身是对后白河法皇"东大寺佳例"的唤起和重现，获取仪式与过去的连续性，借此试图再现"源平战争"以后由乱到治、天下重归安定的历史，彰显自己作为和平再造者、新秩序开启者的身份。

再者，室町幕府在其举行的其他仪式上也有意识地追溯"源平战争"的历史，褒扬、凸显镰仓幕府初代将军源赖朝的重要性，并叙述足利尊氏为"右大将军（源赖朝）之宗裔"，[②] 强调室町幕府对源赖朝武家政权法统的继承，这同样具有唤起"源平战争"后天下重定之记忆的目的。此后，重现"源平战争"后的"东大寺佳例"几乎成为室町幕府举行宗教性政治仪式时的标准，在足利义满建立相国寺，举行相国寺塔供养仪式时，也确定"准建久东大寺供养之例"，"总礼按照建久东大寺供养之例"。[③] 所谓"建久东大寺供养"，正是源赖朝曾参加的那次象征战争终结、日本重归和平统一的东大寺总供养仪式。关于"源平战争"后的政治记忆得以在室町幕府治下的京都空间中延续下去。

此外，室町幕府建政仪式的第二个内容是对后醍醐政治记忆的重塑。室町幕府是足利尊氏、足利直义反叛后醍醐天皇、扶持北朝建立的政权，后醍醐是足利氏的政敌和前主君，南北朝正闰问题是室町幕府政治合法性构建途中最大的障碍。如前所述，室町幕府在仪式空间天龙寺设有后醍醐天皇庙，通过不断祭祀和追悼后醍醐天皇，在仪式中与亡者建立联系，确立自身社会政治意义上的认同。北朝上皇与足利兄弟共同参拜，以示对后醍醐天皇政治遗产的继承和对后醍醐一系正统性的认可。室町幕府还将天龙寺设置为专门

---

① 周信『空華日用工夫略集』東京：太洋社、1942、195頁。

② 正澄「禅居集」上村観光編『五山文学全集』巻1、京都：思文閣、1992、491頁；疎石「夢窓国師語録」『大正新修大蔵経』第80巻、466頁。

③ 一条経嗣「相国寺塔供養記」塙保己一編『群書類従』第24輯、350頁。

对后醍醐天皇开展祭祀仪式的场所，举办天龙寺落成仪式等带有祭祀后醍醐目的的政治仪式。①

由于南朝此时仍作为威胁北朝—室町幕府的政治实体存在，为寻求"南北合一"、结束战争，后醍醐是南北朝双方及日本列岛社会的民众都能接受的政治符号。通过模糊性象征的使用，仪式活动可以在缺乏共识的情形下发挥出促进团结的作用。② 对后醍醐的祭祀可以说是在其死后，由南北朝双方各自同时在不同场所展开的。③ 室町幕府可以通过重构、改写的方式模糊足利尊氏与后醍醐的敌对关系，体现幕府对后醍醐的继承而非否定，为南北朝双方将来达成政治团结，实现南北统一创造条件。

在 1345 年八月二十九日的天龙寺落成仪式上，室町幕府及北朝以愿文、法语的形式公开发布了对后醍醐天皇的官方叙述。在这样的叙述中，后醍醐天皇被描述为一位圣君，其形象比在世期间更为高大。

> 1339 年《源（足利）尊氏愿文》：
>
> 后醍醐院应期启运，出震向离。功合神，德合天，故钟祖宗之余烈。就如日，望如云，故绍先圣之休绪。神武以降，受九十余代之瑶图。元应以后，保一十八年之宝位。外致王道之大化，政猷之本在兹。内专佛法之绍隆，叡衷之源可贵。④
>
> 1345 年《光严上皇天龙寺供养愿文》：
>
> 后醍醐先帝席卷六合，囊括八荒，若汉武之征四远也，蛮貊称臣，若隋文之并两朝也，天下无敌。然而三年之间，干戈未敛，大乱更起。乘舆南迁，竟于金峰之行宫……德虽至而圣人未免造化之变。⑤
>
> 1345 年梦窗疏石《多宝院升座拈香》：

---

① 枫隐「諸回向清規」『大正新修大蔵経』第 81 卷、655 頁；康昊『中世の禅宗と日元交流』、87 頁。

② 大卫·科泽：《仪式、政治与权力》，第 81 页。

③ 令淬「海蔵和尚紀年録」塙保己一編『続群書類従』第 9 輯下、485 頁；印融「表諷讚雑集」『続真言宗全書』第 31 卷、東京：続真言宗全書刊行会、1988、300 頁。

④ 「源尊氏願文」『大日本史料』第 6 編 5 卷、817 頁。

⑤ 中原師守『師守記』卷 3、170 頁。

元弘大乱之时征夷将军特奉敕命，速亡国敌，因兹官位日日迁乔，名望人人改观。忽因谗虎长威狞遂得逆鳞难回避，绎其由来，并是疾成功业，甚惬叡襟之所致也。古者道亲是为怨媒，其此之谓欤。于兹祥瑞云散，龙驭不虞。幸南山，箫韶声消，凤辇不复还北阙。武家大息以谓，悲哉！臣遂堕谗谀陈谢不及，永沉逆臣之谬而已。以故武家愁叹切于常流，不敢以恨绪介怀，自沥丹悰特修白业。专欲奉祈于觉果遂见建大伽蓝作大佛事……恭惟后醍醐天皇德化冥符天选，圣明不辱古风。皇运时至，再建一统之洪基。凤历新开，重践万乘之宝祚。①

上述三篇文章分别为足利尊氏、光严上皇、梦窗疏石即室町幕府领袖、公家政权领袖、禅宗寺院领袖（足利氏亲信僧侣）对后醍醐的"盖棺定论"。可以看到，足利尊氏与光严上皇的愿文，及梦窗疏石的法语，全无对敌对势力后醍醐的非难之语，反而共同将后醍醐描述为"外致王道之大化""内专佛法之绍隆"且"囊括八荒""天下无敌""再建一统"的圣君，肯定其功绩，回避后醍醐与足利氏的矛盾，抹去足利氏反叛的过程。足利尊氏则被描述为"奉敕命"即奉后醍醐之命灭亡"国敌"的忠臣。对于因足利尊氏反叛，后醍醐天皇逃出京都、死于吉野之事，光严上皇的愿文仅以"圣人未免造化之变"八个字解释，梦窗疏石则归因于新田义贞向后醍醐进的谗言。在三者的叙述中，积极推进对后醍醐祭祀仪式的足利尊氏由反叛者摇身一变，成为后醍醐的继承者。

室町幕府在建政仪式中事实上重构了足利氏反叛后醍醐天皇的记忆。室町幕府明确足利尊氏对后醍醐政权并非打倒或反叛，而是继承的关系，模糊室町幕府与后醍醐天皇、南朝的矛盾，宣示对后醍醐合法性资源的继承。

以上，本节从政治仪式与政治记忆塑造、获取过程关系的角度，考察了室町幕府初期在建政仪式中对"源平战争"及其战后政治记忆的唤起和再现，以及对足利氏反叛后醍醐天皇记忆的重构。室町幕府通过对政治记忆的操作，抹杀反叛记忆，构建或巩固其承续自镰仓幕府和后醍醐天皇的合法性

---

① 疎石「夢窓国師語録」『大正新修大蔵経』第 80 卷、464 頁。

资源，向公众传递自身作为和平再造者、新秩序开启者、"太平"之世开启者的身份。

结　语

室町幕府的建政初期是南北朝动乱期间政治逐渐走向稳定、秩序逐渐建立的时期（尽管后来战乱再度爆发），室町幕府在这一时期举行了以天龙寺落成仪式为代表的盛大建政仪式，其中包括向一般市民开放的公开庆典，以攫取、利用并向公众展示室町幕府建政的合法性资源。室町幕府通过对仪式空间、人员、时间、器物的选择和对"源平战争"政治记忆的唤起，在仪式中抹杀和重构"反叛"记忆，展现其对后醍醐天皇和镰仓幕府政治遗产的继承，塑造自身作为和平重塑者、战争终结者、"太平"之世开启者的形象，以获取公武社会和民众的政治认同。

从唱导到训读：佛教言语观与日语文学的兴起[*]

——以《东大寺讽诵文稿》为例

梁晓弈^{**}

【摘　要】在 20 世纪 70 年代前，关于日本古代佛教史的经典理论范式认为，佛教由国家主持导入，经贵族传播并逐渐扩散至群众民间；20 世纪 80 年代以来，日本学界从各角度开始了对"国家佛教—贵族佛教—民众佛教"演进过程的范式反思，出于对"国家佛教"理论的批评，转而强调民众在佛教导入初期便是重要的参与主体的背景，《东大寺讽诵文稿》这份材料便得到学界注目。《东大寺讽诵文稿》推定成文于 9 世纪，被视作东大寺僧侣在法会唱导时使用的讽诵文草案；对于此写本的释读与使用，史学界多试图从中提取民间佛教活动的相关内容，然而这一立场也带来了诸多误读。本文重点探讨这一文本的使用场景，以试图回答如下问题。其一，奈良至平安初期（8—9 世纪）佛教法会的具体形态。其二，在佛教经典均以当时日本普通民众难以理解的汉文写成这一前提下，当时的普通百姓如何理解其内容；以结论而言，他们使用了一种被称为"训读"的方法，这是一种使用特定的日语阅读法读解汉文的方式。其三，在通常被视作"日本文化"形成期的平安时代，"训读"这一方式与想法发挥了怎样的作用。

【关键词】"国家佛教"《东大寺讽诵文稿》训读　"国风文化"

一　日本古代佛教研究史——以国家佛教与民众佛教的对立为中心

（一）"国家佛教"理论的全盛：战前至 20 世纪 70 年代

近现代意义上的日本古代佛教史研究，^① 最初是由接触了西方学术体系

---

*　本文为日本京都大学大学院文学研究科博士后期课程论文。

**　梁晓弈，北京大学历史学系助理教授，日本京都大学大学院文学研究科博士。

①　此处的"日本古代"采用的是日本传统的时代划分，即以镰仓幕府成立（1192）为古代与中世的分界线，而不取中国日本史研究中以明治维新为古代（前近代）与近现代分界线的时代区分。

的僧侣导入，因此不难想见其重要内容之一是对其宗门历史的重构；除此之外另一值得注目的倾向则是将佛教视为古代日本从中国与朝鲜半岛吸收引进的先进文化与制度体系，重点关注佛教在日本古代国家形成与王权建构中的作用。

关于日本古代佛教史的特征与变迁，井上光贞有"国家佛教（奈良时代及以前）—贵族佛教（平安时代）—民众佛教（镰仓新佛教）"的著名论断，[①]这一观点明确地勾勒出由佛教初传入日本至镰仓时代的数百年间由上至下的推广过程与各时代牵引佛教发展的主体阶层，是长年以来日本古代佛教史研究的重要范式；换言之，在很长一段时间内，日本古代佛教史研究完全是以"国家佛教"这一观点为中心展开进行的。

试举数例可知，在战前的研究中，辻善之助《日本佛教史》上世篇[②]与家永三郎《上代佛教思想史研究》[③]中对于古代佛教的描述基本集中于国家的佛教政策，而对于佛教在地方的传播与发展，基本只将其视为地方文化发展的必然产物加以介绍，而缺乏对地方、民众佛教的关注。这一倾向在战后马克思主义史学全盛期时虽然得到了部分的修正，但正如前述井上光贞的论断所示，20 世纪六七十年代日本学界对于奈良至平安初期佛教的认知，仍然以依附国家权力进行传播，为国家提供各种形式的镇护国家法会作为回报的所谓"国家佛教"论为绝对主流，而缺乏对于民众佛教的关注。这一时期马克思主义史学的兴盛对佛教史研究产生的主要影响，可以说表现在对以行基为代表的民间佛教集团的关注上，[④]就佛教是如何传播的这一问题的思考，则基本与传统的"国家佛教"理论一脉相承。这一现象直到 20 世纪 80 年代之后才开始逐渐产生变化。

（二）"国家佛教"批判的出现：20 世纪 80 年代与吉田一彦

对于以"国家佛教"为中心的佛教史研究的系统性批判，出现在 20 世

---

① 井上光贞『日本古代の国家と仏教』東京：岩波書店、1971。
② 辻善之助『日本仏教史』上世篇、東京：岩波書店、1944。
③ 家永三郎『上代仏教思想史研究』東京：畝傍書房、1942。
④ 石母田正「国家と行基と人民」『石母田正著作集』3、東京：岩波書店、1989。

纪 80 年代以后，其中最值得注目的当属吉田一彦于 80 年代后半期至 90 年代前半期的系列研究。[①] 吉田氏的研究指出此前的佛教史研究过度重视律令制度对佛教的统治与管理并将其与佛教在民间的流传相对立，这一视角下难以掌握古代佛教史全貌这一点上有着重要的研究史意义。

在此之后的日本古代佛教史研究值得注目的方向，笔者管见可以大致分为（1）与考古学的发掘结果相结合展开的地方寺院、地方村落的研究；（2）以《东大寺讽诵文稿》《日本灵异记》等文献史料考察地方佛教传播的研究；（3）以知识集团为主体的地方信仰集团研究。这三大方向之间互相借鉴影响并深入展开对古代佛教史的研究。

（三）"国家佛教"与"民众佛教"的对立：20 世纪 90 年代至今

无论是上述"国家佛教"理论或是对其产生的批判，其问题核心都在于，对于古代日本而言，佛教作为一个崭新的知识体系，其传入由谁主导、传播方式如何。因此无论是重视国家在这一过程中的主导作用，或是强调受众集团的自发性活动，关注重点原本都应当在佛教本身之上。然而现在的日本学界，或许是由于此前影响力过于强大的"国家佛教"理论的反动，似乎有过于强调"民众佛教"在日本早期佛教发展中的作用的倾向。例如竹内亮的研究[②]关注地方造寺集团的活动，而藤本诚[③]则将直木孝次郎早年提出的《日本灵异记》中出现的"寺"与"堂"之间存在规模差异之说[④]加以敷衍，提出"寺"是国家或者地方有力豪族主持修建的、建制完备的设施，而"堂"则是由村落知识团体供奉的小规模设施的观点。这些主张随着日本各地考古发掘的进展甚嚣尘上，为数不多的反对意见隐隐有被盖过之势，[⑤] 然而至少至今为止尚未有决定性的考古结果对此加以佐证。

① 吉田一彦『日本古代社会と仏教』東京：吉川弘文館、1995。
② 竹内亮『日本古代の寺院と社会』東京：塙書房、2016。
③ 藤本誠『古代国家仏教と在地社会：日本霊異記と東大寺諷誦文稿の研究』東京：吉川弘文館、2016。
④ 直木孝次郎「日本霊異記にみえる『堂』について」『奈良時代史の諸問題』東京：塙書房、1968。
⑤ 三舟隆之「『日本霊異記』に見える『堂』と『寺』」『「日本霊異記」説話の地域史的研究』京都：法蔵館、2016。

追根溯源，对于"国家佛教"理论的批判在刚出现时毫无疑问是值得肯定的，然而现状过度强调"民众佛教"在佛教发展中的主导作用，反而有矫枉过正之嫌。笔者认为，日本古代的佛教研究，在很长时间内局限于"佛教政治史"，亦即佛教与政治主体之间关系的研究，而对佛教本身缺乏足够的关心；真正能够对国家对佛教传播的引导作用构成批驳的，并非以民众取代国家，成为新的牵引佛教活动的主体，而是通过对佛教活动范式与行为逻辑的深层次解读，重视佛教本身的主体性。本文也是基于这一观点，通过解读《东大寺讽诵文稿》这一史料，对当时佛教的传播方式加以探讨。

二 《东大寺讽诵文稿》的历史价值与研究意义

（一）《东大寺讽诵文稿》的基本信息

《东大寺讽诵文稿》是佐藤达次郎持有的旧抄本《华严文义要决》的纸背文书，原本无题，被视为是平安时代初期[①]的东大寺僧侣在法会唱导时使用的讽诵文草案，因此得名。这件文书在昭和 13 年（1938）一度被指定为国宝，然而原本在昭和 20 年（1945）毁于战火，保存至今的只有战前制作的珂罗版（collotype）复制品，其影印本则收录于中田祝夫的《东大寺讽诵文稿的国语学的研究》[②]一书中，此外还有筑岛裕编纂的《东大寺讽诵文稿总索引》[③]一书整理了文中出现的词汇。

由于这份文书是现存最为古老的混合使用了汉字与片假名的史料，因此长期以来一直受到日本语研究者的关注。关于这份文书的相关研究主要以日本语学为主，除此之外还有小峰和明[④]与荒见泰史[⑤]等人指出本文与敦

---

① 据小林真由美的研究，根据这份文书中引用的《心地观经》的翻译时间与传入日本的时间，这份文书的成文时间被特定到天长年间（824—834）之后。小林真由美「東大寺諷誦文稿の成立年代」『国語国文』第六十卷第九号、1991。
② 中田祝夫『東大寺諷誦文稿の国語学的研究』東京：風間書房、1969。
③ 築島裕編『東大寺諷誦文稿総索引』東京：古典研究会、2001。
④ 小峯和明「『東大寺諷誦文稿』の言説―法会唱導の表現」同「『東大寺諷誦文稿』の異世界」「『敦煌願文集』と日本中世の法会唱導資料」『中世法会文芸論』東京：笠間書院、2009。
⑤ 荒見泰史「敦煌講経文類と『東大寺諷誦文稿』より見た講経における孝子談の宣唱」京都大学人文科学研究所編『敦煌写本研究年報』第七号、2013。

煌文书中的愿文类文书的相似性，从历史学研究的角度则有铃木景二指出此文书是南都官大寺僧侣于说法时使用的参考资料，同时还指出这份文书反映了中央的官大寺僧侣与地方寺院僧侣之间的交流与沟通。[①] 可以说学界对这份文书的先行研究并不少，但是文学方面的研究或是重视这份文书的日本语学价值，或是重视文中出现的内外典籍，进行寻章摘句的考据，而历史学者则更多将这份文书视为展示中央与地方之间沟通交流的材料或是展现民众佛教发展形态的材料，并未仔细思考过这份文书究竟是如何形成的，又是在怎样的场合中如何使用的，而笔者认为对其制作场景与使用场景的复原与推定，能够为佛教在日本的传播形态提供一个新的视角。以下从《东大寺讽诵文稿》与纸背的《华严文义要决》的关系开始，对这份文书的意义进行探讨。[②]

（二）《华严经文义要决问答》的基本信息

首先，《华严文义要决》全称为《华严经文义要决问答》（以下略称《要决》），作者是新罗皇龙寺僧表员。据《高山寺善本图录》所收《华严血脉》[③] 等史料可知表员被视为新罗僧元晓的再传弟子，经由智俨→法藏→慧苑→元晓→太贤而至表员；关于表员的生卒年等相关记载完全不明，表员除《要决》以外的著作也不见于世；关于《要决》的成书时间也缺乏明确记载，目前主要根据《要决》引用了慧苑《华严经略疏刊定记》而断定其成书上限在此之后，而据《大日本古文书》所收天平胜宝三年（751）"华严宗布施法定文案"[④] 里所见的 "华严文义要决一卷（表员师集）用纸十四张"可知《要决》最迟于751年前成文并传入日本。

---

① 鈴木景二「都鄙間交通と在地秩序—奈良・平安初期の仏教を素材として」『日本史研究』379 号、1994。

② 近年来小林真由美氏开始进行《东大寺讽诵文稿》的训读与校注工作。参见小林真由美「東大寺諷誦文稿注釈」(1) － (8)，分别收录于『成城国文学論集』36－43 号、2014-2021。

③ 『高山寺善本図録』東京：東京大学出版会、1989、140 頁。

④ 東京大学史料編纂所『大日本古文書』編年文書之十一（追加五）、東京：東京大学出版会、1998、567 頁。

近年来关于《要决》的版本问题，韩国学者有专论，[①] 其他关于《要决》的研究则主要集中于其教学经义方面，与本文主旨关系不大，暂且略过不提。目前可知的《要决》的写本，除本文书之外共有如下四个版本：（1）延历寺两卷本；（2）东大寺两卷本；（3）京都大学四卷本；（4）龙谷大学四卷本，活字本则有《大日本续藏经》中所收录《要决》四卷，这一活字本所用底本主要是（3）的京都大学本。以下分别简述各写本的版本信息。

（1）延历寺两卷本，这份写本上下两卷的卷末奥书均记有延历十八年（799）的书写日，据此可知是名为行福之人所书写；于昭和 33 年（1958）被指定为重要文化财，据每日新闻社编纂的《国宝重要文化财大全》[②] 可知上卷寸法为 27.8cm×888.5cm，下卷寸法为 27.8cm×866.6cm。

上卷奥书：延历十八年岁次己卯年正月八日书写近事行福过去父母现在父母无边法界四众生为行奉。

下卷奥书：延历十八年正月八日法界一切众生又去过父母为近事行福写仕奉。

（2）东大寺两卷本，虽然与（1）同为两卷本，然而由于与京都大学本误字脱字的一致性，被推断为与延历寺本无关而与京都大学本系统相近；

（3）京都大学四卷本，这份写本中值得注意的是其卷 1 与卷 2 中有"某字异作某字"的校订，这里的"异本"文字与东大寺两卷本一致，因此推定其校勘时曾参用东大寺两卷本；

（4）龙谷大学四卷本，由于误字脱字与京都大学本几乎一致，被推定为以京都大学本为底本或是有共同母本。

值得注意的是，除了（1）的延历寺两卷本之外的写本均不知具体的书写年代，从这一点上来说《东大寺讽诵文稿》及《要决》亦是如此。而《要决》的版本与（1）延历寺本相似，相当于其上下两卷中的上卷，被认为两者可能参用了共同底本；除此之外，《要决》中将"涅盘"一词以俗字"卅卅"的形式书写，这是仅见于这一写本的特征。关于《要决》的写本比对研

---

① 金天鹤「『華厳経文義要決問答』の基礎的研究」『学習院大学東洋文化研究所調查研究報告』44 号、1993。

② 每日新聞社「重要文化財」委員会編集『国宝·重要文化財大全』卷 20、1975、118 頁。

究目前尚不充分，有待今后的进一步考察，这对于《东大寺讽诵文稿》的年代推定等也会有所帮助。

关于《要决》与《东大寺讽诵文稿》两者之间何者成书时间在前的问题，由于抄本现已不存于世等原因，无法给出明确的结论而只能推定，以下简单介绍日本学界的一般观点。通过计算用纸张数可知，《东大寺讽诵文稿》与《要决》共用了 18 张纸缀合，《要决》一文首尾完整并且打有边线，全文几乎全部抄写在边线内，仅在最后数行超出了边线范围而填满全纸，这被推定为是在抄写至结尾时发现在原定的边线内不足以抄录全文，而纸张数量已经固定，为了抄完全文而不得不在超出边线范围的地方也进行抄录所致，由此也推定《要决》的抄录是在《东大寺讽诵文稿》之后，是利用《东大寺讽诵文稿》的背面反故书写而成；然而这也仅是推论而无确证。

小林芳规指出《要决》中的"ヲコト点"与日本常用的版本不一致，反而与韩国近年来发现的、刊行于 10 世纪的《六十卷本大方广佛华严经》，以及书写于 11 世纪后半期的《大方广佛华严经》中用角笔留下的记号更为接近。[1] 这很难用巧合解释，因此他推测这说明日本僧侣受到了新罗训点的影响，而且这一新罗训点的使用时间，最迟不晚于 9 世纪初期。而《东大寺讽诵文稿》的"ヲコト点"据中田祝夫的研究，认为其接近于喜多院点，筑岛裕则认为与成实论天长五年训点接近。[2] 无论如何，这都说明位于同一份纸张正反两面的《东大寺讽诵文稿》与《要决》使用的"ヲコト点"并不一致，由此可以推测两者并非出于同一作者之手。

综上所述，关于《东大寺讽诵文稿》与《要决》的写本研究都不够充分，对其基础信息的详细考察，对于如何使用这份史料这一问题有很大帮助。由于条件所限，详细的写本考察有待于今后的进一步研究，接下来就《东大寺讽诵文稿》的内容构成与涂改加以探讨，从而分析其是在怎样的场景中被使用的。

---

① 小林芳規「日本語訓点表記としての白点・朱点の始原」『汲古』53 号、2008。同時参見小林芳規『角筆文献研究導論上巻東アジア編』汲古書院、2004。

② 築島裕「平仮名・片仮名の創始」大野晋・丸谷才一編『日本語の世界 5 仮名』中央公論社、1981、141–142 頁。

（三）《东大寺讽诵文稿》的内容

《东大寺讽诵文稿》的内容分为多个断片，以下首先列出文中所标记的各章节名，再分别进行简单探讨。

□言辞（第一行）

六种（第二十七行）

劝请言（第五十三行）

劝请发句（第六十五行）

自他忏悔混杂言（第六十七行）

释迦本缘（第一百五十七行）

慈悲德（第一百六十八行）

誓通用（第二百一十一行）

誓词通用（第二百一十二行）

慰诱言（第二百六十三行）

卑下言（第二百八十六行）

文首二十余行的"□言辞"上打有抹消线暂时不加以讨论，从内容来看则是对无常观念的阐述与劝信之辞。"六种"指的是六种供养，也就是阏伽、涂香、华、焚香、饮食、灯明，换言之这一部分是在庄严堂内时所使用的文字。"劝请言"似是劝请菩萨时的例文与讲述劝请佛菩萨的功德利益之文，记载较为简略。"劝请发句"的部分只有并不完整的一行，从内容来看似乎是劝请供养对象的文言。"自他忏悔混杂言"中则出现了许多孝子谈与父母供养的事例，这部分的内容明显分段为几个部分，第 67—74 行、第 75—79 行、第 80—139 行、第 140—156 行分别独立成文，前三者均是典型的愿文形式，笔者谨慎推断此文应有相应的参考底本；第 140—156 行部分留待此后详述。"释迦本缘"中的记载极为简略，仅有与释迦生平相关的若干不成语句的名词，想来是执笔者对于这些内容极为熟悉因此只需简单记录；"慈悲德"则是阐述佛菩萨慈悲的语句，从涂改来看似仅包括第 169—

173 行，此后第 174—179 行抹消，自第 180—184 行亦是与佛菩萨慈悲相关之语，之后的第 185—210 行亦分为几部分，讲述了对若干常见问题的解释，例如第 185—190 行释佛菩萨何以入三界解救众生，第 190—196 行释净土与秽土之别，第 197—200 行释天、人、饿鬼、地狱众生之别，第 201—207 行释顿悟渐悟之别等。"誓通用"与"誓词通用"的内容亦如题名所示，讲述了法会上供奉父母、造佛写经的功德，亦可分为若干段，第 211—229 行似为一部（第 228、229 行或各自独立成文？），第 230—231 行、第 232—241 行、第 242—252 行应分别成文，此后的第 253 行、第 254—255 行、第 256—261 行亦当各自独立。"慰诱言"是通过讲述佛与菩萨的功德与灵验以劝诱信众之词，在此赞美了法会施主的功德，此部分的第 263—277 行、第 278—284 行明显各自独立，是两篇赞美施主功德的例文，同样怀疑其似有原本范文存在。"卑下言"则是取导师代佛向群众讲说佛法时对自己的"卑下"之义而成，在此讲述了法会使用经典的功德与法会自身的功德，同样可分为几个各自独立的片段，第 286—321 行抹消，而细读其中似尚可分为若干部分，第 323、324 两行当是引用佛经中对于功德的解说，行文较为简略；第 325—331 行应是讽诵文一例，第 332—336 行应是称赞某经功德的常见例文，此后第 338—349 行、第 350—354 行、第 355 行至结尾部分与此前相似，是对若干经文经义的解说。

　　细读其内容可知，《东大寺讽诵文稿》的内容详略并不一致，有的部分可以说是直接抄写了相关范文，有的部分更是以和汉混杂的文体直接留下了相当口语化的记录，而有的部分则仅仅简单记述了内容的摘要。从笔迹来看，这些记载也未必出于同一人、同一时间段，或许应视为同一人或是不同人分多次执笔并经过最终统合的结果。

　　文中的涂改内容大致可分为如下几类，一是个别字词的修改与注音，二是成段语句的插入与删削，三是章节与分段符号的插入。由此也可想见这份文书的编纂过程并推断其使用方式：个别字词语句的修改（除少数明显的错别字修正之外）中体现了作者对于法会听众的考量，选择更为简单易懂的描述方式（典型例如第 4 行中原文作"汉明帝之时梦而现"，后涂改为"汉代梦而现"，这一方面是与前文"周岁星而现"的体例相呼应，一方面亦应是考虑到听众不能理解汉明帝之意而将其删除），而文中多处可见的注音与训点则体现了这份文书的实用价值，换言之这是作者提前将读音不明之处与训读不确定之处注明的表现，说明作者考虑到了法会时诵读的需求（这些注音时而使用的是片假名，时而使用的是万叶假名，这似乎也可作为这份文书不是一次性书写完成的旁证）；而被删削的成段文字应可理解为暂时不使用故加以抹消，同理添加的部分则可理解为对原文不足内容的补充（值得注意的是抹消记号内的几篇文稿有明显的通用例文痕迹，例如第 80 行以"今日旦主某甲扫洒三尊福庭庄严四德宝殿（后略）"为起始直至第 122 行的内容，明显是对例文的抄录，此后再以朱笔加以训点与部分修改，这应当是前述考虑到法会现场诵读需要而进行的添削）；而插入的章节名与分段符号则显然应当是最后编纂过程中添加的内容。由此亦可想见这份文书并非一蹴而就，而是经过反复多次的编纂整理而成，而每次的整理许是对应每次不同法会时所需使用内容的不同而加以增减。旧来将这份文书判定为僧侣于法会时使用的笔记、备忘录性质的观点可以说是恰当的，虽然不知在此之后这份文书会经历再一次的清书誊抄又或是直接于下一次法会上使用，但是其作为备忘录底稿的特质可以说是十分明确的。而从最终的增减结果来看，几篇关于父母追善供养的范文均被删除，反之留下来的内容中关于经义的解释则略有增补，或可推断此前的使用场景更偏向父母的追善供养性质的法事，而此后则倾向于经典讲读或是法会唱导时所用。如前所述，小峰和明氏曾经指出《敦煌愿文集》中"二鼠四蛇"之喻的用例与《东大寺讽诵文稿》第 67 行"四蛇迫来时，虚空虽宽而回首无方，二鼠迎来时，大地虽广而隐身无处"的相似性，[1] 这一比喻最初出自《明宿愿果报经》，除此之外《佛说譬喻经》等亦有类似记述，主旨均是以二鼠比喻日夜、四蛇比喻四大，是佛经中关于无常观的著名比喻之一，小峰氏以此为例说明了东亚圈内法会唱导资料中独特的词汇与修辞，并强调了比较研究的意义。这一观点值得重视，然而学界对此的关注度似乎并不足够。接下来将以这份文书中的一小部分为例，就如何理解其使用方式与在佛教传播方式上的研究意义加以阐述。

---

① 参见前引小峯和明「『東大寺諷誦文稿』の言説—法会唱導の表現」。

三　唱导、训读与日本文化

（一）《东大寺讽诵文稿》第140—156行的探讨

本节将细读《东大寺讽诵文稿》第140—156行的内容，进而就日本古代佛教的传播方式加以探讨。首先将全文内容整理如下：

（1）各于世界讲说正法者，词无碍解。谓大唐、新罗、日本、波斯、昆仑、天竺人集，如来一音随风俗方言令闻，对大唐人而大唐词说，他准之。假令此当国方言，毛人方言、飞驒方言、东国方言，假令对飞驒国人而飞驒国词而说令闻，如译语通事云。假令南州有八万四千国，各方言别，东弗等三州准之。六天。

（2）对草木而草木辞说者，金色莲华千茎（本）往诣佛所，七迊与佛物申，余人不闻知，唯佛闻知，俱谈答花所申者。

（3）对鸟兽而鸟兽词而说者，初时教时，五百青斑鸟飞来闻经（佛说畜生道多难，鸟申，我先造何业作鸟。佛言汝等昔悭贪嫉妒深，毗波尸佛御时国王储无遮大会，汝等参寺见物，不奉礼佛，不闻法，反悭贪嫉妒，故作鸟诣寺。故今日值遇佛汝等闻经故脱鸟身升天，后作五百阿罗汉。鸟闻佛说，乍悲乍喜，云云，以上），猕猴奉蜜物申，佛与彼鸟兽词而共话。

（4）是名辞无碍解，何佛知一切众生言辞，佛昔流轮六道生死，受无不受给生，宿无不宿给所，历生皆悉，今成佛得宿命智知过去，得词无碍解，知过去所经言辞，故上天辞中人辞下至蛇虫词知彼辞而同彼说，名辞无碍解。

笔者将这一部分内容简单分为四个部分，可知全文基本是对"各于世界讲说正法者，词无碍解"一语的解释，所谓"词无碍解"，简而言之指的是佛陀一言能够令听众各自以其最为熟悉的语言理解这一现象，由此强调其超脱性。参见内容可知，（1）部分是在举例说明佛一言能令各国语言人同时理解，（2）与（3）则是在说明"词无碍解"的能力对花草树木、鸟兽虫鱼也同样如此，（4）则是在解释为何佛陀具备这一能力。

纵观全段，文意并无难解之处，对诸国人以诸国方言令闻之语似乎亦当理解为修辞上的举例；然而日本史学者通常将这一举例理解为有实指，一般认为这里出现了东国、毛人与飞驒方言，至少说明僧侣时常前往这些地方布教，甚至有将这段文字理解为僧侣在地方布教时能够自在地使用各地方言的例证；除此之外本文书的第 326—333 行也被作为僧侣在东西国范围内活动的例证。[①] 笔者并非要完全否认这一可能性，但这段行文中更值得注意与思考的，其实是以下两个问题。

其一，是这段文字预定在怎样的场合下被使用，是否有可能特定到更为具体的活动场景。在此需要注意的是其中解释的"词无碍解"这一描述，"词无碍解"作为四无碍之一，在诸多佛教经典中都有言及，但多数经典在解释这一内容之时，通常是按照"四无碍"的顺序加以说明，而很少单独提及"词无碍解"本身。笔者于常见经典中所见的唯一例外，是《仁王经》中提及菩萨修行阶段时，有"复次善慧地菩萨摩诃萨、住上无生忍灭心心相、证智自在、断无碍障。具大神通修力无畏、善能守护诸佛法藏。得无碍解法义词辩、演说正法无断无尽。一刹那顷于不可说诸世界中、随诸众生所有问难、一音解释、普令欢喜"之语，其探讨重点不在"四无碍"为何物，而在于作为菩萨修行阶段之一，获得"无碍解"时有怎样的效果与功用，其中尤其强调佛陀能够于一刹那间用"一音解释"无数多世界内的无数种问题。《仁王经》对于"四无碍"的这一阐述角度颇为独特，却出乎意料地与《东大寺讽诵文稿》这段的内容颇为相合。

众所周知，《仁王经》一直是最受重视的所谓"护国经典"之一，在古代日本一直有举办讲诵《仁王经》的"仁王会"，相关学者的研究多重视其仪式流程，[②] 却未曾注意到《东大寺讽诵文稿》中最为著名的这段文字，当是对《仁王经》相关内容的解说；而更为有趣的是，《仁王经》有所谓新旧

---

① 参见前引铃木景二「都鄙間交通と在地秩序—奈良・平安初期の仏教を素材として」。
② 中林隆之「日本古代の仁王会」『正倉院文書研究』6、1999。内藤敦士「平安時代の仁王会」『ヒストリア』265 号、2017。

两译，旧译被归为鸠摩罗什所译，新译则归为不空所译，两者在文字内容中大有出入，前引内容出自不空新译《仁王经》；而将新译《仁王经》传入日本的是遣唐使空海，空海所请来的不空、般若新译经在日本国内得到公传，据西本昌弘的考证已是天长二年（825）之后之事。[①] 这原本也可成为推定《东大寺讽诵文稿》成文年限的证据，而至今为止却没有学者言及。简而言之，笔者认为这段文字，是对新译《仁王经》文本的一段细化阐释，当被视作平安时代《仁王经》讲说活动的一部分，由此也可推知当时的讲经活动绝非不顾及听众理解仅诵念文本的活动。

其二，这段内容中更值得注意的是"词无碍解"这一观念本身。与其他世界性宗教相比，对于翻译经典，佛教相对不拘泥于原文原典以及语言的限制，这或许也可说是佛教在传播方式上的特性之一。这在佛教产生初期或许是基于绝对真理超越语言障碍的观念，以及在传播途中吸引世俗群众所必需的手段，但是这一去中心化的，或者说非唯一中心的认知在此后对日本文化的变迁产生了不可低估的影响。

就这份文书内的例子而言，如第 80—122 行的愿文，就其"旦主某甲"的用语表现可以推断这并非一份直接写作完成的愿文，而是对范本的抄录，字里行间可以明显看出其底稿范本的汉语行文逻辑，类似的例文在这份文书中不止一篇，而敦煌文献中更是有大量范例（包括各式愿文以及俗讲时使用的变文等均在此列），这一相似性显然难以用偶然带过，由此笔者推测当时应有类似于书仪礼的例文集流传；而值得注意的是这份文书在抄录范文之后，更以朱笔添加了训读点与辅助假名，这是在抄录汉文之后再将其训读为日语的表现；除此之外，例如卷首部分则明显是以日文思维模式写成的汉文，有"（临渊羡）鱼，退而不如造网"（第 10 行）、"农夫终日作而获一日之价，猎师通夜觅而得聊少之物"（第 14 行）等不符合汉文行文习惯却与日文中的汉文训读后的习惯相合的用语，类似还有第 264 行"以无不为患，以有不为喜"等语句，也是日语语法混入汉语的常见表现；此外由于训读相同而将"无""不""非"等文字混用，以及"在""有"等文字混用的例子，

---

① 西本昌弘「空海請来不空・般若新訳経の書写と公認」原田正俊編『日本古代中世の仏教と東アジア』大阪：関西大学出版部、2014。

这也是非汉语思维的典型例之一，新罗僧侣慧超在《往五天竺国传》中也有类似用法；据笔者管见，日本学者中似无人注意到这一中日文混杂的行文形式，中国学者则有王晓平指出行文中的日语语法特征，[①] 但是他主要将这份文书视为愿文，强调了其难解性并认为愿文不需要听众的理解，这一见解亦不够全面。诚然文中有很多套语用典的部分，这些定型文或许并不需要听众的理解，但是例如前引关于"词无碍解"的解释，这与其说是愿文的一部分，更当理解为唱导活动所用的解释经义之文，而这显然是以简单明了地让听众理解为目的而成文的；此外诸如讲述地狱之苦与无常观，以及对孝理念的宣传等内容，同样是以宣讲布教为目的的，因此必然有其易解之处。综上所述，这份文书不应仅视为愿文或是讽诵文的底稿，还具备有法会仪式以及唱导资料的多种性质，应从更为全面的视角对其加以理解。

所谓唱导，指的是僧侣在法会上宣讲法理的行为，在慧皎《高僧传》中设立有"唱导篇"一节，收录了众多唱导僧的业绩，其中就唱导的目的指出"唱导者，盖以宣唱法理，开导众心也"，换言之这是向众生普及佛法与唤起信仰之心的手段，由此可以想见其方式必然需要有足够趣味性，以求吸引听众。慧皎指出唱导有四个要点，"夫唱导所贵其事四焉，谓声辩才博"，究其原因在于"非声则无以警众，非辩则无以适时，非才则言无可采，非博则语无依据。至若响韵钟鼓则四众惊心，声之为用也。辞吐后发适会无差，辩之为用也。绮制雕华文藻横逸，才之为用也。商榷经论采撮书史。博之为用也"，在此基础上还要根据听众随机应变地选择说法内容，"若能善兹四事，而适以人时，如为出家五众，则须切语无常，苦陈忏悔；若为君王长者，则须兼引俗典，绮综成辞；若为悠悠凡庶，则须指事造形，直谈闻见；若为山民野处，则须近局言辞，陈斥罪目。凡此变态，与事而兴，可谓知时知众，又能善说，虽然故以恳切感人，倾诚动物，此其上也"。慧皎就收录唱导僧活动的理由做出了如下解释，"昔草创高僧，本以八科成传。却寻经导二技，虽于道为末，而悟俗可崇，故加此二条，足成十数"，也就是说经师转读与唱导不在原本的僧侣所推崇的八科（译经、义解、神异、习禅、明

---

① 王晓平：《敦煌愿文域外姊妹篇〈东大寺讽诵文稿〉斟议》，《敦煌研究》2010 年第 1 期，第 110 页。

律、遗身、诵经、兴福）之内，但是两者皆"赏悟适时，拔邪立信，其有一分可称，故编高僧之末"。①

唱导僧们所引用的内容并不限于佛经，如《续高僧传·释宝岩传》中提到他在唱导中引用的文献时记载道"所有控引，多取杂藏、百喻、异相、连璧、观公导文、王儒忏法、梁高、沈约、徐庾、晋宋等数十家，包纳喉衿，触兴抽拔"，② 可知包括了众多内外经典；然而可以想见，唱导既要求深厚的学识基础，也需要有临场应变的机智，显然只有少数精英僧侣才能达到慧皎所推崇的水准，慧皎讥刺水平低下的唱导僧"若夫综习未广，谙究不长，既无临时捷辩，必应遵用旧本。然才非己出，制自他成，吐纳宫商，动见纰缪。其中传写讹误，亦皆依而唱习，致使鱼鲁淆乱，鼠璞相疑，或时礼拜中间忏疏忽至，既无宿蓄，耻欲屈头，临时抽造，蹇棘难辩，意虑荒忙心口乖越。前言既久，后语未就，抽衣謦咳，示延时节，列席寒心，观途启齿，施主失应时之福，众僧乖古佛之教，既绝生善之萌，祇增戏论之惑。始获滥吹之讥，终至代匠之咎"，③ 慧皎的嘲讽固然极端，但是由其行文亦可想见当时绝大多数唱导僧的现状，他们可能是由于知识储备的不足或是缺乏临机应变的能力，绝大多数人不得不依赖事先准备的例文，结果导致"其中传写讹误，亦皆依而唱习"，《东大寺讽诵文稿》可以说正具有这一"遵用旧本"的性质，虽不如文中"礼拜中间忏疏忽至"的错误一般夸张，但是其行文杂乱及经过多次传抄并由此出现讹误却正如慧皎所述。《东大寺讽诵文稿》中出现了大量运用比喻、举例、类比等手段解释经义的内容，可以想见这是为听众解释经义而做的笔记，这也与唱导活动的本意相符。

唱导活动号称始于庐山慧远，这或许只是传说，但是能被慧皎收录为《高僧传》的一节，足见其在南朝时的影响力；由于唱导活动的目的在于劝信，因此它必然需要简单易懂，让一般听众也能理解，其在中国发展出俗讲、变文等形式，而在日本，唱导活动为了能够让一般听众也能够理解，首先就需要在语言上下功夫。通常来说，日本僧侣在诵经时使用的是音读的方

---

① 慧皎：《高僧传》卷 13，中华书局，1992 年，第 521、522 页。
② 道宣：《续高僧传》卷 26《隋京师仁觉寺释宝岩传三十三》，中华书局，2014 年，第 1261 页。
③ 前引慧皎《高僧传》卷 13，第 522 页。

式，也就是汉文直读，可以想见对于没有汉文功底的一般人来说这与天书无异（反过来这同样也创造出了仪式感与神圣性，这一点假如听过现代日语的发音相信很容易理解）。为了让一般人能够理解，需要经历将汉文翻译为日语的过程，这就是所谓的训读，《东大寺讽诵文稿》中出现的大量标记都与此有关，日本语学围绕此问题有诸多研究，在此不再赘述；下一小节仅就训读是怎样的行为、这一行为在日本文化形成中又具有怎样的意义，而佛教对此又具有怎样的影响加以阐述。

（二）训读与日本文化

前文曾经提到《东大寺讽诵文稿》的第 80—122 行有红笔标注的训读符号，这是将原本的汉文训读为日语时所添加的辅助记号。训读是东亚地区各文明在理解汉语时均会使用的方式，本质上是将汉语翻译为自国语言的行为。例如南宋洪迈《夷坚志》丙志第十八"契丹诵诗"条有云"契丹小儿初读书，先以俗语颠倒其文句而习之，至有一字用两三字者。顷奉使金国时，接伴副使秘书少监王补，每为予言以为笑。如'鸟宿池中树，僧敲月下门'两句，其读时则曰'月明里和尚门子打，水底里树上老鸦坐'，大率如此"，[①]描述的也正是这一行为。以日语为例，训读首先要将汉文语序调整为符合日语语法的语序，这就需要在行文中以"一二三""上中下""甲乙丙"等字符标注阅读时的顺序，再添加日语所需的助词。这份文书中正文右下角所见小字，即是以汉字表音注记日语助词之例，在后世更出现了用在汉字不同位置加点以表示需要添加的常用助词的方法，也就是"ヲコト点"，这种翻译法长久以来一直是日本人阅读汉文的主要方式。[②]

将难以理解的汉语典籍翻译为可以理解的本土语言，这似乎是非常理所当然的行为，然而与其他世界性宗教相对比可以发现，翻译佛教经典是颇具东亚特色的行为：犹太教一直只是一个民族的宗教，天主教虽然经历了多次对圣经的修订，但是直到宗教改革之后拉丁语以外的圣经译本才具有理论

---

① 洪迈：《夷坚志》丙志第十八，中华书局，2006 年，第 514 页。
② 关于汉文训读发展史，参见金文京『漢文と東アジア―訓読の文化圏』東京：岩波書店、2010。

上的合理性，而伊斯兰教至今仍然强调阿拉伯语可兰经的正统地位；相较之下，佛教的"四无碍解"的理念认为真理能够超越语言的限制，这为日本提供了一个去中心化的可能性，同时也为日本在向中国学习的过程中提供了脱离单纯模仿的阶段，而开始重视自身特性的可能性，由此日本开始了发展其独特文化的过程。传统观点上将日本的"国风文化"的形成时期推定为9世纪中期，从这一时期开始日本对于自己的大国意识的主张方式出现了明显的变化，[①] 而在文学方面以日语创作的作品日益增多，传统上将此视为日本意识的抬头与中世的黎明；[②] 这固然也是传统史学中的宏大叙事之一，但是其中仍然有需要注目的事实。笔者倾向于认为，这期间发生的变化并非日本独有文化的形成，而只是对中国文化接受方式的转变。这一转变的原因是多方面的，表现方式也更为多样，笔者更希望强调其中的大众化与世俗化特征，而原因则是其参与者从少数上层贵族扩展到更大范围，从而产生了以更为简单易懂的日语进行书写创作的需求。而本文探讨的内容，则是这一需求背后的思想背景，以及佛教在此之中所起到的作用。

结　语

本文主要通过分析《东大寺讽诵文稿》这一文书是在怎样的法会场合下如何被使用的，以求对于奈良平安初期日本法会的形态与内容、这一时期日本民间对于佛教的信仰与接受方式、训读对于平安时期日本文化形成的影响这三个问题加以探讨，其结论是《东大寺讽诵文稿》这份文书不仅是通常日本史学界认为的反映地方社会佛教传播情况的物语故事集或是法会唱导资料集，而更需要注意其与敦煌文献中大量出现的愿文与变文等材料的共同点，借此理解8—9世纪东亚范围内佛教在向一般群众普及布教活动时所采取的手段的相似性，并由此出发思考这一方式对于日本独特的文化特质的形成起到了怎样的作用。由于篇幅所限，对这三个问题的涉及均有一鳞半爪之

---

① 李成市「韓国出土木簡と東アジア世界論—『論語』木簡を中心に」角谷常子編『東アジア木簡学のために』東京：汲古書院、2014。
② 村井章介「王土王民思想と九世紀の転換」『思想』847 号、1995。

嫌，因此在文末就这三个问题的展开方向与值得注目的材料等方面加以简单介绍。

就第一个问题而言，近年来值得注目的是所谓"和歌木简"的出土。所谓"和歌木简"指的是在长约二尺至二尺半的木简上，以万叶假名书写和歌的日本木简，由于目前发现的"和歌木简"无一例外都是在寺院遗迹之内出土的，因此关于其作用目前也认为与法会仪式有关。简单归类众说，对于其使用方式的推测大致可以根据是否重视其视觉性作用，假如答案是肯定的，那么是重视咏唱时持有者或是向观众展示时的视觉作用的区别，分为记录向神佛奉纳的和歌，木简本身不具备视觉性能；供奉神佛时朗诵者所持之物；在法会中为吸引听众注意而咏唱当时的著名和歌，通过集体唱和以提高听众参与度与归属感之用这三大类。[①] 这一问题的延伸也有助于考量奈良平安初期日本的法会形态，在此仅加以简单涉及，留待日后详细探讨。

就第二个问题而言，近年来值得注目的是针对日本文化厅所藏《金刚场陀罗尼经》抄写年代的研究。本经作为飞鸟时代后期（7 世纪后期）的写经被指定为国宝，其文末有"岁次丙戌年五月，川内国志贵评内知识，为七世父母及一切众生，敬造金刚场陀罗尼经一部，藉此善因，往生净土，终成正觉。教化僧宝林"之语，丙戌年是公元 686 或 746 年，由于"川内国志贵评"是日本大宝律令（702）编纂前的用法，因此学界通常无视了这份文书末尾别纸注记的"右丙戌天平十八年波罗门僧正入国之岁"之语而将其推定为 7 世纪末的写经，[②] 并由此就 7 世纪末民间佛教的形态进行了探讨；然而根据藤本孝一对原文书的检查，[③] 发现正文纸背有"天平十八年"（746）的标识，似当推定这份经典书写于 8 世纪，假如此说成立，日本佛教受容史需要加以大幅修正。

如第一章所言，关于日本佛教受容方式这一问题，传统观念重视古代

---

① 参照吉川真司「法会と歌木簡」『横田冬彦先生退職記念献呈論文集』京都：京都大学大学院文学研究科発行、非売品、2018；栄原永遠男『万葉歌木簡を追う』大阪：和泉書院、2011；上野誠「馬場南遺跡出土木簡臆説」『国学院雑誌』10—11 号、2009 等文。

② 例如『週刊朝日百科日本の国宝』99 号中所收录汤山健一的解说。

③ 藤本孝一「国宝『金剛場陀羅尼経』と評について」『日本古写経研究所研究紀要』3 号、2018。

国家对佛教的管控与引导，并勾勒出从古代的"国家佛教"到中世的"镰仓新佛教"这一佛教从国家主导逐渐转为民众主导的宏大叙事；然而随着研究的深入发展与对传统观念批判的深化，"国家佛教"的理念不再适用（同时"镰仓新佛教"理论的不恰当之处也得到指出）。学界在这一宏大叙事逐渐崩溃之时并未放弃"佛教的大众化普及"这一叙述，仅仅是抛弃了"国家佛教"这一已经不再适用的部分，转而强调佛教在传入时已经有民众在起主导作用；然而这是否亦可能导致一些明显的误读，上述的《金刚场陀罗尼经》的相关研究就是一个与此相关的反思，在讨论佛教时，我们是否应当更多地将主体置于佛教本身之上呢？

关于最后一个问题，这可以说是笔者涉及本文研究内容的根本出发点，亦即关于日本文化的特征何在、如何形成、受到哪些内容影响、与中国之间关系如何的相关思考。这一问题本身就可以算是典型的宏大叙事之一，笔者至今为止主要在从儒学、文学与律令体制等几个方面对这一问题进行解构。① 本文可以算是从佛教史角度进行解读的尝试与基础准备。

---

① 梁晓弈「日本古代の華夷思想とその影響—春秋三伝の受容を中心に」『日本歴史』844 号、2018。

《安永三年芜村春兴帖》"扫帚图"与"寒山拾得图"关系考*

——与谢芜村俳画、俳谐作品的关系特征及其形成原因

胡文海**

【摘　要】本论文以《安永三年芜村春兴帖》中的"扫帚图"为基础，探究了芜村笔下的"扫帚"与寒山拾得的关系。芜村通过古典，实现了俳谐的"离俗"化，而芜村的"离俗"虽然继承了芭蕉的"不易流行"思想，却更凸显出其试图提高俳谐文学性，实现"俳人"到"文人"身份转变的意图。芜村通过俳画续写发句，拓展和深化诗意，将图像与文字置于同等地位，图像不单单是对发句的补足或说明，而更具有与文字符号同等的功能性，呈现出以图像符号连诗、改诗的特征。

【关键词】寒山拾得　"离俗"论　图文关系

前　言

　　《安永三年芜村春兴帖》共收录了安永三年（1774）芜村一派的 186 首春兴句。其中包含芜村、雪店、宰町（芜村别号）的发句、胁句、第三，即"三つ物"，还收录了以"东君""青帝""三始"等为题的元日句，以"岁暮""年内立春""立春在腊"等为题的岁末句，以及以"春兴""人日"等为题的春兴句。这其中值得注意的是芜村为自己弟子的发句所添付的 16 幅俳画作品。

　　围绕 16 幅俳画的内容，根据云英末雄在其文章 ① 中的命名，笔者按照

---

　*　本论文依托于浙江大学 2020 年省教育厅一般科研项目（人文社科类）"寒山拾得与日本江户俳谐研究"（Y202043818）。

**　胡文海，浙江大学外国语学院研究员。

①　云英末雄「蕉村の俳画を考える—『安永三年蕉村春興帖』の挿絵をめぐって」『文学』7 号、1996、108-109 頁。

图画内容修改了第一幅"竹帚图"、第八幅"行脚俳人图"以及第十二幅"田圃柳图"的名称，并依据文图关系将其分为如表1所示的三类。

表1 《安永三年芜村春兴帖》16幅图分类

一	借用典故	熊谷次郎直实图、击瓮小儿图、渡边纲图、芭蕉图、赖朝星月夜井图、陶渊明图
二	描绘古典世界	公卿咏歌图、青柳楼台图
三	描绘发句中的元素或关联元素	莺图、蛙图、开帐提灯图、伞图、牛车人夫图、船夫图、眠猫图

然而，引人深思的是，第一幅图"扫帚图"却无法直接归入上述三类之中。"扫帚图"是芜村为弟子自笑之句"うぐひすや日あたる枝に来たばかり"（睨睆黄莺，刚刚落于，向阳枝头——笔者译）所添付的俳画。自笑之句意思简明，描绘了黄莺于枝头鸣啼的春景。而芜村所添付的俳画仅有一把扫帚，帚柄稍向左倾，帚头微弯，似在运动一般。通过文图结合，不仅增强了原句的画面感，还为写景句加入了人事活动。扫地之时，忽闻黄莺鸣啼 ["日本のうぐいすは、春告鳥の別称の如く、その初音は二月頃からきかれ、三月に入ると嘞喨たる囀をきく"（日本的黄莺，恰如其名"春告鸟"一般，二月可闻其初声，三月则啼鸣嘹亮——笔者译）。[1] 日本古典诗歌中描写黄莺多吟咏其"初声"，此处故作此解]，抬头一看，只见黄莺停在铺满阳光的枝头之上。然而，《安永三年芜村春兴帖》中的16幅俳画各具深意，此第一幅俳画也不可置否地具有特定的功能和创作意图。因此，本文则结合芜村以往的诗画作品，力图探究此图的内涵，以揭示芜村俳画的功能性以及芜村作品中图文融合的作用和意义。

一 芜村"扫帚图"的渊源及内涵

芜村于明和五年（1768）由赞岐回到京都。同年，其名被刊登于《平安

---

① 寺山宏『和漢古典動物考』東京：八坂書房、2002、37頁。

人物志》画家部，自此，芜村的绘画和俳谐作品名气大增。从明和五年至安永五年（1776），① 可谓芜村绘画和俳谐的高度发展期，其代表作《十宜图》、《四季山水图》、俳谐句集《此ほとり》、《芭蕉翁附合集》等相继问世。因此，安永三年的《春兴帖》正值芜村（此时 59 岁）个人风格急速发展时期的作品，充分展示了芜村绘画和俳谐的创作理念及思想。

芜村大量借用中日典故，为《安永三年芜村春兴帖》中的发句添付了 16 幅俳画。例如为弟子我则的发句"扇にて梅花をまねく夕哉"（把摇扇子，招引梅香，日暮之时——笔者译）所添付的右手摇扇的武士图画（第二幅）。发句吟咏摇扇招引梅香的风雅之姿，而俳画借用《平家物语》"敦盛最终"中的桥段，"他下海后单骑游出五六段远，熊谷在岸上高呼道：'前方那员武将，避敌潜逃，不感羞耻么？何不调转马头，与在下大战一场，分个胜负。'边喊边扬扇示意。那名武将闻言分开海水，回马登岸，直奔熊谷而来"，② 诙谐地将诗中的风雅之姿与熊谷直实摇扇招引平敦盛的场景结合起来。第三幅俳画中描绘了一孩童从破碎的水缸中爬出来的场景，即"司马光砸缸"的典故。而此图所对应的发句为"筧から流て出たるつばきかな"（竹筧之中，忽而流出，山茶一朵——笔者译）。芜村将山茶花比喻为孩童，将竹筧替换为水缸，极大地增强了原句的诙谐性和故事性。其余作品更是借用了渡边纲、源赖朝、陶渊明、芭蕉等人的典故。关于各俳画的具体内容请参考拙论《「安永三年蕪村春興帖」の蕪村挿絵再考—その手法と意図をめぐって》。

综上所述，16 幅图中的第一幅"扫帚图"也必有其深意。芜村绘画作品中有共计三幅单纯描绘扫帚的作品。

（1）明和五年（1768）「行春の尻べた払ふ落花哉」自画贊（《俳人の書画美術》）；

（2）明和六年（1769）「西吹ば東にたまる落葉かな」自画贊（新潟美术館蔵）；

---

① 该年于金福寺内发起芭蕉俳谐振兴运动，成立写经社会。此后至其辞世之年天明四年（1784），被称为芜村作品的熟成时期。参考藤田真一『与謝蕪村—画俳二つの道の達人』東京：平凡社、2012。

② 《平家物语》，王新禧译，上海译文出版社，2011 年。

（3）明和八年（1771）「箒目にあやまつ足や若楓」自画赞（《俳人真跡全集》）。

此三幅图均描绘一把直立的扫帚。其中，明和六年的画卷（落款夜半亭芜村）上除了扫帚之外，扫帚右边还绘有一卷未打开的经卷，此外，左边更书有"千年石上古人踪，万丈岩前一点空。明月照时常皎洁，不劳寻讨问西东"这一首寒山诗文。而明和八年的图绘中扫帚右边书有画赞"草帚黄卷、挂在壁间、主是何者、拾得寒山"。由此两例可以推测，芜村笔下的扫帚多与寒山拾得紧密相关。

有关寒山拾得形象的具体文字记载，除寒山诗中"一生慵懒作，憎重只便轻。他家学事业，余持一卷经（下略）"[①]之外，还可见于北宋清远禅师（1067—1120）的《佛眼和尚语录》中，"岩岩天台，旷阔寰宇。大士不我，毫端莫取。蜀客心狂，纤尘一缕。屈指拊掌，松石猛虎。生涯何有，流传今古。静对虚堂，非谓无补"。[②]寒山诗中提及经卷，而清远的诗中并未有类似描述。及至绘画，中国的寒山拾得绘像，目前可以考证到的最早作品为南宋梁楷的《寒山拾得图》，而此图中也并没有出现寒山持经、拾得执帚的形象。但同一时期，关于寒山拾得的形象描述层出不穷。宋代诗僧心月（？—1254）的《丰干寒拾赞》则是其代表。

丰干寒拾赞其二

执爨灰满头，扫地尘扑面。岩下细思量，一场不著便。

丰干寒拾赞其六

左手执卷，右手指示。觌露不覆藏，几人知此意。回首台山锁寒翠。[③]

如此，自南宋起，寒山拾得的形象逐渐丰富化，而寒山手握经卷、拾得手持扫帚的形象也相继出现。绘画诸如木溪的《丰干寒山拾得图》中清晰描

---

① 项楚：《寒山诗注》下册，中华书局，2019 年，第 546 页。

② 《古尊宿语录》卷 30《佛眼和尚语录》，《卍续藏经》第 68 册。

③ 《石溪心月禅师语录》下，《卍续藏经》第 71 册。

绘了研墨的寒山、伫立在扫帚旁的拾得之姿。对日本画坛产生深远影响的元代画家颜辉的《寒山拾得图》中，拾得也是双手拄着扫帚，满面笑容。宋元时代所形成的诸多寒山拾得意象逐渐被日本五山禅宗所继承，寒山持经、拾得执帚的形象也出现在了日本禅僧的绘画中。例如室町时代画僧周文（生卒年不详）的《寒山拾得图》中，拾得手握扫帚，与寒山一起望向远方大笑。雪舟的《寒山拾得图》中则描绘了双手摊开经卷阅读的寒山，和双手拄着扫帚凝望站立的拾得之姿。至江户时代，前代有关寒山拾得的诸多形象逐一被画家、诗人所继承。笔者统计了与谢芜村所绘的寒山拾得图（以现有刊行画册及博物馆藏品为主），具体如表 2。

表 2　与谢芜村《寒山拾得图》统计

时间	绘画信息	内容
宝历八年（1758）	《寒山拾得图》，双幅，左幅落款：戊寅冬画于朱菓楼中 淀南 赵居；右幅落款：戊寅冬写于平安城东朱菓楼中 赵居。	寒山身背数卷经卷，双手相握而立，眼窝凹陷，发型酷似河童。拾得手握扫帚，似扫地状。二人皆面带微笑。
明和三年至明和五年（1766—1768）	《寒山拾得图》，袄绘 4 面，无落款及印章。	寒山坐于石上，拾得双手持握扫帚相对而立。
安永七年（1778）	《寒山拾得图》，双幅。左幅落款：东成谢寅画并书【谢长庚印】、【谢春星印】；右幅落款：安永戊戌夏六月画且书 东成谢寅【谢长庚印】、【谢春星印】。	寒山双手展开经卷阅读，拾得双手持帚而立。
安永七年（1778）	《寒山拾得图》，落款：谢寅写于白雪洞，戊戌冬十月望前二日。	寒山衣领处插着经卷，拾得手握扫帚与其相对而立。二人皆表情严肃怪异。
安永九年（1780）	《寒山拾得·间大使图》，落款：日东东成谢寅【谢长庚印】、【谢春星印】。	寒山站立望向远方，拾得手握扫帚侧身低头凝视。
天明元年（1781）	《寒山拾得图》，双幅，左幅落款：天明辛丑秋画并书 日东东成谢寅【谢长庚印】、【春星印】；右幅落款：日东东成谢寅【谢长庚印】、【谢春星印】。	寒山双手展开经卷阅读，面带微笑。拾得双手持帚而立，表情怪异。
安永七年至天明三年（1778—1783）	《寒山拾得图》，双幅，左右幅落款均为：东成谢寅写【谢长庚印】、【谢春星印】。	寒山手持经卷向外展示，旁边岩石上放置毛笔和砚台。而拾得背身而立，侧脸手持扫帚平视前方。

时间	绘画信息	内容
屏风绘讲时代（宝历至安永年间）	《寒山拾得图》，双幅，"寒山图"落款：谢春星【谢春星】、【谢长庚】印；"拾得图"落款：谢长庚【谢春星】、【谢长庚】印。	寒山拱手而立，背部斜背卷轴；拾得只绘其背影，坐于石上，身背斗笠，手持扫帚，画中虽不见其颜，但可清晰感受到其目光凝视远方。

如此可见，芜村笔下的寒山拾得形象继承了宋元时期形成的寒山拾得之姿，芜村所绘的寒山拾得图中，经卷与寒山、扫帚与拾得已经是不可分割的组合。

芜村所绘寒山拾得图，笔法粗犷，与宝历至安永年间其余作品不同，其线条更具有随性、恣意的特征。山川武围绕屏风绘讲时代的《寒山拾得图》（表2中最后一栏），指出这一画法沿袭了浙派的笔法，并论述道"蕪村の場合、浙派の筆法があらわす粗荒な激しさには、「雅」、「優美さ」に挑戦する、新興市民層の野性的エネルギーといったものが感じ取れる"（芜村之笔锋，于浙派笔法所展现出的粗犷恢宏的气势之上，还具有挑战"典雅""优美"的新兴市民阶层的野性力量——笔者译）。① 从众多寒山拾得作品中，不难看出芜村对于寒山拾得的崇敬之情。同时，芜村通过对风格、绘法的考究，试图再现这一对隐士高僧的潇洒飘逸之姿，在此基础之上还加入了江户町人阶层文学所追求的新意象。即在传统审美的"雅""优美"之上，加入了"俗"的概念。无论是宝历八年的作品，还是安永七年的作品，芜村笔下的寒山拾得神情诙谐，将隐居于世的高僧不拘小节、放浪形骸的形象淋漓尽致地、幽默地再现出来。因此，芜村笔下这一"俗"的概念继承于传统，却又以既定社会背景下的风格表现出来。

如此的创作风格，激发了其俳画作品的产生与发展。上述三幅"扫帚图"及《安永三年芜村春兴帖》中对弟子的发句所添付的"扫帚图"则是"俗"这一概念的集大成体现。上文中提到的明和五年（1768）"行春の尻べた払ふ落花哉"之句，感叹落花如同拍打着春天的屁股催其离开一样不停地

---

① 山川武「蕪村寒山拾得図」『日本美術工芸』1981 年 5 号、56 頁。

飘落，句意幽默，以"俗言"表达惜春之意。虽无文字直接说明扫帚与该句之间的关系，但是根据句中"払ふ"一词，添付扫帚一图与连歌、连句中的"物付"付合手法极为相似。"物付"即指"前句にとりいれられてある物事·事象等に縁のある言葉で附ける附け方で、即ち詞附といふのは大体同じ実体をさしてゐると考へてよい"。① 简而言之即连歌、连句中应对上句吟咏下句的方法之一。而"払ふ"所包含的清扫之意与扫帚图刚好符合这一创作手法。笔者在拙论《「安永三年蕪村春興帖」の蕪村挿絵再考—その手法と意図をめぐって》中也对除"扫帚图"外的芜村俳画与俳谐的关系进行了论述。除"物付"以外，"心付""匂付""反转"等手法均可以从其图文之间窥见，因此，明和五年的作品可以视为图文"物付"关系的早期例证。此图中虽未点明扫帚出处，却增加了人物动作，诗句中感叹春去急急，而配合扫帚图之后，为读者呈现了清扫落花、怅惜春光的人物形象。虽不可断言此扫花之人就是拾得，但是毋庸置疑此图像的搭配极大地增强了原诗句的画面感和故事性。

　　而明和六年（1769）"西吹ば東にたまる落葉かな"画作以及明和八年（1771）"箒目にあやまつ足や若楓"画作，则直接点明了扫帚与寒山拾得的关系。"西吹ば東にたまる落葉かな"感叹人生如同被西风吹落于东隅的落叶一般，受自然约束，又添付寒山诗歌"千年石上古人踪，万丈岩前一点空。明月照时常皎洁，不劳寻讨问西东"增添禅意，虽受束缚，若能顿悟，发般若心，不计得失，不问收获，则可寻得净土。配上图与寒山诗文，这段发句因感慨人生而增添了无限智慧。同样，"箒目にあやまつ足や若楓"一句本意为被青翠的枫叶吸引，不觉脚下一滑，结果将寺院内用扫帚（在地面或枯山水中）扫出的纹样踩乱了。这段发句诙谐幽默，凸显了夏季枫叶青翠之美，添付上的扫帚图案与"草帚黄卷、挂在壁间、主是何者、拾得寒山"等文字，不仅增加了发句的静谧之感，还将原句发生的场所变化为寒山拾得所居之所。这地面的纹路莫非是拾得所扫？作者将自己置身于寒山拾得所处的世界之中，更表达了自身对于隐士高僧高雅恣意、恬静淡然的生活之态的

---

① 横沢三郎『俳諧の研究』東京：角川書店、1967、97 頁。

向往之情。

综上所述，芜村将寒山拾得的意象巧妙地融入俳谐和绘画创作之中，以画续写诗歌，以画升华诗意。其笔下的"扫帚图"不是对俳谐内容的再现，而是对原诗内容的递进和升华。芜村笔下的"扫帚"是拾得的化身，转而也是寒山拾得所代表的隐逸思想、隐士形象的象征。因此，本论文的研究对象，即安永三年（1774）芜村为弟子自笑之句"うぐひすや日あたる枝に来たばかり"所添配的"扫帚图"定然与其以往的作品，以及寒山拾得所代表的形象、含义、思想等定存在着必然联系。

赵宪章将中国诗画关系分为应文直绘、旁见侧出、语篇重构、喻体成像、统觉引类五个主要类型，并指出"诗意图作为诗意的图像再现，表面上看来是'语像而图像'的符号切换和诗意转译，实则远非如此，更重要的还在于对意向性空白的'填补'，从而使诗意的感觉得以'完满'"。①芜村的绘画作品在一定程度上再现和具象化了原诗的含义，但是其图文间的关系呈现出扩大和补写的特征。即俳谐与图像互为两个完整的个体，图像既不是诗歌的再现产物，也不是诗歌的补充说明，诗图关系平等，绘画与诗歌统合在一起之时，又呈现出递进和升华的关系。

芜村为何要为弟子的俳谐作品添付诸如此类的画作，其诗画之间为何会呈现这样的特征，下一节将围绕此点进一步进行论述。

二　芜村"扫帚图"的创作理念

《安永三年芜村春兴帖》中的俳画，多以中日典故、人物为基底，可见芜村的这 16 幅俳画具有很强的目的性和功能性。诸如上节中提及的第二幅"熊谷次郎直实图"及第三幅"击瓮小儿图"，均以文学典故诙谐地对应发句所吟咏的景色，以文字写景，以图像叙事，将风景和故事巧妙地连接在一起，生成一个新的文本。而其余的图绘，诸如第五幅"渡边纲图"，第八幅"芭蕉图"，第十三幅"赖朝星月夜井图"，第十四幅"陶渊明图"，也均以

---

① 赵宪章：《文学图像论》，商务印书馆，2022 年，第 216 页。

同样的方式把人事活动纳入发句的景致之中。而除上述第一类图绘作品外，第二类"描绘古典世界"与第三类"描绘发句中的元素或关联元素"的作品也多以凸显古典元素、再现古典世界为特征，可见芜村的这 16 幅绘作中"再现古意"是其核心内容。因此，第一幅"扫帚图"也应该具有此种"古意"。芜村在《春泥句集》序文论述如下：

> 嘗テ春泥舍召波に、洛西の別業に会す。波すなはち余に俳諧を問。答曰、「俳諧は俗語を用て、俗を離るゝを尚ぶ。俗を離れて俗を用ゆ、離俗ノ法最かたし。かの何がしの禅師が、隻手の声を聞ケといふもの、則俳諧禅にて離俗ノ則也」。
>
> （中略）
>
> 波疑敢問、「夫詩と俳諧と、いさゝか其致を異にす。さるを、俳諧をすてゝ詩を語れと云、迂遠なるにあらずや」。答曰、「画家二離俗論あり。曰、「画離俗無他法。多読書則書巻之気上升、市俗之気下降矣。学者其慎旃哉」。それ画の俗を去だも、筆を投じて書を読しむ。況、詩と俳諧と何の遠しとする事あらんや」。波すなはち悟す。①
>
> （維駒編、安永六年『春泥句集』序）蕪村

> 曾会春泥舍召波于洛西之别墅。波则问余俳谐之事。余答曰："俳谐用俗语而尚离俗。离俗而用俗，离俗之法最艰。某禅师云听只手之声（白隐慧鹤所谓'只手音声'公案），则为俳谐禅离俗之法则。"
>
> （中略）
>
> 波疑而问之："夫诗与俳谐，其致稍异。然云舍俳谐而咏诗，岂非迂回之法？"答曰："画家有离俗论。曰'画离俗无他法。多读书则书卷之气上升，世俗之气下降矣。学者其慎旃哉'。画去俗，则需投笔而读书。况，诗与俳谐又有何别。"波遂顿悟。
>
> （维驹编，安永六年《春泥句集》序）芜村

---

① 藤田真一『蕪村文集』東京：岩波書店、2016、53-54 頁。

　　此段叙述也是芜村"离俗"论的基本概念。芜村引用《芥子园画传》中的论述，指出俳谐用俗语而尚离俗，然关于如何离俗，芜村认为同绘画一样，多读书是唯一方法。从中可以窥见芜村将俳谐与图像置于同等地位。同时，芜村主张通过读书来实现以俗达雅的境界。围绕芜村的"离俗论"，小西甚一强调"その実際的方法としては、古典をたくさんよむことが第一である。古典のなかにこもる精神の高さを自分のなかに生かすこと、それが俳諧修行の基礎でなくてはならない。古典といっても、何も俳諧表現に関係のあるものだけに限らない。むしろ表現とは関係なくても、人格をみがき識見をふかめるための'心の糧'こそ俳諧にとっていちばんたいせつなのである"（其实际方法，则是大量阅读古典。将古典中蕴含的精神高度化为自身所有，需作为俳谐修行的基础。但是提及古典，并非仅限于与俳谐有关的内容。即便与表达无关，古典中可以淬炼人品，加深见识的"精神食粮"，对修习俳谐而言是最为重要的——笔者译）。[1] 可见，芜村主张的"离俗"之法以古典为基础，通过古典的阅读与学习，提升自身修养和思维，从而自然地到达"雅"的境界。"俗"与"雅"一直是芜村俳谐、绘画作品中两个相互交织的美学理念。"俗"即俗世烟火、现实世界，描绘现实，而体悟真谛，以求达"雅"，即抵达高洁的理想世界。

　　修习中国文人画，以画家之名出现于《平安人物志》中，绘画的重要性对芜村而言自然不亚于文字。追求诗画互补，于芜村作品中也随处可见。中村竹洞在《画道金刚杵》（享和元年，1801）中批判芜村"げに大雅は高遠轄達の趣は得たれど、蕪村は今少したらぬ所あり。そは何があしきと云に、今の世に俳諧とかいへるものの気味、わづかに画中にあらはるるを失とす"（池大雅深得高远豁达之趣，而芜村如今稍有不足之处。若言不足为何，则其画中携有今世所谓俳谐之气，此为不佳——笔者译）。对于以正统文人画画家自居的中村竹洞而言，芜村之于画的成就并没有达到文人画画家的程度，其画作沾有俳谐之气，竹洞将其称之为"俳气"，是为弊病。竹洞

---

　　① 　小西甚一『俳句の世界』東京：講談社学術文庫、1994、213 頁。

之言虽然稍晚于芜村生活的年代，但是以绘画作为谋生手段的芜村，^①其如此的市井做法遭到当时文人画画家的叱责也不难想见。而芜村在寄给霞夫的书信中说道：

> 此度相下候山水二幅八、北宗家之画法二したゝめ申候。愚老持前之画法二て八無之候。それ故ちと不雅二相見え候。しかれども随分と華人之筆意を得たる物二候。され共愚老かねて好ム処之筆意二而無之候故、をかしからず候。足下之御取計意にて、其御地之田舍漢へ売付、代金御登せ可被下候。存之外手間八入候画共二而候。右之義御他言御無用、足下御胸中にて御取計意可被下候。^②
>
> 安永五年六月二十八日付霞夫当手紙より

> 此度所寄山水二幅，皆北宗家之画法。非愚此前所用画法。因而稍显不雅。然尽得华人之笔意。但此笔意非愚曾好之处，甚是怪哉。随足下之意处理，可卖于田野之徒，换置金钱。此二幅甚为花费功夫。上述之事切勿告之他人，烦请足下胸中了然。
>
> 安永五年六月二十八日寄霞夫之信

在以中国"南宗画"作为正统的江户，芜村却反其道以"北宗画"画法进行创作，并说自己已修得华人（即中国"北宗画"画家）笔法。如此背离当时的正统手法，也是"俗"这一俳谐理念的体现。俳谐区别于和歌的"雅"言，以俗语、汉语等为基础诙谐地吟咏世间百态，而芜村运用"离经叛道"的"北宗画"画法进行创作，也是其与"雅"相对，以"俗"为基础进行创作的体现。虽然芜村也不乏汲取"南宗画"画法而创作的作品，但从

---

① 芜村的诸多书信中涉及绘画买卖的事宜。类如安永五年八月十一日寄给几董的书信中明确写道"白せん子画御さいそくのよし、則左之通遣申候。かけ物七枚、よせ張物十枚。右いづれも尋常の物にては無之候。はいかい物の草画、凡海内に並ぶ者覚無之候。下直に御ひさぎ被下候義は御用捨何被下候。他人には申さぬ事に候、貴子ゆゑ内意かくさず候"。因此，绘画对于芜村而言更具职业性，为当时文人画画家所诟病。
② 大谷篤蔵・藤田真一『蕪村書簡集』東京：岩波書店、1992。

上述芜村书信的文字中可以窥见其对于当时日本画坛所谓正统的反驳，同时也可以看到芜村想要突破传统，进行绘画革新的想法。而芜村自诩"はいかい物の草画、凡海内に並ぶ者覚無之候"，对于竹洞所批判的"俳气"，却并不认为是弊病，反而认为于此道之中，海内外无人可与自己相比。芜村的文人画作品笔法多样，并不拘泥于"南宗画"画法。不仅如此，芜村还大力创作俳画作品。寥寥数笔简单勾勒的俳画，不仅诙谐生动，与俳谐作品相配相得益彰，也是"俗"这一理念的集中体现。足见同时修习俳谐、绘画的芜村，不仅将俳谐之"俗"应用于绘画之中，还将绘画的"雅"也纳入俳谐创作之中。通过研习古典，提升自身的境界，达到"俗中有雅""以俗达雅"的境地。

因此，《安永三年芜村春兴帖》中的俳画作品可谓明确映射出了芜村的"离俗"论。根据冈田利兵卫定义的"俳画と'画'という造形をもって俳諧するものが俳画だ"（俳画，则是以"画"之形式书写俳谐之物——笔者译）[1] 这一俳画概念，即知俳画是以图像为主体、表现俳谐世界的作品。因此，其必然具备了"画"与"俳谐"的双重特质，即"画"的"雅"趣和俳谐的"俗"趣。芜村将"雅"与"俗"融合为一，扩大"俗"的理念，追求的不是表达形式上的"雅"，而是精神世界中的"雅"。纵观《安永三年芜村春兴帖》中的俳画，可进一步获知芜村不单单是在俳画中寻求"雅俗合一"，而是将俳谐与俳画认定为同一属性的诗歌作品，寻求诗画同级，诗画间的"雅俗合一"。即俳谐以文字，换言之以"俳言（即和歌中不使用的词汇，包含俗语、汉语词汇等）"书写风景，突出"雅"趣，以"俳画"凸显"俗"趣，增强故事性和俳谐性，而这一"俗"的概念又建立在古典的基础之上，是古典精神思想的"俳谐"性再现。但不可忽略的是，俳画起源与文人画关系密切，因此俳画本身也具备"雅"这一特质。

"扫帚图"则是符合这一创作理念的。"扫帚图"中的"うぐひすや日あたる枝に来たばかり"（睨睕黄莺，刚刚落于，向阳枝头——笔者译）描绘的是极具"雅"趣的春景。全句之中没有"俳言"，无论是动态的"うぐ

---

① 岡田利兵衛『俳画の世界』京都：淡交社、1966、1 頁。

ひす"（黄莺）、"日"，抑或是静态的"枝"均是和歌等古典文学作品中的常客。所以整句描绘的春景与古典世界的景致如出一辙，以俳谐而言此句缺乏创新性。然而芜村添配的"扫帚图"却极大地增强了整个作品的"俗"趣。此处的"扫帚"与和歌中常见的"玉帚"不同，是百姓生活中常见之物，也可视为此作品中的"俳言"。其即代表人民生活，同时又暗含了古典的深意。上节中具体分析了芜村的扫帚绘画作品与寒山拾得的关系，此作品虽没有直接点明寒山拾得，但《安永三年芜村春兴帖》中的 16 幅作品，多以古典为基础，集中体现了芜村的"离俗"理念。因而，第一幅"扫帚图"也必定凸显"古意"，以"俗"为基础，借用古典升华意境，达到"雅"的世界。这一图文结合的手法，既可以理解为拾得在扫地之时，突闻黄莺鸣叫，感慨春天到来，表现出作者对于拾得隐世生活的憧憬，也可以理解为作者本人或他人扫地之时的场景，初春恬静的生活，打扫庭院的姿态正如拾得所代表的隐士一般，今日也得以体会到古人的高雅生活。如此可见，图像的搭配极大深化了原发句的思想内涵。不是繁华盛世的春景，而是文人不为名利、于恬静生活中感受的春景。因此，此"扫帚图"十分具体地反映出了芜村"离俗"的思想，以及芜村所追求的以"俗"达"雅"的创作理念。

另外，图像内容与发句内容并无直接关系，更类似于基于发句的余韵而进行的再创作。即图像以发句描绘的春景为背景增加了人事活动，进而转化诗意，深化思想。云英末雄认为这样的图文关系类似于连句的"匂切"，即根据上句的旨趣、余韵吟咏下句。但是，芜村俳画中的"扫帚"依赖于古典才得以实现其功能，因此，图像所指代的故事和思想是其核心内容。较之于"匂切"所强调的前句的余韵，芜村更关照了俳画本身功能性的体现，以求诗画地位平等。芜村将继承于传统的寒山拾得形象融入身边生活，引发读者体悟。可见，芜村笔下的图文关系类似于连句，具有其特质，但是图文的地位是同等的，很多时候图像的功能性更为突出。此类图像更具备与文字同等的符号功能，以图像符号进行连诗、创作甚至改写和拓展原来的诗意。而这样的图文关系也是依托于古典，以将"俗"转化为"雅"为目的的。有关"雅""俗"之论，松尾芭蕉也曾有提及：

師の曰、乾坤の変は風雅のたね也といへり。静なるものは不変の
姿也。動るものは変也。時としてとめざればとゞまらず。止るといふ
は見とめ聞とむる也。飛花落葉の散乱るも、その中にして見とめ聞と
めざればおさまることなし。その活たる物だに消て跡なし。

『三冊子・あかさうし』

吾これを聞けり。句に千歳不易のすがたあり。一時流行のすがた
あり。これを両端におしへたまへども、その本一なり。一なるは、と
もに風雅のまことをとれば也。

『俳諧問答』①

师曰，乾坤之变为风雅之根。静者不变之姿。动者变也。时常，
（万物变化不息）若非挽留捕捉则瞬息万变。万物于变化之途短暂停歇，
乃（诗人）瞬间观察、听闻所得。如飞花落叶四落飘散，事物之变化，
若非于其变化之中捕捉，其实体一切现成（佛语）则消失无踪。

《三冊子・赤册子》

吾听闻，（俳谐）之句有千岁不易（不易即不变之意）之姿，有一
时流行之姿。师虽常分别教习二者，然其根本相同。所谓相同，即（二
者同需）习得风雅之诚。

《俳谐问答》

芭蕉认为俳谐吟咏生活百态，世间变化，但其也具有亘古不变之姿。换言
之，俳谐的表现、所咏事物的千姿百态，因时代变化而变化，但是其也秉承
了传统中不变的思想、理念以及审美意识，故而提出了"不易流行"的概
念。"不易"则是指永恒的、不变的事物，即为"雅"；而"流行"则是日
常的、未开拓、未发现的事物，即为"俗"。虽着眼于俗，却是以探究"俗"
的本质、追寻"俗"的深层含义，以及与传统美学、思想理念的共通性为目
的的，因而其终点仍然是"雅"，芭蕉将其总结为"风雅之诚"。可见芜村

---

① 小宫豊隆・横沢三郎編『芭蕉俳諧論集』東京：岩波書店、1993、26-28 頁。

的"离俗"论极大地继承了芭蕉的"不易流行"思想。但是，芭蕉着眼的事物是森罗万象，而芜村的侧重点，尤其是上文中"扫帚图"所代表的俳画作品的重心在于古典人物、典故之上。

芭蕉去世[①]后直至享保（1716—1735）年间，俳谐文学极速庸俗化、川柳化，而连句文学更是呈现消亡之态。一方面以美浓、伊势为中心的俳人推崇芭蕉晚年提出的"軽み"理念，努力推进俳谐的大众化，但另一方面加剧了俳谐的庸俗化。在此情况下，芜村等人推行芭蕉复兴运动，追求俳谐革新。"离俗"便是其首要任务。因此，芜村的"离俗"论虽然根植于芭蕉，却呈现出不同特征。即依托于古典文学、典故、人物等，以别具一格的"俗"的表现手法，在增强俳谐诙谐性和故事性的同时，深化其思想性和艺术性。将古典世界的思想和审美观念直接附加于俳谐作品之上。

《安永三年芜村春兴帖》中的"扫帚图"正是上述内容的例证。发句"うぐひすや日あたる枝に来たばかり"表达、含义模仿古典，欠缺新意。但是芜村的配图为其增加了诙谐感，同时纳入了寒山拾得所代表的隐逸思想。此"扫帚图"与其他 15 幅俳画相同，借用寒山拾得的典故，以图连诗，以图像拓展诗意。然而，这样的创作方式极具现实目的性。而以绘画代替文字，进行内容补充和再创作，可以看出芜村试图通过"絵画"的高雅性凸显俳谐的"雅"，提升俳谐的文学性，并力求俳谐与汉诗、和歌获得同等的地位，实现俳人到"文人"的身份转变。

结　语

俳谐作为日本江户时期，武士、文人、商人乃至平民等共同参与，突破身份制度的重要文学形式，备受青睐并得到广泛传播。仅江户时期出版的俳谐句集就多达三万多本，而与之相应产生的俳画作品更是数不胜数。作为画家而闻名的与谢芜村更是将继松尾芭蕉以来的俳谐创作手法与文人画理论结合，升华了其文学价值，同时将俳画推至艺术顶端。因此，对其俳谐和俳画

---

① 芭蕉于元禄七年（1694）去世。

作品的研究，不仅可以看到芜村作品的个人特色，也可以更深层次地了解日本俳谐、俳画作品的本质，并探明日本文艺的发展方式，以及其对中国诗画理念的继承和变容。

笔者将芜村俳画的功能、俳画与俳谐的相互关系以图示总结如下（图1）。因此，俳画不仅仅是俳谐作品的再现，更多的是对俳谐的再创作，对于俳谐内容、理念的升华与深化。本文基于《安永三年芜村春兴帖》中的"扫帚图"这一俳画，探究了芜村俳画的创作理念、芜村"离俗"论的特征，并探讨了俳画和发句间的关系。芜村将诗画巧妙地合二为一，不仅保留了俳谐"俗"这一根本特征，还依托古典实现了从"俗"到"雅"的转变。芜村吸收了芭蕉"不易流行"的思想，却表现出强烈的现实目的性，即借用绘画来写诗，实现其身份的转变。故而，明确"俳人""文人"在江户文化生态环境、历史背景下的异同显得异常重要，今后笔者也将围绕此点进行进一步探究。

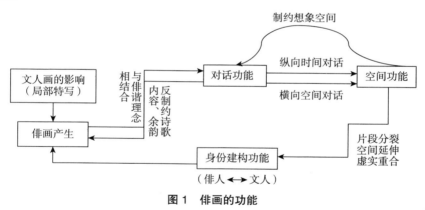

图1　俳画的功能

正平本《论语集解》与明清时期的东亚文化交流

藤塚邻 撰 王连旺 译注 *

【摘 要】何晏《论语集解》是保留《论语》古义的最佳善本，南宋以降在中国罕有流传。1364 年（日本南朝正平十九年），该书在日本刊刻出版，同时出现该刊本的钞本。正平本《论语集解》古钞本曾流布至朝鲜半岛。万历朝鲜战争之际，明朝监军萧应宫将此本携至中国，后历经钱曾、顾安道、黄丕烈、张金吾、陆心源等明清著名藏书家递藏，并成为陈鳣撰写《论语古训》的重要参考书籍。陈鳣、黄丕烈、翁广平以及朝鲜燕行使朴齐家等围绕此本的刊刻年代与行间文字展开了诸多交流。1907 年，此本随陆氏藏书又回流至日本。正平本《论语集解》在东亚文化交流和汉籍流播史上具有重要意义。

【关键词】正平本《论语集解》 东亚环流 文明互鉴

译者解题

中华典籍浩如烟海，灿若星辰，不仅记录和哺育了华夏文明，还通过东亚"书籍之路"传播至朝鲜半岛、日本列岛、越南等地，重新塑造了诸多周边国家民族的精神世界，推动了区域文明的发展进程。然而考察典籍流布与文化传播时，应从数量浩瀚的书籍中找到主旋律，并以此为指南勾勒出这一研究领域的经纬度。而《论语》及其注释书《论语集解》《论语义疏》《论语集注》等正是这一主旋律中的一组强音，尤其是《论语集解》在东亚的环流中充满了传奇性与故事性，是研究东亚典籍文明交流互鉴的一个绝佳案例。

---

* 藤塚邻，日本大东文化大学教授。王连旺，郑州大学外国语与国际关系学院、亚洲研究院副研究员。

《论语集解》十卷，三国魏何晏主持编纂，为现存最古的《论语》注释书，与朱熹《论语集注》的新注相对，被称为古注。是书广集汉魏时期孔安国、马融、包咸、周氏、郑玄、陈群、王肃、周生烈等八家之注，附以自说，是了解《论语》古义的最佳善本。皇侃《论语义疏》、邢昺《论语正义》亦基于此书而作。日本国立国会图书馆藏日本文化十三年（1816）狩谷望之（㭣斋）序刊本《正平本论语集解》别册末附文化十年（1813）市野光彦《正平本论语札记》（索书号：本别 2-11），介绍了正平本《论语集解》藏本概要及其在中日流传的情况，对于理解本文具有重要参考价值，故录文如下：

昔者皇国通信于隋唐，所传经籍皆是当日使臣所赍，而历世久远，渐就沦坏，幸而所存如五经论孟、皇侃《论语义疏》是也。就中，刊本所传正平《论语》最为纯古。较之《群书治要》、唐石经，颇有同异，间与蔡邕石经残碑、《史》《汉》《说文》所引合，又多与陆德明《释文》所引一本合，则其六朝之遗经而非唐本亦可知也。今世所行一二刻本及邢氏注疏本，浅人妄校失真，终未有得其善者。光彦深惧此本之遂亡，爰用所藏本覆刻，以饷同好。其中字体讹谬、缺文坏字间亦有之，思而可得者并依其旧，不敢改正，所以存古而惩妄也。

此书卷末跋云："堺浦道祐居士重新命工镂梓，正平甲辰五月吉日谨志。"谨案，正平甲辰实为后村上天皇正平十九年。《泉州志》载："道祐居士，足利义氏之四子，俗名祐氏，幼而丧父，与其母共居于堺浦，遂薙染为僧，改名道祐。初学天台，后为觉如上人之徒弟云。"此书之刻，距今仅四百五十余年，其所刷印流传希少，好古之家适藏弃焉。光彦所尝见尤有三种，一则有跋本，今所刊是也；一则无跋本，后人削去跋文者。合而校之，界栏字形皆是一样，盖同本也。吉田学生误以无跋本为正平原本，其所辑《论语考异》称旧板大字本者是也。然无跋本印板残缺，尚存于世，跋二行削去之痕隐然，则知无跋本为后出无疑也。又据跋所谓"重新命工镂梓"，则正平犹有原本欤？然今竟不可复求也；一则卷尾有学古神德楷法，日下逸人贯书十二字，"学古神德楷法"未知其为何义，盖日下其姓贯其名，此即影正平本者亦所希见也。

钱曾《读书敏求记》云："童年读《史记·孔子世家》，引子贡曰：
'夫子之文章，可得闻也；夫子之言性与天道，不可得而闻也已矣。'窃
疑古文《论语》与今本少异，然亦无从辨究也。后得高丽钞本何晏《论
语集解》，检阅此句，与《汉书》传赞适合。因思子贡当日寓嗟叹意于
不可得闻中，同颜子之'如有所立卓尔'，故以'已矣'传言外微旨，
若脱此二字，使作了语，殊无低徊未忍已之情矣。他如'与朋友交，言
而不信乎'等句，俱应从高丽本为是。此书乃辽海道萧公讳应宫监军朝
鲜时所得，甲午初夏，予以重价购之于公之仍孙，不啻获一珍珠船也。
笔画奇古，如六朝、初唐人隶书碑版，居然东国旧钞，行间所注字，中
华罕有识之者，洵为书库中奇本。末二行云'堺浦道祐居士重新命工镂
梓，正平甲辰五月吉日谨志'。未知正平是朝鲜何时年号，俟续考之。"
光彦案，此书既流传清国，藏于尊王之架，然其言云得高丽钞本，又云
东国旧钞，则是摸写此本者，而非印本明矣。遵王好聚书，精赏监，而
目以高丽本，则彼未见正平原本亦可知矣。《四库全书总目提要》及余
萧客《古经解钩沉》并袭其谬，竟不知正平是皇国之年号也，故举以
正之。

《释文序录》何晏集解十卷、《隋书·经籍志》集解论语十卷（何晏
集）、新旧《唐书·艺文志》何晏集解十卷，卷数并与皇国所传古本同。
又郑樵《通志》、王应麟《玉海》、晁公武《郡斋读书志》、陈振孙《（直
斋）书录解题》并载《论语集解》十卷，则知宋时单注本尚行矣。晁氏
曰："昔议者谓太和石本授写非精，时人弗之许，而世以长兴板本为便。
国初遂颁布天下，收向日民间写本不用。然有舛误无由参校，判知其
谬，犹以为官。既刊定难于独改，由是而观石经固脱错，而监本亦难尽
从。"据此，则宋时所行唯有长兴本一派耳。邢昺作《正义》、朱氏作
《集注》，亦皆由此本，而无别本可用校雠。朱氏才引晁氏所录蜀石经
及福州写本亦何寥寥。若夫《四库全书》，则以万乘之力而聚四海之书，
宜无所不有。然观其所录，才不过《论语正义》二十卷。如皇侃《义
疏》亦吾书之所流传耳。恭惟皇国质素成风，古训是由，守而不失，真
本永传，可不谓盛德矣哉。

世所传古本《论语》，犹有数通，如菅家钞本（此本旧大和国广濑村里正某所藏，相传菅原丞相真迹。广濑属于安浓津封内，今为侯家珍藏。每卷有贞和二年记，吉田汉宦云粘表时所题，盖八九百年古钞）、宗重卿钞本（每卷首题云左中将藤宗重。案，宗重御堂关白道长公十二世之裔，任中纳言，叙从二位，父曰冬定，贞治六年十二月薨，今松本家之远祖。又卷末有贞和二年及应永九年记，亦后人所题。盖五六百年外古钞。友人汤岛狩谷卿云所藏，《考异》未载之）、明应印本（卷末记云明应龙集己未仲秋平武道重刊，《考异》未载之）、大永钞本（卷末记云于时大永四暮腊月中浣，《考异》所引）、天文印本（卷首有从三位侍从藤原宣贤叙）、皇疏印本（宽延中根逊志校刻）及古钞本（庆长以上古钞，光彦藏弃）是也。先是山井君彝作《考文》，吉田学生作《考异》，古本同异，班班可考，故今节录涉文义资考证者若干条，以为札记一卷，附刻以备参二书所载，并从省略。此书每用六朝俗讹字样，……文化十年癸酉冬十月江户市野光彦识。

由此可知，早在两个世纪前，正平本《论语集解》便已引起日本学者的重视，开始系统梳理其藏本系统和递传情况，并对其文本进行了考证与校异。市野光彦认为，该本在宋时尚有流通，但由于宋初便"收民间写本不用"，"所行唯有长兴本一派"，故此《论语集解》在中国逐渐淡出人们的视野。还依据钱曾《读书敏求记》，关注到了正平本《论语集解》古钞本曾经由朝鲜半岛流布至中国，这一事实饶有趣味。钱曾旧藏正平本《论语集解》古钞本后来归清末四大藏书家之一的陆心源所有。1907 年，陆氏后人将皕宋楼、十万卷楼和守先阁的宋元明清稀世珍本尽数售与岩崎弥之助，这批珍贵典籍成为静嘉堂文库的建库之基。从日本经由朝鲜半岛流入中国的正平本《论语集解》古钞本亦在其中，这一事件引发中日两国广泛关注。1930 年，日本著名藏书家德富苏峰《书窗杂记》开篇便收录了《正平本論語集解の行方》①一文，详细介绍了该书在东亚的环流过程。1947 年，藤塚邻《日鲜清の文

① 德富豬一郎『書窓雜記』東京：民友社、1930、1-31 頁。

化交流》第二章为"正平本論語集解を繞る日·鮮·明·清の文化交流"，①
利用大量材料对正平本《论语集解》在东亚的环流做了系统梳理，并指出了
这一事件的文化意义。其后，日本对《论语集解》的研究传统延续至今，相
关成果不胜枚举。其中，高桥智先生的《室町時代古鈔本〈論語集解〉の研
究》② 是这一领域的集大成之作。

藤塚邻（1879—1948），号素轩，堂号望汉庐。毕业于东京大学中国哲
学专业，曾任京城大学教授、大东文化学院总长，1920 年 4 月至 1921 年 10
月受文部省之命，以旧制第八高等学校（现名古屋大学教养学部）教授的身
份担任在外研究员，在北京留学一年半。期间往返流连于琉璃厂旧书肆，耽
于搜集经籍，积书达万卷之多。1924 年 4 月，调任京城大学，至 1940 年退
休。藤塚邻为著名经学家、文献学家、藏书家，在中日韩三国的学习工作经
历，拓展了其研究的东亚视野，是在东亚坐标下开展经学及文献研究的先驱
者。这一特点在其著作《日鮮清の文化交流》《論語総説》《清朝文化東伝の
研究：嘉慶·道光学壇と李朝の金阮堂》等中均有体现。其中，《清朝文化
東伝の研究：嘉慶·道光学壇と李朝の金阮堂》一书由藤塚邻之子藤塚明直
编纂而成，是书有 2020 年中文译本。③

藤塚邻于 20 世纪 30、40 年代便已引起了中国学者的注意，他的多篇
文章被翻译为中文。如《朝鲜金秋史入燕与翁阮两经师》④《翁海村的日本文
化研究：关于"吾妻镜补"》⑤《从郑成功母子图说到中日鲜文化之交流》⑥《史
传：清代乾隆文化与朝鲜李朝学者之关系》及其续编 ⑦ 等。由此可见，其学
术在当时已引起中国学界的广泛关注。

---

① 藤塚隣『日鮮清の文化交流』東京：中文館書店、1947、32-46 頁。

② 高橋智『室町時代古鈔本「論語集解」の研究』東京：汲古書院、2008。

③ 藤塚邻著，藤塚明直编，刘婧译注《清代文化东传研究：嘉庆、道光学坛与朝鲜金阮堂》，
凤凰出版社，2020 年。

④ 藤塚邻著，恕斋译，载《新民》1936 年第 2 卷第 2 期。

⑤ 藤塚邻著，冲霄译，载《译丛》1943 年第 5 卷第 1 期。此篇文章在中国多次被翻译，另有
藤塚邻著，蔡惕若译《清儒翁海村之研究日本文化》，《国立华北编译馆馆刊》第 2 卷第 3
期，1943；藤塚邻著，林春晖译《清儒翁海村之日本文化研究：清代学者所著日本文化
史"吾妻镜补"之介绍》，《政治月刊》（上海）第 5 卷第 3 期，1943 年。

⑥ 藤塚邻著，孙铮译，载《译丛》第 5 卷第 3、4 期，1943 年。

⑦ 藤塚邻著，杨鼎甫译，载《正风半月刊》第 1 卷第 5、6、7 期，1935 年。

翻译时，译者补充了原文提及但未引的部分资料及图版，以便于阅读。此外，按照集刊体例，将文中注更改为页下注，增补了出版信息，增加了摘要、关键词、译者解题及译后语，以期读者更加全面地理解本文的学术价值与方法论意义。

一 明朝萧应宫于朝鲜发现古写本《论语集解》

在丰臣秀吉第一次侵略朝鲜告一段落，即将第二次侵犯朝鲜之际，萧应宫作为明朝的军监赴朝鲜。萧应宫严明正直，但也因此而获罪。其事迹载于《明史·朝鲜传》，[①] 钱谦益撰《明故整饬辽阳等处海防监督朝鲜军务山东按察司按察使萧公墓志铭》[②] 为其伸冤，并使其扬名。而萧应宫本人还著有《朝鲜征倭纪略》一卷，[③] 不过现已亡佚。

萧应宫，字观复，江苏常熟人，三十六岁进士及第，容貌魁伟，勇武过人，是非常杰出的人物。萧应宫于明万历二十五年（1597，日本庆长二年、朝鲜宣祖三十年）担任军监，来到朝鲜，在戎马倥偬之间，得到了古写本《论语》，即何晏《论语集解》。李氏朝鲜从宋明时期便专注于朱子学，除朱子学以外，容不下其他任何学问。在这样的国家与时代，萧应宫不知从何处、何人那里得到了何晏《论语集解》古写本，而并非朱子《论语集注》。萧氏将此本视为天下奇珍而异常欣喜，从这一点便可以窥探到他的卓越与伟大。

萧应宫回国后，晚年隐居乡里，将《论语集解》作为唯一的珍宝，余生都在仔细研读。其同乡友人钱岱，字秀峰，隆庆五年（1571）进士，其轶事见于王应奎《柳南随笔》。萧、钱二人交谊甚笃，青年时便相约要在常熟同城而居。后来，萧氏生活在城东，钱氏生活在城西，二人衡宇相望，日夕往来，耽于雅谈。二人逝后，钱氏一族日益繁荣，但萧氏却日渐式微。最终，萧氏子孙将数代相传的家宝《论语集解》转手钱家，并成了钱家的管家，该

---

① 《明史·朝鲜传》，中华书局，1974年，第2386页。
② 钱谦益著，钱曾笺注，钱仲联标校《牧斋初学集》卷56，上海古籍出版社，1985年，第1388—1390页。
③ 《明史·艺文志》，第2386页。

书的转让对象便是与萧家因缘深厚的钱氏后裔钱曾。

二 钱曾《读书敏求记》载所谓高丽钞本《论语集解》

清顺治十一年（1654，日本承应三年，朝鲜孝宗五年）初夏，钱曾花重金从萧氏子孙处购得垂涎已久的古写本《论语集解》，感叹道："不啻获一珍珠船也。"钱曾，字遵王，号也是翁，是钱岱的曾孙裔肃之子。裔肃字嗣美，是钱谦益的族孙，与钱谦益一样，喜好藏书，庋藏颇多。钱曾承其父遗风，又受教于钱谦益，热衷收集典籍善本，尤好宋椠。其友冯班甚至戏谑道："昔人佞佛，子佞宋刻乎。"钱曾相与大笑，由是自称"佞宋主人"。钱谦益的绛云楼遭受祝融之灾后，三千九百部稀世典藏损失大半，剩余的一些书籍、诗文稿尽归钱曾所有。于是，钱曾建藏书楼来庋藏这些图书，命名为述古堂，并撰有《述古堂记》。钱曾博学多闻，尤精于鉴别，亲自编撰《述古堂目录》四卷，又选出善本秘籍六百余种，以经史子集四部排列，四部之下分设小类，并在每书之下撰写解题，记述其递传之源流、缮刻之异同，名之为《读书敏求记》，却将《读书敏求记》稿本秘藏，不敢轻易示人。大儒朱彝尊隐约听说这一传言，不禁为之心动，向其借阅，却被拒绝。后来，朱彝尊在担任江南典试官南下之际，想出一策。拜托友人摆下宴席，将钱曾约出，趁其离家之时以黄金、翠裘贿赂钱曾的书童，将《读书敏求记》借出，然后命预先安排好的数十位抄书生于密室连夜抄出副本，再遣书童悄然放回。之后，朱彝尊将此事告知钱曾并向其致歉，立誓不将此书外传。①世人将此事戏称为"雅赚"。

钱曾最新求得的古写本《论语集解》也见于《读书敏求记》，尤其引人关注。他将此本称为《高丽钞本论语集解》，并一一列出了此书异于或优于通行本的部分，并记述从萧应宫子孙处重金购得此书之始末，喜不自胜，感叹"不啻获一珍珠船也"，盛赞此书"笔墨奇特古朴，似六朝、初唐隶书碑版，居然东国旧抄。（中略）洵为书库中奇本"。同时钱曾也提出两个疑问：

---

① 事载吴焯《读书敏求记题记》，钱曾著，管廷芬、章钰校正《读书敏求记校证》，上海古籍出版社，2007 年，第 488 页。

（1）行间所注字，中华罕有识之者；（2）末二行云"堺浦道祐居士重新命工镂梓，正平甲辰五月吉日谨志"，未知"正平"是朝鲜何时年号，俟续考之。

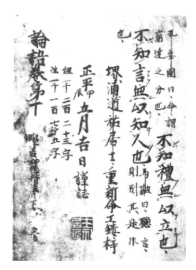

图 1　钱曾旧藏室町时期影抄正平本《论语集解》卷十尾（现藏日本静嘉堂文库）
（译者插图。书影引自斯文会编《论语秘本影谱》，1935 年）

另外，钱曾叙述了萧应宫与其曾祖钱岱从幼年至晚年密切的交情。感叹道："未及百年而萧氏式微，吾祖后兰绮依然，流风未艾。循览此书，回还祖德，子孙其念之哉！子孙其敬之哉。"可以看出他尤爱此书。

《读书敏求记》还收有"日本受领之事一卷"，解题尤引人关注："受领者，受领天朝之赐予也。字形奇诡，是彼国人所书。装潢楮墨，咸与中国异，而实精于中华。行间复以日本字注其旁，不可辨识，亦书案间一奇物也。"[①]

三　朝鲜朴齐家与清儒陈鳣、黄丕烈的学缘
——正平本《论语集解》的鉴定

钱曾将所谓《高丽钞本论语集解》视为珍宝，告诫子孙要永世珍藏。然

---

① 钱曾著，管廷芬、章钰校正《读书敏求记校证》，第 202 页。

而，钱氏子孙未能恪守祖训。钱氏藏书散出后，《论语集解》流入顾安道之手。顾安道的友人中有一位经学大家，名陈鳣，字仲鱼，浙江海宁人，嘉庆三年（1798）举人。陈鳣收藏有许多宋元古版本及古钞本，精于训诂之学，与钱大昕、翁方纲、段玉裁等人论学甚欢。陈鳣晚年时成为吴骞的门客，闻听黄丕烈的百宋一廛中有很多九经三传的异本，欣然与之订交，携宋刊元椠互为校勘。陈鳣暮年隐居于紫薇讲舍，汇辑数年之钞撮，编成《经籍跋文》。其藏书楼一名"向山阁"，一名"士乡堂"。陈鳣珍爱之书籍画帖之上钤有两印，一为陈鳣肖像印，上题"仲鱼图象"四字，另外一印内容为"得此书，费辛苦，后之人，其鉴我"十二字。笔者所藏《尚书后案》初印精装本便钤有两印。

图 2　陈鳣印

（译者插图。引自陈先行、石菲《明清稿钞校本鉴定》，上海古籍出版社，2009 年）

因宋代邢昺《论语正义》所引《集解》错误较多，陈鳣决定撰写《论语古训》，订正《论语正义》之讹误。陈鳣从其友顾安道处借到所谓《高丽钞本论语集解》，依据此本加以校订，获益颇多，遂大喜。此外，还援引从日本回流的皇侃《论语义疏》、山井鼎、物观《七经孟子考文补遗》互为佐证，订正补缺，完成了一部杰作，即《论语古训》十卷，册首附乾隆五十九年（1794）陈鳣自序，乾隆六十年刊行，之后又补入嘉庆元年（1796）阮元序文。

正因为《高丽钞本论语集解》是《论语古训》的重要校本，所以陈鳣一直想要究明钱曾以来便悬而未决的两处疑问。后来终于迎来了解决问题的

机会。嘉庆六年（1801），朴齐家、柳得恭二人跟随朝鲜贡使来到北京，陈
鳣与朴、柳二人在琉璃厂的五柳居偶遇。经书肆主人陶珠琳引介，他们一见
如故，交款甚欢。陈鳣将所著《论语古训》赠与朴齐家，朴齐家将所著《贞
蕤稿略》示与陈鳣，并乞陈鳣作序，当时出使琉球后回国的李鼎元也助言相
劝，陈鳣便欣然为其作序，称赞朴齐家"发明古学，贯通六艺"。不仅如此，
还拜托友人吴省兰，将此书收入吴氏所编丛书《艺海珠尘》，并且还自行刊
刻了单行巾箱本，将之推广至学界，可见二人交情之深。

图 3 《贞蕤稿略》卷首书影

（译者插图。引自南汇吴省兰听彝堂刻《艺海珠尘》，清嘉庆年间刊本）

陈鳣以与朴齐家的交往为契机，问出了他一直疑惑的问题，即所谓《高
丽钞本论语集解》卷末出现的"正平甲辰"年号到底对应朝鲜的哪个时期。
朴齐家直接答复："东国（朝鲜）无正平年号，殆是日本国也，当呼为倭
本。"陈鳣才知晓"正平"实为日本年号，积年的疑问终于冰释，心情大悦。
他又向朴齐家请教行间的文字，被告知是日本的片假名。由此，陈鳣得以最
终判定此书为日本古写本。陈鳣好友黄丕烈亦向朴氏问及此事，得知此本之
始末。吴骞又从陈鳣处得知此书情况。最终，因朴齐家的一言解惑，钱曾之
时就悬而未决的问题终于得到解答。

黄丕烈，字绍武，号荛圃，江苏吴县人，乾隆五十三年（1788）举人，
酷爱藏书，曾购入百余种宋刻本，其友顾莼为他的藏书室取名为"百宋一

廛"，顾千里为黄丕烈作《百宋一廛赋》，黄丕烈为之加注后刊行。黄丕烈购得虞山毛氏旧藏北宋本《陶诗》，之后又购得南宋汤氏注《陶诗》，喜不自胜，又名其藏书楼为"陶陶室"。另外，其藏书楼又名"士礼居"，黄丕烈将所藏善本编为《士礼居丛书》刊行出版，为收藏家所重视。读《士礼居藏书题跋记》六卷（潘祖荫刊刻）、《续录》二卷（江标刊刻）、《荛圃藏书题识》十卷（缪荃孙刊刻），可以看到黄氏身为藏书家和文献学家的生动形象。江标撰有《黄荛圃先生年谱》记其生平。

黄丕烈于嘉庆六年（1801）进京，恰能与朴齐家、柳得恭订交，心情甚欢。乾隆五十八年（1793）除夕，黄丕烈购得宋刊单疏本《仪礼》，遂仿照贾岛除夕祭祀司书鬼长恩的故事，绘制《祭书图》。黄丕烈将此图出示给朴、柳二人，并请二人题诗。图中姑苏古城在云际中飘渺隐现，枫竹萧森的院内有藏书楼，黄丕烈在藏书楼中点燃烛台祭祀，成偃偻之状。朴齐家赋长诗一首为报，黄荛圃惜别，赋七言古二十韵。

此本有"问题"的《论语集解》自顾安道传至顾之逵，又从顾之逵流入黄丕烈之手，其时为嘉庆二十四年（1819）。此时，黄丕烈与朴齐家分开已有近十九年。朴齐家虽然曾说"正平"是日本年号，但黄丕烈仍将信将疑，现在又涉及自家藏书，慎重起见，他将此书出示给新结交的翁广平看，请其判断真伪。翁广平是当时世间无二的日本通，利用自己擅长的知识，证明"正平"确系日本年号。黄荛圃欣然执笔，为此书做了如下题跋：

> 何晏《论语集解》十卷，有高丽本，此见诸《读书敏求记》者也。《记》云："此书乃辽海道萧公讳应宫监军朝鲜时所得，甲午初夏，予以重价购之于公之仍孙。"似遵王之言，甚的矣。其实不然，余向于京师遇朝鲜使臣，询以此书，并述行间所注字，答以此乃日本书，余尚未之信。顷获交翁海村，海村著有《吾妻镜补》，举"正平"年号问之，海村云："其年号正平，实系日本年号，并非日本国王之号，是其出吉野僭窃，其国号曰南朝，见《日本年号笺》。"据此，则书出日本，转入朝鲜。遵王但就其得书之所，故误认为高丽钞本耳。是书向藏碧凤坊顾氏，余曾见之，后归城西小读书堆，今复散出，因亦以重价购得。展读

一过，信如遵王所云“笔画奇古，似六朝、初唐人隶书碑版，不啻获一珍珠船也”。原有查二瞻诗一纸，仅黏附卷端，兹命工重装入册，记其颠末如此。己卯中秋五日复翁识。（译者补录）

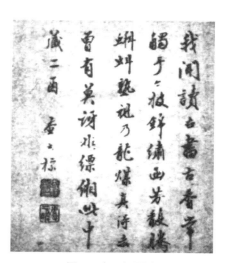

图 4　查二标题诗

（译者插图。引自斯文会编《论语秘本影谱》，1935 年）

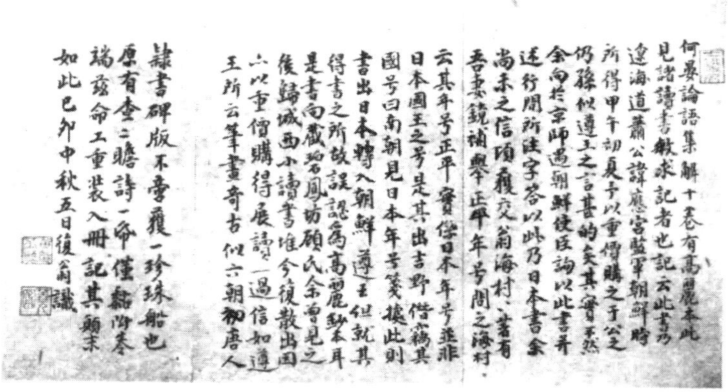

何晏論語集解十卷有高麗本此
見諸讀書敏求記者也記云此書乃
遼海道蕭公諱應宮監軍朝鮮時
所得甲午初夏予以重價購之于公之
仍孫彼遵王之言甚的矣其實不然
余向於京師遇朝鮮使臣詢以此書并
述行間所注字答以此乃日本書余
尚未之信頃獲交翁海村、書有
吾妻鏡補舉正平年号問之海村
云其年号正平實係日本年号並非
日本國王之号是其出吉野借稱其
國号曰南朝見日本年号箋據此則
書出日本轉入朝鮮遵王但就其
得書之所故誤認為高麗鈔本耳
是書向藏碧鳳坊顧氏余曾見之
後歸城西小讀書堆今復散出因
以重價購得展讀一過信如遵
王所云筆畫奇古似六朝初唐人
隸書碑版不啻獲一珍珠船也
原有查二瞻詩一帋僅黏附卷
端茲命工重裝入冊記其顛末
如此己卯中秋五日復翁識

图 5　黄丕烈手跋

（译者插图。引自斯文会编《论语秘本影谱》，1935 年）

黄荛圃时年五十七岁，他又拜托翁广平题跋。翁氏题跋如下：

　　己卯初夏，郡城黄荛圃先生出示旧钞何晏《论语集解》，笔画奇古，纸色亦古香可爱。此书平曾于钱遵王《读书敏求记》中见其目，云："辽海萧道公监军朝鲜时所得，予以重价购之。行间所注字，中华罕有识者。末云'正平甲辰五月吉日'，未知正平是朝鲜何时年号？"平以《高丽史》《海东诸国记》考之，俱无此号，后得见《日本年号笺》，知"正平"乃日本割据之号也。按，日本九十六世光严天皇丙子延元元年有割据称南朝者，于出吉野建都改元，时中国元顺宗至元二年，历四世五十五年而终。正平是其第二世，自称后村上院天皇。甲辰是正平十九年，当日本九十九世后光严天皇贞治三年，中国元顺宗至正二十四年也。夫海外之书，椠本、写本所见亦有数种，虽格式各国不同，若行间有注字则唯日本所独也。朱竹垞跋《吾妻镜》所谓"点倭训于旁，译之不易"是也。是则此书断为日本所写无疑，不仅纪年之符合也。平曾有《日本著书目》，然所见不得十一。近日宋椠及宋元旧写本日少一日，此书实系旧写，况又来自海外，正遵王所云"书库中奇本"，而平亦得共赏其奇，幸甚幸甚。

　　莺脰渔翁翁广平识。（译者补录）

图6　翁广平手跋

（译者插图。引自斯文会编《论语秘本影谱》，1935年）

翁广平所依据的《日本年号笺》是以北朝为正统而制作的，故不得不将"正平"看作吉野割据的年号，现在当然应该矫正这一看法。

四　张金吾、陆心源与正平本《论语集解》的复原

此书从黄氏传至张金吾，后又流入陆心源之手。张金吾，字慎旃，是《学津讨原》编者张海鹏的侄子，江苏昭文人，笃志藏书，集先人旧藏八万余卷，编有《爱日精庐藏书志》三十六卷、《续志》四卷。其新获《论语集解》载于《爱日精庐藏书志》卷一。此外，张金吾还编撰《诒经堂续经解》一千二百余卷，编成《资治通鉴长编》等，著书多至二百余卷。其中，《十七史经说》八十卷是珍稀的手稿本。

陆心源，字刚甫，号存斋，浙江归安人。精于许（慎）、郑（玄）之学，尤心仪于顾炎武，故以"仪顾堂"为其堂号。其与同时代的丁申、丁丙在浙江以藏书丰富而著称。陆氏藏书中，《四库全书》未收之书颇多，宋版书多达百数十部，故取其大数，将其居室命名为"皕宋楼"。陆氏将宋元刻本以及名人的手钞、手校本等藏于皕宋楼，将明朝以后的刊本以及普通的抄本藏于守先阁中。其新获《论语集解》无疑成为皕宋楼中之珍宝。陆心源撰有《皕宋楼藏书志》一百二十卷、《仪顾堂题跋》十六卷、《续跋》十六卷等，凡九百四十余卷，名为《潜园总集》。

陆心源逝于光绪二十年（1894），即日本明治27年。十几年后，日本人岛田翰听闻其子陆树藩有意处理其父藏书，决心将全部藏书购入日本。因此从中策划周旋，动员伯爵田中青山、重野成斋，随后两人相继劝说男爵岩崎兰室全数收购。时机成熟后，重野成斋前往欧洲途经上海时，与陆树藩会面商讨此事，最终陆树藩同意将其父所有的藏书约计五万册全部出售，入藏岩崎氏静嘉堂文库。时年明治40年（1907）六月，可以说这是日本文献史上值得大书特书的重大事件，而那本有"问题"的《论语集解》也同时传入日本，至今仍在日本的文库中大放异彩。

综上可知，正平本《论语集解》古钞本漂洋过海被运至朝鲜，数十年后，万历朝鲜战争（1592—1598）时，传至明朝军监萧氏之手，时代更迭，

又从萧氏的子孙处传入钱氏之手。钱氏之后，又经顾、黄、张、陆递藏。几百年间，几经周转，最后竟又漂洋过海回到故土日本。从中可以清晰地看出日本、朝鲜、明朝、清朝之间文化交流之一斑。

关于陆心源的藏书传入日本一事，岛田氏撰有《皕宋楼藏书源流考》一书，该书于光绪三十三年（1907，日本明治 40 年）由武进人董康在北京付梓。董康甚是惋惜，哀叹道："古芬未坠，异域言归，反不如台城之炬、绛云之烬，魂魄长留故乡者，为太息者累月。"汾阳的名流王仪通也以此赋七绝诗十首寄慨，兴化人李详所题的六首七绝诗（刊载于《国粹学报》第 43 期），也同样在慨叹藏书远离中国而去之伤。当然作为中国人，心情确实会伤感，但从东亚文化交流和东洋古代典籍保存保护上来看，着实是意义深远之事。

译后语

1819 年春，日本人源茂松在东京京桥街坊书肆发现一本日本博士家所传古本《论语集解》，肃然改容，强压内心的喜悦以防书店老板抬价。购得此书后，作序一篇，引太宰春台之语，讲述如何鉴定古本《论语集解》。又抄录程伊川、赵邠卿、赵普、朱熹、伊藤仁斋、荻生徂徕、太宰春台等中日两国先贤之语，详述《论语》为何珍贵。其中，伊藤仁斋甚至评价《论语》为"最上至极宇宙第一书"，[①] 可见《论语》在古今中日两国学人心目中的地位之高。又，筑波大学附属图书馆藏有一部正平本《论语集解》，册首附有诸桥辙次的题跋一篇，诸桥认为"经籍传乎我者以《论语》为最古，《论语》存乎今者以正平本为最珍。……此书既古而既珍，既珍而既奇，后者睹者只应留意宝藏也"。[②] 诸桥辙次是享誉世界的经学家，他对正平本《论语集解》的评价除了看重该书物质形态上的既古且珍，更看重的应该是其保留了大量古注的文献价值。在空间涵盖中国、日本、朝鲜半岛，时间纵跨明清两代的

---

① 源茂松「得古本『論語集解』序」京都大学付属図書館藏『論語集解』（索書号：1-66/ロ/10貴）、江戸中期刊本。
② 諸橋轍次「正平本論語集題記」築波大学付屬図書館藏正平本『論語集解』（索書号：ロ 860-200）。

历史长卷中，正平本《论语集解》古钞本在东亚实现了环流，以此为载体，中日韩三国学人展开了丰富多彩的交流与对话，极富传奇性与故事性。

　　本文作者藤塚邻的学术研究特点有二，一为东亚视野，二为重视文献考据。这与他经学家、文献学家、藏书家的身份，以及在中日韩三国的学习工作经历密切相关。可以说，《正平本〈论语集解〉与明清时期的东亚文化交流》一文很好地体现了其"东亚视野＋文献考据"的治学方法，这种方法在近百年后的今天依然具有旺盛的生命力，尤其在研究亚洲文明交流互鉴时，我们需要的不仅仅是宏大视野与跨国叙事，更需要基础文献与史实复原的强力支撑。

章太炎首次赴日交游考论

周　妍[*]

【摘　要】1899 年 6 月至 8 月，章太炎首次赴日。关于此行，日人向导馆森鸿做了详细的记录，辑为《似而非笔》，连载于该年 10 月 1 日至 11 月 10 日的《台湾日日新报》"落叶笼"专栏。《似而非笔》的内容上承章太炎避台期间与日人的交流，下接返沪后参与《亚东时报》的活动，是理解这一时期章太炎学术与思想不可或缺的重要材料，也是 19 世纪末中日交流的多元写照。诗文方面，章太炎与日本汉诗界古诗体倡导者会面，激发了思想共鸣，加深了对中日差异的认知；学术方面，经学探讨占据主要篇幅，但直接对话西学人士、接触日本的西学成果，让章太炎始终面临新学与旧学的"义利交战"；政论方面，梳理"归舰"传闻的由来以及中日双方的报道态度，侧面揭示这一时期包括章太炎在内的中国人士在对日期待与警惕上的平衡拉锯。

【关键词】似而非笔　馆森鸿　中日关系

引　言

中日甲午战争作为改变东亚传统国际秩序的转折点，客观上助推了中日交流高峰的到来。章太炎作为活跃于此时的革命家、思想家，也成为中日交流的重要推手，前后共有三次访日经历：第一次是 1899 年 6 月至 8 月，避地台湾半年后，在日人馆森鸿的陪同下赴日；第二次是 1902 年 2 月至 7 月，因在东吴大学掌教期间极力宣传排满革命思想，震动当地巡抚，再次东渡避难；第三次是 1906 年 6 月，从上海出狱后，由孙中山所派同盟会员接至东京，此次旅居长达五年之久。有关章太炎的访日经历，以往研究多聚焦后两

＊　周妍，浙江大学历史学院特聘副研究员。

次，着重阐述访日经历之于章太炎学术与思想的影响。① 相比之下，章太炎首次访日虽然时间不长，但接触的日本人士不在少数，且多为文化名人；从内容上看，上承避台期间与日人的交流，下接返沪后参与《亚东时报》的活动，是理解这一时期章太炎的学术与思想不可或缺的组成部分。

关于首次访日，章太炎方面的资料大致可分为游记、年谱、书信三个部分。游记有《游西京记》，最早刊载于《亚东时报》第十七号（1899 年 11 月 20 日），是游览京都的记录；年谱有《自定年谱》以及冯自由《记章太炎与余订交始末》等，对此行稍有涉及；书信有旅日期间致俞樾、汪康年等人的函札，隐含了途中的所感所得。另外，章太炎此行向导馆森鸿方面的资料也较早得到学界关注。馆森鸿（1863—1942）师从日本汉学家冈千仞、重野成斋等。1895 年 11 月渡台，至 1917 年 7 月返回日本期间，在国语学校任过教，在总督府任过职，还加入诗社，积极推动文学活动。戊戌变法后，章太炎经在沪日人山根立庵的介绍避地台湾，应聘为《台湾日日新报》撰稿。与馆森鸿"一见相善"，以"文字订交"。后章太炎与报社方面意见不合，又因气候不适等原因准备返回大陆。此时，馆森鸿建议东游，"访先贤遗迹，发石室秘籍，以养胸中之奇"。②

对于此行，馆森鸿做了详细的记载，辑为《似而非笔》，刊载于 1899 年 10 月 1 日至 11 月 10 日《台湾日日新报》（日文版）"落叶笼"栏目，共计 19 回。林俊宏、大山昌道从经学、子学、文字音韵学、日本汉文学四个方面概述交流内容，③ 彭春凌继而挖掘其间的观点碰撞，追溯了章太炎与明治日本汉学、西学的相遇。④ 此行本为舒缓心情，然而，通过直接对话西学

---

① 如第二次访日归国后，章太炎着手译述日本学者岸本能武太《社会学》，在此基础上修订《訄书》；第三次访日期间，章太炎结识幸德秋水等社会主义人士，联手开展"亚洲和亲会"等。

② 汤志钧：《章太炎与馆森鸿》《采桴新获：从戊戌到辛亥》，北京师范大学出版社，2018 年，第 93—102 页。館森鴻「送章枚叔序」『拙存園叢稿』巻 1、東京：松雲堂書店、1919、11–12 頁。

③ 林俊宏、大山昌道：《十九世纪末中日学术交流的一幕——以馆森鸿〈似而非笔〉为中心》，《鹅湖月刊》第 426 期，2010 年 12 月，第 25—34 页。

④ 彭春凌：《章太炎与井上哲次郎的交往及思想地图》，《杭州师范大学学报》2020 年第 4 期，第 34—48 页；彭春凌：《章太炎与明治汉学》，《近代史研究》2021 年第 4 期，第 120—135 页。

人士，不断接触日本的西学成果，章太炎始终面对新旧文学的"义利交战"。另一方面，在国难当头的背景下，章太炎又心系国事，对于中日关系的发展有所思虑。本文梳理章太炎此行接触的人物以及他们关注的焦点问题，力图呈现 19 世纪末中日文化交流与思想碰撞的一个侧面。

一 访日梗概与主要收获

章太炎首次访日的 1899 年是一个特殊的年份。戊戌变法失败后，康有为、梁启超等变法旗手先后避日，日本政府对于清国"流亡者""革命者"的关注度持续上升，章太炎一行每到一地都有专人报告。据《似而非笔》所载，6 月 10 日章太炎在馆森鸿、加藤雪窗的陪同下，由基隆出发前往神户，船中三日；14 日抵达神户，下午前往京都。在京都逗留三日期间，走览北野天满宫、鹿苑寺、清水寺、知恩院、博物馆、耳冢等地；后往大津，参观园城寺、三井寺，览琵琶湖等。会面的人物有馆森鸿旧友石川香桂、加茂贞次郎，特别拜访了铁眼禅师。[①] 馆森记"枚叔深感铁眼为人之奇，今世罕见名僧"，[②] 铁眼则"深感章先生非寻常学者"。[③] 二人惺惺相惜，约定为诗稿作序，可惜最终未成。

6 月 17 日，章太炎一行从大津出发，经名古屋，18 日抵达东京。东京是章太炎首次访日期间的主要旅居地。《自定年谱》以及冯自由的记录重点都在章太炎与梁启超、孙中山等本国志士的交流上。实际上，章太炎在馆森鸿的引荐下，会面了国分青厓、桂湖村、牧野藻洲、副岛种臣、重野成斋、太田代恒德、井上哲次郎、冈百世等众多文人学者，以笔代舌，搭建起了诗文、学术上的交流平台。

---

① 铁眼禅师即天田铁眼（1854—1904），生于陆奥国盘城平藩之家，早年参加戊辰战争，战后家人离散。后跟随由利滴水出家，著有《东海游侠传》《巡礼日记》等。
② 袖海生：《似而非笔（一）》，《台湾日日新报》1899 年 10 月 1 日。
③ 袖海生：《似而非笔（三）》，《台湾日日新报》1899 年 10 月 4 日。

（一）诗文方面

章太炎在台期间多以诗交友，诗作、诗评见于《台湾新报》《台湾日日新报》。出发前，在台友人也纷纷以文送行。《籾山衣洲在台日记》可见1899 年 6 月 8 日、9 日两场送别会的记录，① 诗文唱和这一东亚传统的交流形式自然是送别会上不可或缺的重要元素。② 旅日途中，章太炎观景、看戏、读诗时皆会有感而发，作诗抒情，初见日本友人时，也以诗相赠，沟通心绪。

抵达东京后，馆森鸿最先向章太炎引荐的就是以"评林体"诗（以汉诗论时事）备受关注的国分青厓（1857—1944）。章太炎拜访时，二人"几乎终日相谈，不知疲倦"，"谈古书真伪与经义，最后问及古韵"。虽然见面时"一言不及诗文与世事"，但归后章太炎阅青厓诗二、三首，坦言"喜青厓之雅驯渊懿"，赞成"今人以槐南、青厓并称，然其品学似迥然相异"的说法。③ 槐南即森槐南（1863—1911），为森春涛之子，父子二人推动了日本明治时期香奁体诗、清诗的兴盛。章太炎以其名高，每评日人之诗，必引槐南之诗，以槐南之诗不足为言。④ 他指出，"近闻槐南辈主张清诗，然清诗实远不如明诗矣。况其所主者系梅村、简斋辈。……要论清诗，终以阮亭为正宗。然比之明仁，则终不及也。自主张清诗者出而诗渐俗矣"。⑤ 不过，章太炎并没有对槐南之诗持全盘否定的态度。比如，在与二、三文学士讨论作诗的问题时，不忘附言"槐南虽有香奁之消，然音韵亦无不合也"。⑥ 另对其《浩荡诗程》中《金陵偶占》一首欣赏有加。1907 年以后，在与权藤成卿的笔谈中，章太炎又指出槐南之诗"于稳当中似有情致，惟若剪纸作彩，

---

① 许时嘉、朴泽好美编译《籾山衣洲在台日记：1898—1904》，台北：中研院台湾史研究所，2016 年，第 73—74 页。
② 参见《台湾日日新报》1899 年 6 月 10 日、11 日"文苑""馆柳余吟"栏目。
③ 袖海生：《似而非笔（一）》，《台湾日日新报》1899 年 10 月 1 日。
④ 袖海生：《似而非笔（十四）》，《台湾日日新报》1899 年 11 月 2 日。
⑤ 袖海生：《似而非笔（六）》，《台湾日日新报》1899 年 10 月 7 日。
⑥ 袖海生：《似而非笔（五）》，《台湾日日新报》1899 年 10 月 6 日。

少奇拔之气"，同时评价国分青厓、桂湖村之诗"确优于槐南"。①

桂湖村（1868—1938）也是汉诗名家，章太炎首次访日期间就与他有过交流。据《似而非笔》记载，当日，馆森鸿偕章太炎前往浅嘉町拜会国分青厓的弟子石田东陵（1865—1934）。东陵热情招待，且饮且论，评议诗作。午餐后一同驱车前往日暮里雷庵访问桂湖村。馆森鸿似与湖村也是首次会面，记道："久闻湖村之名，以为高爽瑰奇之伟男儿。及相见，落胆其风采之不扬。然于市气之宽大，不得不敬也。一室多藏古籍典籍，能见天下奇书。"② 不久，牧野藻洲（1863—1937）来会。于是有了"五人互执笔谈，有美酒有佳肴，不侵俗尘之坐，大得乐趣"的一幕。因记"湖村之笔谈简而得要，惜不娴辞令；藻洲多议论之语，又有笑谑"。③

在接触日本汉诗的同时，章太炎还在馆森鸿的推荐下，读《古事记序》、谷干城《计介碑文》、元田东野《明治孝节录序》、《小楠遗稿序》、井上毅《梧阴存稿》等，并对比重野成斋、冈千仞、川田瓮江三先生之文各有千秋：川田瓮江"独得雄直之气，但体势仍拘于方幅"，重野成斋则胜在其"洁"，冈千仞"气息必在宋元以上"。④ 善于对比发现问题的章太炎也在这一时期加深了对中日间差异的认知：一是日本"能文知学者，往往于介胄见之"；二是中国"大抵经生多不长于文""二百年来汉学之士，愈出愈高，而或不能作信札，此则专门名家之一弊"，但日本"尚兼之"；三是"自明亡以来至今二百五十年"，以中国、日本文辞相较，诗属中国不如日本，古文则中国、日本相伯仲，骈体则日本不如中国。⑤

值得注意的是，札记中有一处关于文学士久保者与章太炎的笔谈记录。

---

① 《与权藤成卿、武田范之笔谈记录》，收录于《章太炎全集（十）》，上海人民出版社，2018 年，第 268—272 页；汤志钧编《章太炎年谱长编（增订本）》下册，中华书局，2013 年，第 634—637 页。
② 袖海生：《似而非笔（十三）》，《台湾日日新报》1899 年 11 月 1 日。
③ 《章太炎全集》中恰好收录《与日人藻洲子的谈话》一篇（《章太炎全集（十）》，第 162—163 页）标记时间是 1899 年 6—8 月，故推测"藻洲子"应即牧野藻洲。遗憾的是札记中未见笔谈全貌，是否为同一次笔谈，有待更多资料考证。
④ 袖海生：《似而非笔（十三）》，《台湾日日新报》1899 年 11 月 1 日。
⑤ 袖海生：《似而非笔（六）》，《台湾日日新报》1899 年 10 月 7 日；袖海生：《似而非笔（十四）》，《台湾日日新报》1899 年 11 月 2 日。

馆森记："文学士集中有云久保者，作支那风诗文颇妙，于同学生中评判高。""久保者"或为以评论、随笔活跃于文坛的久保天随（1875—1934）。其《秋碧吟庐诗钞·甲签》中有《怀章枚叔（炳麟）》四首，第一首末尾自注云："戊戌政变，中道蹉跌，君与康、梁诸辈避难我邦，予识面即在此际。尤记尝论扬子云《太玄》，彻宵不倦。"[①] 扬雄确是《似而非笔》中反复出现的内容，经学探讨也占据了《似而非笔》的主要篇幅，构成了章太炎赴日期间的另一个交流圈。

（二）学术方面

1899 年，章太炎在致俞樾函中，提到时任东京帝国大学教授的重野成斋（1827—1910）和根本通明（1822—1906），评价重野"宗祢方、姚，不越其则"，根本则是"独精《易》说，宗仰定宇，亮为奥博"。[②] 馆森鸿偕章太炎数次拜会恩师，重野赞其"学问渊邃，殊精于考据训诂"，章太炎亦对重野"以子家合西学"的教育方式表示赞赏。[③] 札记中多次提及章太炎向重野求问服注《左传》以及《朱舜水文集》的片段，可与书信内容互为参照。[④] 另一位经学大家根本通明因返乡养病，最终未遇。不过，章太炎曾在井上哲次郎处读根本《读易私记》时有所评议，指其"大破革命之说，于共和民主无论矣"。[⑤]

札记中最频繁登场的人物是太田代恒德（1834—1901）。"不知庵先生太田代恒德，承照井氏衣钵之硕儒也……初得学识于照井氏，得考证训诂于海保渔村，后其说与师说稍有所违。"[⑥] 章太炎旅居台湾时，就经馆森鸿推

---

① 久保天随『秋碧吟廬詩鈔·甲籤』卷 3、東京：声教社、1917、42 頁。
② 《与俞樾（九）》，《章太炎全集（十二）》，上海人民出版社，2018 年，第 9 页。
③ 袖海生：《似而非笔（二）》，《台湾日日新报》1899 年 10 月 3 日。
④ 《似而非笔（九）》记："枚叔谈经不倦，殊切求服注《左氏》也。见重野、太田代诸先生时问之，重野师嘱河田罴搜索，在京中得。"（《台湾日日新报》1899 年 10 月 12 日）《似而非笔（十七）》记："先生为示枚叔，从友人处借置《舜水集》中十六本，亦巨观也。余告其已归国，先生痛惜之，道：早晚搜出依赖之服注《左传》以及《舜水集》赠之，足下请通此旨。"（《台湾日日新报》1899 年 11 月 8 日）
⑤ 袖海生：《似而非笔（三）》，《台湾日日新报》1899 年 10 月 4 日。
⑥ 袖海生：《似而非笔（七）》，《台湾日日新报》1899 年 10 月 8 日。

荐研读《照井氏遗书》，敬服其"以礼乐为宗，以道自任"的学术人格，特别是"榘则荀子，最为闳深"的尊荀之说。① 章太炎前去拜访时，正值太田代注释《易经》与《书经》，章太炎读其《易》注指出，"喜干氏说，而又以革命为非，则并失干氏之宗旨矣"。② 虽然对《易说》多有驳论，但"深敬服于其学识之大体"，又读太田代的《原道论》《荀子论》《政体论》，尤赞《荀子论》，感叹道："虽未及见照井先生，一见弟子太田代君，东游不为无益。"③

馆森鸿作为《似而非笔》的记录者，也是经学讨论最大的参与者。《似而非笔》（八）至（十二）中连载"谈经"五回，采用馆森鸿提问、章太炎回答的形式记录。二人参照中日学人的经解，围绕《尚书》《易经》《大学》《中庸》《论语》等内容展开讨论。交流中所及日本学人除上述重野、根本、太田代三位当代学人外，还有伊藤仁斋、太田锦城、松崎慊堂、安井息轩、塩谷宕阴等前辈大家。章太炎总结道："专以训诂考订言，徂徕、锦城、息轩诸君实美矣。然大义微言，必照井一人专之。……然亦有一病焉，于事实多不考。"④ 章太炎多次指出日本学人治经不讲求古韵的问题，并建议馆森从《一切经音义》入手，研究小学，必有成就。

谈论传统经学的同时，西学也是章太炎的关心所在，《似而非笔》中登场的西学人士有井上哲次郎（1855—1944）以及冈千仞之子冈百世（1874—1945）。札记中未见章太炎与井上的交流详情，但与冈百世的"笔谈甚长"。二人从改革途径谈到外语学习，从人种竞争论及宗教哲学，并在"生存竞争之今日，以排空理、讲实验之学为急务"这一点上达成了共识。⑤ 通过直接对话西学人士，不断接触日本西学成果，在这趟本应舒缓情绪的赴日之旅中，章太炎始终面对新学与旧学的"义利交战"。向馆森鸿提起专论哲学的书中多以经学无用时，一面愤愤不平道"新学岂必皆可用，如哲学

---

① 章太炎：《题〈封建〉〈礼乐〉等四论之后》《照井氏遗书序》，《章太炎全集（十）》，第 210—212 页。
② 袖海生：《似而非笔（八）》，《台湾日日新报》1899 年 10 月 10 日。
③ 袖海生：《似而非笔（七）》，《台湾日日新报》1899 年 10 月 8 日。
④ 袖海生：《似而非笔（九）》，《台湾日日新报》1899 年 10 月 12 日。
⑤ 袖海生：《似而非笔（十五）》，《台湾日日新报》1899 年 11 月 5 日。

即最无用"，一面冷静接受"处于乱国，不得不旁求新学"的现状，继而展开深入思考："大抵天资高者，必能知西学经学之互相为用。若天资中等者，宁使讲西学而有用，勿使讲经学而为无用也。若天资最下者，讲西学则炫耀新奇而不知实体，讲经学则株守陈腐而不能旁通，是无一而可也。"①

二 章太炎与"归舰"之议

在国难当头的背景下，章太炎一直心系国事。这一点不仅能从他一路借诗抒情、论经不知疲倦中窥得一二，馆森鸿也在札记中明言："枚叔好谈时事，尤慨俄人占踞满洲，愤懑之气，形于颜面。"②"枚叔痛愤时事，有悲壮慷慨之论，有触忌惮之嫌而略之。"③不过，札记中仍有两处关于时局的内容：一是（三）中的"归舰不可"；二是（十六）中的"俄人之远略"。登场人物分别是明治年间日本外交官副岛种臣（1828—1905）与榎本武扬（1836—1908）。"俄人之远略"中，未见章太炎之言；"归舰不可"中记录了章太炎因听闻日本政府计划归还清政府甲午海战时被虏获战舰之论，向副岛陈述的二百余字意见，摘录原文如下：

> 以敝国军政之不修，归之亦徒锈蚀耳。在贵国则失一舰之用，而在敝国仍未得一舰之用。然则归舰之策，犹委美锦于学制之童也。若存之贵国，有事相救，则犹垂棘之璧，寄于外府，不犹愈乎？且不独锈蚀而已。今贼臣既以亲俄为得计，恐此舰终归于俄，是则为虎传翼也。故为我东亚计，莫如存舰于贵国海军。如必欲归之，则当遣一知兵大臣为我整顿海军。庶几贼臣北虏，无以扰我之权。然贵国昔尝与英密约，不得为我办海军事务。今欲与英相商，密毁斯约，固自不易，则终不如不归之为愈也。

① 袖海生：《似而非笔（十二）》，《台湾日日新报》1899 年 10 月 14 日。
② 袖海生：《似而非笔（十六）》，《台湾日日新报》1899 年 11 月 7 日。
③ 袖海生：《似而非笔（十七）》，《台湾日日新报》1899 年 11 月 8 日。

此份记录未见章太炎相关资料收录，尚无从考证，而"归舰"之议确有由来。比如，东亚同文会系的《亚东时报》在章太炎开启访日之旅时，以"馆论"的形式刊载《论日本拟还战舰之事》一文，对此事做了详细的评述。《亚东时报》的主要运营人是协助章太炎避台的山根立庵，章太炎旅日回沪后也与《亚东时报》有实际合作。① 旅日途中，章太炎曾作《赠袖海先生并简阳洲立庵二君》《西京逆旅怀立庵阳洲二君》二首，以"东国患难之交，二子与君三人而已"为记，可见这一时期章太炎与山根立庵以及其他《亚东时报》同人关系非比寻常，而《亚东时报》的馆论也是解读"归舰"之议的重要线索。摘录首段内容如下："近日海上各报纷纷论列日本政府拟将甲午乙未所有丰岛、威海卫拿捕之战舰送还中国之事，以谓高义云天、照耀千古，殊至《中外日报》《申报》尤弁诸报首，娓娓数百言，欢喜赞叹。……去年海东二三有心人颇主张是说，顷东京某某报又载是事，虽未见诸施行，其说必有所由来，不可谓其全为海楼蜃市之谈也。"②

《亚东时报》提及此论起于"去年"，尚有据可依。1898 年夏，驻德公使吕海寰接到天津消息："中日联盟之事办有端倪，其约章最要之款，系日本缴还甲午之役所虏兵轮。查鸭绿江一仗，北洋战舰多被摧残，其完全可用者只存十艘，亦为日军所获。今日本慨将全数缴还，加以北洋新购各船，中国海军可望复振。惟款内申明此项船只须归日员统带，中国只有节制虚名而已。其言曰：日本允将所获船只悉数送还中国，中国允将北洋兵轮交日员指挥驾驶。又一款云：中国允日本在福建得紧要之利益，日本允代中国整顿陆军，并派熟习战事之武弁及军营教习，听中国派遣。"③ 消息以"中日联盟之事"为起因，联系《亚东时报》谓"其说必有所由来"，侧面反映出"归舰"传闻产生于甲午战后中日关系由对立走向合作的复杂进程之中。

日本方面，甲午战胜后的狂热被"三国干涉还辽"所打断，与俄国的矛盾升级，形成对抗。由此产生了日俄协商与日英同盟两种外交思路。戊戌政变后，日英进一步确认了两国在遏制俄国、"保全"中国问题上具有一致的

---

① 戴海斌：《〈亚东时报〉研究三题》，《史林》2017 年第 1 期，第 142—160 页。
② 《论日本拟还战舰之事》，《亚东时报》第 9 号，1899 年 6 月，第 1—4 页。
③ 《吕海寰杂抄奏稿》，天津古籍出版社，1987 年，第 2870—2871 页。

战略利益与方针。① 章太炎所及 "贵国昔尝与英密约" 一句，准确抓住了中日 "联盟" 背后的英国因素。中国方面，从被迫与日本签订《马关条约》，到俄国联合德法干涉日本还辽，再到俄德侵占胶州湾、旅顺、大连，面对步步加深的民族危机，对外政策经历了从 "亲俄抗日" 到 "联日抗俄" 的转变。②

维新人士是 "联日" 的主要倡导者，1898 年康有为、梁启超、康广仁、唐才常等人先后上书、撰文，主张联英日以抗强俄。同时，《亚东时报》中提及 "尤弁诸报首" 的《中外日报》与《申报》，分别创刊于 1898 年的 5 月与 6 月，地点皆是上海。上海作为维新派的阵营，在当时形成了以新报为媒介的独特的信息网络，影响广泛。③ 而章太炎在 1897 年加盟《时务报》之初即撰文《论亚洲宜自为唇齿》，在 1898 年初又上书李鸿章，二者皆主张联日抗俄。维新人士的主张一方面以救国图存的迫切心情为驱动；另一方面离不开日本政府及一些涉华团体调整对华政策、开展对华工作。

彼时，东亚同文会在构建与中国沟通渠道方面发挥重要作用。会长近卫笃麿于 1899 年 10 月至 11 月间首次访华，期间会面了谭锺麟、刘坤一、张之洞三位总督。近卫访华前的 7 月至 9 月间，刘学询、庆宽以清政府特使身份访日，受到了日本政商界的热情欢迎。比照这一时期中日政府层面的频繁互动不难发现，"归舰" 传闻在章太炎访日期间引起舆论关注并非偶然，并不断出现在以中日关系为主题的报道中。④《亚东时报》第 15 号刊 "论二使赴日本之事" 一则，对 "归舰" 传闻表述如下："据上海东京新报所言：日本政府有返还战舰十余只之意。主笔记者以谓东亚各日英字报往往好传讹谬无根之说，固不始于今日。即如攻守同盟之说，如返战舰之事，不难一望而

---

① 王美平：《日本对戊戌变法的认知、态度与战略》，《南开学报》（哲学社会科学版）2018 年第 6 期，第 114—121 页。

② 1898 年前后，日本政府选择地方大员张之洞为拉拢对象，各方代表相继与其展开交涉。在此过程中，张之洞的对日态度渐由对抗转向合作，并对 "兵制改革" 表示了极大兴趣。陶祺谌：《张之洞与日本关系研究》，中国社会科学出版社，2020 年，第 53—128 页。

③ 方平：《清末上海民间报刊与公众舆论的表达模式》，《二十一世纪》2001 年 2 月号，第 67—75 页。

④ 查《申报》1899 年 7 月 5 日载《联日篇》，8 月 18 日载《书日人创设东亚会后》，8 月 19 日载《瀛洲玉尘》，8 月 20 日载《中日盟好不利于俄论》，皆提及 "归舰" 传闻。

判别其真伪也。"① 此篇报道 "录俄京讷威士蛊报"，也就是说，"归舰" 传闻作为有关中日或将联合传闻中的一环，得到了西方世界的关注，这一点也能从 "归舰" 传闻的信息源上得到证实。

中国方面，《申报》1899 年 5 月 26 日所载《不忘唇齿》一则，记传闻来源为 "昨由友人译示日本西字报"；② 6 月 25 日刊《还舰续闻》，提及又一信息来源广州《中西报》；③ 6 月 27 日继刊《再论日人议还战舰事》一则，对前两则信息做出补充说明：一是传闻 "译自西报"，二是 "十八日转录广州《中西报》云还舰一事"。④ 同时期的《新闻报》则以 "《文汇报》载《神户报》言" 为信息来源。⑤ 日本方面，前述《亚东时报》以《中外日报》《申报》为主要源头，同为东亚同文会系的《东亚时论》也强调 "风说专传于上海"，⑥ "此声于本主日本不多闻，却于支那唱盛"，⑦ 并译《申报》6 月 25 日所刊《还舰续闻》。至 8 月所载《战利舰还附说》一则中又记："西字新闻关联日清同盟之诬说，云战利舰还附为其条件之一也。"⑧ 在传闻源头并不明了的情况下，中日双方仍在一段时间内以转载等形式持续关注，并保持了观望的态度。而由 "归舰" 传闻引发的舆论层面的不同思考，与政策层面积极推动 "联合" 的氛围形成了鲜明对比。

三　围绕 "归舰" 的质疑与期待

《似而非笔》中，章太炎在陈述二百余字后还有一段对馆森鸿的表述："归舰之议，仆以为爱我国则至，而不免姑息，可谓是说有所见。"⑨ 强调 "归舰" 之议背后的利益考量。利益考量之下，既有对日本的期待，也有所

① 《论二使赴日本之事》，《亚东时报》第 15 号，1899 年 9 月 14 日，第 9—10 页。
② 《不忘唇齿》，《申报》1899 年 5 月 26 日，第 1 页。
③ 《还舰续闻》，《申报》1899 年 6 月 25 日，第 1 页。
④ 《再论日人议还战舰事》，《申报》1899 年 6 月 27 日，第 1 页。
⑤ 《拟还兵舰》，《新闻报》1899 年 5 月 26 日，第 2 页。
⑥ 「収容軍艦返附説」『東亜時論』第 14 号、1899 年 6 月、49 頁。
⑦ 「捕獲軍艦還附の事」『東亜時論』第 16 号、1899 年 7 月、35—36 頁。
⑧ 「戦利艦還附説」『東亜時論』第 18 号、1899 年 8 月、54 頁。
⑨ 袖海生：《似而非笔（三）》，《台湾日日新报》1899 年 10 月 4 日。

质疑。《再论日人议还战舰事》一则以问答的形式呈现不同的观点：一是质疑日本联合中国的用心，"如日人果有此意，则自甲午至今已阅五岁，何以迟至今日而始有此议？若德人欲据胶州湾之时，日人即以战舰还我，我既有所凭籍，德人自必中心顾忌而至今东省可以瓦全"；二是思考"归舰"之于日本自身的利益，"虽战舰多多益善，而多一舰须增一舰之费，与其存之本国而费资粮，何如还之中朝以为外援之为愈耶"；三是反思中国自身，"当时即使还我，我亦未必能立时整顿。……日人见中国大有恢复海军之意，故乐得而辅益之。譬之商贾，必稍备资本，外人始肯添本入股；又譬之醉汉，当一无知觉时，人即欲扶之掖之而苦于无从下手，必俟其酒力稍醒，然后扶掖较易为力。今日人之于中国，亦犹是意也"。①

中日"联盟"应以中国自强为前提的表述，为强调"同文同种""唇齿相依"的黄白人种对抗论、东洋道义论增厚了现实色彩。《亚东时报》采以"理"与"势"两个视角，开篇即从"理"出发，以"归舰"之举为"东方君子之国与西洋巧利之族所以异"，强调东洋道义。而后笔锋一转，罗列"归舰"于"今日犹有所未至"之三大"势"由：一是"中国国是飘忽未定，主张日清联络者多系草野志士"；二是"中国海军无再兴之大宗旨"；三是中国海军无屯泊之处，"虽赠还而无所用之"。虽然不赞成"归舰"，但文末又突出中日"联盟"的色彩，写道："我国已与中国结为一气，永无决裂之患。譬如兄弟各有遗产者，其长者假摄弟事，待其能自成立而还之，犹不失友爱之情，否则徒为匪人攘夺而已矣。夫中国地大物阜，苟能变法自强，抵于富强之域，则千百只铁甲致之非难。诚若是也，我国方喜添手足之不暇，而悉数归还，唯恐后之。复何惜此区区九只一万墩之微物哉？"②"理"与"势"两个视角的结合恰恰反射出这一时期日本"联合""保全"中国的逻辑困境，即中国不强大则无法达到对抗西方的目的。

在中日"联盟"应以中国自强为前提的逻辑关联下，"归舰"之议所及"中国允将北洋兵轮交日员指挥驾驶""日本允代中国整顿陆军"等条件也值得深究。联系《似而非笔》中所论，"为我东亚计，莫如存舰于贵国海军。

① 《再论日人议还战舰事》，《申报》1899 年 6 月 27 日，第 1 页。
② 《论日本拟还战舰之事》，《亚东时报》第 9 号。

如必欲归之，则当遣一知兵大臣为我整顿海军"，比起"归舰"给予物质层面的帮助，中国更需要日本派遣"知兵大臣"给予知识层面的帮助。《申报》对"归舰"的期待也相似，写道："中国若能重整水师，当由日本推荐武员为之训练，俾得旌旗变色壁垒一新。"①1899 年 10 月 13 日，以《万朝报》记者身份首次踏上中国土地的内藤湖南拜访了在上海的文廷式。文廷式主动提及"近人议联合贵国者，欲藉贵国之兵力"，认为"此不足议"，并言"仆正欲望贵国之人才为办各事，纲举目张，皆有成例。此敝邦所汲汲冀幸于同洲者也，先生肯此语乎？"对此，内藤做出肯定的回应："藉兵力之谈，不过一时之权益。贵国革弊之事非一时权宜所能济，用邦人办各事以为一定成例，先生之见甚是。"②

甲午战后，与外交方面逐渐转向"联日抗俄"相辅相成的是，内治方面掀起"以日为师"的风潮。赴日考察团、留学生不断被派遣的同时，大批日本教习也移居到中国。③借助日本力量的观点尤其体现在教育方面，也是维新人士在平衡对日本的质疑与期待间拉锯时的主要立足点。唐才常论"日人实心保华"就是从日本在培育人才方面异于英美各国这一点展开的。他指出："英人所设学堂，其意虽养成人才，为其商务之用耳。其目的固不注于中国国家也，故其所教不过语言文字之末，而于政学之大端，未之有闻焉。"关于西人所设学堂之弊，章太炎早有言及："彼义塾之设，招吾屠牧子，教之语言，教之布算，教之格致，而大旨不出乎摩西基督之书。本实既拨，于彼有用，于我无益。"④ 而"日人近日所立学堂处处往教育、政治、经济、哲学、社会发端。……试取日人今兹所立教育华人之学制，与英美教士所立学制比，互而参观之，孰诚孰伪，孰实孰虚，必有能辨之者"。⑤ 然而日本对华政策的出发点是同欧美列强最大限度地争取在华利益，⑥ 中国人士借日本

① 《还舰续闻》，《申报》1899 年 6 月 25 日，第 1 页。
② 内藤湖南「燕山楚水」神田喜一郎、内藤乾吉编集『内藤湖南全集』第二卷、東京：筑摩書房、1971、64-67 頁。
③ 汪向荣：《日本教习》，商务印书馆，2014 年，第 67—106 页。
④ 章太炎：《论学会有大益于黄人亟宜保护》，《章太炎全集（十）》，第 10—11 页。
⑤ 天游居士：《日人实心保华论》，《亚东时报》第 17 号，1899 年 11 月 20 日，第 2—4 页。
⑥ 山田良介「東亜同文会の中国『保全』論に関する一考察：『東亜時論』における議論を中心に」『九大法学』85 号、2003、161-186 頁。

之力推动中国改革的期待，最终消散在日本逐渐露骨的侵略论调中。

结　语

本文整体性梳理《似而非笔》的内容，还原章太炎首次访日期间与日本人士的交流轨迹。馆森鸿作为此行的引路人，在一路走访神户、京都、大津、名古屋、东京等地时，为章太炎一一介绍师友，搭建起了诗文、学术方面的交流平台。章太炎早前就通过俞樾《东瀛诗选》对日本的汉诗文有所了解，访日期间与日本汉诗界古诗体倡导者会面，激发了思想共鸣；通过接触古往今来的日本汉诗文作品，加深了对中日间差异的认知。此外，经学探讨占据了《似而非笔》中的最大篇幅，章太炎在台湾期间就通过馆森鸿的介绍，对照井一宅的经论倾心不已，访日期间与照井弟子太田代恒德，以及馆森鸿之师重野成斋有过数次交流，交流中虽有观点冲突，但互相欣赏；同时，直接对话西学人士、接触日本西学成果，让章太炎始终面临新学与旧学的"义利交战"。诗文、学术以外，《似而非笔》所载章太炎有关"归舰"传闻的论述，为理解这一时期中国人士在对日期待与对日警惕上的平衡拉锯提供了新的线索。

馆森鸿为章太炎打开了在日交际圈的大门，而馆森鸿的两次访沪经历中，章太炎也未缺席。第一次是在1899年12月，馆森从台北出发，经香港、广东、福建等地抵达上海。在上海时"因章枚叔知宋平子、汪穰卿"，又至苏州拜访俞樾；[①] 第二次是在1901年1月，馆森鸿又从台北来上海，章太炎谈起吴君遂，后馆森鸿偕山根立庵拜访，与之进行笔谈交流。[②] 从内容上看，馆森鸿与俞樾、宋恕、吴君遂等人围绕经学、文学等方面的探讨，既是他与章太炎交流的延伸，也与章太炎在日期间的交流多有呼应，扩大了19世纪末20世纪初期中日学术交流的讨论边界。有关馆森鸿与中国学人的交流是另一个值得探究的问题。

---

① 　館森鴻「上成斎先生書（二）」『拙存園叢稿』卷5、東京：松雲堂書店、1919、3—5頁。

② 　汤志钧：《章太炎和馆森鸿》，《乘桴新获：从戊戌到辛亥》，北京师范大学出版社，2018年，第100—102页。

年号"令和"：时间表象与政治隐喻 [*]

葛继勇 ^{**}

【摘　要】年号不仅是时间的表象，同时也隐喻着政治诉求。日本政府强调新年号"令和"的出处为日本古典《万叶集·梅花歌序》，表明了日本政府、学界乃至民间的部分学者"去中国化"的强烈意识。但是，《万叶集·梅花歌序》深受张衡《归田赋》、王羲之《兰亭序》以及骆宾王《秋日与群公宴序》的影响，具有明显的中国文化痕迹。新年号"令和"隐含着安倍晋三等保守势力欲利用日本古典来彰显"日本特性"，借助民族文化认同、推进修宪的政治诉求。今后有必要关注古典之于现代的意义，同时警惕隐喻其中的政治意图。

【关键词】"令和"年号　《万叶集》　中国文化痕迹　时间表象　政治诉求

前　言

2019 年 4 月 1 日，在日本首相官邸举行的记者招待会上，时任官房长官菅义伟宣布新年号为"令和"，并公布其出自日本古籍。5 月 1 日，皇太子德仁即位为新天皇。始于 1989 年 1 月 8 日的"平成时代"落下帷幕，"令和时代"由此开启。

时任日本首相安倍晋三在 2019 年 4 月 1 日的记者招待会上表示，"令和"一词出自日本最古老的和歌集《万叶集》中《梅花歌》的序文，是为了表达"如同宣告严寒之后春天到来时绚烂盛开的梅花一样，每个日本人对明天充满希望，将如花般大放异彩"之意。此外，安倍晋三还特别指出，"《万

---

　*　本文为国家社科基金重大项目"中日合作版《中日文化交流史丛书》"（17ZDA227）阶段性
　　　成果。原日文刊于荒木浩编《古典的未来学》，文学通传 2020 年收。

**　葛继勇，郑州大学亚太研究中心主任、亚洲研究院执行院长、教授。

叶集》收录了不同阶层者创作的诗歌，是象征我国国民文化之丰富、历史之悠久的国书"。[①] 可见，安倍晋三对"令和"取自日本国书自豪不已。

自 645 年的"大化"到 1989 年的"平成"为止的 247 个日本年号中，可以明确出典的年号均出典于 77 部中国典籍，因此新年号"令和"是日本有史以来首次宣称不选自中国古典的年号，打破了近 1400 年的传统。那么，在 21 世纪的当下，为何发生了这种转变？

近年来，在安倍晋三等保守派的影响下，消除中国痕迹的"去中国化"风潮暗流涌动，"国粹主义"的价值观逐渐显露。然而，有报道指出，所谓"令和"出典的《万叶集》使用汉字撰写，收录的诗歌深受中国古典影响，故"无法消除中国文化的痕迹"。年号不仅是时间的表象，也蕴含着统治者的理念。笔者认为，探究新年号"令和"出典的同时，还要挖掘其中隐含了怎样的学术思想和政治诉求。

一　《梅花歌》序文的出典

关于新年号"令和"的出典，日本政府解释为出自《万叶集》卷五《梅花歌三十二首》（第 815—846 首）的歌序"初春令月，气淑风和"一句。

《梅花歌三十二首并序》（以下简称为《梅花歌序》）是天平二年（730）正月在大宰府大伴旅人宅邸举办的歌会上吟咏的和歌之序文。其内容如下：

> 天平二年正月十三日，萃于帅老之宅，申宴会也。于时初春令月，气淑风和。梅披镜前之粉，兰薰珮后之香。加以曙岭移云，松挂罗而倾盖。夕岫结雾，鸟封縠而迷林。庭舞新蝶，空归故雁。于是盖天坐地，促膝飞觞。忘言一室之里，开衿烟霞之外。淡然自放，快然自足。若非翰苑，何以摅情。诗纪落梅之篇，古今夫何异矣。宜赋园梅，聊成短咏。[②]

---

① 『平成 31 年 4 月 1 日安倍晋三記者招待会』、https://www.kantei.go.jp/jp/98_abe/statement/2019/0401singengou.html。

② 小島憲之等校注『万葉集』（第二册）、東京：小学館、1982、66 頁。

正如《万叶集》的注释著作以及中日两国学者的论著 ① 所指出的那样，《梅花歌序》模仿王羲之《兰亭集序》，已是古来之定论，对此无须赘言。如下仅从其与张衡《归田赋》、骆宾王《秋日与群公宴序》等中国古典的关联性入手，进行补充。

当时的日本对中国汉诗、汉文怀有强烈的憧憬，大宰府是摄取中国文化的窗口。咏唱三十二首梅花歌的有纪男人、山上忆良、张福子、葛井大成等人。其中，纪男人有三首汉诗被收录于《怀风藻》中，故其应为熟知汉诗文化之人；张福子、葛井大成是移居日本的外来人或其后裔。此外，参加该歌会的三十二名歌人中，大伴氏、佐伯氏、门部氏等采用唐风式姓氏记录法，分别略为"伴""佐""门"等。

包含古歌谣和民谣的《万叶集》卷 1、2、11 以及卷 16 中，均无吟咏梅花的和歌。概因梅花为舶来植物，国民尚未熟悉。梅花是来自异国的高贵文雅之花。② 从以来自中国的外来植物梅花为题吟咏和歌来看，《梅花歌序》受到《万叶集》之前传入的中国古典的影响，也理所当然。

序文中的"令月"是指"怡人之月份"，"令和"的"令"字并非"命令"之意，而是如同 "Beautiful Harmony"（美丽和谐）的英译，表示"美好"之意。

实际上，张衡《归田赋》（《文选》卷 15）中的"于仲春令月，时和气清。原隰郁茂，百草滋荣"一句，李善注："《仪礼》曰：令月吉日。郑玄曰：令，善也。""令"字为"善"之意。

唐贞元五年（789）将二月一日定为"中和节"，因二月即仲春，处在春天的正中，气温和缓之故。沈德潜等视"中和节"为"清和节"（清乾隆帝《诗四集》卷 81）。因张衡《归田赋》和王羲之《兰亭序》（暮春之初……是日也，天朗气清，惠风和畅）中有"气清"二字，故《梅花歌序》中的"气淑风和"之"淑"乃"清新"之意。

---

① 高木市之助等校注『万葉集』（東京：岩波書店，1982 年）、小島憲之等校注『万葉集』（東京：小学館、1982）以及古沢未知男「梅花歌序と蘭亭集序」（古沢未知男『漢詩文引用よりみた万葉集の研究』東京：桜楓社、1977）、严绍璗《中日古代文学关系史稿》（湖南文艺出版社，1992 年）等。

② 井村哲夫『万葉集全注』巻五、東京：有斐閣、1984、91 頁。

"梅披镜前之粉，兰薰珮后之香"意在吟诵梅花盛开、春天到来的喜悦，《归田赋》中"原隰郁茂，百草滋荣"同样是咏唱春天的到来。南朝梁何逊《咏春风》一诗（《艺文类聚》卷1）中有"镜前飘落粉，琴上响余声"一句，可视为"梅披镜前之粉"的典据。另外，"兰薰珮后之香"当源自屈原《离骚》（《文选》卷32、《艺文类聚》卷81）中的"纫秋兰以为佩"（"珮"同"佩"）一句。①

"曙岭移云，松挂罗而倾盖"大概来源于"云罗"一词。南朝宋鲍照《舞鹤赋》（《文选》卷14、《艺文类聚》卷90）载有"厌江海而游泽，掩云罗而见羁"之句。"夕岫结雾，鸟封縠而迷林"应是仿照汉籍的"雾縠"一词。南朝陈江总《为陈六宫谢表》（《艺文类聚》卷15）载"步动云裾，香飘雾縠。媿缠艳粉，无情拂镜"概为其出典。

"盖天坐地，促膝飞觞"是对张衡所撰《西京赋》（《文选》卷2）中的"促中堂之狭坐，羽觞行而无算"的转用。刘伯伦《酒德颂》（《文选》卷47）中有"幕天席地"一词，与"盖天坐地"同义。"忘言一室之里，开衿烟霞之外。淡然自放，快然自足"与王羲之《兰亭序》所载"或取诸怀抱，悟言一室之内。或因寄所托，放浪形骸之外。（中略）快然自足，不知老之将至"有异曲同工之妙。"忘言一室之里"直接化用"悟言一室之内"之语。②

"若非翰苑，何以摅情。诗纪落梅之篇"与唐骆宾王所撰《骆丞集》卷4所收《秋日与群公宴序》载"不有雅什，何以摅情。共引文江，同开笔海云尔"类似，"若非翰苑，何以摅情"应源于"不有雅什，何以摅情"一句。

此外，该句也与李白《春夜宴桃李园序》（《李太白集》卷27）所载"不有佳作，何伸雅怀。如诗不成，罚依金谷酒数"类似。另李白《春夜宴桃李园序》中有"开琼筵以坐花，飞羽觞而醉月"的表达，与《梅花歌序》中的"盖天坐地，促膝飞觞"相似。但是，如古泽未知男指出的那样，《春夜宴桃李园序》应是开元二十一年（733）前后或李白晚年所作，虽然在词句、内容、构成上与《兰亭序》遥遥相接、紧密相连，但是与《梅花歌序》

---

① 小岛宪之等校注『万葉集』（日本古典文学大系本）、72-73 頁。
② 小岛宪之等校注『万葉集』（日本古典文学大系本）、67 頁。

没有任何直接联系。①

《万叶集》研究专家中西进认为："虽然类似作品可以找出王羲之《兰亭序》以及张衡《归田赋》，但是文脉与意思大不相同，所以不能认为典据于此。"② 然而，《梅花歌序》不仅在意思上，而且在文脉和语言的选择方法、句型上，都明显模仿张衡《归田赋》、王羲之《兰亭集序》以及骆宾王的诗序等。新年号"令和"的出典是《万叶集》这一观点存在"解释的余地"。

如古泽未知男指出的那样，梅花、观梅之宴和以梅为题咏均承袭了中国文化。从把梅花的飘落比作雪花纷飞的汉语式表达来看，《梅花歌序》以及吟诵梅花的和歌受到了中国文学的影响。③ 特别是其中与王羲之《兰亭序》相似之处甚多。例如，在内容构成上，两者均为先叙述时间、地点、事件，再细致描写景物和人物心境，最后阐明主旨与撰文意图。此外，两者句式相同，皆为"四四六六"的对句。严绍璗也指出，《梅花歌序》与《兰亭序》"在篇章布局、遣词造句、骈偶运用、气氛烘托和心情表达诸方面，都有许多内在的群类型"，是"同句式形态"的模仿。④

因此，《梅花歌序》与王羲之《兰亭序》关系十分紧密，明显是基于《万叶集》成书以前的中国古典创作的。换言之，吟诵《兰亭序》等中国古典的日本贵族们，对这些名作中的世界心怀憧憬。他们仿照中国的文人贵族，于初春时节在大宰府举行歌会，一边饮酒一边欲在日本重现这种世界，从而创作了《梅花歌序》。从某种程度上来看，《梅花歌序》不仅仅局限于模仿，其本身亦具有一定的独立性，可以说是在消化吸收外来文化的基础上孕育出的新文化。

但是，王羲之《兰亭序》所载"天朗气清，惠风和畅"一句中并无"令"字。如日本江户时期国学者契冲《万叶代匠记》所述，《梅花歌序》中的"初春令月，气淑风和"明显来自张衡《归田赋》中的"仲春令月，时和

---

① 古沢未知男「梅花歌序と蘭亭集序」『漢詩文引用よりみた万葉集の研究』。
② 「『令和』考案は中西進氏」『朝日新聞』4 月 20 日 14 版「総合 4」インタビュー記事。
③ 古沢未知男「梅花歌序と蘭亭集序」『漢詩文引用よりみた万葉集の研究』。
④ 严绍璗：《中日古代文学关系史稿》，第 87 页。

气清"。即便如此，王羲之《兰亭序》也应被认为是新年号"令和"的出典之一。

总而言之，《梅花歌序》前半部分受到王羲之《兰亭序》、中间部分受到张衡《归田赋》、后半部分受到骆宾王《秋日与群公宴序》的影响。其中，从句式表达与内容来看，王羲之《兰亭序》"天朗气清，惠风和畅"应明显参照了《归田赋》中的"仲春令月，时和气清"。

《梅花歌序》的作者不仅熟读《文选》，亦读过《艺文类聚》等中国古典。但是，与张衡《归田赋》被收录于《文选》《艺文类聚》有所不同，王羲之《兰亭序》未见于《文选》，仅见于初唐时期成书的《艺文类聚》。

关于《艺文类聚》和《万叶集》的关系，芳贺纪雄指出：

> 《艺文类聚》于推古天皇三十二年（624）成书后，很快便传至日本。编纂《日本书纪》等书时被广泛使用，山上忆良《类聚歌林》、吉备真备《私教类聚》等类书的编纂也深受此书的影响。此外，《万叶集》卷七、卷十中的门类及排列顺序也参照了《艺文类聚》。……收录于《艺文类聚》的诸多诗文都是《万叶集》和歌序文的参照对象。这充分说明了《艺文类聚》的重要性。[1]

小岛宪之也曾指出，《艺文类聚》的传入可追溯至《日本书纪》成书以前，对《万叶集》作者产生了极大的影响。[2] 近来，孙立春对《万叶集》和《艺文类聚》中的咏雪诗歌进行比较，指出《艺文类聚》中的咏雪诗与大伴旅人、山上忆良等万叶歌人的咏雪歌有共通之处。[3]

如上所述，新年号"令和"可以说是以《艺文类聚》所收录的张衡《归田赋》、王羲之《兰亭序》等中国古典为典据。由此可知，《万叶集》与中

---

① 芳賀紀雄「典籍受容の諸問題」『万葉集における中国文学の受容』東京：塙書房、2003。初出 1993 年。

② 小島憲之「芸文類聚の利用」『上代日本文学と中国文学』（上）、東京：塙書房、1971、126–132 頁。

③ 孫立春「『万葉集』と『芸文類聚』における詠雪詩歌の比較」『万葉古代学研究所年報』2007 年第 5 号、113–129 頁。

国古典之间有着密不可分的关系，认为新年号"令和"取自日本古典而非汉籍，并不合理。

二 其他热门候选年号

作为新年号最终候补的六个方案之一，"万和"的典据为收录于《文选》卷八的司马相如《上林赋》（《艺文类聚》卷 66 亦见）所载"奏陶唐氏之舞，听葛天氏之歌，千人唱万人和"一句。但是，该句最早见于《史记·司马相如列传》。由于汉籍中年代越久的经典越具权威性，故后调整以比《文选》更古老的《史记》作为其典据。"万和"和"令和"同样明确"包含了和平的愿望"。

除"令和"外，取自日本古典《古事记》的"英弘"一度被认为是热门候选年号。"英弘"以《古事记》序文中的"清原大宫，升即天位。道轶轩后，德跨周王。……设神理以奖俗，敷英风以弘国"为典据。其中的"清原大宫，升即天位"是指"壬申之乱"后即位的天武天皇。"英弘"是彰显天武天皇功绩的词句，因此政治意象强烈。后世的文献记载，天武天皇在"壬申之乱"中，从其兄天智天皇之子大友皇子（弘文天皇）手中篡夺了帝位。若以此为典据，可能诱发抵制"英弘"的社会风潮。

《古事记》虽记述从天地初开到推古天皇时代以皇室为中心的历史，实际是以神话、传说、歌谣、系谱为中心，因此难以原封不动地作为史料使用。另外，由于战前将其视为天皇神圣化的圣典而为军国主义所利用，因此一旦"英弘"成为新年号，将会招致在野党、知识阶层乃至其他国家的反对。故安倍政府于 2019 年 3 月上旬把包含"英弘"的五个方案定为预选方案后，又追加了新方案"令和"

"令和""万和""英弘"之外的三个方案，其年号出典均已明确。"广至"出自日本国书《日本书纪》和《续日本纪》，"久化"取自中国儒教经典《易经》，"万保"来源于中国最早的诗歌总集《诗经》。虽均未公开其具体出典语句，但有迹可寻。

"广至"应是以《日本书纪》卷 19 "钦明天皇三十年（570）四月乙酉"

条钦明天皇诏书载"岂非徽猷广被，至德巍巍，仁化傍通，洪恩荡荡者哉"为典据。该诏书是由于高句丽使节虽途中遇难但依然来贡，钦明天皇对此大加赞赏并为彰显自己的仁德而颁布。若"广至"成为新年号，可以预想会引起韩国和朝鲜的反对。因此，"广至"也不适合作为新年号。

"久化"大概取自《易经》所载"日月得天而能久照，四时变化而能久成。圣人久于其道而天下化成"。"万保"或来源于《诗经》中的"君子万年保其家邦"一句。"久化"、"万保"与"万和"一样，均出自中国古典，故被安倍晋三等保守派摒弃。

然而，"令和"年号的选取虽有意避开中国典籍，但据上文分析可知，这一年号仍未能摆脱中国古典的影响。

中国汉籍已深植于日本土壤之中，成为日本文化不可或缺的一部分。像日本这样从蛮荒时期起就在大陆文明哺育下繁盛起来的国家，想要割裂其文明早期与母体的联系，就如同切断腹中胎儿的脐带一样，不仅可笑，也十分可悲。[①] 年号是文化的表象，也是文化的装置。日本文化中汉籍身影遍布，愿日本今后勿将汉籍看作异国文化加以排斥。

三　作为日本古典（国书）的《万叶集》

所谓新年号"令和"典据的《万叶集》编纂于 8 世纪后半期，是日本现存最早的和歌集。由于其中多收录咏叹恋爱和自然之美的和歌，故被认为是政治性较弱的书籍。恐因此，日本政府决定从具有一般性且政治性稀薄的《万叶集》中选取年号。确如安倍晋三所述，因从《万叶集·梅花歌序》中不易看出政治色彩，"令和"年号广受好评。

江户时代以后《万叶集》才被奉为日本古典。继元禄时代的北村季吟（《万叶拾穗抄》的作者）之后，日本国学家契冲对《万叶集》全卷进行了精密考证并加注，撰成《万叶代匠记》。该著作富于创见，奠定了《万叶集》研究的基础，对贺茂真渊、本居宣长等国学家产生了极大影响，成为日本古

① 高洪：《日本确定"令和"年号过程中的政治因素探析》，《日本学刊》2019 年第 3 期。

典学的新起点，被誉为划时代里程碑之巨著，《万叶集》由此备受关注，被誉为国之经典。

明治 23 年（1890）出版的三上参次、高津锹三郎著《日本文学史》（上卷）载：

> 夫《古事记》《日本书纪》为国史之嚆矢，《万叶集》为国文之翘楚，则奈良朝为我国文学之曙晓。《万叶集》实为我国之《诗经》。①

其中，将《万叶集》置于与中国《诗经》同等尊崇的地位。被视为新年号"令和"典据的《万叶集》，确如安倍晋三等保守派所强调的那样，可称为日本古典（国书）。

但是，"国书化"的《万叶集》等古典曾有被国家用作战争动员的历史。例如，《万叶集》卷 18 第 4094 首歌、大伴家持《贺陆奥国出金诏书歌一首（并短歌）》载：

> 苇原瑞穗国，天孙下凡治。皇祖承神命，世代嗣相继。
> ……
> 忆我大伴家，远祖有声名。世世代代传，大久米主称。
> 仕君无二心，生死誓进忠。赴海水渍尸，结草卧山岭。
> 献身君王侧，义无反顾情。自古传到今，后代来继承。②

天平二十一年（749）四月一日，因首次从日本国内的陆奥地区产出黄金，圣武天皇下诏庆贺，其中特别赞颂大伴、佐伯两氏世代的忠节。大伴家持根据诏书吟咏了上述和歌。此后该和歌在战争期间被谱曲为《远航》（《海行かば》）。大伴家持的上述和歌中隐喻天皇为天之神，日本为神之国，发誓不惜生命为国尽忠。

---

① 三上参次・高津鍬三郎『明治大正文学史集成 1・日本文学史』（上卷）、東京：日本図書中心（東京金港堂舊版）、1982、137 頁。
② 小島憲之等校注『万葉集』（日本古典文学大系本）、66 頁。

　　1937年，日本政府为提高国民对国家的忠诚度，强化国民精神总动员，通过广播播放《远航》，大肆宣扬军国主义思想。当时的年轻人一边唱着《远航》，一边高呼着"天皇万岁"而奔赴侵略战场。强调日本是"神国"，把战争正当化为"圣战"，是为了达到美化为天皇尽忠的目的。可见，当权者利用《万叶集》等古典，为国家主义、军国主义提供便利。

　　如今，安倍晋三等保守势力又欲利用古典来彰显"日本特性"。江户时代以来的国学者们主张复古思想，排斥儒家思想。这与现在保守派鼓吹的"日本本土化""日本特性"目的相同。新年号"令和"正显示出日本政府、学界乃至民间的部分学者"去中国化"的强烈意识。

　　但是，排斥儒家思想而想要恢复纯粹的日本古代精神（古道）的本居宣长等人的国学运动，以及鼓吹国家主义的军国主义者的对外侵略战争均最终失败。因此，欲"去中国化"的日本国粹主义者也不可能抹去中国文化的痕迹。以安倍晋三为首的保守派政治家选择了"无法消除中国的痕迹"的年号"令和"，不正是一个很好的例子吗？

四　隐喻的时间——年号

　　外国人在日本停留三个月以上时，需要在政府机关进行居民登记。此时便会苦恼于西历与年号的换算。年号虽起源于中国，却已湮没在中华文化的历史长河之中，如今只有日本一国仍在延续着使用年号纪年的传统。

　　年号可追根溯源自中国的儒家思想，天子受命于天，德高于众，通过给时间命名，以期掌控时间以及世间万物。年号正是天子支配民众时间的象征，故天子统治的地方都要使用其制定的年号。设立年号是君主统治权的象征，与宣扬国家独立无异，无论是在内政还是外交上均有重大意义。制定年号的国家都属于汉字文明受容区。[①] 这些地域不仅在外交事务上，也在内政治理中使用年号。大分裂时期的中国多年号并存，此时汉字文化圈内的其他国家也出现独立年号。

---

　　① 大井剛「年号：独立と従属の標識」脇田晴子・アンヌ・ブッレシイ編『アイデンティティ・周縁・媒介』東京：吉川弘文館、2000、26-40頁。

据文献记载可知，日本在 7 世纪中叶曾使用"大化""白雉"等年号，但却不具有法律效力。从发现的木简、金石铭文的记载来看，当时盛行以六十年为周期的干支纪年。701 年设立年号"大宝"，同时《大宝律令》明确规定公文书中需使用年号标明时间。制定独立的年号"大宝"，表明了日本欲摆脱中国影响的意图。之后，年号制度沿用至今，即使是武家手握国政实权的 12 世纪以后，天皇和京都的朝廷仍一直掌控着年号的制定权。① 迄今为止，明确出典的年号均源于中国文献典籍而非日本国书。这正是由于日本认识到年号起源国——中国的古典价值，且强烈意识到需拉近与中国文化的距离。②

与中国一样，日本改元也主要基于六个条件。③ 在新君主登基之初，期待新制度、新思想能迎来新时代而制定新年号。新年号的制定为时间注入了新生命。在上述 2019 年 4 月 1 日的记者招待会上，安倍晋三解释，新年号蕴含了"在人们美丽心灵相互靠近的过程中，新文化诞生并发展"的含义，同时表示"我们对能够孕育文化、欣赏自然之美的和平生活怀着由衷的感谢之情，共同开启一个充满希望的新时代"。④ 然而，具有美丽和平之意的"令和"一词，可见于张衡《归田赋》以及王羲之《兰亭集序》，精通中国古典的日本学者对此心知肚明。尽管如此，日本政界、学界却强调"令和"出自日本国书而非中国古典，这一做法究竟意欲何为？

据与平成改元密切相关的政府有关人员透露，"国书典据"的想法不是在这次改元时突发奇想，而是自昭和后期议论至今。安倍晋三在早前就宣扬通过历史文化的自豪感恢复日本传统价值观，并曾明确表示，"年号出典以

---

① 大井剛「年号：独立と従属の標識」脇田晴子・アンヌ・ブッレシイ編『アイデンティティ・周縁・媒介』、26—40 頁。

② 矶田道史（国际日本文化研究中心副教授）指出，从与中国的距离感来说，年号存在四个阶段：第一阶段直接使用中国的年号；第二阶段虽然知道中国的年号，但不敢使用而只用干支；第三阶段虽使用独立年号，但出典于中国汉籍；第四阶段，设立独立年号并以本国典籍为出典。『令和、中国台頭で「日本」を強く意識した』、https://www.asahi.com/articles/ASM416GY5M41ULZU00J.html。

③ 所功『年号の歴史：元号制度の史的研究』東京：雄山閣、1996 年増補版。葛継勇「紀年と文字」『日文研』第 60 号、2018 年 3 月。

④ 『平成 31 年 4 月 1 日安倍晋三記者招待会』、https://www.kantei.go.jp/jp/98_abe/statement/2019/0401singengou.html。

日本人所著书目为最佳"，^① 概因考虑到强调独立自由、摆脱中国影响的右派支持者。事实证明，安倍晋三此次大胆而强有力地选定出自《万叶集》的年号"令和"，是由于得到了企图"脱离中国文化元素"的保守政治派别强有力的支撑。^②

事实上，这次年号出典更换，与近 150 年日本的飞速发展、国际意识的变化密切相关。"明治"年号出典于《周易·说卦》："圣人南面而听天下，向明而治。"表明日本政府欲推动文明开化、殖产兴业、富国强兵政策，向欧洲列强学习的政治抱负。"向明"二字意味着天将亮，表明日本对国力强盛的强烈憧憬。之后，明治政府实行议会制度，进行西式教育，实施上述三大政策后，战胜清朝、打败俄国，得以称雄东亚，迈入强国之林，进而实现"脱亚入欧"。

"大正"年号源于《周易·临卦》："大亨以正，天之道也。"孔颖达疏曰："使物大得亨通而利正。""大亨以正"的意思是，通过走正道不断壮大而且亨通无阻，暗喻以上临下，统御民众。不过，"民众"恐怕不仅仅包含日本国民。1910 年日本炮制《日韩合并条约》，吞并"大韩帝国"。这一事件正式改变了东亚版图区划结构，对两年后的大正年号诞生影响巨大。

大正之后的"昭和"年号出典于《尚书·尧典》："克明俊德，以亲九族。九族既睦，平章百姓。百姓昭明，协和万邦。""亲九族"就是首先把自己的宗族管理好；"平章百姓"就是把自己的国治理好；进而使各国团结起来，这就是"协和万邦"。"协和万邦"与"夷夏之防"联系紧密，往往带有"华夏中心主义"的色彩。采用"昭和"年号，表明日本要把亚洲国家和诸民族统一起来协同抵制欧美列强的"鸿志"。这与之后日本军国主义宣扬的"大东亚共荣圈"一根同源。二战期间，日本以"拯救东方，对抗西方"为借口，发动"大东亚战争"。"大东亚共荣圈"的实质是日本以东亚宗主国自居，把中国、朝鲜半岛及东南亚置于被奴役的地位。

刚刚谢幕的"平成"年号，源于《尚书·大禹谟》所载"地平天成，

① 『新元号はだれのもの？―安倍晋三の要望は「日本で書かれた書物がいい」ほか関係者発言 5 選』、https://bunshun.jp/articles/-/11308?page=3。

② 高洪：《日本确定"令和"年号过程中的政治因素探析》，《日本学刊》2019 年第 3 期。

六府三事允治，万世永赖，时乃功"或《左传·文公十八年》所载"举八元，使布五教于四方，父义、母慈、兄友、弟恭、子孝，内平外成"，杜预注："内，诸夏；外，夷狄。"寓意"内外""天地"皆和平安定。众所周知，1968 年日本成为仅次于美国的世界第二号经济大国；1986 年日本的黄金储备达 421 亿美元，雄踞世界第二。因此，采用"平成"作为年号，当是经历战后经济复苏、高速发展后，日本期盼能够继续维持世界第二大经济大国愿望的体现。

但是，2010 年日本 GDP 被中国超越，降为世界第三大经济体。这也是 1968 年以来，日本经济首次退居世界第三。虽然时任官房长官的枝野幸男对日本 GDP 被中国赶超表示接受，但补充道"人均 GDP 方面日本仍然是中国的 10 倍多"。随后，日本大幅削减对华援助。日本广播协会（NHK）2018 年 10 月 23 日刊发题为《日本今年结束对华援助，今后朝"对等"发展》的文章，表达了对中国的发展充满警戒的心态。昔日的"经济大国"日本被中国赶超后，"大国心态"发生了扭曲，转而从文化上进行博弈。这次欲选出"脱离中国文化元素"的新年号，不正是这种心态的表现吗？

近代太平洋世界的移民和文化关系研究导论 *

陈博翼 **

　　本文为个人所承担的国家社会科学基金中国历史研究院重大项目子课题之设想，也是对开展关于太平洋移民研究的一个展望。这一课题力图阐述和分析中国、日本、印度、东南亚和跨太平洋地区前往美洲的移民对近代太平洋世界形成的影响。移民及其文化是太平洋网络形成的重要内容，也是中国与近代太平洋世界形成无法绕过的一环。在全球史与海洋史的视野下，思考这种太平洋内移民和文化的交错和网络形成、环境的影响、国际关系的缠结以及经济的共生问题，是研究开放的太平洋关系的重要一环。

　　近三十年来，太平洋史研究逐渐兴起，由于结合了新兴的环境史和全球史，日益为学界所重视。一批由澳大利亚和美国学者相继引领的研究带动了太平洋史在各国家和地区的广泛兴起。从具有跨界影响的环境史名著《哥伦布大交换——1492 年以后的生物影响和文化冲击》，到丹尼斯·弗林主编的《太平洋世界》陆续出版，前辈学者对"16 世纪以来不断发展的重要却常常被忽视的跨洋和内部联系互动"的推动孜孜不倦。"太平洋世界"的研究路径，也沿着受全球史影响的开放的太平洋历史路径进行全面转型。

　　所谓的开放的太平洋史的研究，即是要将资本主义发展的机理纳入太平洋研究之中，研究在经济活动之下形形色色的人群的行为和路径选择。华人、日本人、朝鲜人、俄罗斯人、印度人、马来人、菲律宾人等，都曾经参与了太平洋世界的历史发展和演化，衍生出多种多样的文化关系，体现了各行为主体对历史的参与和创造特点。从中国的视角看太平洋世界的形成和构建，尤其是其在太平洋全球化中发挥的作用，亦能看出其与西方资本主

　　*　本文为中国侨联课题成果（22BZQK220）。
　　**　陈博翼，厦门大学历史与文化遗产学院副教授。

义的影响显现出的不同特点。中国的影响与太平洋世界自身的发展脉络既有关联，又有差异。在 16 世纪，中国对太平洋世界的影响相对主动有力，大量的中国移民也在随后几个世纪从各个方面塑造了太平洋世界的面貌。及至 19 世纪，中国被资本主义卷入太平洋世界，作为国家主体的角色相对被动，华人移民也更多成为殖民和强权国家政治经济议程的一部分。以此线索反观印度和东南亚移民，比照日本和朝鲜半岛移民，亦有助于重新认识不同人群在不同的情势和体系下参与近代太平洋世界历史的过程。

正因为不同的人群从属于不同的政治实体或势力，社群文化千差万别，其路径的差异性也导致了形态和结局的巨大差异。基于这种人群属性，本课题并不排斥民族国家框架和分析模式，因为这是历史上真实形成的体系，国家与国家之间的关系也是一直存在的，完全去国家化的历史书写存在另外的局限。以海洋史和全球史为视角，本课题会进一步将这种国家框架置于太平洋世界之中，凸显其对这一近代体系形成的意义。以"整体史"的角度看，移民和文化关系网络与经济形态、环境影响和国际关系均密不可分，其形成的动因和特点与其他几个因素息息相关。

太平洋史与大西洋史最大的不同便是其存在无数岛群自成生态圈的"圈层"。因此，太平洋世界的整体研究，需要在大西洋史的"环""跨""圈"理论（大卫·阿米蒂奇，2002）进一步拓展，尤其是"圈"的环节。从传统的西域南海史地研究，到研究贸易时代、世界体系等议题，再到区域史、海洋史等研究方法的更新，新时代研究不同区间比较性和交互性的"全球史"最终诞生。太平洋史的研究向着太平洋世界与其他区域关系的研究、太平洋世界内部关系的研究、太平洋世界内外多层次的影响发展，研究本身也带有了方法论的意义。正如马特·松田所指出的，我们不能把太平洋只看成一个海洋，而要看成多个"洋"，包括是谁的太平洋、在哪里的太平洋。其间，移民自然串起了联系的层次，也是核心的"人"的要素。在流动性的基础上去思考个体、家庭和人群的历史、思考其衍生出的文化关系是历史学以人为本的基本方法。人的活动将串起太平洋的"破碎"和整体。例如，沙巴海边晒渔网的渔民的日常活动、澳洲引进作为牲畜运力的骆驼可能还是"碎片"，所谓的太平洋世界体系也只是宏大叙事，而一旦其与太平洋的环流结合起来，与"哥伦布交换"结合起来，与有关中国瓷器和美洲海岸沉船联系的叙事结合起来，太平洋世界的整体性便得以展现。以人为本的整体与个案研究相结合，是本课题的应有之义。

本课题拟通过六个主体部分，阐述和分析移民对太平洋世界的影响。第一为总述近代以来太平洋移民网络的形成，主要介绍历史地理意义上太平洋世界的主要人类传统文明的演化史及关系、课题研究主题的分期、理由与研究所使用的主要材料与方法。第二为华人在太平洋地区的移民情况及其影响，叙述朝贡贸易体系下中国与太平洋世界移民与文化关系的发展，同时西方大航海活动如何开始触及太平洋世界并且卷入其既有网络，包括华人移民在东南亚、日本和美洲的社区发展和文化演化。本章也涉及朝贡贸易体系逐步开始瓦解的情形下中国与太平洋世界关系的变化，契约劳工、加利福尼亚淘金热和拉美的种植园与零售业将华人深深地卷入美洲沿岸和腹地之中，也改变了中国与东南亚和美洲的关系。第三为日本和朝鲜的太平洋地区移民及其影响。日本传统上在"南洋"也很活跃，《华夷变态》《通航一览》等著名文献记录着日人的海上活动。"朱印船"贸易很大程度上也是这种活动的结果。近世幕府与环南海诸国的往来，尤其是以《外蕃通书》为代表的记录已为不少学者所注意。近代以来，日本对太平洋的经略与日俱增，从东南亚、南太平洋岛国到美洲，日本移民的强势扩张及其文化生态值得系统地检视。第四为东南亚移民的太平洋地区及其影响。近代以来，东南亚一些地区相继为西欧殖民势力控制，其社会和文化形态也发生了相应变化。与此同时，东南亚地区间移民，包括群岛间的移民和海岛东南亚与大陆东南亚间的移民一直未曾间断。16 世纪以降，华人移民不断进入东南亚，其中不少华人在 19 世纪又陆续移居北美和拉美各国，创造了东南亚太平洋移民的第二股流动大军。19 世纪后半期，大量菲律宾移民又开始横跨太平洋移居美国，掀起了东南亚对于太平洋移民的第三次高潮。第五为印度的太平洋移民及其影响。泰卢固地区、泰米尔纳德邦、坦贾武尔、蒂鲁内尔维利和马德拉斯周边民众前往缅甸、斯里兰卡和马来亚的路径所显现的劳工轨迹、交叉以及多次移民的问题、不同产业的关联均值得作为印度人跨印度洋进入太平洋的重点背景予以研究。英国殖民时期印度前往缅甸的移民，经过孟加拉地区前往吉大港、若开、仰光，许多劳工都会往返和多次移民。19 世纪，更有大量印度移民开始经由第二和第三次移民浪潮进入美国，甚或以新加坡和香港为跳板直接进入美国。凡此种种，均展示了印度移民进入太平洋世界及其文化关系的多种样态。第六为探讨太平洋移民社会的形成、族群关系，以及中国在太平洋移民网络和近代太平洋世界形成中的重要地位。这一部分主要是总结中国与太平洋世界移民和文化关系变化的动力、本质性特点与意义，探讨其对太平洋世界的形成及发展具有的重要意义。当然，随着实际研究的展开，原有的构想肯定会或多或少被突破和修正，写作也会有一定程度偏移，然而，这也是这类大议题的魅力所在——不断有发现、永远在路上。

南北朝佛教资料整理的集大成之作[*]

——评李利安、崔峰著《南北朝佛教编年》

景天星^{**}

2018 年 5 月，由李利安教授、崔峰副教授所著的《南北朝佛教编年》^①出版。2019 年 11 月，该书获评陕西省第十四次哲学社会科学优秀成果奖一等奖。《南北朝佛教编年》上起北魏道武帝登国元年（386），下讫陈后主祯明三年（589），搜集整理了南北朝时期北魏（386—534）、东魏（534—550）、北齐（550—577）、西魏（535—556）、北周（557—581）、南朝宋（420—479）、齐（479—502）、梁（502—557）、陈（557—589）等 9个朝代 200 余年间的佛教资料，总计 81 万字。

在中国历史上，魏晋南北朝是一个十分重要的时期，政权更迭、社会动荡、文化多元是这一时期的重要特征。因此，在研究中国佛教史时，学者往往将"魏晋"与"南北朝"并称，如汤用彤先生的《汉魏两晋南北朝佛教史》^②、方立天先生的《魏晋南北朝佛教》^③皆是此领域的名著。但是，相对于"魏晋"时期，"南北朝"时期的佛教仍有不同特点，比如，般若学不再一统天下，南北各地先后出现了不同的佛教学派，而且在处理夷夏关系、政教关系、三教关系等方面也呈现出自己的特色。因此，南北朝佛教是非常值得研究的。关于南北朝佛教的研究，已有诸多丰硕成果，或为通史研究，或为专

---

* 本文为陕西省社会科学基金项目"百余年来长安佛教资料的整理与研究"（2023C001）、西安市社会科学规划基金重点项目"隋唐长安佛寺地理研究"（22YZ13）、陕西省石窟寺保护研究中心课题"陕西宝鸡地区石窟寺历史、现状及其价值研究"的阶段性成果。

** 景天星，陕西省社会科学院宗教研究所副研究员。

① 李利安、崔峰：《南北朝佛教编年》，三秦出版社，2018 年。
② 汤用彤：《汉魏两晋南北朝佛教史》，中华书局，1983 年。
③ 方立天：《魏晋南北朝佛教》，中国人民大学出版社，2006 年。

题研究。但是不少具有重要价值的研究资料分散在正史、笔记小说以及佛教文献中，不少文献中的资料也没有精审校勘，更为重要的是，一部分石刻、考古资料并未得到集中系统的整理。这就使得与南北朝佛教有关的资料呈现出分散、割裂的状态，得不到科学合理的运用。鉴于此，李利安教授和崔峰副教授编写本书，希望"形成一个完整的佛教纵向演进图景"。就资料、体系、内容而言，本书皆呈现出十分重要的特点。

一　资料来源广泛，全面搜集了南北朝佛教的相关资料

南北朝是一个激烈动荡的时期，不仅史实复杂多变，而且资料多种多样，分散于不同类型的载体之中。要将此时期的佛教资料一网打尽，全部搜集整理出来，是非常不易的。从资料来源看，该书既有正史文献资料，如《宋书》《南齐书》《梁书》《陈书》《魏书》《北齐书》《周书》《南史》《北史》等；又有佛教文献资料，如《出三藏记集》《高僧传》《历代三宝记》《续高僧传》《广弘明集》《佛祖统纪》等；还有大量寺志、地方志，如《洛阳伽蓝记》《麟游县志》等；此外，本书还搜集了大量石刻史料、石窟资料及考古资料，如《石刻史料新编》《先秦秦汉魏晋南北朝石刻文献全编》《北朝佛教石刻拓片百品》《北京图书馆藏中国历代石刻拓本汇编》《龙门石窟》《中国西南石窟艺术》《炳灵寺石窟内容总录》《洛阳出土北魏墓志选编》，以及刊载于《文物》《考古》《考古与文物》《文物春秋》《文物资料丛刊》等重要杂志上的相关佛教考古发现等。此外，该书还搜集有不少日本著名学者的论著资料，如池田温的《中国古代写本识语集录》、松原三郎的《增订中国佛教雕刻历史研究》、大村西崖的《支那美术史·雕塑卷》等。

在搜集整理文献资料、石刻资料、石窟资料以及考古资料的基础上，该书广泛参考了中国和日本学界已有的研究成果，对南北朝佛教相关资料进行了系统全面的搜集、挖掘和整理。尤其需要指出的是，石刻资料中，有大量的造像碑记被集中整理出来，这是资料方面的最大亮点，从书中大量题名为"造像记"的内容可以看出来，如北齐后主武平五年（574）共记

载有 20 则事迹，^① 其中有 19 则为造像内容，剩余的 1 则，虽题名为"造塔铭"，但从内容看，其实亦是敬造佛像记。因此，此年的 20 则事迹可以说全是造像内容。此年度的资料分别来自 1972—1994 年的中、日学者汇编的石刻史料新编、石刻拓本汇编及《文物》杂志刊发的数篇石窟调查报告、造像碑报告。可以说，在对资料的搜集和处理方面，作者不仅旁征远绍、采摭宏富，而且据事直书，且不加褒贬议论，让文献说话，用资料支撑，足为客观信史。

二　编撰体例清晰，系统整理了南北朝佛教的历史史实

作为中国传统史书的基本体裁之一，编年体最大的特点是"以时间为经，以史事为纬"，不仅体例清晰，而且内容多样。但是，"编年体是一种很难制作的文体"，^② 它既要求按照时间顺序来编排，同时又要求体现事件的连贯性和人物的完整性。历史上，曾经出现过一些编年体的佛教史传类著作，如《隆兴佛教编年通论》《佛祖历代通载》《释氏通鉴》《释氏稽古略》《历朝释氏资鉴》等，较为著名的是《隆兴佛教编年通论》。该书于南宋隆兴二年（1164）由隆兴府（今江西南昌）沙门祖琇所撰，是我国第一部仿《资治通鉴》而编撰的编年体佛教通史，记载了上起东汉明帝永平七年（64），下迄后周世宗显德四年（957），共 894 年的佛教史。该书不仅采用了正史、别史、僧传、经录、文集、笔记、灯录等文献资料，还搜集了大量碑刻资料。在编撰体例上，除编年叙事外，该书还阐发史论、品评人物、褒贬史事等。但本书主要以唐代为中心。另外，在当代，也有一部著名的南北朝相关的文献编年著作——《魏晋南北朝敦煌文献编年》，该书"共收录该地区出土文物，有年代可系者四百七十事，起蜀汉章武元年（221），迄于六朝季岁（589）。举凡简牍、文书、镜、钱、砖、塔铭记、碑志、石窟题记、古籍、

---

① 李利安、崔峰:《南北朝佛教编年》，第 398—400 页。
② 陈士强:《〈隆庆编年通论〉浅释》，《法音》1988 年第 3 期，第 11—12 页。

写经题识与陶瓶朱、墨书镇墓文，无不网罗甄集，囊括无遗"。① 在此基础上，做了大量的定名、编年、考订工作，其编排体例也很清晰。但其地点仅限于敦煌地区。

《南北朝佛教编年》以时间为经，以事件为纬，依次整理了 9 个朝代期间每一年的佛教事件。其编排不仅严格按照时间顺序依次展开，而且关注了人物的整体性，如"北魏道武帝皇始元年（396）"条，将不同文献中关于"道朗"的资料进行了集中整理，其资料包括《高僧传》《魏书·释老志》《广弘明集》。② 除标明出处的资料外，作者还对历史事件进行了整理和叙述，对有些历史事件还用按语进行了说明。总之，犹如本书简介所言，该书在编年体的基础上，"广泛参考了学术界已有的研究成果，通过对各种文献资料中涉及南北朝佛教史内容的全面整理和研究，充分发掘整合了传世文献和出土文献，吸收纪事本末体的优点，以时间为经，以事件为纬，将不同文献中的同一事件之记载归纳，给学界和社会清晰的南北朝佛教历史发展脉络，并尽可能让原始文献自己说话，这样既避免了史实描述时可能出现的理解偏差，也有利于读者们根据原始资料的记载自己辨别史实的真伪，并在此基础上理解史实的演进轨迹和内在关系"。因此，如作者所言，该书"希望能为读者提供一个时间准确、演进清晰的南北朝佛教发展史，在时间的链条中展现佛教的历史，在沿革的框架下再现佛教的进程"，③ 亦如温金玉教授所言："整部书稿标注的文献多达 1600 余条。让原始资料自己说话，不但可以使读者按时间摸索历史演进的步伐，而且可以在时间演进中获得所有列入之史实的资料出处。如此大规模的史实逐年排列和史料逐一对应，使我们有理由称赞该书同时具有史实及其所据文献的检索功能，这是学术界以往研究成果中罕见的。"④

---

① 饶宗颐主编，王素、李方：《魏晋南北朝敦煌文献编年》，台北：新文丰出版公司，1997 年，《饶序》第 1 页。

② 李利安、崔峰：《南北朝佛教编年》，第 3 页。

③ 李利安、崔峰：《南北朝佛教编年·前言》，第 4 页。

④ 温金玉：《镶嵌在时间链条上的佛教中国化进程——从〈南北朝佛教编年〉看佛教在中国落地生根的脚步》，《中国民族报·宗教周刊·人文》2019 年 7 月 2 日第 7 版。

三　内容包罗备至，完整呈现了南北朝佛教的各个方面

如上所述，该书严格按照时间排列。每一年代的具体内容，又分两部分，前一部分主要是对正史、佛教传记和诸经典文献的梳理，后一部分则主要是造像碑刻等考古资料。在每一具体年份的每一条史实前，均加有小标题来概括其内容主旨。从小标题来看，其内容可以说是包罗备至，对南北朝佛教的方方面面进行了全方位呈现，既有重大佛教事件，如皇帝下诏、僧制改革等，又有僧人生平及活动，如生卒、出家、受戒、译经、讲经、求法取经、抄经、著述、诵观音名号等，还有佛教信仰行为与活动，如建寺、修庙、建塔、开凿石窟、造像、刻碑、造发愿文、创制仪文、发愿见佛、无遮大会、灵瑞感通等，此外还有一些中外佛教文化交流活动，如外国使臣献佛牙等。其中关于中外佛教文化交流的资料，是非常重要的，如"北魏宣武帝景明四年（503）"的"南天竺国献赠辟支佛牙于魏"，[①] 又如"梁武帝天监十八年（519）"的"扶南国遣使赠送天竺旃檀瑞像和婆罗树叶"，[②] 这都是非常重要的资料。

这些内容，大到国家对佛教采取的政策及中外佛教交流，小到佛教徒的信仰行为，可说是无所不包。在此基础上，作者在前言中指出了南北朝佛教的新姿态，如在中国化方面"开创了中国佛教多元一体的圆融会通之路"，在三教关系方面"从激烈的斗争中走出一条互补互鉴的新道路"，在政教关系方面"形成了顺应政治的基本姿态以及呼应政治的智慧"，在外在形态方面，不仅"信仰类型多样化""修行方法多元化""法事仪轨体制化"，而且"在道场建设、文化拓展、社会渗透等方面也获得重要成就"。[③]

此前李利安教授承担了魏道儒教授主编的《世界佛教通史》第3卷中的南北朝佛教部分，此书算是其姊妹篇。据作者在后记中所言，"为了从时间方面系统梳理一下这段历史的详细演进，并在时间的框架下审视各种佛教文

---

① 李利安、崔峰：《南北朝佛教编年》，第92页。
② 李利安、崔峰：《南北朝佛教编年》，第689页。
③ 李利安、崔峰：《南北朝佛教编年·前言》，第2—3页。

化类型的相互交织，以准确理解南北朝佛教的发展进程，我萌生了以时间为轴提领南北朝佛教全部史实的念头"。[①] 于是，这项工作便开始了。值得指出的是，2015 年《世界佛教通史》（第 3 卷）[②] 已经出版。作为姊妹篇，读者如果能将两书放在一起阅读，想必会有更多收获，不仅会对其翔实系统的内容有更多体会，而且会对其富有创见的观点有更多领会。

最后，由于此书涉及历史长、内容广，难免尚有需要补充完善与再行斟酌的地方。比如，在体例方面，若能对每一年代中的事件再进行归类，会更加系统。又如，在材料方面，有一则"北齐后主武平五年（574）"条下的"十月陆景妻张云妃造塔铭"及其下面的材料"题记为：'武平五年甲午岁十月戊子朔，明威将军陆景妻张云妃敬造是光佛并三童子。愿三界群生，见前受福，亡者托荫花中，组时值佛。'"[③] 经核对原材料，其题记中的"妻""亡"均不可辨认，均标为"□"；其中的"张云妃"应是"张元妃"；"是光佛"应为"定光佛"；"组时值佛"应为"俱时值佛"。[④] 因此，小标题应改为"十月陆景□张元妃造定光佛并三童子像"。凡此种种，都有进一步斟酌与订正的必要，但瑕不掩瑜，从整体来看，此书是一部极为难得的优秀著作。

总之，作为学术界第一部整理南北朝佛教资料的编年体集大成之作，《南北朝佛教编年》史料来源广泛、编撰体例清晰、编撰内容全面，不仅全面搜集了南北朝佛教的相关资料，而且系统整理了南北朝佛教的历史史实，还完整呈现了南北朝佛教的方方面面。不论对于从事南北朝历史研究的学者来说，还是对于从事佛教学术研究的学人来说，作为重要的基础性书籍和集大成之作，此书都具有重要的参考价值和指导意义。

---

① 李利安、崔峰：《南北朝佛教编年》，第 789 页。
② 魏道儒主编，魏道儒、李利安：《世界佛教通史》第 3 卷，中国社会科学出版社，2015 年。
③ 李利安、崔峰：《南北朝佛教编年》，第 399 页。
④ 刘东光、陈光唐：《邯郸鼓山水浴寺石窟调查报告》，《文物》1978 年第 4 期，第 14 页。

2022 年浙江大学历史学院支遁人文系列讲座综述

龚文静 *

2022 年 9 月 25 日至 11 月 26 日，浙江大学历史学院聚焦亚洲文明研究和佛教文明研究新视野，举办支遁人文系列讲座共计 13 场，线上线下同步开展。分别邀请国内外相关领域知名学者主讲，从政治、经济、军事、地理、佛教、历史研究新视野等方面展开深入探讨。现作如下综述。

1. "浙江大学支遁人文讲座" 第 18 讲暨 "亚洲文明讲坛系列" 第 17 讲
动物史研究的源流与旨趣

时间： 2022 年 9 月 25 日
主讲： 陈怀宇
主持： 孙英刚

本场讲座主要围绕什么是动物史、动物史兴起的源流以及对动物史研究的发展与思考三部分展开讨论。

首先，对 "动物史研究" 进行阐释，指出当下探讨的 "动物史"（Animal History）或应称为 "新动物史"（New Animal History），因为现在的 "动物研究"（Animal Studies）是一种受学理逻辑和外在因素共同作用而发生转向的动物研究，试图重新看待和反思人类与动物共享的历史。其中 "动物" 的定义既包括现实中存在的动物，也包括由人将现实经验进行艺术加工而创作出来、思维创造或者心理上存在的动物。

其次，"动物史研究" 得以在 20 世纪 80 年代成为新兴学问，是在历史

＊　龚文静，浙江大学历史学院博士研究生。

学、宗教学的研究转向以及现实环境恶化与生态危机影响的内外因素共同作用下的结果。在此背景下，阶级、性别、物种成为学术研究的新概念，史学研究的视角得以重新转换。

最后，历史学的"动物转向"，开辟了"后人类史学"的新路径，对于启发我们去重新认识和思考传统的议题大有裨益。动物研究本身，是研究人与动物之间的权利关系，也是一种政治史。目前国内尚未形成"动物史研究"的系统性学术体系，相关研究尚待反思与改进。

2."浙江大学支遁人文讲座"第 19 讲暨"亚洲文明讲坛系列"第 18 讲 释《汉书·西域传》"塞王南越县度"

时间： 2022 年 10 月 10 日

主讲： 刘　屹

主持： 孙英刚

本场讲座主要结合塞人迁徙的时空背景，对"塞王南越县度"提出新的诠释，并对佛教在该区域的流传过程进行阐发。

首先从《汉书·西域传》出发，辨析关于"县（悬）度"和"罽宾"等有争议的古代地理概念。指出应将塞人迁徙放在特定时空背景下讨论，将视野放宽至印度、巴基斯坦和中亚地区的河流水系、山脉隘口，立足于传世文献中关于"悬度"的材料，对"悬度"的路线选择、交通和迁徙方式等进行探讨。随后介绍在匈奴、大月氏、乌孙等部落族群影响下的塞人迁徙。

其次对塞人迁移的三种可能性路线进行阐释。指出传统观点认为塞人在受到大月氏挤压后，走"锡尔河→河中地区→大夏→犍陀罗"这一线路缺乏合理解释；第二条塞人可能迁徙的"南越悬度"路线，素来被认为十分凶险，是最不可能被采取的路线，但随着考古研究的推进，在该路线上发现大量的岩画和岩刻，增强了《汉书》记载的可靠性；第三条"塞王南君罽宾"之外塞人所走的路线，即从塔里木盆地西部越过葱岭向西进占塞斯坦地区，具有更多不确定性。

最后介绍公元前后塞人的分布以及于阗佛教和罽宾佛教之间的关系。指出于阗佛教与罽宾佛教存在法脉和血缘上的亲近性，于阗大乘佛教的繁荣与连接喀喇昆仑山的"罽宾道"有密切联系。直至犍陀罗本土佛教衰落，其对于阗佛法的影响仍然十分深刻。

3."浙江大学支遁人文讲座"第20讲暨"亚洲文明讲坛系列"第19讲
中外文化交融与盛唐产生
时间：2022 年 10 月 15 日
主讲：周建波
主持：孙英刚

本场讲座运用经济学理论，从经济思想史等角度对中国中古佛教和社会进行讨论，并关注到佛教义理对经济实践活动的影响以及对传统经济思想的超越。

周老师首先从经济学角度出发，指出盛唐的产生得益于政府的有力保护、家庭经济的积极进取、思想文化的融合与创新。他指出，佛教的传入对这三个客观条件的形成起着重要的推动作用。

经济发展产生的土地兼并和流民等问题，使两汉走向覆灭。民众对物质和精神的追求不断增加，传统的经济模式和思想方式不能从根本上解决问题。新传入的佛教，凭借博爱、平等的教义、医疗知识和技术、财物布施等，赢得了信赖。佛教强调因果报应、众生平等，有助于解决尖锐的社会矛盾，促进社会由分裂走向统一。佛寺成了财富的集中和流通中心，大量捐献和布施活动缓和了贫富分化。佛教对不同血缘关系、阶层、民族的人都有凝聚作用。

隋唐时期，佛教逐步从社会物质层面退出，让位于儒家学说，但依然发挥作用。佛教众生平等的思想，在国家多项制度建设中都有体现。不过大量财富在寺院集中，导致了僧人腐化、社会资源浪费，寺院与国家在多方面存在尖锐矛盾，使得国家不得不限制佛教发展。佛教不得不抛弃物质施舍、抄写经文、兴办法会等外在修行方式，开启禅定悟道的内在修行。安史之乱爆发，禅宗北宗遭到打击，南宗兴起，最终完成了佛教中国化的进程。

4. "浙江大学支遁人文讲座"第 21 讲暨"亚洲文明讲坛系列"第 20 讲

曹植毁碑、蔡邕撰碑与魏晋"碑禁"再认识

时间： 2022 年 10 月 21 日

主讲： 徐　冲

主持： 孙英刚

　　本场讲座立足于"碑禁"政策和魏晋时期大量石碑实例之间的关系，从政策、理念层面，结合该时期不同思想文化倾向来理解"碑禁"本身。在考察魏晋时期石碑文化的整体面貌与内在性格的基础上，结合汉魏皇权结构再构筑的时代背景，对"碑禁"进行再定位。

　　目前学界对于魏晋"碑禁"的基本认识，没有从魏晋时代的"碑禁"和石刻文化本身出发，缺乏正面检讨和深入反思。最初发布的旨在"薄葬"的"令"，很可能并不包含"禁立碑"的内容。即使"碑禁"与"薄葬"之间存在交集，二者背后对应的理念却未必一致。

　　大量实例表明，魏晋"碑禁"针对的并非由血缘性丧家主导的"厚葬"，而是"私立"，即门生、故吏这样的非血缘性政治团体不经批准擅自立碑。碑禁是魏晋时代精英理念的体现，在统治精英中有着强有力的理念支持。

　　从精英立碑与王权立碑两个层面考察，所谓"碑禁"，并非意指全面禁止立碑，而是在将石碑这一纪念装置"重器化"的前提下，大幅向上收紧其适用范围。"碑禁"的厉行与弛替，对应的并非立碑的可否，而是对可以立碑者资格审核标准的严格程度。

　　曹魏西晋的王权立碑，与东汉时期形成了鲜明对比，这一时期皇帝权力亦开始作为立碑主体，在多元场合积极使用石碑，以为王权的象征与纪念。

5. "浙江大学支遁人文讲座"第 22 讲【"佛教文明研究新视野"系列讲座】

汉地舍利信仰的初兴

时间： 2022 年 10 月 28 日

主讲： 陈志远

主持： 孙英刚

本场讲座通过对三部大型佛教灵验集存在的体例差异进行考察，从而了解当时人们对不同崇拜对象的先后次序以及重要程度的认知情况。

从舍利崇拜的传说可见，东汉"舍利"榜题所指为瑞兽，与佛教舍利并无关联。汉传佛教起源于汉明帝感梦的传说，在多种文献中只有初唐的《汉法本内传》才有舍利相关记载；通过对魏明帝官浮图的史源学调查，可见这反映的是北魏时期对洛阳城的想象；有关康僧会打试舍利的传说，也有后世添笔的痕迹。这些传说都给佛教发展奠定了光辉的基础，即认为僧人和皇帝发生了交涉，目的是通过灵验的展示来获得最高统治者的支持，但这与佛教发展史的节奏并不一致。

纵观早期舍利崇拜的真实记录，可以得出几点结论：早期舍利崇拜的记录所涉及的地域以南朝辖境为中心，而江陵和广陵则是记录的重心，这和《宣验记》的记述一致；《集神州三宝感通录》下限到元嘉十九年，结合地域考虑，推测其可能来源是抄录《宣验记》；舍利安放在塔刹或像髻中，这继承了犍陀罗佛教传统，也与考古发掘一致。

汉地舍利崇拜的兴起稍晚于佛像崇拜，甚至也晚于经书崇拜，这与印度佛教史以舍利—佛像—经典作为崇拜对象的先后顺序形成有趣的对照。要试图解释这一现象，或许我们应该从中国人的文化心理和早期大乘经典在汉地的受容这两个方向进行探求。

6. "浙江大学支遁人文讲座"第23讲【"佛教文明研究新视野"系列讲座】唐代石函上的"中国故事"——兼谈中古佛教艺术的图像叙事

时间：2022年10月28日

主讲：于　薇

主持：孙英刚

本场讲座通过图像与文献相互参照的研究方式，对唐代石函的故事展开精彩讨论，对理解佛教早期美术史，尤其是理解犍陀罗佛教故事提供了新启发。

首先以蓝田出土石函中的四幅佛教故事为案例，指出舍利概念的变迁仅是一个方面，应以跨学科视野进行深入探究。伴随舍利的传播，舍利供养中国化是一个重要的问题。唐代舍利容器表面开始出现大面积叙事性图像也是中国独有的现象，值得关注。

其次对蓝田出土石函基本信息进行介绍，通过对比艺术风格判断其产生年代应为 8 世纪上半叶。对石函四面画像顺序的确认与判定何为首幅画像密切相关。

最后，参照丝绸之路佛教艺术相关遗存，对蓝田出土石函上的图像进行解读。基于图像的联系与对比，石函第一幅声势浩大的行列图在莫高窟的图像中也有出现。行列图在中国佛教艺术中往往位于较前且关键的位置，起到引导画面、指示情节发展的作用。通过与犍陀罗地区浮雕石板及新疆地区石窟壁画中与涅槃及舍利有关的图像遗存相比较，石函第二幅画面应该为五百力士移石故事，而最后的两幅图像很可能由争分舍利图拆分而成的。

图像自身的视觉逻辑是理解佛教与历史的独特契机。石函图像叙述应该从时间与空间的并置的角度进行讨论。佛教故事的中国化应当放置在丝绸之路的文明交流中进行讨论，对佛教中的"中国故事"应该有多层次的理解。

7. "浙江大学支遁人文讲座"第 24 讲【"佛教文明研究新视野"系列讲座】唐僧义㲀及其经历的两个时代

时间： 2022 年 10 月 29 日

主讲： 武绍卫

主持： 陈志远

本场讲座主要通过两件出土文物，勾勒出唐代僧人义㲀的一生。通过对僧人义㲀生平的复原，可以深入了解武后至玄宗朝中下层僧人的生活状况及唐朝不同时期统治者对待佛教的态度，为深入感知当时社会风气的转型提供契机。

首先，武老师指出，与其他高僧大德不同，义㲀相关事迹不见于现存的传世文献，仅在两件出土文物——《开龛造像记》及义㲀为其师所刊塔铭《大周神都大白马寺故大禅师塔铭》中有记载。

其次，武老师以《开龛造像记》和《大周神都大白马寺故大禅师塔铭》为核心，结合众多文献材料和时代背景，对义㵎生平事迹完成了系统的复原，包括义㵎师从、交游、求学经历、译经情形、出使概况等。义㵎被称为"东魏大乘㵎"，在译经期间随圣驾在洛阳、长安间往复，先于慈悲寺担任都维那，后又于内道场佛光殿讲法，在两京佛教界地位不凡；曾奉旨出使犍陀罗地区迎取佛经佛像，册封罽宾国国王；至睿宗即位，义㵎遭贬至碛谷寺，随后又被起用为大云寺法师教授，负责沙汰僧人。

最后，武老师总结道：义㵎的一生贯穿武后、中宗、睿宗和玄宗四朝，他既是武后—中宗朝崇佛的见证人，也是睿宗—玄宗朝抑佛的亲历者，他本人境遇亦随着政局的浪涛浮沉，是唐前中期佛教中下层僧人命运的缩影。

8."浙江大学支遁人文讲座"第 25 讲【"佛教文明研究新视野"系列讲座】佛教官寺与唐代边疆

时间：2022 年 10 月 29 日
主讲：聂顺新
主持：陈志远

本场讲座立足于佛教官寺与唐代边疆，主要阐释官寺作为联系边疆和中央的重要枢纽，在巩固边疆等方面所发挥的多重作用。

首先，回顾诸多学者在中国古代边疆治理研究以及在唐史、佛教史、中外关系史研究过程中对边疆官寺的持续关注，指出目前学界虽已注意到官寺对边疆治理发挥的作用，但并未展开具体论证。

其次，对"边疆"这一概念进行界定，并在此基础上正式对"佛教官寺与唐代边疆"这一课题展开论述。唐前期下诏设立佛教官寺的政策在边疆地区得到了有效执行，边疆官寺又设立多种不同类型，对外交流频繁，它们的建立对维护边疆社会稳定起到了一定的促进作用。这些边疆官寺除了具备接待外国僧人弘法和译经等基本功能之外，还作为王朝的政治象征，塑造、强化边疆官民对唐帝国的政治认同。

最后，聂老师总结道：唐前期先后四次诏立佛教官寺的宗教政策，在广大边疆地区亦得到有效执行。边疆地区设立佛教官寺的形式，主要可分为以容州为代表的先后取代型和以沙州为代表的同时并存型。边疆官寺的长期存在和不断修葺，均是对边疆地区作为大唐帝国疆域组成部分的持续宣示。边疆官寺所承担的政治象征和重要的政治宣传功能，有助于政治的稳固。

9. "浙江大学支遁人文讲座" 第 26 讲【"佛教文明研究新视野" 系列讲座】
枢轴梵宫：中古都城政治轴线中佛教因素的进退

时间：2022 年 10 月 30 日

主讲：谢一峰

主持：孙英刚

本场讲座结合考古材料、传世史料以及现代技术对中古都城建筑的复原成果，展示魏晋至隋唐时期佛教与政治空间互动的曲折进程。

在中国中古时期的都城之中，政治权威和宗教势力的空间呈现和互动一直很重要。早期佛教寺院虽已进入了汉晋时代的都城之中，却未与都城政治轴线发生有效互动。这一时期佛教与权力交集有限，其建筑未能体现在都城的布局和政治景观方面。

北魏首开"皇帝即佛"的理念，佛教寺院与都城政治轴线关系初步奠定。至北魏后期，佛寺尤其是皇家大寺位置已接近都城的权力中轴线。佛教建筑的重要性得以空前强化。

佛教建筑与都城政治轴线关系的强化，并非持续发展。在崇尚佛教的政治热潮退却之后，形势大变。隋代大兴城中的庄严寺和总持寺，并峙于外城的西南角。唐长安之大兴善寺、荐福寺等，其区位仍只是接近这一轴线，而非坐落于其上。武则天后，明堂、天堂与天枢等一系列具有佛教因素之皇家礼仪建筑兴建，分别位于宫城的几何中心和天津桥以北、端门以南的河心小岛之上，占居神都洛阳政治轴线中最为显赫的位置，象征着天下的中枢。

中古中国佛教不仅是一种外来的宗教信仰和思想文化，更作为新的政治文化元素，深入政治体系和都城规划之中，构成了华夏统治者新的政治权力表达方式之一。

10. "浙江大学支遁人文讲座"第 27 讲【"佛教文明研究新视野"系列讲座】李义琛家族与龙门石窟造像营建

时间：2022 年 10 月 30 日

主讲：季爱民

主持：孙英刚

本次讲座主讲人季老师将目光聚焦于唐前期李义琛家族与龙门石窟造像营建问题，揭示佛教造像活动对于家族凝聚与家族记忆的流传之影响。

首先，根据垂拱元年（685）与长寿三年（694）李义琛的后人在龙门石窟分别开凿的两窟题记与传世史料，细致考证出李氏家族成员名、年龄以及参与石窟修建情况。

其次，结合石刻材料与人物传记，探讨李氏家族在入唐后的仕宦、婚姻、居住与丧葬方式和葬地问题。根据墓志记载可知李氏家族主要聚居住在洛阳城的崇业里，但有部分成员居住在黄河以北的城外，这值得研究关注。

最后，季老师表示，他目前最关注的问题是龙门石窟的造像活动在李义琛家族的生活中所处的位置。在他看来，家族成员共同参与的造像活动为凝聚家族提供了一定的场景支持，但为了深入探讨信仰与家族生计的联系，则需要更广泛地关注当时整个社会的信仰与造像活动的时代背景。他进一步指出，李义琛家族以造像纪念先人的方式，只是唐前期大规模佛教造像活动的缩影。这种造像活动在其后的中宗、睿宗、玄宗朝则处于停滞状态。玄宗之后，禅学兴盛，李氏家族后人佛教信仰的方式又有所改变，这或许体现着家族凝聚会因佛教信仰方式的转变而发生调整。

11. "浙江大学支遁人文讲座"第 28 讲暨"亚洲文明讲坛系列"第 27 讲

重返帕米尔　与玄奘对话

时间：2022 年 11 月 7 日

主讲：侯杨方

主持：孙英刚

　　本场讲座首先从玄奘的肖像入手，通过梳理冥祥《大唐故三藏玄奘法师行状》、道宣《续高僧传·京师大慈恩寺释玄奘传》和慧立、彦悰《大慈恩寺三藏法师传》这三部最早的玄奘传记中的相关内容，对玄奘的姓名之谜、仪貌和早年交游情况做了阐释。

　　其次，深入探讨《大唐西域记》的作者和撰写意图。《大唐西域记》虽然是对玄奘取经经历的真实记录，但并非完整记录。对玄奘的描写带有强烈的个人主观偏见，比如用"风俗刚烈，容貌鄙陋"来描写尸弃尼国国民，却用"仪形有体、风则有纪""俗知礼义、人性温恭"等奉承文字来形容印度国民。人们对丝绸之路的普遍认知与实际存在较大的偏差，以为它黄沙漫漫、驼铃声声，其实不然，历史上真实的丝绸之路是由一片片绿洲连缀而成。侯老师认为，非经玉门、阳关、葱岭，皆非丝绸之路。

　　再次，侯老师对帕米尔的地形、地貌特征进行了详细分析，认为无论古人还是今人穿越帕米尔高原，遵循的一个基本原则就是避开水流湍急的 V 形山谷，选择地势平坦、植被丰富的 U 形谷。

　　最后，侯老师结合自己团队的长期实地考察，对玄奘取经行经之地——葱岭、瓦罕走廊、波谜罗川（大帕米尔）、石头城、大石崖等地进行了精准复原，并指出精准复原应遵循的三个原则：必须实地考察；必须有实地考察时的 GPS 精准定位和轨迹；必须制作 GIS，公开轨迹与地标的经纬度、照片、视频。

12. "浙江大学支遁人文讲座"第 29 讲暨"亚洲文明讲坛系列"第 28 讲
宋金盟誓岁输"绿矾"事解

时间：2022 年 11 月 25 日
主讲：邱靖嘉
主持：孙英刚

　　本次讲座阐释了金朝《吊伐录》收录的《宋主誓书》中订立誓书的相关

内容，谈及其中除割还燕京、岁输银绢及燕京代租钱外，还特别提到宋朝需向金国"每年并交绿矾二千栲栳"背后的原因。

首先，邱靖嘉老师根据科技史学家的相关研究，简略介绍绿矾的制取工艺、主要产地以及实际用途，并结合当时的历史背景进行以下推测：金初，金军旗帜、服饰尚黑，而绿矾正是用于染黑的主要原料；金国方面在答应除燕京外亦将包含矾矿的辽西京部分地区给予宋朝，以致无法自行生产绿矾，所以才在盟约中要求宋朝岁输绿矾。金此举既为保障军需，亦为掌控这一禁榷物资。

其次，邱靖嘉老师指出，需要注意的是，金初军中旗服尚黑，实则源自北方民族固有的尚色习俗，与中原王朝的德运之说无关，后世学者不应将此类"尚黑"现象视为"水德"表征。

最后，邱靖嘉老师总结并指出，通过该个案研究可以带给我们两点启示：第一，掌握科技史知识或可为某些历史问题的考察提供新的研究思路，而历史学问题意识的引入，则可为科技史的外史研究开辟新的问题空间；第二，对于某些无任何直接记载的历史问题，我们的研究思路不必逐奇求异，而若从人类社会生产生活的"常识"方面去加以考虑分析，或许自可通解。

13. "浙江大学支遁人文讲座"第 30 讲暨"亚洲文明讲坛系列"第 29 讲
宗藩架构下的反目与冲突：唐罗战争（669—676）的那些事

时间：2022 年 11 月 26 日
主讲：拜根兴
主持：孙英刚

本场讲座在对国内外学术界的研究细致梳理的基础上，充分利用各种材料特别是碑刻文献，揭示唐罗战争的复杂情形。

首先，就唐罗战争做简明的学术史回顾。对于唐罗战争的研究，日韩学者起步较早，国内学者较晚。如今，除了中韩日相关传世文献外，日韩两国近三十年来出版的石刻墓志史料对研究这一问题大有助益。

其次，唐罗战争是在唐罗宗藩关系的背景下发生的，是双方作为实质上的盟友，在共同的敌人灭亡之后，对朝鲜半岛未来走向的处置不同而导致的异常冲突。这场战争并非猝然爆发，双方的战争投入早已展开。在买肖城之战、所夫里州伎伐浦之战中，唐军撤军是事实，但《三国史记》对于新罗二十二战皆胜的描述不无夸大可能。关于薛仁贵与新罗文武王之间的两封长信，存在虚实难分之处，要谨慎使用。通过新罗一方的谢罪表文，可见新罗是一贯承认唐朝宗主国地位的。

最后，拜老师指出，唐朝最终撤离朝鲜半岛，新罗得以完成统一，是在新罗积极抵抗、唐朝军事目标转移及唐罗双方交涉下达成的一种妥协，很难说有所谓的胜利者或失败者。刻意强调唐罗战争最终结局的任何方面，都会对正确理解这一时期的唐罗关系造成偏差。因此，只有搁置各自国家民族立场与主观倾向，客观批判利用现有的各种史料，才能更接近当时的历史真实。

聚焦亚洲文明研究　支遁人文讲座 20

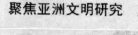

中外文化交融与盛唐产生

主讲人　周建波　教授
主持人　孙英刚　教授

腾讯会议：733-821-762
密码：0408
时间：2022/10/15 周六晚7点

周建波：北京大学经济学院教授，经济史学系主任，北京大学社会经济史研究所研究所长，兼任中国经济思想史学会副会长、中国商业史学会副会长，国家社科基金重大项目"东亚同文书院经济调查资料的整理与研究"首席专家。主要研究中国经济思想史、管理思想史、近年来侧重研究中古时期的佛教信仰与庄园经济发展、佛教传播、本土化与中国金融业创新以其中古时期院经济、寺院金融的兴衰等等，在《中国社会科学》《经济研究》《经济学季刊》《管理世界》《世界宗教研究》等发表论文100余篇。著作自括The Westernization Movement and Early Thought of Modernization in China、《金融的逻辑与创新·历史视野下的金融》《文化与经济》，论文《中古时期寺院经济兴衰的经济学分析》获第八届高等学校科学研究优秀成果奖二等奖。论文《佛教信用、商业信用制度变迁·中古时期寺院金融兴衰分析》获中国软科学奖。

主办单位
浙江大学历史学院｜浙江大学亚洲文明研究院｜浙江大学"世界顶尖大学学科合作计划"

聚焦亚洲文明研究　支遁人文讲座 21

曹植毁碑、蔡邕撰碑与魏晋"碑禁"再认识

徐冲　教授　主讲
孙英刚　教授　主持

腾讯会议：809-193-043
会议密码：221021
时间：2022/10/21 周五晚7点

徐冲

北京大学历史学博士，复旦大学历史学系教授，研究方向为魏晋南北朝史，代表作包括有《中古时代的历史书写与皇帝权力起源》（2012）《观书析音：历史书写与魏晋精英的政治文化》（2020）、译著《中国古代的王权与天下秩序》等，其中《中古时代的历史书写与皇帝权力起源》荣获第二届"普隐人文学术奖"。主编《中国中古史研究》《日本学者古代中国研究丛刊》，在《历史研究》《中国史研究》《文史》《中华文史论丛》等专刊物发表论文30余篇。

主办单位
浙江大学历史学院｜浙江大学亚洲文明研究院｜浙江大学"世界顶尖大学学科合作计划"

佛教文明研究新视野　支遁人文讲座 22—27

10月28日（周五）晚7点
陈志远（中国社科院古代史研究所）
汉地舍利信仰的初兴

于薇（东南大学）
唐代石函上的"中国故事"——兼谈中古佛教艺术的图像叙事
腾讯会议：742334536 密码：221028

10月29日（周六）晚7点
武绍卫（山东大学）
唐僧义湛及其经历的两个时代

聂顺新（陕西师范大学）
佛教官寺与唐代边疆
腾讯会议：913386506 密码：40719

10月30日（周日）晚7点
谢一峰（湖南大学）
枢轴梵宫：中古都城政治轴线中佛教因素的进退

季爱民（东北师范大学）
李义琛家族与龙门石窟造像营建
腾讯会议：896117677 密码：221030

主办单位
浙江大学历史学院｜浙江大学亚洲文明研究院｜浙江大学"世界顶尖大学学科合作计划"

聚焦亚洲文明研究　支遁人文讲座 28

重返帕米尔　与玄奘对话

侯杨方　教授　主讲
孙英刚　教授　主持

2022/11/07/19:00
腾讯会议：257-926-793 密码：1107

侯杨方：复旦大学中国历史地理研究所教授，博士生导师，研究领域包括人口史、经济史、历史地理学，代表作有《中国人口史》（2001）《清朝地图集》（2020）《重返帕米尔》（2021）等。在《历史研究》《中国史研究》等学术期刊发表论文近百篇。侦尚知行合一，近年来数十次考察塞斯顿、帕米尔、中亚、南亚等地区，对丝绸之路做了首次"精准复原"，得到了《光明日报》《中国社会科学报》头版头条报道。

主办单位
浙江大学历史学院｜浙江大学亚洲文明研究院｜浙江大学"世界顶尖大学学科合作计划"

聚焦亚洲文明研究　支远人文讲座 29

宋金盟誓岁输「绿矾」事解

主讲人　**邱靖嘉**　副教授

主持人　**周佳**　副教授

地点　浙大紫金港校区成均苑119

时间　2022/11/25 周五 上午十点

邱靖嘉：北京大学历史学博士，现为中国人民大学历史学院副教授。主要研究辽宋金史、历史文献学，已出版专著《人地之间：人文分野的历史学研究》《〈金史〉辨释考》，在《历史研究》《民族研究》《中国史研究》等刊物上发表学术文章数十篇。

主办单位：浙江大学历史学院　浙江大学亚洲文明研究中心

聚焦亚洲文明研究　支远人文讲座 30

宗藩架构下的反目与冲突：
唐罗战争（669—676）的那些事

拜根兴　教授　主讲

孙英刚　教授　主持

时间：2022/11/26　周六晚7点

腾讯会议：939-207-236　密码：1126

拜根兴：
陕西师范大学历史文化学院教授、博士生导师，主要从事隋唐史及古代东亚史的教学研究工作，被教育部遴选为2008年新世纪优秀人才。在海内外独立发表隋唐史、古代中韩关系史等领域学术论文120余篇，出版学术专著6部，合著及参编著作十余部，主编、译著多部。主持国家社科基金重点项目、委托重大专项各一项。荣获陕西省政府哲学社会科学优秀成果一等奖、三等奖各一项。

主办单位：浙江大学历史学院｜浙江大学亚洲文明研究院｜浙江大学国际合作专项支持

History of Asian Civilizations Research

Table of Contents & Abstracts

The Review of the Controversy of the Buddha's Nirvana Date and Its New Perspectives

Liu Yi / 1

Abstract: The year of Sakyamuni Buddha's nirvana was an important topic for the ancient India and Buddhist History. While it is a puzzling theme for the scholars almost all over the world for the past more than 300 years. There were many kinds of theories of the year of Buddha's nirvana in Chinese historical records, and many Chinese scholars took part in these discussions, but few of their opinions were concerned by the European and Japanese scholars. This paper will state the main theories about Buddha's nirvana year, including the *Renshen* year of King Mu of Western Zhou, "uncorrected long chronicle", the "corrected long chronicle" and "short chronicle", and analysis the reasonable and unreasonable of these theories which offered mainly by European and Japanese scholars, and remind to pay great attention to the opinions of other Chinese historical records and Chinese scholars. Based on the different facets considerations, it is hard to say that the "short chronicle" should no doubt to replace the "corrected long chronicle" yet.

Keywords: the Year of Buddha's Nirvana; the *Renshen* Year of King Mu of Western Zhou; "Uncorrected Long Chronicle"; "Corrected Long Chronicle"; "Short Chronicle"

The Road to Redemption: Killing Snakes in Medieval Chinese Buddhism

Chen Huaiyu / 25

Abstract: In the medieval Chinese context, snakes and tigers were viewed as two dominant threatening animals in swamps and mountains. The animal-human confrontation increased with the expansion of human communities to the wilderness. Medieval Chinese Buddhists developed new discourses, strategies, rituals, and narratives for handling the snake issue that threatened both Buddhist and local communities. These new discourses, strategies, rituals, and narratives were shaped by four conflicts between humans and animals, between canonical rules and local justifications, between male monks and feminized snakes, and between organized religions and local cultic practice.Although early Buddhist monastic doctrines and disciplines prevented Buddhists from killing snakes, medieval Chinese Buddhists developed narratives and rituals for killing snakes for responding to the challenges from the discourses of feminizing and demonizing snakes as well as the competition from Daoism.In medieval China, both Buddhism and Daoism mobilized snakes as their weapons to protect their monastic property against the invasion from each other.This study aims to shed new light on the religious and socio-cultural implications of the evolving attitudes toward snakes and the methods of handling snakes in medieval Chinese Buddhism.

Keywords: Snakes; Buddhist Violence; Buddhist Women; Local Community; Religious Competition

Storehouse and Monasteries of the Three Stage Movement

Zhang Zong / 50

Abstract: This paper inspected Inexhaustible storehouse of three stage Movement. The Buddhist commandment have some words "inexhaustible goods" or "inexhaustible wealth", actually partly equal to the Chinese word 无尽藏 (wujinzang) inexhaustilble treasuries or Inexhausible storehouse subsequent. In the time, Budda permited make porfits for Buddhism. The monasteries has pawnshop in South Dynasties, example for Changsha temple（荆州长沙寺）of Jinzhou Zhaoti temple（荆州招提寺）of Nanjing.Some data about Emperor Liang wudi. Preface for listening expound the texts of Buddhism expound the texts of Buddhismby by Xiao Ziliang（萧子良）.

About Sanjiejiao wujienzang, Monka XinXing have 16 inexhaustible storehouse, first for cultivate oneself according to a religious doctrinehis by his monk group. And some data. After the Tang dynasty, some examples about Changshengku（长生库）in the monasteries. Inexhaustible.

Keywords: Inexhaustible Storehouse; Endless Saga; Three-staged Teaching Mode; Changsheng Reservoir

On Pure Land Buddhism and Chan Pure Land Syncretism in Medieval China

Written by Robert H.Sharf; Trans. by Ding Yi / 77

Abstract: Modern studies of Buddhism and Chinese religion often refer to an indigenous Chinese Pure Land "school" that arose in the medieval period. This school is typically characterized as a distinct tradition with its own teachings and its own line of patriarchs, including T'an-luan (476–542), Tao-ch'o (562–645), and Shantao (613–681). In the Sung, exegetes such as Yung-ming Yen-shou (904–975) are credited with creating a synthesis of Pure Land teachings and Ch'an, and the result— "Ch'an/Pure Land syncretism" —emerged as the dominant form of Buddhist monastic practice from the end of the Sung down through the present day. In this article I argue that there is little evidence of anything resembling an independent or self-conscious Pure Land tradition in medieval China. Pure Land cosmology, soteriology, and ritual were always part-and-parcel of Chinese Buddhism in general and Ch'an monasticism in particular. Accordingly, there was no need for a "synthesis" of Pure Land and Ch'an. The modern conception of a Chinese Pure Land school with its own patriarchate and teachings, and the associated notion of Ch'an/Pure Land syncretism, are inordinately influenced by historical developments in Japan and the enduring legacy of sectarian polemics in contemporary Japanese scholarship.

Keywords: Pure Land Buddhism; Chan; Syncretism; Chinese Buddhism

Genealogy, Ethnicity and Religion: On the Changsha Ouyang Clan during the Liang and Chen Dynasties

Xiang Yunjun / 119

Abstract: Through the analysis of historical materials, it can be found the genealogies of Ouyang clan have various discontinuities, and has been constantly rewritten and edited in medieval China. Previous studies have speculated that the Changsha Ouyang clan was an ethnic minority (Xi or Li) who moved to Changsha from Shixing. The Changsha Ouyang clan thrived in the Southern Dynasties, and initially identified themselves as descendants of the king of Yue. Through fabricating genealogy and getting same fief name, they spliced their genealogy to the Bohai Ouyang clan. After entering the Sui and Tang Dynasties, their choronym was gradually transferred to Changsha. Changsha Ouyang clan had a very close relationship with Buddhism. Ouyang Wei, along with his son and successor Ouyang He, supported translation of Sutras by monks in Guangzhou during the Chen Dynasty. The building of the Ouyang Wei Stele has benefited from a monk's communication with the imperial court. The Buddhist influence to Ouyang clan eventually accompanied Ouyang Xun into the Sui and Tang Dynasties.

Keywords: Ouyang clan; Genealogy; Local Power Clan; Ouyang Wei; Ouyang He

Research on Foguo Chan Master Wei Bai's Birthplace

Zong Yanhong / 148

Abstract: Focusing on the birthplace of Foguo Chan master (佛 国 禅 师) Wei Bai (惟 白) in the Northern Song Dynasty, this paper discusses his later biographies and some differences between them. Among later generations, most of the biographies, headed by the Yuan Dynasty's Nian Chang's (念 常) (1282–1341) "Fo Zu Li Dai Tong Zai" (佛 祖 历 代 通 载), consider Wei Bai's birthplace to be "Jingjiang" (靖江). However, in the "Shi Shi Ji Gu Lue" (释氏稽古略) of Jue An (觉岸) (1286–?), a contemporary of Nian Chang, it is clearly stated that Wei Bai was a native of "Jingjiang Fu" (静江府). Therefore, this paper identifies the birthplace of Wei Bai by analyzing the specific meanings and historical evolution of the two place names of "Jingjiang"（靖江）and "Jingjiang Fu"（静江府）, and examines the reasons why "Shi Shi Ji Gu Lue"（释氏稽古略）revised "Fo Zu Li Dai Tong Zai"（佛祖历代通载）. Finally, taking the change of Chan master Wuzheng Huichu's（无诤慧初）birthplace from "Jingjiang"（靖江）to "Jingjiang"（静江）in the historical data of the Song Dynasty as supplementary evidence, the author determines that Wei Bai's birthplace was "Jingjiang"（静江）.

Keywords: Foguo Chan Master Wei Bai; Birthplace; Fayun Temple（法云寺）; Jingjiang（靖江）; Jingjiang Fu（静江府）

Have a Review on the Shouzhen's（守真）Identity of the Eight Progenitor of Huayan（华严）

Ping Yanhong Cui Hanying / 164

Abstract: Shouzhen（守真）of Kaibao Si（开宝寺）in Dongjing（东京）, has been always proposed by people as an example to explain the development of Tantraism of Chengdu（成都）area of the Five Dynasties and the early Song Dynasty. With the discovery of the Huayanzong fozuzhuan（华严宗佛祖传）written by Xufa（续法）of the Qing Dynasty, another identity of Shouzhen（守真）——the Eight Progenitor of Huayan（华严）gradually became known to the world. However, from the record of Shouzhenzhuan（守真传）written by Zanning（赞宁）, Shouzhen（守真）is a miscellaneous person with complicated education experience and various practice. Hereby, it is possible that at the time of Shouzhen（守真）and Zanning（赞宁）, Shouzhen's（守真）identity of the Eight Progenitor was still unknown. Until the appearance of Jingyuan（净源）who regard his works as important and pay attention to Qixin lun（起信论）, Shouzhen（守真）was brought into the transmission system and endowed with the identity of the Eight Progenitor. And then this heritage has been handed down to this day, known to the world.

Keywords: Shouzhen; Zanning; Huayanzong Fozuzhuan; Inheritage

Extant Copies of Fuzhou Editions of Buddhist Canon at Home and Abroad

Chi Limei / 179

Abstract: From the end of the Northern Song Dynasty to the beginning of the Southern Song Dynasty, Fuzhou published the Dongchansi and Kaiyuansi editions of Buddhist canon in succession, thus not only creating the first private edition of Buddhist canons, but also becoming the origin of Buddhist canons engraved in Jiangnan area since then. In addition to the eight extant sets of the Fuzhou editions (a mixed collection of the Dongchansi and Kaiyuansi editions), there are also thousands of scattered copies in major libraries at home and abroad. Therefore, with reference to survey reports, catalogs of rare books, databases, and other related studies published by collecting units or research teams, this paper reorganizes the current status of the Fuzhou editions of Buddhist canon and their rare copies in monasteries, repositories, libraries, and museums at home and abroad, in the hope of providing scholars with information for their future research on the subject. It is hoped that this will provide scholars with inexpensive information for future research on Buddhist canons.

Keywords: Fuzhou Editions of Buddhist Canon; Dongchansi-edition; Kaiyuansi-edition; Extant Collection; Extant Copies

Cultural Exchanges Between Khotan and Central Asia in the 12th Century: A Study on the Silver and Copper-inlaid Brass Wares in the Hotan Museum

Luo Shuai / 201

Abstract: There is a group of distinctive brass wares in the Hotan Museum's Qara-khanids collection. These wares were forged or cast from brass strips, then made patterns by repousse or engraving, finally inlaid the patterns with silver or copper wire. The themes of decoration are mainly calligraphic inscriptions, secular figures as well as animal images. They have dual identities of utensil and artwork. Although they are daily life utensils such as faceted or fluted ewer, circular inkwell, round tray, rectangular tray, etc., there artistry belongs to a quite high level. Detailed typology analysis indicates that these artifacts were produced around Herat in Khorasan region in the second half of the 12th century. Their transmission from Central Asia to Khotan shows that cultural exchanges along the Silk Road were never interrupted in the period between the fall of Tang Dynasty and the eve of the Mongol empire, in which times goods and cultures could still effectively travel in long-distance along the Eurasian transportation network.

Keywords: Khotan; Herat; Brass; Qara-khanids; Silk Road

Monks Crossing the Frontier: Buddhism and East Asia After the Collapse of the Tang Dynasty

Nie Jing / 224

Abstract: The collapse of the Tang Dynasty spurred a new form of cosmopolitanism. From the late Tang and Five Dynasties to Liao, Song and Xixia, "spy-monks" appear frequently in the history. These records are mixed with facts and falsehood. Some monks acted as spies to participate in politics; some spies disguised as monks to obtain intelligence. Related facts and rumors triggered social suspicion and panic about monks who crossing the frontier. To deal with the those threat, the imperial court restricted monks' qualifications and activities by official documents such as clerical certificates and passes. The essential of "spy-monk" is frontier crossings. The rise of spy-monks is a result of the temporary political and cultural asynchrony, when China shifting from cosmopolitanism to nationalism in Tang and Song Dynasties. It also reflects the decline of the social status of Chinese Buddhism.

Keywords: Itinerant Monk; Border; Clerical Certificate; Pass; Mount Wutai

The Westward Seafaring Routes of the Chinese Merchants in the Song Dynasty

Chen Yexuan / 247

Abstract: This article combined the archaeological discoveries with the traditional sources, in order to study the westward seafaring routes of the Chinese merchants in the Song dynasty. In this period, the Chinese merchants, just like the Arabian merchants, determined to construct the trading diaspora, which was regarded as the main method when expanding their trading networks. This method guaranteed their closely relationship with the indigenous societies, and some of them had even got into the upper class. There also existed some records of their competing with the Arabian merchants. The voyage of the Chinese merchants did not take a remarkable position in the traditional literature, but it did have the significant impact on the development of the maritime Silk Road. Even when Vasco da Gama, the famous Portuguese voyager, reached the Indian coast, he saw the activities of the Chinese merchants. In the dimension of the global history, the westward voyage of the Chinese merchants in the Song dynasty, along with the eastward seafaring of the Arabian voyagers, promoted the contact of the Eurasian civilizations.

Keywords: Chinese Merchants in the Song Dynasty; the Maritime Silk Road; the South China Sea; the Indian Ocean

The Political Ceremony of Muromachi Shogunate and the Construction of its Legitimacy

Kang Hao / 285

Abstract: The Murmachi Shogunate of Japan was established by the Ashikaga Clan during the war after the collapse of the Kenmu regime. Muromachi Shogunate held a series of political ceremonies, including public ceremonies open to the general public, in order to seize, utilize and display the legitimate resources. Through the arrangement of ritual space, time, personnel and utensils, as well as the arousal, reappearance and reconstruction of political memory, the Shogunate obliterated the memory of rebellion, showed its inheritance of the political heritage of the Emperor Godaigo and the Kamakura Shogunate and, and shaped the image of the shogunate as a peacemaker and a war terminator, so as to obtain the social recognition of the new regime.

Keywords: Political Ceremony; Political Memory; Muromachi Shogunate; Emperor Godaigo

Buddhist Concept of Language and the Rise of Japanese Literature Focusing on *The Toudaiji Fujyubun* (东大寺讽诵文稿)

Liang Xiaoyi / 299

Abstract: The polarization of Buddhism from the nobility to civilian class used to be the most important paradigm in pre-modern Japan Buddhism studies before the 1970s. Therefore, ancient Japanese Buddhism (especially Buddhism in the Nara period) was defined as "national Buddhism",compared with the "aristocratic Buddhism" in the Heian period (794–1192), and the "Kamakura New Buddhism" which was considered to be a "Buddhism of the civilian class". However, this paradigm was challenged from the 1980s. As a result, researchers begins to emphasize the dominant role civilian class played in the diffusion of Buddhism.*The Toudaiji Fujyubun* (东大寺讽诵文稿) attracted the attention of researchers in such circumstances. It is a reference material used in the Fa Conference by the monks which has great similarities with those we can find in Dunhuang. However, due to the concepts mentioned before, researchers tries to use this material to explain the activities of monks in local society, which is bringing lots of misunderstandings.This article mainly analyzes how the Toudaiji Fujyubun was used, and in which kind of ceremonies it was used, in order to answer the following three questions. (1), the form and content of Buddhist ceremonies in the Nara period and the early Heian period (mostly in 8–9 centuries) (2), in what kind of way did Japanese people accept and believe in Buddhism (given the fact that the Buddhist structures were all written in foreign languages which most of the Japanese were not able to read) during this period. The answer is that they kept the contexts in Chinese but read it in Japanese, which is called Kunndoku (训读). and (3), the role Kunndoku played in the process of Japanese literature, furthermore, Japanese culture, gradually coming into existence.

Keywords: State Buddhism; Japanese Reading of Characters; Japanese-style National Culture; *Toudaiji Fuujubun* (东大寺讽诵文稿)

A Study on the Relationship Between the "Broom" Painting and the "Hanshan, Shide" Painting in Buson's Syunkyoujyou from the Third Year of Anei Reign: A Comparative Study of Yosa Buson's Haiga and Haikai

Hu Wenhai / 318

Abstract: This article focuses on the "broom" imagery from Wucun's syunkyoujyou in the third year of Anei to investigate the relationship between the broom and Han Shan and Shi De under Wucun's pen. By way of the classical form, Wucun successfully achieved the Rizoku of Haikai. Not only Wucun's act inherited Basyou's thought on fuekiryuukou, but he also exhibits an attempt to enhance the literariness of Haikai, thus completing the turn of the role from Haijin to Bunjin. Wucun supplements Hokku with Haiga in a way that expands and furthers the poetic depths of Haiga. As such, the image and the word are juxtaposed with the same level of importance. The image is no longer a mere supplement to Hokku, but possesses an equal amount of symbolic weight as the word. In doing so, the whole work presents itself in a mutually constitutive relationship between images and poetic words.

Keywords: Han Shan Shi De; Rizoku; Image and Word

Collection of Interpretation on the Analects of Confucius of Zhengping Version and the East Asian Cultural Exchange in the Ming and Qing Dynasties

Written by Fujizuka Tikasi; Trans. by Wang Lianwang / 334

Abstract: He Yan's *Collection of Interpretation on the Analects of Confucius* is the best copy to retain the original meaning of *The Analects*, which has rarely been circulated in China since the Southern Song Dynasty. In 1364, this book was published in Japan and at the same time the handwritten copy appeared. The ancient hand-copied book of Zhengping version once spread to the Korean peninsula. On the occasion of the Korean War in Wanli periods, Xiao Yinggong, the military inspector of the Ming Dynasty, brought this book to China. Later, it was handed over by famous collectors of the Ming and Qing dynasties such as Qian Zeng, Gu Andao, Huang Pilie, Zhang Jinwu, Lu Xinyuan. Moreover, it became an important reference book for Chen Zhan to write *Lun Yu Gu Xun*. Chen Zhan, Huang Pilie, Weng Guangping and Korea's envoy Pak Che-ga have carried out many exchanges around the printing date and text. In 1907, this book returned to Japan with Lu's collection. The Zhengping version is of great significance in the history of cultural exchanges in East Asia and the spread of Chinese books.

Keywords: *Collection of Interpretation on the Analects of Confucius* of Zhengping Version; the East Asian Cultural Exchange; Mutual Learning of Civilizations

A Study on Zhang Taiyan's Communication and Activities During the First Visit to Japan

Zhou Yan / 350

Abstract: From June to August, 1899, Zhang Taiyan went to Japan for the first time. Regarding this trip, the Japanese guide Tatemori Ko（馆森鸿）made a detailed record, called "Si Er Fei Bi"（似而非笔）, which was serialized on Taiwan Daily News "Leaf Cage" column from October 1 to November 10, 1899. The content of the record connects Zhang Taiya's communication with Japanese during his stay in Taiwan and his participation in the *Fast Asia Times*（亚东时报）after returning to Shanghai. It is an indispensable material for understanding Zhang Taiyan's academic and thought during this period, and also a portrayal of the diversified exchanges between China and Japan in the late 19th century. In terms of poetry and prose, it describes the meeting between Zhang Taiyan and the advocates of ancient poetry in the Japanese Chinese poetry circle. This stimulated ideological resonance and deepened the understanding of the differences between China and Japan. In terms of academics, the main topic is about Confucian classics. When talking with western scholars and contacting western learning in Japan, Zhang Taiyan is always facing the conflict between new learning and old learning. In terms of political commentary, it sorts out the origin of the "returning the warships" rumors and the reporting attitudes of both China and Japan, revealing the expectations and vigilance of Chinese intellectuals including Zhang Taiyan towards Japan during this period.

Keywords: Si Er Fei Bi (似而非笔); Tatemori Ko (馆森鸿); Sino-Japanese Exchange

Era Name "Reiwa": Time Representation and Political Metaphor

Ge Jiyong / 364

Abstract: Era name is not only a time representation, but also a metaphor for political demands. The Japanese government emphasizes that the publication of a new era name "Reiwa" is based on Japanese classic *Preface to Plum Blossom* in the *Manyoshu*, indicating a strong sense of "de-Sinicization" among Japanese government, academic circles and even the folk scholars. However, the *Preface to Plum Blossom* in the *Manyoshu* is deeply influenced by Zhang Heng's *Gui Tian Fu (To Live in Seclusion)*, Wang Xizhi's *Lanting Xu (Preface to the Orchid Pavilion)*, and Luo Binwang's *Qiu Ri Yu Qun Gong Yan Xu (Preface to Autumn and the Group Banquet)*, and has distinctive Chinese cultural traces. The new era name "Reiwa" implies that conservative forces such as Shinzo Abe intend to use Japanese classics to showcase Japanese characteristics and promote political demands for constitutional amendments through national cultural identity. In the future, it is necessary to pay attention to the significance of classics to modernity, while being wary of the political intentions behind metaphors.

Keywords: Era Name "Reiwa"; *Manyoshu*; Chinese Cultural Traces; Time Representation; Political Demands

稿　约

1.《亚洲文明史研究》致力于以亚洲文明史研究为纽带，重新审视亚洲文明视阈下的中国文明，重新解释中国文明在人类文明发展脉络中的角色和地位，重新检讨文明交流互鉴的经验和教训。强调学科交叉融合，涵盖历史、艺术、考古、区域国别等学科，集中于古代文明史的研究范围（以马戛尔尼使华为时间下限），发表与此主题有关的论文、综述、书评、考察报告等原创作品，少量发表重要的外文论文中译稿。

2. 本集刊以简体字为主要学术语言，接受少量英文文章和书评投稿。

3. 所有来稿均先由编委会做初步遴选，获通过的稿件会送请专家学者做匿名评审。文中请勿出现能够辨识作者身份的信息。

4. 来稿请提供中、英文篇名，投稿人发表用的中、英文姓名，并请提供中、英文关键词和中、英文摘要。

5. 来稿请附作者简介，译稿另请附译者简介，并请附通信地址、电话、电子邮件等联系方式。

6. 来稿一律使用脚注（页下注）形式，每页注释单独编号。注释号用阿拉伯数字表示，作①、②、③、④、⑤等，其位置放在标点符号后的右上角。再次征引，需重新完整引用原注释，不用"同上"或"同 X 页注 X"形式，不用合并注号方式。所引资料及注释请务必真实、准确、规范，具体体例请参考《社会科学文献出版社学术著作出版规范》第 17—25 页，下载地址：https://www.ssap.com.cn/upload/resources/file/2016/11/04/126962.pdf。　并请以 doc、docx 等 Microsoft Word 兼容的电子文稿格式投稿。

7. 来稿中第一次提及帝王年号，需加公元纪年，比如贞观元年（626）、贞观年间（626—649）。中国年号、古籍卷、页数用中文数字，比如贞观元年、《旧唐书》卷一二、《西域水道记》叶三正。其他公历、杂志卷、期、号、页均用阿拉伯数字，比如《史林》2005年第1期，第65—76页。

8. 来稿中第一次提及外国人名，需附原名；若其自有中文名字，则需使用其中文名字，比如包弼德（Peter Bol）；若正文中已经出现其中文名字，则注释中引到其著作时，不再译出中文；若正文中没有出现其中文名字，则注释中引述其著作，需加中文名字。中文译名以使用其自己认可的名字为标准，比如 Edward Hetzel Schafer，自取中文名字为"薛爱华"，不能翻译成以前通行的"谢弗"。

9. 来稿中敦煌文献用 S.、P.、大谷等缩略语加阿拉伯数字形式表示。

10. 本集刊优先发表优秀青年学者论文。来稿一经刊登，即送作者当期刊物两册，稿酬按每千字100元付给。优秀稿件则提供额外酬劳。

11. 来稿经本集刊发表后，除作者本人收入其著作结集出版外，凡任何形式的翻印、转载、翻译等均须事先征得本集刊同意。

12. 来稿请以电子稿形式发至：30702542@qq.com。

13. 本集刊主编和编委会保留发表最终决定权，并可以对来稿文字做调整删节。如不愿删改，请在来稿时事先予以说明。

《亚洲文明史研究》编辑部

图书在版编目（CIP）数据

亚洲文明史研究 . 2023 年 . 第 1 辑：总第 1 辑 / 孙英
刚主编 .-- 北京：社会科学文献出版社，2023.12
ISBN 978-7-5228-2569-4

Ⅰ . 亚… Ⅱ .①孙… Ⅲ .①文化史 - 亚洲 - 文集
Ⅳ .① K300.3-53

中国国家版本馆 CIP 数据核字（2023）第 187631 号

亚洲文明史研究　2023 年第 1 辑（总第 1 辑）

主　　编 / 孙英刚

出 版 人 / 冀祥德
组稿编辑 / 郑庆寰
责任编辑 / 赵　晨
文稿编辑 / 窦知远
责任印制 / 王京美

出　　版 / 社会科学文献出版社·历史学分社（010）59367256
　　　　　 地址：北京市北三环中路甲 29 号院华龙大厦　邮编：100029
　　　　　 网址：www.ssap.com.cn
发　　行 / 社会科学文献出版社（010）59367028
印　　装 / 三河市龙林印务有限公司

规　　格 / 开　本：787mm×1092mm　1/16
　　　　　 印　张：26.25　字　数：414 千字
版　　次 / 2023 年 12 月第 1 版　2023 年 12 月第 1 次印刷
书　　号 / ISBN 978-7-5228-2569-4
定　　价 / 128.00 元

读者服务电话：4008918866